国家自然科学基金面上项目"全球价值链下服务业国际竞争力研究：基于贸易增加值视角的分析"（71573057）

国家自然科学基金面上项目"创新驱动视角下中国服务业发展政策研究：事实特征、内在机理和政策优化"（71873040）

广东普通高校重点科研平台与科研项目"广东服务贸易可持续发展研究基地"（2019WZJD004）

广东普通高校重点科研平台与科研项目"创新与产业发展研究团队"（2018WCXTD005）

李文秀　马　鹏◎著

全球价值链下中国服务业国际竞争力研究

知识产权出版社
全国百佳图书出版单位
—北京—

图书在版编目（CIP）数据

全球价值链下中国服务业国际竞争力研究／李文秀，马鹏著.—北京：知识产权出版社，2024.6
ISBN 978-7-5130-9351-4

Ⅰ.①全… Ⅱ.①李…②马… Ⅲ.①服务业—市场竞争—国际竞争力—研究—中国 Ⅳ.①F726.9

中国国家版本馆 CIP 数据核字（2024）第 086199 号

责任编辑：赵　昱	责任校对：王　岩
封面设计：北京麦莫瑞文化传播有限公司	责任印制：孙婷婷

全球价值链下中国服务业国际竞争力研究

李文秀　马　鹏　著

出版发行：	知识产权出版社 有限责任公司	网　　址：	http://www.ipph.cn
社　　址：	北京市海淀区气象路 50 号院	邮　　编：	100081
责编电话：	010-82000860 转 8128	责编邮箱：	zhaoyu@cnipr.com
发行电话：	010-82000860 转 8101/8102	发行传真：	010-82000893/82005070/82000270
印　　刷：	北京中献拓方科技发展有限公司	经　　销：	新华书店、各大网上书店及相关专业书店
开　　本：	720mm×1000mm 1/16	印　　张：	22
版　　次：	2024 年 6 月第 1 版	印　　次：	2024 年 6 月第 1 次印刷
字　　数：	300 千字	定　　价：	98.00 元
ISBN 978-7-5130-9351-4			

出版权专有　侵权必究

如有印装质量问题，本社负责调换。

前　言

　　以蒸汽机为代表的工业革命推动了生产和消费在空间地理上的第一次解绑，促进了以"产品贸易"为特征的全球生产体系的形成。20 世纪 80 年代中期，通信技术的发展使国际分工从产品分工转向按要素分工、从产业间水平分工转向价值链分工，产业边界超越国家边界，改变了国家参与国际分工的性质，企业与国家之间出现你中有我、我中有你的局面。至此，生产和消费在空间上出现第二次解绑，"任务贸易"成为国际分工的核心特征（Baldwin，2010）[1]。"产品贸易"向"任务贸易"的改变带来的是知识技术密集型高附加值环节重要性的凸显，制造是价值占有最少的环节，而高附加值活动发生在知识密集的上游和下游环节（Suttmeier，2011）[2]，国际分工已由过去寻求市场和低成本生产点驱动向知识寻求驱动转变（Herstad, Aslesen, Ebersberger，2014）[3]。但全球价值链呈现"U"型特征背后的逻辑是发达国家及其跨国公司主导的全球价值链（GVC），从事产品开发设计等高附加值环节在 GVC 中被大型跨国公司牢牢地把持，是发展中国家企业难以涉足的领域（Kaplinsky，2010）[4]。对已嵌入现有全球价值链中的发展中国家而言，想要通过技术创新和技术溢出实现全球价值链上的高端攀升，必然会遭遇发达国家及其企业的阻挡，发达国家的跨国公司塑造并主导全球价值链，不会允许其他国家通过提升价值创造能力获得更多的价值分配，更不用说主导价值链制定治理规则了。因此，单纯依靠"全球价值链"和"国家价值链"的发展思路已经无法满足中国产业国际竞争力提升的理论需要。然而，随着新一轮科技革命和产业变革的深入，当今全球制造业产品价值越来越依赖于服务的功能、质量、效率和网络。本书认为，技术变革使传统的商品主导逻辑无法解释全球价值链上的价值创造和利益分配，需要用服务主导逻辑来解释全球价值链上价值创造和利益分配机制，这种变化将导致服务业国际竞争力评价机制的变化。基于此，本书拟在对全球价值链上服务业国际竞争力来源和评价的基础上，准确研判我国服务业国际竞争力的发展现状以及发展瓶颈，进而从企业、产业、区域和全球层面给出相应的政策设计。本书的主要研究内容及研究发现包括：

第一，技术变革、主导逻辑改变和全球价值链下服务业国际竞争力评价。技术变革尤其是数字技术的创新与应用使得全球价值链从"单向要素流动"向"多层次多维度的链条融合"转变，其带来的技术创新效应有利于塑造多层次多维度的区域间产业链条融合。这使得传统的商品主导逻辑在解释全球价值链上的价值创造和利益分配机制时失灵，以使用价值为核心的服务主导逻辑有利于解释新技术变革下全球价值链上的利益分配，价值导向从商品主导逻辑转向服务主导逻辑。而服务主导逻辑从强调全球价值链中高端环节价值增值转向服务生态系统的价值共创、从强调单维度功能环节转向全球价值链中核心位置、从强调核心价值环节占据转向价值网控制，一个国家可以通过"新结构组合"、有效的空间布局等来创造更多的价值和获取更多的利益分配，也可以通过价值网控制获得更多利益分配。因此，服务业国际竞争力的评价就应该包括三个维度：产业质量层面（技术复杂度）、产业空间位置层面（位置指数）和产业网络控制力层面（网络权力）。而传统服务业国际竞争力评价指标不足，出口增加值核算为测度服务业国际竞争力提供了思路，因此可用出口技术复杂度来衡量产业质量、用 GVC 地位指数来衡量其空间位置、用网络中心度来衡量其产业控制力,并对其国内外来源进行分解。

第二,全球价值链下中国服务业国际竞争力三维评价。从产业质量层面来看,可用出口技术复杂度来测度,发现具有较高技术含量的服务行业要比具有较低技术含量的服务行业拥有较高的出口技术复杂度、发达国家具有较高服务出口技术复杂度,而发展中国家可能会偏低,不同区域组织出口技术复杂度存在差异。从产业空间位置层面来看,可用GVC指数来测度,发现发达经济体整体GVC较高且大都呈现下降趋势,不同要素密集型服务业的GVC差异明显,不同区域服务业GVC存在明显差异,中国服务业的GVC指数知识密集型服务业最高、劳动密集型服务业最低,尤其是劳动密集型服务业GVC指数大部分年份都为负数且正值也很小。从产业控制力层面来看,劳动和知识密集型服务业的前向参与度发达经济体较高、发展中经济体普遍较低,但资本密集型服务业前向参与度较高国家既有发达经济体又有发展中经济体,且无论哪种类型服务业发达经济体网络中心度都较高,发达国家服务业具有较高的前向参与度和网络中心度、较低的后向参与度,而发展中国家内部前向参与度、网络中心度、后向参与度内部差异明显。

第三,中国服务业进出口国别(地区)结构分析。从中国服务业进口来源来看,来源国是以美日为主的发达国家,且不同类型服务业进口来源国差异较大,知识密集型服务业来自发达国家的进口比重尤为突出、来自新兴工业经济体的进口比重下降幅度较大、来自金砖国家的进口比重上升幅度较小,劳动密集型服务业来自发达国家的进口比重要高于资本密集型服务业、来自新兴工业经济体的进口比重较稳定、来自金砖国家的进口比重上升明显,资本密集型服务业来自发达国家的进口比重占发达国家进口的所有类型服务业中比重最低、来自新兴工业经济体的进口比重呈小幅下降趋势、来自金砖国家的进口比重上升幅度最大、来自其他发展中国家的进口比重上升明显。因此，要加大服务进口溢出效应的扩散力度、适当扩大服务贸易进口复杂度、加大科技创新改善服务进口质量。从服务业出口结构来看，出口市场主要以发达国家为主，但出口增速较快的地区则多为非发达国家，知识密集型服务业出口发达国家比重较高，因此，要提升服务输出能力和增加服务出口市场多样化选择。

第四，中国服务业国际竞争力的影响因素研究。从与货物出口的关系来看，货物出口对服务附加值出口具有显著的拉动效应和推动作用，不仅引致的间接服务附加值出口要略大于通过服务出口带来直接服务附加值出口，且对资本密集型和知识密集型服务附加值出口促进效应要大于对劳动密集型服务业附加值出口的影响，这说明相对于劳动密集型服务而言，中国资本密集型和知识密集型服务附加值出口更依赖货物出口来实现。从中美两国的双边贸易来看，一国或地区的出口增加值受到行业的要素密集度、要素充裕度和相对生产率的显著影响，且中国对美国的出口增加值的影响因素中高技能劳动力的要素比例和相对生产率发挥了最主要的作用，而资本要素的作用非常小。此外，不同产业出口增加值的影响因素表现出明显的不同，其中高技能劳动力的要素比例和技术差距对服务业出口增加值的影响大于制造业。因此，要推动服务贸易与货物贸易融合发展来提升"中国服务"走出去的能力，积极推动服务制造化来提升我国货物出口中的国内服务含量，提高高技能劳动力的投入比率来优化出口结构，调整资本的投入结构来鼓励资本向生产性服务行业流入，以及扩大服务业对外开放。

第五，服务贸易发展与产业转型升级。从服务贸易出口技术复杂度与产业转型升级来看，具有较高技术含量的服务行业要比具有较低技术含量的服务行业拥有较高的出口技术复杂度。发达国家具有较高的服务出口技术复杂度，而发展中国家可能会相对偏低。服务出口技术复杂度对一国或地区的产业转型升级具有显著的正向刺激作用。因此，要加强服务贸易领域人力资本积累，推动高端服务外包发展以扩大服务贸易出口技术复杂度，重新诠释转型升级的基本逻辑以从强调"高技术产业"向"优势产业组合"转变，以及重新确立中国在世界服务贸易版图中的定位。从数字贸易对制造业全要素生产率的影响来看，数字贸易可促进制造业智能化、倒逼制造企业技术创新、降低交易成本和购买成本，因此，我国要加强互联网建设、完善财政补贴政策、加强新型城镇化建设以及鼓励居民消费支出。

目 录

第一章 导论 ……………………………………………………………… 001

    第一节 研究背景及意义 …………………………………………… 001

    第二节 研究思路、内容与方法 …………………………………… 006

    第三节 主要创新点 ………………………………………………… 011

第二章 相关文献综述 …………………………………………………… 013

    第一节 价值创造与价值分配的相关研究 ………………………… 013

    第二节 商品主导逻辑和服务主导逻辑的相关研究 ……………… 015

    第三节 全球价值链的相关研究 …………………………………… 019

    第四节 增加值贸易的相关研究 …………………………………… 026

    第五节 服务业国际竞争力的相关研究 …………………………… 031

    第六节 服务业对制造业效率影响的相关研究 …………………… 035

    第七节 国内外已有研究的评述 …………………………………… 037

第三章 技术变革、全球价值链与服务业国际竞争力 ………………… 041

    第一节 技术变革与范式转化 ……………………………………… 041

    第二节 基于服务主导逻辑的全球价值链下服务业国际竞争力评价 … 047

第四章 全球价值链下中国服务业国际竞争力分析：产业质量层面 …… 055

    第一节 服务业出口技术复杂度测度方法的选择与理论特征 …… 056

第二节　服务业出口技术复杂度的国际比较 …………………… 057
　　第三节　中国服务业国际竞争力测算：质量层面 ………………… 081
　　第四节　小结 …………………………………………………………… 084

第五章　全球价值链下中国服务业国际竞争力分析：产业空间位置层面 … 085
　　第一节　GVC 地位指数测度方法的选择与理论特征 …………… 086
　　第二节　服务业 GVC 地位指数的国际比较 ……………………… 088
　　第三节　中国服务业国际竞争力测算：位置层面 ………………… 118
　　第四节　小结 …………………………………………………………… 121

第六章　全球价值链下中国服务业国际竞争力分析：
　　　　　产业网络控制力层面 ……………………………………… 123
　　第一节　网络中心度的测度方法选择 ………………………………… 124
　　第二节　服务业网络中心度指数的国际比较 ……………………… 125
　　第三节　中国服务业国际竞争力测算：网络层面 ………………… 183
　　第四节　小结 …………………………………………………………… 189

第七章　中国服务业进出口国别（地区）结构：
　　　　　基于附加值贸易的分析 …………………………………… 192
　　第一节　研究方法与数据来源 ………………………………………… 193
　　第二节　中国服务业进口的国别（地区）结构分析 ……………… 195
　　第三节　中国服务业出口的国别（地区）结构分析 ……………… 209

第八章　中国服务业国际竞争力的影响因素研究 ………………… 222
　　第一节　货物贸易对中国服务业进出口附加值的影响 …………… 223

第二节　要素比例、技术差异与出口增加值 …………… 228

　　第三节　政策启示 ………………………………………… 249

第九章　服务贸易发展与产业转型升级 ……………………… 252

　　第一节　服务贸易出口技术复杂度与产业转型升级 …… 253

　　第二节　数字贸易对制造业全要素生产率的影响 ……… 268

第十章　全球价值链下中国服务业国际竞争力提升策略 …… 282

　　第一节　企业层面策略 …………………………………… 282

　　第二节　产业层面策略 …………………………………… 289

　　第三节　区域层面的策略 ………………………………… 297

　　第四节　全球层面策略 …………………………………… 304

参考文献 ……………………………………………………… 312

第一章 导 论

第一节 研究背景及意义

一、研究背景

在全球价值链分工背景下,中国作为发展中开放大国虽长期以来积极融入全球价值链,但发展滞后的服务业不仅使我国出现了连续20年服务贸易逆差,且其在促进制造业效率提升方面能力的不足而使得我国制造业处于大而不强和国际分工地位较低的状况。目前,相对滞后的服务业发展水平已成为制约我国经济进一步增长的因素。与此同时,信息技术进步和全球化深入使得全球价值链呈现新的变化与特征,而这些变化与特征在重新塑造各国(区域)间相互依存与相互联动关系的同时,也对传统的产业竞争战略提出挑战。改革开放以来,中国虽通过积极嵌入全球价值链成为"世界工厂",成就了"中国制造"的地位,但要想实现从"世界工厂"向"世界市场""世界实验室""世界投资人"等转变或成就"中国创造"的地位,中国产业仍面临着产业结构优化和调整、国际竞争力提升等问题。在全球价值链中转型升级的重大挑战具体如下。

1. 信息技术进步和全球化深入拓宽了全球价值链上合作的宽度和深度

全球价值链发展的基本驱动力是贸易成本的不断下降和利益的不断增加。信息技术进步和全球化不仅使更大范围内的企业可以便利地嵌入全球生产网络中,也降低了在世界范围内协调生产活动的成本,降低了全球贸易成本；同时，使技术和管理等的溢出效应在全球价值链中更容易扩散和产业间融合更容易深化，全球价值链上创造的利益更多。

2. 全球价值链的拓展重新塑造了全球价值链上的利益分配机制

全球价值链上合作宽度和深度的拓展改变了全球价值链上参与各方竞争与合作的方式与结果，也使全球价值链上的价值创造与分配机制发生改变。"你中有我、我中有你"的全球生产网络使得全球价值链上的价值创造不再局限于"价值环节"。由此产生的价值利益分配机制也发生了改变，并不是只有处于价值链高端环节的企业或产业才能获得更多的利益分配，"架构控制权""标准制定权""资源整合权"等才意味着更多的利益分配。

3. 全球价值链上新的利益分配机制为发展中国家产业国际竞争力的提升和转型升级提供机遇与挑战

传统产业国际竞争力衡量的重点是贸易量与贸易结构，而全球价值链的核心是价值创造与价值分配。因此，全球价值链上的利益分配机制的改变必然对传统产业国际竞争力衡量与产业国际竞争战略提出重大挑战。发展中国家面临的将不仅是能否参与全球价值链并向全球价值链高端转移，更重要的是采取何种方式参与全球价值链来破解发达国家对全球价值链的主导与控制以获得主导权与控制权。

4. 数字经济时代中国产业转型升级正面临着产品有效供应不足和升级面临瓶颈

改革开放以来，我国制造业利用劳动力充裕、成本低的优势，大力发展劳动密集型产业，逐渐形成了具有国际竞争力的中国制造业产业链。中国虽拥有世界上最完整的工业体系，但大部分还是中低端制造。而且，我国制造业具有外向型特征，再加上在日益精细化的现代产业分工体系下，生产性服务已成为推动产业结构调整和引领产业向价值链高端延伸的主力军。如果长期依赖外需，很难升级产业结构。回顾历史，发达经济体几乎都经历过从制造业为主向服务业为主的转换过程。因此，作为全球制造和贸易大国，在全球"碎片化""去制造化""卡脖子"等动荡环境中，尤其是在数字经济背景下，制造业全球布局始终面临成本收益约束，中国产业转型升级正面临着高端服务产品有效供应不足和制造业升级的瓶颈。

5. 中国服务贸易面临逆差和结构挑战

自2014年初中国开始公布服务贸易数据以来，服务贸易一直保持逆差。尽管国外新冠疫情愈演愈烈导致2021年我国服务贸易逆差达到10年来最低，但也改变不了我国服务贸易逆差依然处于较高水平的状态。我国高端服务贸易竞争优势不足，服务贸易优势主要集中在人力资源密集型行业，而知识密集型、资本密集型、环境资源密集型以及与货物贸易紧密相关的服务贸易均呈现逆差。2021年，美国、德国和日本的知识密集型生产性服务贸易占其服务贸易总额比重均超过70%，高于我国的42%。因此，提升服务贸易尤其是高端生产服务业的全球竞争力是我国的当务之急。

二、研究意义

1. 拓展和完善全球价值链理论研究的需要

任何经济组织都必须首先解决两个问题——价值创造和价值分配，而信息技术进步和全球化的深化在产生新的价值创造过程与利益分配模式的同时，也造就了新的国际贸易格局。但已有的全球价值链理论是起源于全球商品链理论的（Gereffi, 1999）[5]，相关研究也主要建立在工业经济的假设和模型基础上，其解释机制是商品主导逻辑。这一机制在解释信息技术进步和全球化不断深化背景下全球价值链上的一些经济现象时已出现瓶颈，这也给我们带来一系列新的思考：在服务经济和大数据时代，全球价值链分工体系会发生怎样的变化？其价值创造过程与利益分配模式将会如何变化？又将如何进行衡量？等等。世界经济现实的变化，督促我们寻找新的角度来对这一分工体系进行深入解析。基于此，本书围绕在全球价值链中提升服务业国际竞争力这一核心主题，拓展与丰富国际贸易、国际直接投资与产业组织理论，进一步拓展和完善全球价值链理论，为研究中国在全球价值链中提升服务业国际竞争力提供理论基础。

2. 丰富产业国际竞争力和服务经济研究成果的需要

现有服务经济的研究主要是关注服务产品生产和交换发展的规律，关注的是各个行业中的一些普遍性的经济问题，很少将其与全球价值链研究联系起来。但随着科学技术的进步，大量中间产品和专业化服务在不同国家和经济体生产并跨境交易，尤其是生产性服务业已成为全球价值链的重要纽带。目前国际竞争力研究的三大主要领域研究成果（国际经济学、战略管理和发展经济学）虽从各自贡献的学科出发对产业国际竞争力的成因与决定机制进行了论证，但缺少在全球价值链中实现产业国际竞争力提升的系统理论。基于此，本书拟将全球价值链分析框架引入服务业国际竞争力研究中，从产业和空间两个层面的五个方面来系统讨论产业国际竞争力的成因、决定机制，在为全球价值链中产业成功升级的经济发展战略作出理论贡献的同时，拓展和深化国际竞争力理论和服务经济研究。

3. 改变中国在全球价值链中利益分配格局的需要

在全球价值链下，竞争形态已发生改变，竞争的胜败将不仅取决于一个企业与另一个企业的竞争结果，更取决于一条产业链和另一条产业链的竞争结果，即单个企业竞争形态转变为产业链竞争。产业链的裂变也使各环节的专业分工更为复杂和细化，具体环节的技术壁垒和规模壁垒使得运营商直接涉足各个环节、打通产业链上下游的目标难以实现，即产业链复杂度提高使得加强产业链控制力比"通吃"产业链好。然而，新一轮的国际分工导致比较优势重构，发达国家在金融、信息、研发、商务等高端服务业方面具有比较优势，因而在国际分工合作中发达国家主要承担附加值较高、资本或技术密集型的环节（如研发设计服务等），成为多数产业链的"治理者"；而发展中国家的资源如劳动力、原材料等价格低廉，关税成本较低，具有比较优势，因而在全球化的国际分工链中主要承担附加值低、要素（劳动等）密集型产品的生产和加工，成为多数产业链中的"被领导者"。如果按照商品主导逻辑和比较优势理论，遵循比较优势的经济体会在全球价值链分工体系中获得最大的收益分配（Jones and Romer，2010）[6]。那么发展中国家的政府应该通过直接的行政手段和价格保护来优先发展先进的资本密集型产业，但一个国家能否发展资本密集型产业是由其要素禀赋结构决定的，人为的干涉并不一定能取得成功，且往往成本较高（李飞跃、林毅夫，2011）[7]。

4. 对我国服务业的国际发展和制造业转型升级战略的制定提供理论指导与对策启示

资源配置合理与否对一个国家经济发展的成败有着极其重要的影响，在全球价值链上发展模式的选择直接影响着一国的国际分工地位。因此，有效的资源配置和在全球价值链上恰当的参与模式选择成为区域经济发展与产业升级的重要途径。而发展服务业是实现我国经济增长方式转变的关键手段之一，通过发展服务贸易来促进服务业发展是世界各国普遍遵循的路径之一。而且，实现制造业发展由量到质的转变，核心在于制造业全要素生产率（TFP）的提升，而这必须重视服务业投入这一主题。但究竟是加大国内服务业投入还是进口更多的服务投入？不同技术层次的制造业服务投入是否要保持相同的水平？对处于制造业价值链上不同位置的服务业的投入水平是否存在差异？等等。基于此，本书对我国服务业的国际竞争力的准确衡量、主要决定因素以及分析处于制造业价值链的上游、中游和下游国内外服务投入水平对不同技术层次制造业国际分工地位的影响机制等研究成果,将对中国服务业国际竞争力的提升和制造业转型升级战略提供重要的借鉴与启示。

第二节 研究思路、内容与方法

一、研究思路

本书的基本研究思路是:从技术变革带来的范式转化出发,探讨基于服务主导逻辑的全球价值链重塑以及利益分配机制,指出服务业国际竞争力应该从多个维度进行测度。基于此,本书从技术、位置和控制力三个层面对服务业国际竞争力进行测算,并通过增加值贸易核算框架对全球价值链上中国服务业进出口国别(地区)结构进行分析,然后结合全球价值链下产业国际竞争力成因以及服务贸易对产业转型升级的影响,给出全球价值链下中国服务业国际竞争力提升的对策。

二、研究内容

基于上述基本思路,本书研究内容共分为十个章节。

第一章,导论。主要介绍本书的研究背景和研究意义,确定研究的思路框架和主要内容、技术路线和研究方法以及主要创新点。

第二章,相关文献综述。根据笔者目前阅读和掌握的文献,与全球价值链、服务业国际竞争力研究相关的文献主要集中在价值创造与价值分配、商品主导逻辑和服务主导逻辑、全球价值链、增加值贸易、服务业国际竞争力、服务业对制造业效率影响六个方面,本书对这些相关文献进行了梳理。总体来看,国内外关于价值的研究历史已很悠久,但在目前以信息技术为主的新技术背景下价值创造与分配机制的研究并不多,且研究也不够深入；有关商品主导逻辑的研究成果尽管较为丰富，但专门针对服务主导逻辑的研究成果并不是很丰富，其研究范式也还没能完全建立起来，将其与全球价值链联系起来的研究更少；全球价值链理论及其价值来源与分配的研究虽较丰富，但主要以传统的制造业分工理论为基础，还未能考虑适合解释当今现实的服务主导逻辑带来的比较优势重构和价值创造与利益分配的新要求；有关产业及服务业国际竞争力研究尽管对于研究全球价值链下产业及服务业国际竞争力的成因与决定机制提供了思路，但其未能与新技术背景下全球价值链上的利益分配机制相结合，还有许多需要完善的地方；增加值贸易核算的理论与模型虽可为新技术背景下全球价值链上的产业国际竞争力的核算提供方法，但将其应用到服务业国际竞争力中的研究成果并不多见；有关服务业对制造业效率影响的文献主要关注服务增加值或服务投入水平对制造业效率的影响，但也没有区分国内和进口服务投入水平对制造业增加值率的影响。

第三章，技术变革、全球价值链与服务业国际竞争力。本书认为技术变革使得传统商品主导的逻辑范式已无法解释现有企业的创造机制，整个世界市场是以产品需求者（顾客）为核心的价值创造体系，使得基于交换价值的传统商品主导逻辑解释失灵，对价值的聚焦重新从交换价值回到中世纪哲学的使用价值的轨道上，用服务主导逻辑来代替商品主导逻辑。在服务主导逻辑下，全球价值链是通过在全球范围内的资源整合来满足消费者（顾客）需求而与消费者（顾客）共同创造价值的价值系统，是以商品和服务的不可分为前提的，简单地按照各环节的贡献来分配利益已不可能，且一个国家出口利益也并不是完全为其所创造，简单地用出口总额衡量已不能满足现实需要。而近期发展的以多区域投入产出理论为基础的贸易增加值核算框架为衡量全球价值链上的利益分配提供了思路。本书认为，在新全球利益分配机制下，产业国际竞争力主要来源于其在全球价值链上获得的利益分配，且一国（地区）的某一个产业所创造的增加值会被分解到每一个国家（地区）每一个部门，因此，增加值贸易核算为我们更有效地核算全球价值链上的利益分配提供了一个有利的工具。同时，在数字技术的广泛应用和全球化产业变革新背景下，服务业国际竞争力最终应该体现在三个层面：全球价值链上的技术赋能层面和位置分配层面以及全球价值网络中的控制力层面。

第四章，全球价值链下中国服务业国际竞争力分析：产业质量层面。本书首先对服务业出口技术复杂度进行国际比较，从服务业整体、重点行业、分要素密集类型、区域组织四个层面展开。其次对中国服务业出口复杂度进行分析，主要从服务业整体、重点行业和分要素密集类型三个层面展开。最后给出基本结论与分析。

第五章，全球价值链下中国服务业国际竞争力分析：产业空间位置层面。本书首先对服务业 GVC 地位指数进行国际比较，从服务业整体、重点行业、分要素密集类型、区域组织四个层面展开。其次对中国服务业 GVC 地位指数进行分析，主要从服务业整体、重点行业和分要素密集类型三个层面展开。最后给出基本结论与分析。

第六章，全球价值链下中国服务业国际竞争力分析：产业网络控制力层面。本书首先对服务业网络中心度指数进行国际比较，从服务业整体、重点行业、分要素密集类型、区域组织四个层面展开。其次对中国服务业网络中心度进行分析，主要从服务业整体、重点行业和分要素密集类型三个层面展开。最后给出基本结论与分析。

第七章，中国服务业进出口国别（地区）结构：基于附加值贸易的分析。本书对中国服务业进口和出口的国别（地区）结构分析指出，中国服务业进口来源国是以美日为主的发达国家，且知识密集型服务业来自发达国家的进口比重尤为突出，其次是劳动密集型服务业和资本密集型服务业。因此，我国要加大服务进口溢出效应的扩散力度，适当扩大服务贸易进口复杂度，加大科技创新改善服务进口质量等；中国服务业附加值出口市场以发达国家为主，但出口增速较快的地区则多为非发达国家，知识密集型服务业出口发达国家比重较高，但不同要素密集度服务业的出口国别（地区）结构在两种测算方式下仍存在差异。基于此，中国要提升服务输出能力，选择多样化的服务出口市场。

第八章，中国服务业国际竞争力的影响因素研究。本书从货物贸易和要素比例的角度探讨服务业国际竞争力的影响机制指出，无论是货物出口、服务出口，还是GDP，都对中国服务业附加值出口有显著的正效应，相对于劳动密集型服务而言，中国资本密集型和知识密集型服务业附加值出口更依赖货物出口来实现，且一国的出口增加值受行业的要素密集度、要素充裕度和相对生产率的显著影响。对此，中国应推动服务贸易与货物贸易融合发展以提升"中国服务"走出去的能力，积极推动服务制造化以提升我国货物出口中的国内服务含量，提高高技能劳动力的投入比率优化出口结构和鼓励资本向生产性服务行业流入等。

第九章，服务贸易发展与产业转型升级。本书从服务出口技术复杂度和数字贸易两个方面考察了服务贸易对产业转型升级的影响，分析指出：服务贸易与产业转型升级呈显著的正相关关系，出口技术复杂度指数的提高有利于该国产业转型升级目标的实现。因此，中国应加强服务贸易领域人力资本积累、推动高端服务外包发展以扩大服务贸易出口技术复杂度、从强调"高技术产业"向"优势产业组合"转变和重新确立中国在世界服务贸易版图中的定位；数字贸易对制造业的全要素生产率有很大的促进作用、政府的介入在一定程度上会对制造业的全要素生产率产生一定的抑制作用、城市化水平的提高将促进全要素生产率的提高等，因此，中国要加强互联网建设与应用、完善财政补贴政策、加强新型城镇化建设、鼓励居民消费支出。

第十章，全球价值链下中国服务业国际竞争力提升策略。给出本书的研究结论，并在研究结论的基础上提供相对应的政策启示，从企业、产业、区域、全球层面分别给出提升策略。

三、研究方法

1. 数理模型分析法

本书在探讨双边贸易中出口增加值的决定因素时，将李嘉图模型的比较优势理论、赫克歇尔-俄林模型的要素禀赋理论纳入统一的研究框架，构建数理模型以探索在两个国家、两个行业、多种要素的情形下出口增加值的影响因素。

2. 比较分析法

本书在分析服务业国际竞争力时，运用各个国家的相关数据对世界主要国家（地区）、不同要素密集度服务业国际竞争力、不同区域组织的服务业国际竞争力进行对比分析。同时，从技术层面、位置层面和控制力层面对服务业国际竞争力表现进行对比分析。

3. 计量分析法

本书运用跨国面板数据建立计量模型，对货物贸易、要素比例对服务业国际竞争力的影响进行实证研究；建立面板数据计量经济模型，对服务贸易、数字贸易对制造业转型升级的影响进行实证研究；构建计量模型，对服务业进口、出口国别（地区）影响因素进行实证检验。

4. 贸易增加值核算方法

首先根据 Koopman 等（2012，2014）[8][9] 提出的贸易增加值分解框架，测算服务业整体细分行业出口中的服务增加值，并将服务增加值分解为国内和进口两部分；其次测算服务业整体和细分行业出口中的服务增加值，也将服务增加值分解为国内和进口两部分；最后将这两者合并后计算出口中的国内服务业增加值比率。

5. 指标分析法

考虑到全球价值链下服务业国际竞争力的价值创造主要体现在服务业出口技术复杂度方面，价值分配方面主要体现在在全球价值链中的国际分工地位和收益获取方面。本书从三个层面对服务业国际竞争力进行测算：一是服务业出口技术复杂度，主要借鉴 Mishra 等（2013）[10]和戴翔（2012）[11]的测算方法；二是服务业在全球价值链中位置，主要借助 Koopman 等（2010）[12]基于贸易附加值分解框架，构建 GVC 地位指数这一指标，来衡量一国某产业在全球价值链中所处的国际分工地位；三是服务业中心度测算，主要是借鉴 Criscuolo 等（2018）[13]基于网络分析方法的博纳奇-卡茨特征向量中心度指标，测度服务业在全球产业链上的中心度，以此来衡量服务业的产业链竞争力，然后根据各制造行业的生产份额加权得到服务业整体的产业链竞争力。

第三节 主要创新点

一、全球价值链下价值导向应从商品主导逻辑转向服务主导逻辑

本书认为，与工业革命早期的技术和社会背景相适应的以"分"为特征的商品主导逻辑已无法解释当今产业发展现实，应从服务主导逻辑视角展开相关研究。按照服务主导逻辑，全球价值链视角下服务业竞争力提升不仅体现为价值环节的价值创造能力的提升，即技术层面；还体现在服务业在全球价值链中所获得的价值分配能力的提升，即位置层面；在数字经济时代，全球多位价值网络的形成使得服务业国际竞争力还体现在网络控制力层面。

二、从多个维度对服务业国际竞争力进行测度和比较

既然服务业国际竞争力体现在价值环节的技术层面、价值链中的位置层面以及价值网中的控制力层面,那么服务业国际竞争力的测度也需要围绕这三个方面展开。考虑到不同经济发展水平的国家或地区以及不同类型服务贸易特征是存在差异的,而且,从全球价值链角度来看,服务贸易还涉及一些区域组织层面。基于此,本书不仅从国家(地区)层面分要素密集型对世界各国(地区)服务业国际竞争力的事实特征进行了国际比较,还从区域层面分要素密集度对服务业国际竞争力的事实特征进行了国际比较和中国分析。此外,还针对中国服务业国际竞争力进行了比较分析。通过多角度测度服务业国际竞争力,为政策制定提供一定的事实依据。

三、对中国服务业进出口来源进行分解

服务业如同制造业的全球非一体化生产一样,也是一个"碎片化"快速发展的行业,服务提供流程的分解正成为全球价值链的重要组成部分。因此,一味地追求服务贸易进出口规模扩张很有可能使中国服务贸易如同货物贸易一样"只赚数字,不赚钱",甚至呈现"贫困化增长"迹象。且现有研究很少关注中国服务业进出口来源国的特征和差异,但对进口中价值增值来源地的分解可为我国服务贸易政策和外交方针的制定提供可靠的依据。明晰中国服务业进出口来源国的"宏观"特征以及某一类别服务贸易项下的"亚结构"演进,有助于寻求推动中国服务进出口更"优质"增长的有效政策的关键,避免服务进出口出现"过度"的正常修正和"不足"的继续恶化。基于此,本书从服务业附加值角度对服务业进出口国别(地区)结构进行了分解。

第二章 相关文献综述

根据笔者目前阅读和掌握的文献，与全球价值链、服务业国际竞争力研究相关的文献主要集中在以下六个方面：价值创造与价值分配、商品主导逻辑和服务主导逻辑、全球价值链、增加值贸易、服务业国际竞争力、服务业对制造业效率影响的相关研究。

第一节 价值创造与价值分配的相关研究

价值概念一直是经济学理论的原始起点和最终源泉，自亚当·斯密以来，价值理论方面的研究非常丰富，本书主要关注价值创造与价值分配两个方面。

一、价值创造相关研究

价值创造来源于 Porter（1990）[14] 的价值链理论，企业的价值创造产生在一系列不同但又相互关联的企业生产经营活动中。之后学者从不同角度关注价值创造来源，Collis 和 Cynthia（1998）[15] 认为价值创造是合作战略的根本，但基于资源的观点认为价值创造可能来自"自生"资源和资源整合两方面（Lippman and Rumelt，2003）[16]，Kaplinsky 等（2000）[17] 认为不同产业的价值链各不相同，其创造价值的环节亦不相同，余伟萍等（2003）[18] 分析如何在全球产业价值链中进行产业优化来获得竞争优势，谢恩等（2003）[19]认为联盟环境下有利于组织创造价值的活动，等等。但价值到底是怎样创造出来的？商业模式研究认为商业模式是一个组织关于价值创造的主要逻辑（Linder and Cantrell，2001）[20]。Afuah 和 Tucci（2003）[21]认为商业模式是公司为自己、供应商、合作伙伴及客户创造价值的决定性来源，Zott 和 Amit（2001）[22]以价值创造为出发点，从市场因素的角度考虑了参与者间的交易关系。在国内学者的研究中，钟耕深等（2006）[23]把价值创造型的理论进一步细分为一般价值创造、技术与价值创造、交易与价值创造。而且，商品主导逻辑认为企业是价值创造的主导者，消费者是价值的消耗者，企业的成功来自价值链隐喻下的"价值增加"（刘林青等，2010）[24]。服务主导逻辑主张顾客与企业共同参与并决定价值创造（Vargo et al，2008[25]，2016[26]），价值创造体现为多主体共创，具体指的是在价值创造中顾客与企业处于平等地位，企业与顾客、供应商、联盟者等利益相关主体形成一个网络，共同参与价值创造（谢卫红等，2020）[27]，企业的成功不再取决于"价值增加"，而是基于价值网络的"价值再造"（刘林青等，2010）[24]。进一步地，服务生态系统逻辑拓展了价值创造的主体，强调所有利益相关者的作用以及价值共创的系统性和多层次结构（令狐克睿等，2018）[28]，平台型企业及其衍生的生态系统成为整合与优化资源、实现价值创造的新组织载体和核心主体（许晖等，2021[29]；Dyer et al，2018[30]）。在数字经济时代，对于数据要素本身是否创造价值，学术界仍然存在分歧。一种观点认为，数据要素的贡献就是数据要素本身所创造的价值，数据要素也是剩余价值的重要源泉（庄子银，2020）[31]，狄蓉等（2019）[32]提出企业借助于信息技术这类操作性资源与客户共创价值，胡艳玲等（2019）[33]揭示了大数据联盟实现价值共创的机理。另一种观点认为，数据要素可以提高劳动生产率，但并不直接创造价值，"直接创造价值"的观点是"三位一体"公式和"边际生产力"理论的翻版（王胜利、樊悦，2020）[34]，在数据收集处理中的劳动以及当期用于数据收集处理的活劳动均参与价值创造（蔡继明等，2022）[35]。

二、价值分配相关研究

在价值分配方面，Brandenburge 和 Stuart（1996）[36] 认为在价值链上不同参与方的价值定位仍然需要依赖其他因素，张福利（2003）[37] 通过确定中间产品的转移价格来研究一个公司内部各个上下游子公司间如何分配价值，张延锋等（2003）[38] 分析了战略联盟价值创造与价值分配的关系，等等。因此，从价值链到价值网，不仅价值创造的形式不断创新和复杂化，且原有的基于价值链条的价值创造理论在分析价值创造时易出现矛盾。价值分配的相关研究也是如此，服务价值网络的出现推动人们对网络时代的价值分配机制重新认识。而且，已有研究大部分是以产品和服务"分"为潜在逻辑的。从贸易视角看，古典主义贸易理论认为贸易利益分配由国际交换比率决定，新贸易理论下的贸易利益分配机制受市场力量与政府干预共同影响（Melitz，2003）[39]。基于此，本研究拟从技术变革对价值创造与价值分配的影响出发，分析新技术背景下价值创造与价值分配机制。事实上，以信息技术为代表的技术变革使得网络化和服务化发展成为当今发展现实，也必然动摇传统的价值创造与分配理论的假设基础。

第二节 商品主导逻辑和服务主导逻辑的相关研究

一、商品主导逻辑相关研究

20 世纪 90 年代，以 Gereffi（1993）[40] 为代表的全球商品链理论集中探讨了包括不同价值增值部分的全球商品链内部结构关系。如 Sonea 等 (2020)[41] 认为核心企业通过前向一体化成功地实现前项关联和通过俘获性的后项关联进而控制了零部件供应得以控制整条商品链，彭绍仲等 (2005)[42] 认为全球商品链将外部非确定性交易契约变成相对内部性的稳定性的长期合约而降低或减少了通过外部市场交易带来的不确定性。后来学者按这一逻辑研究了制造企业的服务转型，但这些研究主要强调企业转向服务的重要性而忽略了其内在机制（Baines et al, 2009）[43]。且以信息技术为代表的技术变革使制造企业服务转型研究似乎会陷入"服务转型悖论"（Service Transition Paradox）中。造成这一现象的根本原因是大多数研究者坚持认为产品和服务品是明确区分的，其背后体现的是建立在工业经济的假设和模型基础上的商品主导逻辑（Vargo，Lusch，2004）[44]。

按照商品主导逻辑，商品处于中心位置，而服务被认为是"次优"产出。要么将视野局限于产品服务连续体中服务与产品所占比重确定上 (Tsai-Chi Kuo et al, 2021)[45]；要么因产品与服务品的明确区分导致制造企业与服务企业在组织上存在明显的差异，进而使得服务管理原则通常不被传统的制造企业认同（Vandermerwe et al, 1998）[46]。而制造企业的服务转型是将服务导向的组织性安排要素添加或替代到制造企业里，这意味着在同一组织内整合混合组织性要素，会给服务转型过程带来内在的困扰、紧张甚至冲突（Gummesson，2003）[47]。很明显，商品主导逻辑与工业革命早期的技术和社会背景相适应。但在今天，商品和服务品的明确区分不仅相当困难，而且成为一种负担。在发达国家，处于次优地位的服务部门超越制造部门成为经济主体，这种趋势在中国等发展中国家也越来越明显，这到底是进步还是退步？为此，Vagro 和 Lusch（2004）[44] 建议用服务主导逻辑来代替商品主导逻辑，将研究中心从单位产出和价格转移到服务过程上。基于此，服务主导逻辑（Service-Dominant Logic，SDL）提出了

10个基础性假设前提（FPs）。很显然，与商品主导逻辑"分"的特色相反，服务主导逻辑充分体现"合"的特色，即服务是一切经济交换的根本性基础，无论是商品还是服务品都是间接和直接提供服务的工具（Vargo, Lusch, 2008）[25]。顾客也不再是价值的毁灭者，企业和顾客共同创造价值，所有参与者都是资源整合者，共同组成服务生态系统或服务价值网络。于是，一些学者开始将服务主导逻辑运用到制造企业服务转型的研究中。如Bjurklo等（2009）[48]提出制造企业应将战略聚焦从传统聚焦交易转移到长期的顾客关系上，Sebastiani和Paiola（2010）[49]强调用服务创新路径来指导制造企业的服务转型，Lusch等（2016）[26]提出制造企业可通过价值富集在服务价值网络中占据有利位置，Cova和Salle（2008）[50]认为还要规划整合服务生态系统的服务架构和产业架构，从而取得架构控制权，等等。

总的来说，信息技术和全球化改变了原有价值创造与分配理论的假设基础，使得以"分"为特点的商品主导逻辑出现了对经济现实解释的失灵，符合经济发展现实以"合"为特征的服务主导逻辑开始出现。尽管如此，其进一步的理论化工作仍未完成（Brodie et al, 2011）[51]。基于此，本研究拟从传统商品主导逻辑（Product-Dominant Logic，PDL）在解释现实中全球价值链利益分配格局的不足出发，结合前面关于价值的研究和现有商品主导逻辑和服务主导逻辑的研究，力争建立服务主导逻辑范式，为研究全球价值链上的利益分配提供理论基础。

二、服务主导逻辑的相关研究

服务主导逻辑是由以Vargo和Lusch（2004）[52]为首的学者提出并扩展的。Vargo和Lusch（2004）[52]在提出服务主导逻辑时，强调一切经济都是服务经济，价值由顾客和企业共同决定和创造。服务是一个过程而不代表具体的产出,交易双方或是多方通过利用彼此的专长进行价值共创。在服务主导逻辑中,价值是交易各方在交互中共同创造的,每个交易主体都是资源整合者,根据其他交易主体提出的价值主张以及自己的需求进行资源组合或是整合(Akaka,Vargo,2015)[53]。服务主导逻辑强调价值创造不是单方面的行为,而是需要交易各方共同努力进行协作,在满足彼此需求的过程中交易各方共同打造价值创造系统(Payne et al,2009)[54]。经过多年的发展,Lusch和Vargo[26]于2016年确定了该理论的11个基本前提,并进一步明确了基本前提的表述。Vargo等(2020)[55]讨论了服务主导逻辑及服务生态系统观点的广泛适用性以及对服务研究、营销和其他学科的启示,特别是强调了服务主导逻辑如何帮助服务研究人员不拘泥于"服务"的概念,从而形成了一个多因素的交换概念。

随着服务主导逻辑理论的发展,其也得到广泛应用。首先是营销领域,主要集中在品牌、顾客、价值主张等方面。如品牌方面,Ballantyne和Aitken(2007)[56]用服务主导逻辑考量B2B品牌,Merz等(2009)[57]将品牌理解为企业及其利益相关者的合作和价值共创活动,Payne等(2009)[54]关注如何设计和规划共创品牌所涉及的顾客体验,Halliday(2016)[58]聚焦用户生成的关于品牌的内容;顾客方面,Edvardsson等(2011)[59]基于服务主导逻辑将价值理解为社会情境中的价值,Helkkula等(2012)[60]将价值描述为一种顾客体验;价值主张方面,Kowalkowski(2011)[61]用服务主导逻辑来理解价值主张的动态性,Frow和Payne(2011)[62]基于多方利益相关者的视角探讨了服务主导逻辑背景下价值主张的含义。其次是管理领域,如Subramony和Pugh(2015)[63]用服务主导逻辑为管理研究建立一个内部一致的框架,等等。最后是健康领域,Hardyman等(2015)[64]基于服务主导逻辑研究卫生保健微观接触层面的患者参与问题,而Joiner和Lusch(2016)[65]提出一种基于服务主导逻辑的医疗价值构想新范式，等等。总之，服务主导逻辑是一种后发重建式主导逻辑，旨在基于社会和经济交换发展出一种更广阔、更深远的观察视角。

国内学者也对服务主导逻辑理论进行了讨论和应用。一是综述。如郭朝阳等（2012）[66]从营销理论的发展和演变过程中分析了服务主导逻辑的缘起和演进轨迹，李雷等（2013）[67]将服务主导逻辑的十个基本前提分为资源与竞争优势、市场交易机制、价值共创模式和服务生态系统四类，楼芸和丁剑潮（2020）[68]对于价值共创理论的起源、发展和核心内容进行了综述，简兆权和秦睿（2021）[69]提出了服务主导逻辑基础模型并阐释基本原理，等等。二是应用研究。如刘林青等（2010）[24]指出要用基于使用价值的服务主导逻辑指导企业的战略和行动，付聪（2013）[70]研究了服务主导逻辑下产品模块化与供应链的匹配问题，刘飞和简兆权（2014）[71]研究了基于服务主导逻辑的网络环境下的服务创新，姚梅芳等（2022）[72]基于服务主导逻辑探究数字经济下创新型企业中服务主导逻辑、动态能力与价值共创之间的关系，等等。三是实证研究。如吴应良和蔡凯佳（2016）[73]以网络众筹为例，分析基于服务主导逻辑的价值创新分析模型，武柏宇和彭本红（2018）[74]研究了服务主导逻辑与网络嵌入、动态能力、价值共创变量之间的关系，等等。

第三节 全球价值链的相关研究

价值链概念最早由 Porter（1990）[14]提出并扩展到不同公司间的经济交往，他提出了价值体系，即从关注原材料转向价值链上每环节价值增值（Gereffi，1999）[5]。单个公司很少能独立承担从产品或服务概念到市场所需的全部活动，价值创造活动是由价值链各环节联系在一起共同创造的。

据此，Arndt（1997）[75] 提出海外外包（Offshore Sourcing）和全球外包（Global Sourcing）等概念，Feenstra（1998）[76] 用"贸易一体化"和"生产的垂直分离"将价值创造活动在全球经济中勾勒出来，以 Gereffi（1999）[5] 为代表的学者提出全球商品链理论（Kaplinsky and Morris, 2001[77]；Humphrey and Schmitz, 2002[78]），Hummels 等（1998）[79] 用国际垂直专业化分工来定义全球价值链分工，Glass 和 Saggi（2001）[80] 提出国际生产外包（International Outsourcing），Grossman 和 Rossi-Hansberg（2012）[81] 则用任务贸易来解释全球价值链。总之，全球价值链是一个复杂且具流动性的网络（庞珣，2021）[82]，任何一国都不可能是"孤岛经济"（戢仕铭，2021）[83]。

一、关于全球价值链的动力机制研究

全球价值链理论中关于动力机制的研究基本延续了 Gereffi 等[5] 的生产者驱动和购买者驱动思想，即认为全球价值链条的驱动力主要来自生产者和购买者两个方面。但信息技术进步与全球化使得企业边界越来越模糊，主导企业在全球价值链治理中居于支配地位，全球价值链上的利益再分配机制发生了改变。实际经济中，单纯的购买者驱动和生产者驱动的产业链条并不多，更多的是两者同时具备两种特征（UNIDO, 2003）[84]。如张辉（2006）[85] 认为全球价值链片断化的驱动类型有生产者、购买者和混合型三种动力机制，江心英等（2009）[86] 认为隶属于生产者驱动型价值链的企业应积极与业内领导型企业建立合作关系，李静（2015）[87] 考察初始人力资本选择与垂直专业化不同阶段的适配如何促使发展中国家提升其产业全球价值链的位置，盛斌和景光正（2019）[88] 认为金融危机的爆发弱化了金融市场对一国全球价值链地位的提升作用，郑乐凯等（2021）[89] 研究发现技术进步是市场主导型金融结构促进某一经济体全球价值链地位攀升的重要渠道，Antràs（2020）[90] 评估了世界经济进入"去

全球化"阶段的程度，Ando 和 Hayakawa（2022）[91] 认为各国新冠疫情发生的时间和程度存在差异增加了全球价值链的复杂性和不确定性，等等。

与此同时，一些学者围绕中国全球价值链升级的内生、外生动力机制展开相关研究。首先从内生动力的视角，如戴翔等（2018）[92] 研究产业集聚优势是否影响以及如何影响制造业价值链攀升，马述忠等（2017）[93] 考察融资约束与企业全球价值链地位攀升的关系，戴翔和郑岚（2015）[94] 检验制度质量的完善程度对中国攀升全球价值链具有显著的正面影响，刘斌等（2016）[95] 考察制造业服务化对全球价值链分工地位的影响，李月和蔡礼辉（2020）[96] 认为五大领域结构性改革显著促进了中国工业全球价值链地位的攀升，此外还有学者关注对外直接投资（刘斌等，2015[97]；杨连星等，2017[98]）、生产性服务业（顾雪芹，2020）[99]、金融发展（谷军健等，2020）[100]、数字基础设施（李津等，2020）[101]、人工智能（吕越等，2020）[102]、服务贸易自由化（马盈盈，2019）[103]、对外直接投资（Görg and Greenaway，2004）[104]、创业（田毕飞等，2017）[105] 和本土市场规模扩张（戴翔等，2017）[106] 对中国全球价值链地位提升的影响。其次从外生冲击的视角，如陈旭等（2019）[107] 发现多中心结构对中国全球价值链地位的影响存在先抑后扬的 U 型特征，葛顺奇等（2021）[108] 认为外资企业在推动中国处于全球价值链贸易网络核心位置起到了重要作用。最后从内、外部共同作用的视角，如洪俊杰和商辉（2019）[109] 研究发现贸易网络地位的提升能够促进其价值链地位的攀升，等等。

二、全球价值链治理的研究

一是有关全球价值链治理模式的研究。如 Schmitz 和 Humphrey（2000）[110] 认为，全球价值链的治理是指通过非市场机制来协调价值链上活动的企业间的相互关系和制度机制，全球价值链治理的不同形式会直接影响发展中国家企业的升级前景；Gereffi 等（2003）[111] 认为在特定的时间内全球价值链的治理模式也可能会从一种模式转换成另一种模式；Gereffi 等（2005）[112] 基于交易的复杂程度、信息的可识别性和供应商的供应能力三个因素把全球价值链治理分为市场型、关系型、模块型、领导型和层级制型五种基本模式；Ponte 和 Sturgeon（2014）[113] 基于 Gereffi 等（2005）[112] 构建模块化分析框架，Gereffi 和 Lee（2016）[114] 区分全球价值链治理为垂直型治理（上游与下游产业间的协作治理）和水平型治理（社会、制度等相关的内部生产关系治理）；也有学者的研究关注基于全球价值链关系国际买方企业与不同国家的供应商协作发展（Kano, 2018）[115]；等等。围绕这一问题，国内学者也开展了丰富的研究，如盖文启等（2004）[116] 将全球价值链治理模式应用到剑桥工业园区、美国硅谷和印度班加罗尔中；刘林青等（2010）[24] 认为全球价值链有企业内治理、产业治理和市场治理三类问题且不同的主导治理模式体现了国家和企业在其中扮演的不同角色；等等。

二是关于全球价值链升级的研究。如 Gereffi（1999）[5] 对世界纺织服务业进行研究，并从组织和社会的角度对全球价值链的分析认为，发展中国家的纺织企业在全球价值链分工当中的模式是"工艺升级→产品升级→功能升级→链的升级"；Kaplinsky 等（2001）[77] 提出全球价值链提升的路径为 OEA→OEM→ODM→OBM；然而，Schmitz 和 Humphrey（2000）[110] 认为上述的序贯升级模式不但不能够自动实现，而且会阻碍发展中国家企业的价值链升级；Humphrey 和 Schmitz（2002）[78] 将升级定义为国家或企业通过流程、产品、功能和链升级转向高附加值活动；Gereffi（2019）[117] 认为产品和流程升级很重要，因为它们可以在相对高价值的活动中创造和获取价值，而功能和链升级通过向前和向后联系有助于实现产业多样化；等等。我国学者刘志彪和张杰（2007）[118] 认为，在全球价值链背景下发展中国家培育国内市场空间的国内价值链以摆脱被俘获关系的方式；荆林波和袁平红（2019）[119]指出当前全球价值链驱动机制的新变化，大数据、人工智能、5G和物联网等技术成为新的增长点，促进全球价值链转型；等等。

三是全球价值链参与者的不同角色研究。一方面是参与全球价值链对企业绩效的影响（Criscuolo and Timmis，2017[120]；Gereffi，2014[121]）。如Gereffi（2014）[121]认为参与全球价值链为企业提供了获得更好的技术、专门知识和形成贸易网络的机会，Pietrobelli和Rabellotti（2011）[122]、Lema等（2018）[123]发现企业层面的能力建设决定全球价值链整合的深度和速度，Saliola和Zanfei（2009）[124]认为参与全球价值链有利于企业从事具有比较优势的活动、高技术转移、知识溢出以及进入竞争市场，提高企业生产力，我国学者王岚和李宏艳（2015）[125]也指出许多国际组织和发展中国家都特别重视后者融入全球价值链，以此作为实现更高经济增长的手段，吕越等（2018）[126]发现嵌入全球价值链显著抑制中国企业研发创新行为，等等。另一方面是识别全球价值链参与的各种驱动因素，在区域、国家或部门层面，大多数研究将劳动力、资本密度、对外直接投资的开放程度、人均国内生产总值、出口商品结构、行业技术特征、实际汇率和制度质量等视为全球价值链参与的主要驱动因素（Criscuolo and Timmis，2017）[120]，Taglioni和Winkler（2016）[127]认为加强和培养创新和建设能力的政策对于扩大和加强全球价值链参与水平至关重要，Kano等（2020）[128]指出全球价值链参与者有架构师、战略领导者、管理者和分销商，强调全球价值链伙伴选择也是领导企业实现能力创造和创新的关键问题。然而，全球价值链的各种领导企业如何管理其特定于企业的活动（如选择供应商），尤其是关于全球价值链供应商间的知识传递和协同方面的研究有限，几乎没有研究探讨全球价值链先发企业与后发企业供应商选择标准的差异（Strange and Humphrey，2019）[129]。

四是全球价值链上的利益来源与利益分配的研究。如 Arndt（1997）[75] 指出，资本丰富的发达国家对劳动密集型产品进行全球价值链分工会让参与全球价值链分工的发达国家和发展中国家增加工资、就业，从而获取更多的利益，资本丰富的发达国家对资本密集型的出口产品进行全球价值链分工会导致发达国家的工资下降；Kaplinsky 等（2001）[77] 指出领导公司通常凭借设计、研发、品牌和营销等无形的竞争力来对价值链进行治理，使得发达国家和发展中国家在全球价值链分工中的利益分配很不平等；卢峰和姚洋（2004）[130] 认为全球"产品内分工"利益的基础就是比较优势和规模经济；曹明福和李树民（2005）[131] 认为，主导价值链分工的发达国家还获得了价值链交换上的价格倾斜优势，而价格倾斜优势属于"贸易利益"，发达国家能够从分工中获取"分工利益"和"贸易利益"；等等。

三、全球价值链与贸易的相关研究

一是有关关税和非关税壁垒与全球价值链关系的研究。贸易壁垒会影响全球价值链分工，但全球价值链分工也可能会导致贸易壁垒的出现。首先是贸易壁垒对全球价值链分工的影响，如蓝庆新和窦凯（2019）[132] 研究发现中美贸易摩擦对中美双方宏观经济、部门产出和全球价值链均会产生一定的负面影响，Bellora 等（2019）[133] 对中美贸易摩擦的研究证实了在全球价值链的背景下进行贸易战对所有交战方的代价都是高昂的，Mao 等（2020）[134] 发现中美间的关税增加还会通过全球价值链对第三国产生间接影响。同时，非关税壁垒对全球价值链参与度造成显著负向影响（王聪等，2019）[135]，吕越等（2018）[126] 研究发现中美贸易摩擦将直接导致中美双边贸易额下降。一些学者开始从服务贸易壁垒和数字贸易壁垒的角度研究贸易壁垒对全球价值链分工的影响。刘斌等（2016）[95] 探究制造业投入服务化与服务贸易壁垒对全球价值链分工的影响效应。其次是全球价值链分工也可能会导致贸易壁垒，全球价值链的兴起和发展对各国的关税水平（顾振华等，2017）[136]、贸易政策（盛斌等，2015）[137]等均会产生影响，余振等（2018）[138]认为中国与贸易伙伴的全球价值链地位越接近，二者发生贸易摩擦的频率越高，乔小勇等（2022）[139]也证明了中国产业价值链升级与美国对华发起反倾销和实施终裁的数量和概率成反比，等等。

二是关税和非关税壁垒对中国出口的影响。首先是关注关税壁垒，如赵文霞等（2020）[140]探究了关税和非关税壁垒对中国出口产品质量的联动影响，史本叶等（2021）[141]发现美国加征关税将显著降低中国对美出口中的第三国增加值率，而对国内增加值率影响并不显著，王开等（2020）[142]评估了美国贸易保护政策对中国出口产品的影响效应，等等；其次是关注非关税壁垒，黄新飞等（2017）[143]考察了第三方遭遇反倾销对中国出口贸易三元边际的影响，等等。

三是全球价值链的实证研究。其一是全球价值链地位的测度方法，首先，用出口技术复杂度法，如 Hausmann 等（2003）[144]首次提出复杂度的基本概念并以此测度产品的技术含量。其次，Hausmann 等（2005）[145]将这一概念用于国际贸易领域，指出一国出口产品的复杂度越高，该国出口产品的技术水平越高。最后，Rodrik（2006）[146]提出用人均收入指标法测度各国产品出口技术复杂度，Hausmann 和 Hidalgo（2010）[147]基于能力理论提出了测算出口技术复杂度的反射法，倪红福（2017）[148]构建了基于生产工序的技术含量新测度方法，等等。其二是用全球价值链地位指数法来测度，如 Koopman 等（2010）[12]在对出口贸易额进行分解的基础上构建了全球价值链地位指数，苏庆义（2016）[149]设计了一个新的国际分工地位指数，等等。其三是生产长度法，如 Fally（2012）[150]将一国封闭经济下的生产分割长度定义为每种产品中隐含的生产阶段数量，倪红福等

(2016)[151]将生产阶段数扩展到全球投入产出模型并区分了国际和国内生产阶段数,等等。其四是上下游度法,如Antràs等(2012)[152]引入了上游度/下游度等概念刻画全球价值链位置,Miller和Temurshoev(2015)[153]提出了距离初始要素端的下游度概念,Antràs和Chor(2018)[154]全面概述了度量国家和行业在全球价值链中的上游度和下游度的各项措施,Johnson(2018)[155]提出了全球价值链宏观核算方法与微观核算方法的连接与融合,Alfaro等(2019)[156]结合了不同国家的投入产出表和企业生产活动信息构建了企业层面的上游度指标,苏丹妮等(2020)[157]构建了企业全球价值链上游参与度和下游参与度指标来综合反映企业全球价值链分工地位的指标,等等。其五是增加值率法,Koopman等(2014)[9]在对现有测算方法进行了详细的分类和梳理的基础上,进一步根据Wang等(2017)[158]的研究构建了新的全球价值链地位指数。随着经济全球化的不断演变,世界经济和贸易的发展愈发展现出网络化的特征。近年来,许多学者开始从贸易网络视角考察贸易"关系"。Amador和Cabral(2017)[159]认为网络分析能够考虑到全球价值链所有参与者之间的相互依存关系,而不是孤立地研究任何两个国家之间的国际贸易关系,开始用网络中心度来度量全球价值链。总的来说,目前,全球价值链升级测度的方法并不统一,有出口国内增加值率、出口国外增加值率、出口技术复杂度、垂直专业化、上游度指数、国际分工地位和全球价值链地位等多种代表性指标。

第四节 增加值贸易的相关研究

一、增加值测算方法的提出

增加值贸易研究要追溯到Hummels、Ishiii、Yi(2011)[160](简称

HIY）对垂直专业化的开创性研究，首次提出利用 VS 指标测度垂直专业化水平，其后贸易增加值的核算体系从宏观和微观两个层面得到逐步完善。后来文献以此为基础对上述问题进行改进，主要是通过放松 HIY 的"所有进口中间品完全是由国外附加值构成的"这一假设，利用世界投入产出表对全球价值链分工进行了更为现实的研究。如 Wang 等（2009）[161]在将一国出口附加值分解为国内和国外附加值的基础上，进一步将国内附加值分解为直接和间接附加值出口，形成了贸易附加值框架的雏形；Koopman 等（2010）[12]融合 Hummels 等（2011）[160]和 Wang 等（2009）[161]的研究将一国总出口分解为直接附加值出口、间接附加值出口、国内附加值回流和国外附加值四部分，第一次形成贸易附加值分解系统框架；Daudin 等（2011）[162]把 HIY 的 VS 和 VS1 加总起来称为垂直贸易，首次提出增加值贸易（value-added trade）的概念；Johnson 和 Noguera（2012）[163]在 Daulin 等的基础上提出了正式的附加值出口（value-added export）的概念，将一国出口中隐含的最终被国外吸收的国内增加值界定为增加值出口；Koopman 等（2012）[8]构建了考虑加工贸易影响的测度出口中国内附加值的方法；而 Koopman 等（2012[8]，2014[9]）在 Koopman 等（2010）[12]、Johnson 和 Noguera（2012）[163]的基础上将一国总出口进行更细化的分解，剖析了传统贸易重复统计的具体来源，并建立了附加值出口、出口中国内附加值、HIY 的 VS 和 VS1 等与总出口之间的联系；Upward 等（2013）[164]利用 KWW 方法计算了企业的出口国内增加值率，使得直接使用微观层面数据来测算出口国内增加值率成为可能；Wang 等（2013）[165]对 Koopman 等（2014）[9]中分解模型作了进一步的扩展，提出了双边-部门层面总贸易流完整核算框架，根据贸易产品不同的价值来源、最终吸收地以及吸收渠道，把国际贸易流分解为 16 种不同的路径；Kee 和 Tang（2016）[166]提出了一个核算加工贸易企业出口国内增加值率的简易框架，研究了中国企业层面的出口国内增加值率及其变化原因。此外，一些数据库的建立也为增加值贸易核算提供了可能，如 2012 年公开的 WIOD 数据库（Timmer et al，2012）[167] 和 OECD-WTO 的 TiVA 数据库（Lenzen et al，2012）[168]，2013 年发布的 Eora MRIO 数据库（Lenzen et al，2013）[169]、UNCTAD-Eora 数据库和 OECD 的 Interconnected Economies 数据库等，由此产生了许多研究成果（Los et al，2012[170]；Richard，2013[171]）。张杰等（2013）[172] 综合考虑了间接贸易以及进口资本品的折旧等因素，提供了一个更准确的测算微观企业出口国内增加值率的方法；鞠建东和余心玎（2014）[173] 以价值链为线索对中国在全球价值链中的贸易角色进行了定量分析；刘维林（2015）[174] 进一步改进了 KWW 方法，将出口的国外增加值分解为产品附加值和服务附加值，以反映中国在全球价值链中的嵌入结构；周琢和祝坤福（2020）[175] 指出外资企业的出口增加值中既包括本国要素所产生的增加值，也包括外国要素所产生的增加值，因而属地增加值不能充分反映一国出口增加值的收益归属；等等。

二、服务业进口中的增加值研究

关于服务业进口研究主要集中在两个方面，一是服务业进口对制造业效率提升及经济增长的影响，即服务业进口可通过物质资本积累、人力资本、制度变迁等一系列效应和途径促进一国制造业技术进步和效率水平的提高（Amiti and Wei，2005[176]；Francois and Woerz，2008[177]）。二是服务业进口现状的研究，即服务业进口贸易总量、产业和行业结构及复杂度等（Cui and Syed，2007[178]；Nordås and Kox，2009[179]；杨玲，2016[180]；等等）。总的来说，很少有学者关注中国服务业进口来源国的特征和差异，然而对进口中价值增值来源地的分解可为我国服务贸易政策和外交方针的制定提供可靠的依据。与此同时，现有大量研究成果均是基于传统总值核算法测算，这种以国境线为统计基础的算法在全球贸易之初（即以最终品贸易为主的时代）较能反映真实的国际贸易状况，但全球化不断加深、跨国投资、产业转移带来的中间品贸易所占比重越来越大的现实情况往往导致重复计算，不仅扭曲了中间品贸易的本质，更夸大了全球贸易失衡的严重性，在某些方面难以真实揭示一国（地区）产业（包括服务业）的现状，据此核算结果研究的其他主题结论的科学性可能也会受到质疑。而"附加值贸易"概念的发展及一系列相关的实证研究为此提供了另一个思路（Koopman et al, 2014）[9]；Timmer et al, 2014[181]），再加上 World Input-Output Database（WIOD）和 the Trade in Value Added（TIVA）数据库的发展，这些关于贸易的新思考和新数据使得经济学家能更好地描绘国家和产业进口中附加值的真正来源（Baldwin, Forslid and Ito, 2015[182]；刘艳等，2016[183]；等等），也为我国服务业进口中的价值来源地分解提供了工具。在附加值贸易思维影响下，一些学者开始关注出口中的服务附加值。如相似的研究都显示了同样的趋势（Crozet and Mile, 2014）[184]，制造产品中附加值成分正在从制造成分向服务成分转变；等等。

三、服务业出口中的增加值研究

大部分附加值贸易文献通过放松 HIY 的"所有进口中间品完全是由国外附加值构成"这一假设对全球价值链分工进行了更现实的研究。如 Koopman 等（2010）[12] 将一国总出口按照附加值内容进行分解，第一次形成了贸易附加值分解系统框架；而 Johnson 和 Noguera（2012）[163] 在 Daulin 等的基础上提出了正式的附加值出口概念和计算方法，即一国生产但被另一国最终使用的附加值，却未能分析附加值出口与 HIY 的 VS 之间的关联；Koopman 等（2012）[8] 放松了 HIY 的"国内最终消费品和出口产品生产对进口中间品的依赖程度是一样"的假设，通过分离国内与进口中间品在生产中的作用，构建了考虑加工贸易影响的测度出口中国内附加值的方法，并运用该方法揭示了中国出口中国内附加值比重；Koopman 等（2012[8]，2014[9]）在 Koopman 等（2010）[12]、Johnson 和 Noguera（2012）[163]的基础上，将一国总出口进行了更细化的分解，剖析了传统贸易重复统计的具体来源，并建立了附加值出口、出口中国内附加值、HIY的 VS 等与总出口之间的联系；Wang 等（2017）[158]对 Koopman 等（2014）[9]中分解模型作了进一步扩展，使之适合国家间双边以及行业层面出口的附加值分解，等等。这些研究也促使了像 WIOD 和 TIVA 这样的投入产出数据库的应用。这些思考出口的新方法和新数据使得经济学家能够掌握更真实的最终一国和产业出口的价值来源，也带来了丰富的相关研究成果，如 Koopman 等（2012）[8]发现，中国出口中国内附加值在 2002—2007 年不断增长；Johnson 和 Noguera（2012）[163]研究显示，用附加值贸易来测算 2004 年中美贸易不均衡时，不均衡程度要比用总值和算法低 30%~40%，用 GTAP IO 表格测算 1970—2009 年除韩国和印度尼西亚之外的所有国家的 DVAR，发现均呈下降趋势；Amiti、Itskhoki 和 Konings（2014）[185]用 GTAP IO 表格测算土耳其的 DVAR 发现，出口量越大的国家都倾向于有更高的进口原材料比例；Pierce 和 Schott（2016）[186]发现，美国降低关税来阻碍从中国进口，导致美国经历了更低的就业增长、工作创造和更高的工作破坏；Koopman 等（2014）[9]用 WIOD 数据库中的 IO 表格计算发现，从 1995—2007 年中国出口中嵌入的国内进口成分从 1995 年的 0.1% 上升至 2007 年的 1.3%；Kee 和 Tang（2016）[166]研究显示中国所有产业的加工出口中国内附加值都急剧增长；Stehrer（2012）[187]、Koopman 等（2014）[9]分解了总出口中成分，包括国内附加值、国外附加值；也有一些学者利用增加值贸易数据对中国单边和双边贸易差额进行重新测算和调整（李昕等，2013[188]；陈雯等，2014[189]），并在增加值贸易框架下重新测算中国出口的国际竞争力和国际分工地位（戴翔等，2015[94]），有些学者还对中国增加值贸易进行细化和分解研究（罗长远等，2014[190]）；OECD（2014）[191]计算发现制造业中服务附加值能够解释EU's 和 US's 出口中服务的 50%。

第五节 服务业国际竞争力的相关研究

一、产业国际竞争力的相关研究

国内外各种研究机构、专家学者对产业国际竞争力的研究一直颇为关注，如国际经济学领域对这一问题的讨论有着悠久的历史（Wezel and Lomi，2003）[192]，从亚当·斯密的绝对优势理论到大卫·李嘉图的相对比较优势理论，再到赫克歇尔-俄林的要素禀赋理论，但这些理论因建立在一系列的严格假设之上而影响了其一般有效性（Bernhofen and Brown，2004）[193]。而以 Krugman（2008）[194]为代表的国际经济学家放松传统贸易理论的完全竞争假设和以规模效益为常数的假设而构建新的垄断和寡头竞争贸易模型。在管理学领域，波特于1990年用新的钻石模型指出产业国际竞争优势的源泉不仅是新旧贸易理论中的"比较优势"，而且产业发展所依赖的"钻石体系"，使得关于产业国际竞争力研究更动态和系统。然而，钻石模型遭到了经济学领域特别是国际经济学领域学者的尖锐批评（Howard and Ellis，2000[195]；Ketels，2006[196]）。于是，从2005年开始，一批来自发展经济学领域的专家开始关注出口结构是否影响以及如何影响经济增长与结构转型，如 Hausmann 和 Klinger（2006）[197]通过研究一国的出口结构分析其国际竞争力。Hidalgo 等（2007）[198]研究指出，贫穷国家的专业化主要发生在低附加值、低级要素密集和低技术的产品领域，而发达国家的专业化主要发生在高附加值、高级要素密集和高技术的产品领域；国家增长会沿着技术质量阶梯进行产业结构的升级和转型。为此，Hausmann 和 Klinger（2006）[197]、Hidalgo 等（2007）[198] 等提出的产品空间结构可视化为产业国际竞争力研究开辟了一个新的领域，即结构观。与此同时，出口技术复杂度（Rodrik，2006[146]；Xu，2010[199]）和产品空间的开创性成果（Hausmann and Klinger，2006[197]；Hidalgo et al，2007[198]）大大地激发了学者们对产业国际竞争力"质"的研究兴趣。如 Hummels 等（2011）[161] 用垂直专业化指数（VS）来比较和衡量一国各产业的发展水平，Hummels 和 Klenow（2005）[200] 和 Michaely（1984）[201] 对 Hummels 等的方法进行修正并测量出口产品的效率水平，Koopman 等（2010）[12] 提出测定一个国家全球价值链参与率指标，Antràs 等（2012）[152] 依据投入产出方法提出了 Upstreamness 指标以测量不同的行业在全球生产分工中所处的上游或下游的相对阶段，Timmer 等（2014）[181] 利用 MRIO 模型和 WIOD 数据库分析了全球生产分工与劳动收入的关系，Koopman 等（2014）[9] 以增加值出口为基准计算了 RCA，此外还有 Samen（2010）[202] 的出口多样性测定、Neffke 等（2012）[203] 的技术凝聚性测定、Mishra 等（2011）[204] 的服务出口技术复杂度以及 Carvalho（2014）[205]、Magerman 等（2016）[206] 等提出的新指标——博纳奇-卡茨特征向量中心度来测度企业或行业在一国（地区）产业链中的影响力，Acemoglu 等（2018）[207]、Criscuolo 和 Timmis（2018）[13] 等学者提出的网络分析方法可比上述方法更为全面客观地评价一国（地区）在全球生产网络中的产业链竞争力；等等。国内关于产业国际竞争力的研究始于 20 世纪 90 年代初，1991 年原国家科委下达了软课题"国际竞争力的研究"，由狄昂照等学者承担，其研究成果《国际竞争力》是我国国际竞争力、产业竞争力研究的开山之作。1995 年南京大学洪银兴教授在《新华日报》连续发表三篇有关产业竞争力的文章，对我国开展产业竞争力研究产生了重要的推动作用。同年，中国社科院工业经济研究所以金碚博士为首的课题组承担了中国社科院招标课题"我国工业品国际竞争力的比较研究"。此后，相关成果层出不穷，重点有产业国际竞争力的内涵影响因素分析（高传胜等，2008）[208]、产业国际竞争力评价指标体系（霍景东，2006）[209]、出口产品技术含量的评价（樊纲等，2006[210]；姚洋等，2008[211]）、GVC地位指数和上游度指数（王欠欠等，2019）[212]，网络中心度评价（邹国伟等，2021）[213]。

二、服务业国际竞争力的相关研究

目前国外关于服务业国际竞争力的研究主要体现在三个方面：（1）影响因素分析。如Ram（1986）[214]认为知识产权的有效保护是促使服务业得到长足发展的非常关键的因素。Peterson和Barras（1987）[215]探讨样本国家实际服务出口份额与RCA之间的关系。Hoekman和Braga（1997）[216]指出信息技术可提高服务业的可贸易程度进而促使服务贸易产生倍数效应。Deardorff（2004）[217]强调WTO这类国际组织对实行全球范围内的服务贸易自由化起重要的推动作用。Mohammad等（1967）[218]研究发现法律制度方面更完备的国家有着相对更大、更有活力的服务部门。Francois和Woerz（2008）[177]分析了部门开放度和技能水平这类人力资本因素对服务贸易国际竞争力的影响。Francois和Hoekman（2010）[219]认为效率、公平、信息不完善等问题对服务贸易有负面影响。Miroudot和Shepherd（2014）[220]指出服务区域贸易协定能降低双边服务贸易壁垒。Ditsworth和Ruths（2019）[221]利用实证分析指出服务贸易与外国资本流入具有密不可分的联系。（2）测度研究。如Dick和Dicke（1979）[222]首次借助RCA指数分析知识密集型服务业，Bobirca等（2007）[223]利用显示性比较优势指数和出口业绩指标对它们在欧盟国家中的服务贸易国际竞争力进行了测度。(3) 研究范式和应用研究。如 Windrum 等 (1999)[224] 对比了英国、德国、荷兰和日本四国的知识密集型服务业的国际竞争力。Pailwar 等 (2009)[225] 利用各种比较优势理论分析了印度服务部门贸易专业化的发展。

国内相关研究也集中在三个方面：(1) 影响因素研究。如赵景峰和陈策 (2006)[226] 从总量增长和结构调整两方面对中国服务贸易发展现状和竞争力进行分析，庄惠明等 (2009)[227] 研究了 9 个影响服务贸易竞争力的因素，姚海棠和方晓丽 (2013)[228] 研究了金砖五国服务贸易竞争力影响因素。(2) 衡量研究。如刘珊珊 (2021)[229] 基于增加值贸易核算中日两国以增加值显示性比较优势指数表征的制造业国际竞争力水平。(3) 对策研究。如蔡茂森和谭荣 (2005)[230] 研究指出要逐步加大对扩大市场的开放程度来最终达到提高我国服务贸易的竞争力的目标，裴长洪和杨志远 (2012)[231] 研究发现科技创新、国际直接投资和服务业市场开放是造成服务贸易快速增长的主要原因。

三、服务贸易制约因素的相关研究

早期研究主要集中在服务业可贸易性 (Hill, 1977)[232] 和传统分工理论适用性 (Bhagwati, 1984)[233] 方面。随着技术进步和贸易规则改变，越来越多学者开始探讨服务贸易的影响因素。如 Head 和 Ries (2001)[234] 指出市场开放和贸易障碍的削弱意味着更强的"本地市场效应"。Gani 和 Clemes (2002)[235] 认为真实产出、制造业的增长、政府的花费、出口、进口是影响服务贸易扩张的主要因素。Kimura 和 Lee (2006)[236] 发现 OECD 国家服务业存在本地市场效应。Chor (2010)[237] 测算地理要素、生产要素和与比较优势有关的制度要素对出口的影响。Fajgelbaum 等

(2011)[238]指出在非位似偏好假设下收入在个体间的不同分配情况将会通过影响需求结构来影响服务贸易的总量与结构。Duval等（2015）[239]在计算制造业和服务业的双边贸易增加值成本时发现服务业的贸易增加值成本是略微高于制造业的。在我国，有些学者也对这一主题进行了关注。如毛艳华和李敬子（2015）[240]从本地市场效应角度分析了服务出口的制约因素。余群芝和贾净雪（2015）[241]按照出口目的国和进口来源国对中国出口中的国内外增加值进一步分解，发现无论是上游、下游依赖度还是最终需求，中国对欧盟、美国等地的依赖程度均很高。程大中和程卓（2015）[242]采用增加值贸易方法测算中国出口中的服务含量发现，来自国外的服务含量占比趋于上升，来自国内的服务含量占比趋于下降。

第六节 服务业对制造业效率影响的相关研究

一、服务业发展与制造业效率提升

国外关于服务业对制造业生产效率的影响的研究文献很丰富，如 Riddle（1986）[243]认为生产性服务业是促进其他部门增长的过程产业，是便于一切经济交易的产业，是刺激商品生产的推动力；Markusen（1989）[244]和Francois（1990）[245]分析指出生产性服务业发展所带来的专业化和分工的深化，有助于降低制造业生产成本和提高生产效率；Hoekman（2006）[246]、Francois等（2008）[177]运用投入产出数据检验发现，服务投入对 OECD 国家的高技术产业生产效率有显著的促进作用；等等。国内研究服务业对制造业效率或竞争力影响的文献也很多，认为服务业尤其是生产性服务业有助于提高中国服务业的生产效率和竞争力（顾乃华等，2006[247]；高觉民等，2011[248]），且生产性服务贸易进口有助于提升中国服务业的生产效率和出口竞争力（张艳等，2013）[249]。只有少部分文献根据投入产出数据分析了服务投入对制造业全要素生产率或增加值率的促进效应，如高传胜等（2008）[208] 分析认为，服务投入水平低是中国服务业大而不强、增加值率较低的关键原因；等等。

二、服务贸易与制造业效率

学术界对服务业外商直接投资（FDI）与东道国制造业效率研究主要有促进论、抑制论和不确定论三种观点。其中，持"促进论"观点的学者认为，服务业 FDI 通过产业间技术溢出效应（Fernandes and Paunov, 2012）[250]、降低贸易成本（Francois and Manchin, 2006）[251] 提高制造业出口竞争力，母国企业对外直接投资产生资源再配置（Crespo and Fontoura, 2007）[252]、规模经济（Herzer, 2008）[253] 效应，服务贸易自由化对制造业企业绩效存在正向促进效应而有利于制造业升级（Beverelli et al, 2017）[254]、产生的效率与比较优势会促进进口国和出口国由于分工带来的产量增加和产品质量提高，带来额外收益（Kugler and Verhoogen, 2012[255]；Bas and Strauss-Kahn, 2015[256]），等等。国内学者认为学习和竞争效应（戴翔，2016）[257]、逆向技术溢出（陈明等，2018）[258] 能带来母国产品技术含量提升，如盛斌等（2017）[259]、祝树金等（2018）[260] 指出服务贸易自由化中企业利润率、出口效应和出口企业产品加成率等均对企业产品技术提升效应为正，杨玲等（2021）[261] 发现生产性服务业扩大开放通过发挥竞争效应、增加高级要素供给、降低交易成本促进制造业升级，等等。持"抑制论"观点的学者认为，运输和零售分销服务 FDI 的限制会对制造商的出口产生负面影响（Hoekman et al, 2015）[262]，服务贸易限制减少运输服务、金融服务等贸易壁垒和 FDI 壁垒可提高全球价值链参与度和国家整体经济发展水平（Biryukova and Vorobjeva, 2017）[263]。持"不确定论"观点的学者认为,知识密集型生产性服务业 FDI 在最优知识保护区间内显著促进制造业出口技术进步,金融业 FDI 对制造业出口技术进步先抑制后促进(邢彦等,2017)[264],等等。

第七节　国内外已有研究的评述

国内外关于价值的研究历史已很悠久,但目前以信息技术为主的新技术背景下的价值创造与分配机制的研究并不多且不够深入;有关商品主导逻辑的研究成果虽然较为丰富,但针对服务主导逻辑的研究成果并不多,其研究范式也还没能完全建立起来,将其与全球价值链联系起来的研究就更少;全球价值链理论其价值来源与分配的研究虽较丰富,但主要以传统的制造业分工理论为基础,未能解释当今现实的服务主导逻辑带来的比较优势重构和价值创造与利益分配的新要求;有关产业国际竞争力研究为研究全球价值链下服务业国际竞争力的成因与决定机制提供了思路,但因其未能与新技术背景下全球价值链上的利益分配机制相结合,还有许多需要完善的地方;增加值贸易核算的理论与模型虽可为新技术背景下全球价值链上的产业国际竞争力的核算提供方法,但研究者在服务业国际竞争力的研究中并没有达成一致意见;有关服务业对制造业效率影响的文献主要关注服务增加值或服务投入水平对制造业效率的影响,但未区分国内和进口服务投入水平对制造业增加值率的影响。总体来看,现有研究工作仍存在有待完善和补充的地方。

一、商品主导逻辑的研究范式已无法适用当今服务与商品界限模糊的现实

全球价值链研究的一个基本思路就是,每一产业全球价值链上有众多

"价值环节",各个价值环节在形式上虽然可以看作一个连续的过程,但因每一个环节创造价值量不等,按照各个价值环节增值能力的不同,可以将全球化过程中这一完整连续的价值链条实际上划分成若干环节或片断,在空间上一般离散性地分布在各地,且整个价值链内部具有价值等级体系特征。那些高附加值的价值环节一般就是全球价值链上的核心环节,这些核心环节决定着整个价值链条的全球治理规则,而不同的治理规则意味着不同的利益分配格局,不同的利益分配格局也必然带来全球价值链下贸易竞争力的差异。虽然全球价值链的理论研究成果已较为丰富,但因全球价值链也是在全球商品链基础上提出的(Gereffi et al, 2001)[265],没能将信息技术进步与全球化带来的新的国际分工形式等因素考虑进去,其许多观点已不符合当今服务与商品界限模糊的现实。事实上,在数字经济时代,服务主导逻辑范式更有利于解释全球价值链上的价值创造和利益分配。基于此,本书认为研究全球价值链下服务业国际竞争力应在服务主导逻辑视角下分析全球价值链上的价值创造和利益分配机制。

二、传统产业国际竞争力相关研究主要关注产业质量和空间层面,而忽略了价值网的控制力层面

比较优势理论重点解决国际贸易发生的原因,竞争优势理论聚焦于帮助产业在国际竞争中赢得优势,而结构观则关心出口什么对结构转型和经济增长的影响。三种观点都承认产业自身要素禀赋以及空间都是决定产业国际竞争力的重要性却并非唯一因素,且竞争优势理论和结构观都承认产业(产品)空间是异质性的和结构化的,即与产业质量相关和产业空间相关的要素是决定产业国际竞争力形成的主要机制,近年来有关出口技术复杂度和产品空间的开创性成果使得学者们对产业国际竞争力的研究对象从传统的商品向服务拓展。正如Deardorff(2001)[266]的研究指出,国际生

产分割的快速发展，不仅进一步挖掘了比较优势，同时"价值链"的延长和不断分解以及由此形成的服务增值环节的国际梯度转移也给各国出口产品的技术进步带来了机遇，再加上全球服务经济时代的来临（夏杰长，2010）[267]，服务业国际竞争力研究成果也逐渐丰富起来，这为研究服务业国际竞争力提供了理论指导。正是受到 Mishra、Lundstrom 和 Anand（2011）[204] 研究的启发和考虑到出口结构变迁和服务全球价值链拓展，有些学者开始关注全球价值链上服务业国际竞争力。然而，服务业国际竞争力与全球价值链上的价值创造和利益分配是息息相关的，既然全球价值链上的价值创造和利益分配机制发生了变化，服务业国际竞争力的成因与决定机制也必然发生改变。即在数字经济时代，服务业国际竞争力不仅要关注全球价值链上服务业的质量和空间要素，还要关注全球价值网中产业控制力。基于此，本书拟基于服务主导逻辑从产业质量（技术）、空间（位置）和控制力（中心度）层面探讨服务业国际竞争力的形成。

三、服务业国际竞争力核算需要进一步完善

目前关于全球价值链上利益分配的研究以静态描述和规范分析为主，通过与数据结合的定量研究还较少。贸易增加值核算理论与模型因起步较晚而应用范围不大，目前很少有学者将其应用到全球价值链上的利益分配核算及基于此的产业国际竞争力研究中，更不用说基于此的专门针对服务业的国际竞争力研究中。随着全球价值链核算理论和方法的日趋完善，与竞争力相关的指数或测算研究也会取得新的进展，尤其是增加值贸易核算理论和具体方法的不断完善，新的核算结果使得国际贸易的一些理论、既有观点和相关的竞争力指数等方面的研究也随之得到了重新认识和进一步发展，得到了经济学家和政策制定者的广泛关注（Baldwin，2013[1]；OECD-WTO，2013[268]），也为核算服务主导逻辑下全球价值链上的利益

分配提供了可能。尽管如此，国外增加值贸易文献提供了一国出口贸易增加值的具体分解框架，但应用范围还是很窄，更不用说建立一个专门针对服务业的核算框架；国内增加值贸易文献集中于分析中国出口增加值规模和竞争力，虽有少数文献提出口服务增加值，但只是简单涉及，更不用说与制造业国际分工地位或竞争力之间进行关联研究，可研究的领域仍待拓展。基于此，本书拟对现有贸易增加值核算理论和模型进行拓展，为将其应用于服务业国际竞争力影响因素评价中做准备。

第三章 技术变革、全球价值链与服务业国际竞争力

价值概念一直是经济学理论的原始起点和最终源泉，价值和价值创造也是经济交换的中心所在。本书认为，传统商品主导逻辑扎根于新古典经济学，建立在工业经济的假设和模型基础上（Vargo and Lusch，2004）[44]，该逻辑下商品处于中心位置，而服务被认为是"次优"产出（Vargo and Lusch，2008）[25]。而在以信息技术为代表的新科技革命下，服务品与商品界限已不分明，产业间也相互融合。本书认为，企业对价值侧重点的关注不同是服务主导逻辑与商品主导逻辑的关键区别所在，而技术变革使得传统商品主导的逻辑范式已无法解释现有企业的创造机制。基于此，本书拟从交换价值、价值链等角度对传统商品主导逻辑在现阶段应用中的局限性出发，首先探讨技术变革对全球价值链的影响及其带来的范式转化，其次基于服务主导逻辑这一新范式重构全球价值链，并以此构建全球价值链下中国服务业国际竞争力的分析框架。

第一节 技术变革与范式转化

传统商品主导逻辑扎根于新古典经济学，建立在工业经济的假设和模型基础上，该逻辑下"分"的特征非常明显，即商品处于中心位置，而服务被认为是"次优"产出。但在以信息技术为代表的新科技革命下，服务

品与商品已经没有明显的界限，产业间也相互融合。考虑到全球价值链形成与发展的基本条件是贸易自由化和交通成本下降导致的贸易成本下降，而技术变革带来的不仅仅是通信成本下降带来的贸易成本下降，更多的是全球价值链上价值创造与价值分配方式的变化。若要研究全球价值链下中国服务业的国际竞争力，就必须弄清楚全球价值链上的利益分配机制。综上，本书针对交换价值、价值链等角度对传统商品主导逻辑在现阶段应用中的局限性，用服务主导逻辑来理解全球价值链上的利益分配机制，为研究服务业国际竞争力提供理论基础。

一、技术变革对全球价值链的影响

随着全球进入数字经济时代，技术变革在改变要素配置效率的同时也深刻地改变了要素利益分配机制。一方面，技术变革尤其是数字技术的广泛运用通过成本效应和创新效应加速了要素跨区域流动和融合，动态重塑要素配置效率；另一方面，数字技术应用模糊了要素和产业的边界，促进了各要素和各产业链条的融合，打破了非均衡的"中心—外围式"要素和产业链条联结方式，要素利益分配越来越呈现均等化和利益共享特征。因此，要研究全球价值链下中国服务业国际竞争力，首先必须将其置于技术变革这个大背景下进行考察。

1. 技术变革赋能引发链条融合

一方面，技术变革尤其是数字技术的创新与应用改变了经济社会发展方式和人们的生产生活方式。全球生产网络发展的基本驱动力是贸易成本和通信成本的不断下降，数字赋能引起贸易成本的下降使得垂直生产链的分割与跨区域要素配置变得有利可图，且保障了全球区域间要素重新配置和组织的可行性。同时，数字赋能为生产技术跨区域扩散提供了传导渠道与网络，随着区域价值链的分工复杂度的增加与区域间要素深度融合的需求，拥有先进技术的区域（企业）主动向区域价值链中的关联区域（企业）转移传导技术与管理技能。因此，技术变革赋能使得全球价值链的研究经历了从"关注单向要素流动"到"关注多层次多维度的链条融合"的转向。另一方面，技术变革尤其是数字技术的发展和运用具有较强的技术创新效应，有利于塑造多层次多维度的区域间产业链条融合。数字技术的发展促进传统产业数字赋能，且相比传统的生产要素，数据这一生产要素具有容易复制、零边际成本、非损耗性等特性，能够克服传统资源约束与增长极限（冯科，2022）[269]，因此，数字技术发展的同时，实际上也是要素在区域间的重新配置，显著推动区域间各产业互动和协作（王彬等，2021）[270]。

2. 技术变革赋能改变全球要素利益分配机制

一方面，技术变革赋能改变全球利益分配机制。在利益共享新目标下，各区域之间形成合理的分工和网络结构，各要素主体优势互补协作，形成区域要素和产业共同体，共同创造价值，缩小区域间要素收入分配差距，打破传统"核心—边缘"不平衡式要素分配制度，基于价值共创建立兼顾公平的利益共享和共同富裕分配制度，这对中国区域经济协调发展起着越来越重要的作用，使全球从"效率优先的不平衡收入分配主导逻辑"转换为"基于价值共创的利益共享主导逻辑"。另一方面，技术变革赋能改变全球利益分配逻辑。技术创新及变革为价值链带来三种影响：开拓一个新的业务领域，改变现有的竞争规则，支持、保护、维持以及扩展现有的业务活动（Narayanan et al, 2005）[271]。而数字技术的广泛和创新使用使得再也没有商品和服务品之分，商品与服务品之分统一到服务上来，服务是所有经济交换的基础。服务是为了其他实体的利益而使用某人（企业、机构等）的资源和能力的过程，无论是商品还是服务品（Services）都是间接和直接提供服务一种工具（Vargo and Lusch, 2008）[25]，是服务价值网络中的服务流（Parry et al, 2012）[272]，价值是共创的。而且，服务价值网络中任何一个节点的壮大都有可能成为中心企业，中心企业再通过管理网络和设计网络来实现架构控制，从而在整个服务价值网络中提升价值分配比例。顾客也不再是价值的毁灭者，全球价值链上的所有参与者都是资源整合者，共同创造价值并获得利益分配。按照这一逻辑，不仅行业的边界消失了，企业内部价值活动和企业外部的价值活动也紧密结合在一起。整个世界市场是以产品需求者（或顾客）为核心的价值创造体系，全球价值链不是由创造价值的成员构成的链条，而是由提供服务的企业构成的网络，它经常改变形状。

二、技术变革与范式转变

要研究全球价值链下中国服务业的国际竞争力，就必须弄清楚全球价值链上的价值创造和利益分配机制。而信息技术进步和全球化深入使得传统的商品主导逻辑在解释全球价值链上的价值创造和利益分配机制时失灵，以使用价值为核心的服务主导逻辑有利于解释新技术变革下全球价值链上的利益分配。

1. 技术变革下传统商品主导逻辑在全球价值链中应用的局限性

商品主导逻辑是一种基于有形的资源、价值和交易的经济模式（Vargo and Lusch，2004）[44]，是传统工业时代的营销思维，即具有"生产性"的商品处于主导地位，不具备"生产性"的服务处于次属地位。在商品主导逻辑下，较偏重于以单个企业的观点来分析价值活动，价值链是一系列企业连续完成的活动，任何一项活动都能创造价值，因此，价值链上每个环节的任何一个部门或模块都可能是"利润中心"。按照这一逻辑，商品和服务品在全球价值链上处于不同的价值创造环节，但由于业务市场分割，处于价值链不同环节的企业之间的关系非常松散，即使能够形成合作关系也是不稳定的。企业需要沿着其所在价值链的特定片断，集中于发展规模和专长，且各个企业或组织根据自己的价值贡献获得利益分配。但随着技术创新节奏的加快，价值链的增值环节往往变得越来越多，其结构也更复杂。简单地按照各环节的贡献来分配利益往往会出现矛盾和冲突，因为很多价值的创造同时涉及多条价值链，或本身就是一个价值创造网络。而且，按照商品主导逻辑，一个国家或地区只有发展价值链高端产业才能提升自己在全球价值链中的利益分配格局。一般来说，发达国家只会把不具有比较优势的劳动密集型价值链转移到发展中国家，本国只生产具有比较优势的技术或资本密集型价值链，而且还会通过各种手段阻碍发展中国家企业沿着全球价值链攀升。因此，发展中国家在全球价值链的利益分配中处于被动地位。但按照服务主导逻辑，一个国家并不是只有发展不具备比较优势的高附加值产业才能提升在全球价值链上的利益分配，还可以通过"新结构组合"、有效的空间布局等来获取更多的利益分配。因此，以有形产出和离散交易为中心的商品主导逻辑已经无法解释多层次多维度的链条融合，扎根于工业化"生产—流通—使用"土壤的商品主导逻辑也必然面临数字时代的冲击与重构。

2. 技术变革导致的价值导向演变：从商品主导逻辑转向服务主导逻辑

在牛顿思维范式下，通过生产过程使产品的某些属性增加或扩大，技术也转为某种顾客需要的"效用"嵌入商品而实现价值增值。也就是说，因能源应用上的技术性突破而产生的工业革命使工厂系统成为经济世界的基本单元（Normann and Ramírez，1993）[273]，商品和服务的区分很容易。因此，将商品与服务明确区分的商品主导逻辑（Vargo and Lusch，2004）[44]与工业革命早期的技术和社会背景相适应。同时，技术变革带来的分工使得价值链主要用来描述发生在一个企业里的所有价值增值活动，即将一项产品或服务从提出概念与设计开始，经过不同阶段的加工，制成成品送到消费者手中，直到消费者使用后的最终处置的整个过程（Porter, 1990）[14]。但是以信息技术和网络技术为特征的第三次技术革命，不仅使产业融合趋势不断加剧、产业边界日趋模糊，顾客开始不断追求过程、产品和服务创新相集成的、更一般化的服务生态系统，使其为自己提供能够创造顾客价值的新服务体验或新服务解决方案，即客户不仅希望能得到制造商已经设定好的价值，还希望能根据自己想要的价值而寻求相应服务。这样，商品和服务品的明确区分不仅相当困难，而且成为一种负担（Lovelock and Gummesson, 2004）[274]。而且，信息技术和网络技术的广泛运用，使得技术不仅仅是服务提供（Ostrom et al, 2010）[275]和价值创造（Maglio and Spohrer, 2008）[276]的一个重要组成部分，制造业提供的商品也仅是服务提供活动的一个分支，服务是经济活动的基本成分，各种活动从根本上被引导为寻找和提供解决方案（Solutions）。根据这一逻辑，企业希望通过向顾客提供能满足其需求的服务而实现价值增值，顾客希望企业能根据其需求（使用价值）来提供各种服务。因此，与传统技术分离观相适应的商品主导逻辑显然无法解释当今的一些现象，第三次技术革命促使指导企业战略和行动的价值导向从商品主导逻辑转向服务主导逻辑。因此，随着数字技术发展及其带来的经济发展方式的改变，经济活动的中心正在从商品形态向服务形态转变，应将对价值的聚焦重新从交换价值回到中世纪哲学的使用价值的轨道上，将研究的中心从单位产出和价格转移到服务过程上，用服务主导逻辑来代替商品主导逻辑（Vagro and Lusch, 2004）[44]。

第二节　基于服务主导逻辑的全球价值链下服务业国际竞争力评价

一、基于服务主导逻辑全球价值链上价值创造与利益分配的关系

1. 服务主导逻辑下全球价值链上各环节实现价值共创机制

在商品主导逻辑下，企业作为价值创造者成为主角，顾客是价值的毁灭者。在服务主导逻辑下，顾客不再是价值的毁灭者，企业和顾客共同创造价值。而且，在商品主导逻辑下强调通过服务创新使所在价值环节的增值来创造更多的价值，而服务主导逻辑下强调企业通过资源整合来创造更多的价值，不一定要增加某一环节的附加值。此外，在商品主导逻辑下，一个产品或服务的价值被看作一束同这个产品或服务相联系的属性，这"一束属性"的创造可以从许多价值链的配置得出结果，以至于某一特定公司的配置和它提供给顾客的束的结果是唯一的。但在服务主导逻辑下，为顾客提供服务的企业和方式都不是唯一的，不同的企业可通过不同的渠道与顾客一起共创价值。而在全球化趋势下，任何为顾客提供服务的企业和方式都是由全球价值链上各环节的企业共同创造的，不仅企业与企业之间共同为顾客提供服务创造价值，且顾客和企业之间的相互关联和双向推进作用机制导致全球价值链上的价值创造也是一个由顾客和企业组成的服务网络。即在服务主导逻辑下，全球价值链上价值创造的机理依然是共创。换句话说，不仅全球价值链上各环节企业因最终服务提供需价值链上各"碎片化"服务提供商的合作而共同创造价值，且服务消费者与服务提供商的双向推进作用机制使得服务提供商和消费者共同创造价值。

2. 服务主导逻辑下全球价值链上利益分配取决于服务网络权力

在商品主导逻辑下,全球价值链上的企业只有处在价值链的高端环节(微笑曲线两端的环节)才能获得更多的利益分配。但在服务主导逻辑下,任何一个价值环节的壮大或资源整合权力的获取都有可能获得更多的利益分配。基于此,一个国家或地区只有发展价值链高端产业才能提升自己在全球价值链中的利益分配格局。但发达国家一般只会把不具有比较优势的劳动密集型价值链转移到发展中国家,本国只生产具有比较优势的技术或资本密集型价值链,而且还会通过各种手段阻碍发展中国家企业沿着全球价值链攀升。因此,发展中国家在全球价值链的利益分配中处于被动地位。在服务主导逻辑下,价值创造已经不受价值链环节和微笑曲线的限制,一个国家并不是只有发展不具备比较优势的高端产业才能提升在全球价值链上的利益分配,还可以通过"新结构组合"或"设计与管理网络"等来获取更多的利益分配。只要在全球服务网络中获得主导权,就可以获得更多利益分配。

3. 服务主导逻辑下全球价值链的价值共创与利益分配的关系

按照商品主导逻辑,企业需要沿着其所在价值链的特定片断,集中于发展规模和专长,各个企业或组织根据自己的价值贡献获得利益分配。但随着技术创新节奏的加快,价值链的增值环节往往变得越来越多,其结构也更复杂,简单地按照各环节的贡献来分配利益往往会出现矛盾和冲突。因为很多价值的创造同时涉及多条价值链,或本身就是一个价值创造网络。而在服务主导逻辑下,全球价值链上的价值创造来源于两个维度的价值共创:全球价值链上企业价值共创和企业与消费者的共创。按此逻辑,前述价值共创可能会按照价值链环节进行利益分配,但是后者的价值共创可能带来溢出效应、挤出效应等的存在,使得企业共创的价值可能不会完全分配给参与价值共创的企业,这使得一些企业基于自身利益的考虑不愿意参与第二层次的价值创造。因此，如果不改变原有的商业模式，很有可能导致全球价值链上企业"吝于"共创付出。因此，在全球价值链上的价值共创与利益分配之间还存在利益分配的不匹配性，通过商业模式的改变有可能改善这种不匹配性。对此，在服务主导逻辑下，全球价值链上的价值创造以及利益分配形式已发生改变，主要通过"成员组合"的方式进行角色与关系的重塑，经由新的角色以新的协同关系再创价值和分配利益。一个国家，尤其是一个发展中国家，就可以通过微观企业的商业模式的改变来实现更多的利益分配获取。

二、服务主导逻辑下服务业国际竞争力的来源：三维评价框架构建

1. 从强调全球价值链中高端环节价值增值转向服务生态系统的价值共创

按照传统商品主导逻辑，商品和服务是分开的，企业强调的是单个商品生产环节的价值增值。按照服务主导逻辑，商品与服务之分统一到服务上来，顾客不再是价值的毁灭者，而与企业共同创造价值并获得利益分配（Vagro and Lusch，2004）[44]。也就是说，价值不再是在分离的、线性价值链中前后相继地被创造，而是在顾客、供应商和雇员等组成的网络中交互地共同创造（Normann and Ramírez，1993）[273]，企业扮演的角色是"服务系统提供者"或"资源整合者"。因此，将价值创造的聚焦从交换转向使用，意味着将我们对价值的理解从基于企业的单位产出转向整合资源的过程。事实上，传统基于商品主导逻辑的价值链理论将企业界定在一个产业中竞争与合作，价值链上的各个环节对要素条件的要求不同，对企业的重要性不同，为企业创造的利润率不同。掌握整条价值链核心技术、资源的企业处于价值链系统的核心，是价值链上的"核心环节"，主导价值链，拥有控制权与收益的分配权；拥有与之互补的一般资源、技术的企业处于

辅助地位，是价值链的"辅助环节"；不具备互补性资源的企业则处于价值链的"边缘环节"。但在数字技术广泛运用和全球化深化的今天，任何一个企业都不可能拥有价值链上所有环节的优势，越来越多的商业形态受到互联网的冲击，产业界限越来越模糊。按照服务主导逻辑，全球都是一个服务生态系统，一个成功的企业不再仅仅"增加价值"，而要"再造价值"，战略分析的聚焦不再是企业，而是服务生态系统本身。企业的战略任务是重新配置服务生态系统中行动者的角色和关系，目的是使价值创造进入新的形式，以新的协同关系再创价值（罗珉，2006）[277]。同样，一个国家的产业国际竞争力也主要体现为服务生态系统提供的价值共创能力，即出口商品组合的创新性和专业性。

2. 从强调单维度功能环节向全球价值链中核心位置转变

全球价值链的兴起使得各国贸易不再以产品作为基本单位，取而代之的是根据自身资源禀赋的比较优势，在价值链序列生产中附加价值，进而以中间品形式传递到下一个国家，经过多阶段生产工序和多次跨境交易，通过生产链条的不断延伸，最后完成产品生产并到达最终需求端。因此，一国（地区）及其产业部门在国际生产分工体系中从事何种具体环节，即在全球价值链中处于什么位置，直接影响其在生产价值链中的价值获取能力和对产业供应链的协调控制能力。按照商品主导逻辑，早期全球价值链在考察参与主体间的利润分布规律时，多是按照功能链条单维度进行价值创造的分解，这种分析逻辑过多强调了全球价值链中不同功能环节的利润分布。即由于价值链条上不同环节和阶段通常具有不同的要素密集度特征以及意味着不同的技术水平和增值能力，所处环节和阶段不同也就对应着不同的分工地位或者说价值链分工中不同的竞争能力。也就是说，谁在全球价值链中占据了核心环节，谁就掌控了整个价值链的财富和利益分配的流向。但数字技术的广泛应用实现了工业化与数字化深度融合，使产业数字化和数字产业化协同发展，重塑了全球价值链，使得全球价值链在空间上更加集聚，治理模式更倾向于垂直型，区域化特征更明显。用商品主导逻辑无法解释其价值创造和利益分配机制。按照服务主导逻辑，全球价值链分工条件下对服务业国际竞争力的再评估急需综合分工环节和价值增值能力，如果一个国家在全球价值链中更多地出口中间产品而较少使用国外中间产品，那么该国就处于竞争力较强的全球价值链上游，GVC 地位指数越大，全球价值链分工地位越高，或者说处于更加有利的竞争地位；如果一国（地区）在全球价值链中更多地使用国外中间品而较少出口中间产品，该国就处于竞争力较弱的全球价值链下游，GVC 地位指数越小，全球价值链分工地位越低，或者说处于更加不利的竞争地位。因此，在服务主导逻辑下，运用 GVC 地位指数分析服务业国际竞争力是具有一定的合理性和适用性。

3. 从强调核心价值环节占据转向价值网控制

按照传统商品主导逻辑，在全球价值链上，主要发达国家占据了全球价值链中的核心环节，然后通过设计各种指标来阻止发展中国家以代工者身份参与其价值链体系，避免发展中国家抢占本土企业的利润空间、技术赶超和实现价值链攀升，使得以代工为特征的发展中国家被锁定在低利润环节或者被动跟随，在全球价值链中获得的利润分配极少。按照服务主导逻辑，全球价值链就是一个服务生态系统，是涵盖商流、信息流、物流、资金流，并将供应商、制造商、分销商、零售商以及最终用户连成一个整体的功能性网链结构。任何一层网络甚至网络中的任何一个节点出现问题，都可能导致整个价值链网络的瘫痪以及特定网络主体的失败。也就是说，任何一个主体（企业、部门、国家/地区）引发的冲击都会很快通过价值链网络联系（放大）传导给其他主体，并可能进一步反作用于源头主体，从而引起主体之间的相互传导，导致资源在不同主体之间的重新配置。也就是说，一旦失去在全球价值链上的市场能力或者领导力量，就可能获得更少的价值分配。因此，按照服务主导逻辑，全球价值链下竞争的本质是消费者、制造企业和服务提供商围绕服务供需与利润分配的动态博弈过程，竞争力获取须同时实现价值创造和价值分配能力的提升。

结合前面的分析，一个国家可以通过"新结构组合"、有效的空间布局等创造更多的价值和获取更多的利益分配，也可以通过价值网控制获得更多的利益分配。因此，服务业国际竞争力的评价就应该包括三个维度：产业质量层面（技术复杂度）、产业空间位置层面（位置指数）和产业控制力层面（网络权力）。

三、全球价值链下服务业国际竞争力评价

由于统计数据的局限，传统服务业国际竞争力衡量指标的主要缺陷是重"量"不重"质"。增加值贸易核算理论的出现和拓展以及相关数据库的相继建成，使得服务业国际竞争力的测算向"质"的转变变得必要和可能。与此同时，新科技变革正对全球价值链上的利益分配机制产生深刻的影响，这也必然会对产业国际竞争力评价产生影响。按照服务主导逻辑，全球生产网络已是一个价值生态系统，简单地按照各环节的贡献来分配利益已不可能；一个国家出口利益也并不是完全为其所创造，简单地用出口总额衡量已不能满足现实需要。因此，全球价值链研究的难点在于传统的生产与贸易衡量体系无法识别与衡量全球价值链上的利益分配，而以多区域投入产出理论为基础的贸易增加值核算框架又为衡量全球价值链上的利益分配提供了路径贸易增加值及其分解模型（Koopman et al, 2014[9]；Wang et al, 2017[158]），为更好地核算全球价值链上的利益分配提供了一种可能。基于此，本研究拟结合前面的理论分析，构建增加值贸易核算下服务业国际竞争力的三维评价指标体系。

1. 传统服务业国际竞争力评价指标的不足

传统的评价服务业国际竞争力指标主要有反映市场占有率方面的国际市场占有率、反映进出口（贸易盈余）方面的贸易竞争优势指数（TC）和产业内贸易指数（IIT）、反映出口所占比例方面的显示性比较优势指数（RCA）和显示性竞争优势指数（CA）以及反映劳动生产率方面的服务业就业的出口效应指数（EE）等指标。全球价值链分工背景下，传统贸易统计不能真实反映一国贸易利益，即"所见非所得"。而增加值贸易统计可帮助解决传统贸易统计中的"统计幻想"问题，即由重复计算中间品和服务导致的贸易水平高估问题，还可揭示一国出口的价值增值来源和确定贸易各国的利益所得。而且 Koopman 等（2012[8]；2014[9]）和 Wang 等（2017）[158] 在 Koopman 等（2010）[12]、Johnson 和 Noguera（2012）[163] 的基础上将一国总出口进行更细化的分解，剖析了传统贸易重复统计的具体来源，并建立了附加值出口、出口中国内附加值、HIY 的 VS 和 VS1 等与总出口之间的联系，使贸易增加值的核算思想成为现实。

2. 出口增加值核算的主要思路及拓展

目前，最新的关于出口增加值的核算主要有两种思路：一种思路是关注"是否出口了增加值"，主要将一个国家（或某一行业）基于传统海关统计的出口额分解为本国（或某一行业）增加值部分和国外（或某一行业）增加值部分，其中国内增加值部分就是增加值出口，目的是消除国内增加值和国外增加值中重复计算部分。虽然多区域投入产出理论为这一思路在方法上提供了可行性，但这一思路忽略了转口贸易带来的重复计算问题。于是，另一种关注"纯净的出口增加值"的思路开始兴起，即除掉跨境多次的中间品贸易，到底一个国家（或某一行业的）创造的增加值最终有多少是被其他国家或地区的最终使用环节（国内最终使用部分）所"消费"掉，这种核算理论的目标是避免国际贸易中重复计算部分。这两种思路各有优缺点,第一种思路有利于厘清贸易增加值中的进口和出口,但容易造成重复计算;第二种思路虽可真实反映贸易顺差或逆差,但容易忽略中间品贸易的经济贡献。而近期发展的贸易增加值分解模型(Johnson and Noguera, 2012[163]; Koopman et al, 2014[9]; Wang et al, 2017[158])可以进行国家间双边和行业层面的分析,拓展后的增加值分解模型可以在行业层面上进行双方向增加值流向的追溯,这些有利于分析一国贸易增加值分布的行业结构、国别结构等以衡量一国(地区)全球价值链参与率及其在全球价值链中利益分配和地位,对比分析世界主要国家与区域的增加值贸易来衡量各国(地区)的全球价值链参与率与利益分配,核算服务业的贸易增加值结构、流向以及价值关联等来衡量各国的全球价值链参与率与利益分配,等等。

3. 行业出口增加值核算及拓展

行业的出口增加值不仅有国内和国外增加值之分,且国内增加值部分还有直接和间接增加值之分。基于此,本研究拟拓展多区域投入产出理论和模型,借鉴 Koopman 等(2010[12],2012[8],2014[9])的方法,给出一个行业层次测算出口中增加值及其结构的方法,即除了测算某一行业出口中国内增加值和国外增加值外,还对这一行业贸易增加值的来源(哪些是直接出口的?哪些是通过间接出口的?如服务业的出口增加值既包括直接服务出口增加值,也包括制造业出口中的服务增加值)和出口结构(出口中国外增加值部分的最终去向,即是全留在 i 国,还是通过 i 国又出口到 j 国)进行区分。

基于此,本书拟基于出口增加值从三个维度来核算服务业国际竞争力,包括用出口技术复杂度来衡量产业质量、用 GVC 地位指数来衡量其空间位置、用网络中心度来衡量其产业控制力,并对其国内外来源进行分解。

第四章 全球价值链下中国服务业国际竞争力分析：产业质量层面

自2005年发展经济学领域的学者开创性地提出出口技术复杂度、产品空间等概念后，产业国际竞争力评价从静态、总计层面的"量"到动态、结构层面的"质"转变。基于此，一些学者将中国出口如此有竞争力的原因归结为在量方面有明星般的出口绩效，质方面在技术阶梯上的快速提升导致出口产品的技术含量越来越高（刘林青等，2010）[24]。但中国出口是否真的构成"质"的威胁？中国出口技术复杂度是否被高估？争论迅速在中外学者间展开（黄永明等，2012）[278]。与此同时，世界各国服务贸易得到了迅猛发展（裴长洪等，2012）[231]，服务贸易竞争力逐渐成为衡量一国（地区）国际竞争力的重要指标（黄庐进等，2010）[279]。但反映服务贸易竞争力的传统指标显然难以反映一国（地区）在国际分工中的地位和获取贸易利益分配的能力，而从出口技术复杂度这一新的视角来分析中国服务贸易出口竞争力状况更具合理性（戴翔，2012）[11]。基于此，本研究将用服务业出口技术复杂度对服务业国际竞争力进行国际比较和国内特征分析，包括从经济类型、要素密集类型以及区域类型角度展开比较分析。

第一节 服务业出口技术复杂度测度方法的选择与理论特征

一、测度方法的选择

服务业出口技术复杂度指数在衡量一国服务贸易出口国际竞争力方面具有显著的优势，可将其作为测评一国产业转型升级的辅助指标。本研究借鉴 Xu（2010）[199]、Mishras 等（2013）[10] 和戴翔（2012）[11] 的测算方法，将服务贸易出口技术复杂度指数的技术过程分成两步进行。首先是测算服务贸易出口中每一项产品的技术复杂度指数。

$$PRODY_j = \sum_i \frac{x_{ij}/X_i}{\sum_i x_{ij}/X_i} Y_i \qquad (4-1)$$

其中，$PRODY_j$ 为 j 类服务产品出口复杂度指数，反映了每项服务产品出口的收入价值，衡量每项服务产品的相对竞争优势（Mishra et al, 2013）[10]。X_{ij} 是分项服务产品 j 在 i 国的出口额；X_i 为 i 国服务贸易的出口总值；Y_i 为 i 国人均收入水平。其次是计算某一国的服务业出口技术复杂度指数。

$$EXPY_i = \sum_i \frac{x_{ij}}{X_i} PRODY_j \qquad (4-2)$$

其中，$EXPY_i$ 为 i 国服务业出口技术复杂度指数，x_{ij} 和 X_i 分别为 i 国 j 类服务产品出口额和 i 国服务贸易的出口总值，$PRODY_j$ 为 j 类服务产品的出口技术复杂度指数。

二、数据来源

本研究使用的国际投入产出数据来自 OECD 和世贸组织合作开发的国

际投入产出表,包括1995—2018年全球43个经济体23个服务部门间中间产品与最终需求的贸易往来,为测算服务业国际竞争力相关指标提供翔实数据❶(下同)。

第二节　服务业出口技术复杂度的国际比较

一、整体层面服务业出口技术复杂度比较

表4-1显示,不同类型经济体的出口技术复杂度存在很大差异:①发达经济体中的卢森堡的出口技术复杂度最高,多年均位列第一。②发达经济体整体出口技术复杂度较高且大多一直在3900以上,且大都呈不断上升趋势。③对发展中经济体而言,其出口技术复杂度的内部各经济体差异明显。其中,2018年以色列排名第四,出口技术复杂度大多大于4000;值得注意的是捷克的出口技术复杂度排名,由1998年的第15名降为2018年的第38名,斯洛伐克的出口技术复杂度排名由1998年的第20名降为2018年的第36名,土耳其的出口技术复杂度排名由1998年的第四名降为2018年的第25名,其下降幅度巨大。智利、爱沙尼亚均呈下降趋势。④整体而言,发达经济体的出口技术复杂度较高,且呈不断上升趋势。

---

❶ 受新冠疫情等因素影响,至截稿时,2018年以后的数据未更新。

表 4-1 43 个国家出口技术复杂度以及排名

国家	2018年数值	2018年名次	2008年名次	1998年名次	类型	国家	2018年数值	2018年名次	2008年名次	1998年名次	类型
美国	11627.79423	8	9	13	发达经济体	斯洛伐克	5587.274879	36	32	20	发展中经济体
德国	6968.033117	29	29	34	发达经济体	希腊	12281.03166	7	2	2	发达经济体
卢森堡	20790.60005	1	1	1	发达经济体	智利	4761.608393	40	36	31	发展中经济体
俄罗斯	6062.153598	34	31	33	发展中经济体	巴西	5551.751859	37	38	38	发展中经济体
法国	10626.85367	15	17	23	发达经济体	立陶宛	11155.55488	11	20	12	发达经济体
英国	14705.2613	2	4	6	发达经济体	韩国	3982.941054	42	39	39	发达经济体
意大利	7568.059054	26	26	24	发达经济体	斯洛文尼亚	7556.349932	27	25	30	发达经济体
墨西哥	4353.210444	41	41	40	发展中经济体	以色列	12691.69838	4	15	10	发达经济体
荷兰	11251.7211	9	8	7	发达经济体	加拿大	7233.595554	28	30	36	发达经济体
波兰	8824.737901	22	23	14	发展中经济体	葡萄牙	10163.83045	19	12	21	发达经济体
日本	6797.883116	30	28	35	发达经济体	爱沙尼亚	10922.88006	14	6	5	发达经济体
西班牙	10452.42929	16	13	17	发达经济体	哥伦比亚	5856.168225	35	40	42	发展中经济体
澳大利亚	6271.89963	33	27	25	发达经济体	印度尼西亚	5078.453452	39	42	43	发展中经济体
奥地利	8805.965524	23	19	19	发达经济体	芬兰	8144.396546	24	37	37	发达经济体
爱尔兰	10976.58996	13	7	29	发达经济体	哥斯达黎加	11209.89279	10	18	27	发展中经济体
捷克	5466.884129	38	35	15	发达经济体	冰岛	13061.81946	3	11	16	发达经济体
丹麦	12442.47023	6	5	8	发达经济体	匈牙利	6778.788071	32	34	28	发展中经济体

第四章　全球价值链下中国服务业国际竞争力分析：产业质量层面　059

续表

国家	2018年数值	2018年名次	2008年名次	1998年名次	类型
拉脱维亚	12489.84783	5	3	3	发展中经济体
新西兰	9484.473796	21	21	11	发达经济体
土耳其	7958.301675	25	24	4	发展中经济体
印度	10168.48568	18	14	26	发展中经济体
瑞典	9778.701892	20	22	32	发达经济体
瑞士	10266.02886	17	16	9	发达经济体
中国	3830.025565	43	43	41	发展中经济体
比利时	11092.12601	12	10	18	发达经济体
挪威	6788.974876	31	33	22	发达经济体

二、不同要素密集型的服务业出口技术复杂度比较

1. 各国劳动密集型服务业的出口技术复杂度比较

表4-2显示：①不同国家劳动密集型服务业的出口技术复杂度差异明显。出口技术复杂度最高的是日本，其值历年皆在765.12以上，1996—2008年各年位居世界第一，其后为澳大利亚、意大利、美国、加拿大、瑞士等国家；而出口技术复杂度历年排名靠后国家包括南非、拉脱维亚、中国、印度等，各国出口技术复杂度绝大多数在500以下，最小值为30.22。②出口技术复杂度一直保持较高值的国家为日本、澳大利亚、意大利、美国、加拿大、瑞士，而南非、拉脱维亚、中国、印度等国家普遍较低。③1996—2018年各国家历年出口技术复杂度变化趋势稳定，大体呈小幅度稳步上升趋势，个别国家涨幅较大。以排位第一的日本为例，其出口技术复杂度最高为1443.56，最低为765.12，变化幅度为88.67%；而以印度为例，其出口技术复杂度历年最高为289.11，最低为30.22，两个数值间变动了258.89，且其他相邻年变化值小于230.90，其余各国情况大致类似。④各国出口技术复杂度之间竞争排位变动小。1996—2018年出口技术复杂度各国排位前十名变化较小，日本多年位居第一，其后为澳大利亚、意大利、美国、加拿大。

2. 各国资本密集型服务业的出口技术复杂度比较

表4-3显示：①不同国家资本密集型服务业的出口技术复杂度差异明显。最高的是卢森堡，其值历年皆在2102.12以上，且从1996—2018年以来各年位居世界第一；其后为冰岛、瑞士、美国、英国等国家，排名前十位各国家复杂度值均在462.94以上；而历年排位靠后国家包括墨西哥、哥伦比亚、印度尼西亚、中国和立陶宛等国家。②出口技术复杂度一直保持较高值的国家为卢森堡、冰岛、瑞士、美国、英国，而墨西哥、哥伦比亚、

表 4-2　各国劳动密集型服务业的出口技术复杂度

国家	1996年	2000年	2005年	2010年	2011年	2012年	2013年	2014年	2015年	2016年	2017年	2018年
日本	765.12	963.63	1093.87	1131.50	1164.07	1238.25	1269.50	1141.19	1153.65	1135.33	1200.76	1443.56
澳大利亚	609.61	794.75	996.00	1172.74	1224.72	1220.17	1348.34	1275.99	1270.20	1353.09	1336.88	1357.96
意大利	707.31	845.17	923.13	1039.06	1085.35	1088.23	1117.98	1163.90	1218.93	1291.13	1331.55	1367.81
美国	654.79	834.66	972.29	1063.25	1087.00	1162.95	1188.24	1245.21	1271.52	1261.29	1280.64	1329.91
加拿大	651.95	834.50	973.89	993.39	1021.48	1043.46	1075.09	1118.06	1108.29	1143.36	1165.38	1198.23
瑞士	519.93	564.294	676.05	1167.78	1308.67	1292.33	1352.90	1377.06	1422.42	1430.78	1426.99	1441.63
奥地利	610.14	757.73	797.38	925.69	954.96	998.31	984.50	1018.34	1067.30	1110.82	1118.76	1172.28
法国	550.12	708.89	806.26	956.34	984.16	991.23	1015.93	1027.54	1041.05	1079.48	1143.91	1179.43
德国	564.14	658.01	725.03	923.46	1003.87	973.26	1001.27	1056.17	1075.67	1144.04	1201.87	1264.13
荷兰	499.26	686.82	753.17	865.43	906.13	925.82	960.37	945.14	983.91	1115.40	1179.89	1199.67
芬兰	483.34	753.20	922.64	827.76	840.40	832.12	829.30	786.80	720.63	734.87	769.41	783.63
西班牙	444.75	558.54	712.48	876.25	881.38	892.38	921.40	935.94	965.68	1042.20	1110.16	1121.32
新西兰	498.73	568.48	660.47	812.87	848.23	866.07	966.53	1022.12	1011.99	1069.17	1184.06	1164.94
丹麦	493.23	539.74	619.46	810.80	862.10	860.09	897.34	946.43	975.72	1064.77	1130.73	1188.11
瑞典	504.96	560.49	632.24	821.05	847.24	862.29	870.57	912.70	918.78	956.72	990.77	1035.26
葡萄牙	468.52	639.81	712.91	753.11	736.04	736.26	771.70	829.46	873.46	937.30	975.54	1014.48
比利时	500.90	612.41	759.18	703.53	754.97	749.50	755.63	755.01	737.24	794.27	806.51	845.24
挪威	359.60	481.97	655.70	867.51	926.29	922.68	897.55	853.50	779.54	798.96	875.16	970.44

续表

国家	1996年	2000年	2005年	2010年	2011年	2012年	2013年	2014年	2015年	2016年	2017年	2018年
韩国	276.83	379.97	569.59	719.93	789.42	843.84	881.01	883.50	929.62	979.68	1072.73	1114.63
墨西哥	320.32	426.23	512.95	666.64	734.31	778.46	785.19	828.80	857.12	914.10	929.57	944.41
斯洛文尼亚	335.23	447.56	579.23	649.11	668.31	663.69	686.94	711.89	734.64	784.33	855.92	943.15
爱尔兰	533.61	396.95	510.30	604.33	580.06	568.74	584.59	618.70	791.60	794.99	884.69	939.02
希腊	526.20	461.01	512.89	541.39	534.01	542.42	613.95	619.77	663.98	701.86	733.57	758.19
俄罗斯	155.23	234.51	411.92	784.91	818.76	848.34	881.68	889.74	823.36	732.48	810.31	1028.05
捷克	247.62	272.12	506.03	614.75	653.10	667.14	705.58	752.90	781.76	808.90	892.50	953.31
卢森堡	290.53	309.58	361.05	635.40	794.20	810.95	877.51	908.92	792.78	915.47	696.32	685.74
斯洛伐克	301.07	270.71	432.82	728.37	810.73	774.60	745.18	778.47	723.59	751.82	741.44	745.48
波兰	250.49	293.59	403.81	597.57	621.39	657.76	686.95	680.47	721.39	726.52	742.03	751.39
英国	388.64	455.46	485.24	496.04	492.20	498.59	503.42	535.94	559.91	546.59	561.62	543.02
冰岛	311.40	347.58	353.18	443.05	456.42	447.53	490.01	589.54	677.28	827.68	883.68	927.71
以色列	394.76	400.59	394.37	508.11	500.20	491.66	531.94	554.01	575.07	586.45	593.09	550.84
土耳其	247.54	176.30	321.19	521.89	586.09	611.84	650.21	694.74	752.77	788.46	832.17	832.20
匈牙利	183.89	272.81	454.58	473.18	493.79	486.83	506.56	519.85	523.04	544.29	566.55	613.73
立陶宛	131.80	178.82	313.63	418.67	476.19	500.00	532.57	523.15	546.26	580.09	592.02	582.36
智利	130.39	169.95	226.63	380.16	429.51	489.19	522.11	546.15	566.73	613.36	667.16	697.16
爱沙尼亚	132.40	154.49	307.24	380.51	414.17	425.13	469.72	521.82	527.22	560.99	609.45	619.23

续表

国家	1996 年	2000 年	2005 年	2010 年	2011 年	2012 年	2013 年	2014 年	2015 年	2016 年	2017 年	2018 年
巴西	340.13	203.03	277.41	366.07	381.65	389.95	419.04	421.55	403.46	394.38	409.85	424.22
印度尼西亚	190.34	192.70	192.70	256.67	275.43	289.19	298.47	308.21	312.33	312.40	334.39	1258.19
科斯塔	172.32	214.98	251.83	292.98	297.88	311.90	339.29	363.89	387.49	417.00	437.80	453.49
哥伦比亚	207.57	185.47	253.28	310.44	315.87	313.39	315.15	299.62	310.96	340.94	360.00	386.84
南非	147.98	185.83	229.47	282.09	308.12	308.28	322.96	341.66	348.16	356.21	367.91	375.69
拉脱维亚	61.02	94.47	199.84	295.95	290.84	348.37	380.29	432.49	451.62	466.31	511.11	542.75
中国	39.50	63.85	111.81	197.47	216.88	261.93	307.75	323.20	337.70	357.45	352.15	397.20
印度	186.38	289.11	30.22	46.33	50.53	57.04	57.16	60.08	63.26	69.11	73.63	79.73

印度尼西亚、中国和立陶宛等国家普遍较低。③1996—2018 年各国家历年出口技术复杂度变化趋势稳定，大体呈小幅度稳步上升趋势，个别国家涨幅较大，最高超过 289%。以排位第一的卢森堡为例，其出口技术复杂度最高为 6281.80，最低为 2102.12，变化幅度为 198.83%。④各国出口技术复杂度之间竞争排位变动小。1996—2018 年出口技术复杂度各国排位前十名变化较小，卢森堡历年来位居第一，其后依次为冰岛、瑞士、美国。

3. 各国知识密集型服务业的出口技术复杂度比较

从表 4-4 测算结果可知：①不同国家知识密集型服务业的出口技术复杂度差异明显。出口技术复杂度最高的是挪威，其值历年皆在 942.52 以上，且从 1996—2018 年以来大部分年份位居世界第一，其次为冰岛、丹麦、奥地利、希腊等国家，2018 年排名前十位各国家复杂度值均在 1000 以上；而出口技术复杂度历年排位靠后国家包括墨西哥、哥斯达黎加、印度尼西亚、中国、印度等国家，其各国出口技术复杂度均小于 1029.84，最小值为 32.52。②出口技术复杂度一直保持较高值的国家为挪威、冰岛、丹麦、奥地利，而墨西哥、哥斯达黎加、印度尼西亚、中国和印度等国普遍较低。③1996—2018 年各国家历年出口技术复杂度变化趋势基本稳定，大体呈小幅度稳步上升趋势，个别国家涨幅较大；小部分呈小幅度下降趋势。以排位第一的挪威为例，其出口技术复杂度最高值为 2520.37，最低值为 942.52，增长 1.67 倍，其余各国情况大致类似。④各国出口技术复杂度之间竞争排位变动较大。1996—2018 年出口技术复杂度各国排位前十名变化较大，挪威大部分年份位居第一，其后依次为冰岛、丹麦，其余各国排名变化不稳定。

表4-3 各国资本密集型服务业的出口技术复杂度

国家	1996年	2000年	2005年	2010年	2011年	2012年	2013年	2014年	2015年	2016年	2017年	2018年
卢森堡	2102.12	3424.80	4283.55	4980.76	5048.49	5141.08	5315.31	5553.85	5856.00	5890.73	6264.06	6281.80
冰岛	567.45	1460.54	2092.28	2090.54	2249.77	2315.49	2393.13	2534.03	3437.29	3495.42	3850.30	4193.97
瑞士	1002.61	1475.43	1667.70	1978.90	2007.36	2128.44	2162.06	2219.24	2258.01	2315.82	2368.98	2413.41
美国	851.49	1198.71	1543.18	1692.84	1722.00	1725.30	1765.47	1782.91	1848.62	1898.67	2019.04	2037.02
英国	775.24	1106.13	1511.24	1711.90	1759.83	1791.20	1865.95	1872.42	1890.82	1974.47	2085.18	2135.17
荷兰	593.84	932.56	1096.53	1433.82	1464.38	1442.64	1485.44	1474.30	1507.52	1448.26	1575.45	1645.45
瑞典	521.67	926.95	1098.88	1285.74	1417.14	1486.98	1503.24	1493.69	1570.00	1591.11	1595.21	1606.70
以色列	640.12	986.74	984.90	1063.17	1183.69	1246.17	1332.53	1288.06	1297.19	1386.89	1451.30	1492.69
比利时	462.94	708.86	918.03	1153.46	1144.35	1224.51	1353.57	1410.22	1470.10	1510.25	1595.27	1607.87
德国	592.38	761.43	811.18	979.89	1044.60	1110.67	1142.99	1221.19	1233.44	1303.94	1369.45	1379.36
挪威	377.14	576.55	747.18	1071.59	1166.69	1202.37	1279.03	1190.11	1192.86	1755.13	1195.61	2089.66
芬兰	385.43	500.10	693.89	1162.20	1227.23	1230.89	1280.40	1290.20	1333.00	1418.76	1515.31	1556.45
奥地利	436.10	639.90	799.70	894.09	994.62	1055.25	1115.43	1113.99	1100.82	1151.40	1204.93	1231.88
加拿大	487.55	627.64	782.88	949.26	965.38	975.18	1047.55	1065.20	1045.21	1078.63	1136.50	1132.72
澳大利亚	350.45	511.50	717.84	966.13	985.29	955.82	1035.22	1058.22	1057.05	1094.59	1127.74	1203.11
法国	462.39	616.44	741.68	851.95	916.60	914.67	970.13	1006.52	1047.19	1124.18	1122.02	1144.29
韩国	162.53	248.33	714.06	908.46	940.25	944.51	952.63	1021.68	859.32	809.76	853.62	906.31
冰岛	431.55	547.20	546.08	608.30	635.00	649.79	691.18	729.39	784.60	848.13	852.81	854.25

续表

国家	1996年	2000年	2005年	2010年	2011年	2012年	2013年	2014年	2015年	2016年	2017年	2018年
西班牙	297.53	485.09	628.30	669.04	688.99	674.41	669.95	705.98	728.58	804.86	826.55	839.81
新西兰	273.70	408.76	510.46	702.40	741.39	741.84	788.03	771.43	778.91	817.70	828.51	827.35
日本	377.41	360.72	455.20	565.43	604.40	606.44	673.27	803.38	882.12	883.42	863.95	829.25
意大利	354.92	465.35	560.96	561.20	586.64	608.34	575.73	551.41	552.79	619.23	657.58	663.12
捷克	377.15	470.42	469.13	555.55	577.98	592.45	616.76	649.68	664.93	686.98	738.54	790.79
印度	796.36	953.43	157.34	212.54	224.21	238.40	247.63	251.22	258.18	268.65	286.15	301.54
丹麦	237.70	392.05	385.98	499.30	511.76	538.70	542.10	543.40	569.48	643.85	705.71	703.38
匈牙利	194.20	293.81	314.45	517.28	552.41	564.60	576.12	620.54	635.62	665.76	739.09	774.30
斯洛文尼亚	236.70	321.25	417.60	499.60	497.84	511.86	500.73	526.17	524.31	560.83	632.00	687.82
斯洛伐克	1700.51	195.25	274.07	417.50	417.82	460.51	495.24	532.19	568.87	543.70	596.35	612.92
爱沙尼亚	77.84	132.05	265.44	375.27	417.20	448.42	468.88	525.75	548.16	623.53	695.90	747.15
葡萄牙	166.40	261.66	294.99	406.49	388.18	384.29	411.51	415.30	418.00	439.05	465.71	481.80
哥斯达黎加	130.01	180.15	244.62	362.74	392.74	414.86	423.32	458.73	483.55	518.10	562.31	574.87
巴西	283.92	241.25	232.06	313.20	329.19	340.09	336.12	311.70	304.50	293.65	281.05	329.73
拉脱维亚	79.27	156.70	279.13	303.46	338.41	341.14	401.23	392.18	424.88	480.80	513.78	548.46
波兰	93.46	160.35	187.06	345.30	364.10	361.24	367.22	394.78	421.04	456.89	507.78	542.38
希腊	123.42	182.54	201.92	238.23	232.85	226.64	248.68	252.29	236.06	253.92	240.23	243.09
俄罗斯	54.86	75.20	151.08	263.46	262.63	296.85	337.28	320.67	314.84	252.61	275.24	304.09

续表

国家	1996年	2000年	2005年	2010年	2011年	2012年	2013年	2014年	2015年	2016年	2017年	2018年
土耳其	174.00	189.08	136.36	159.52	173.90	169.20	192.92	217.06	228.07	200.43	232.20	236.34
南非	138.99	152.63	187.65	183.18	176.77	181.19	186.04	180.98	192.34	184.06	181.60	180.55
智利	67.29	128.63	139.06	161.21	183.07	198.96	218.59	225.00	276.42	273.55	279.62	291.87
立陶宛	68.74	100.89	111.13	141.54	157.95	159.30	183.47	203.14	230.19	278.09	330.55	347.57
中国	43.63	70.59	94.95	185.78	226.35	216.84	211.92	230.45	227.05	245.52	283.84	308.82
印度尼西亚	75.19	63.19	121.45	137.01	146.54	166.76	165.23	157.97	146.45	150.56	156.94	607.04
哥伦比亚	38.33	66.67	83.43	113.23	110.59	129.20	149.77	191.89	198.78	213.39	216.44	220.92
墨西哥	69.12	79.44	75.71	66.30	67.03	65.46	71.42	78.60	81.20	83.23	93.34	85.83

表 4—4　各国知识密集型服务业的出口技术复杂度

国家	1996 年	2000 年	2005 年	2010 年	2011 年	2012 年	2013 年	2014 年	2015 年	2016 年	2017 年	2018 年
挪威	942.52	1513.48	1933.63	2072.24	2212.42	2378.31	2462.60	2520.37	2239.60	1490.89	2430.33	1553.93
冰岛	745.99	1107.31	1433.82	1601.59	1665.27	1805.98	1781.56	1860.79	1979.25	1924.10	1954.34	2263.06
丹麦	724.69	1009.43	1317.51	1646.25	1670.75	1679.30	1757.68	1829.39	1852.01	1928.84	2054.99	2179.86
奥地利	454.90	580.38	793.02	1042.63	1087.99	1118.96	1165.18	1199.48	1228.67	1345.68	1380.59	1497.70
希腊	315.87	661.59	1041.31	1157.29	998.52	936.66	915.45	957.09	946.44	967.30	982.96	1082.92
荷兰	458.18	607.31	766.11	814.75	863.84	892.75	925.42	954.14	946.87	1012.14	990.75	1064.95
比利时	442.30	613.46	614.55	863.49	881.49	910.20	849.61	869.35	931.40	1000.22	1035.85	1119.12
立陶宛	177.58	286.12	546.16	813.30	934.77	1014.90	1123.13	1221.13	1215.35	1318.10	1449.93	1679.47
加拿大	349.42	513.37	694.73	792.26	847.04	859.32	899.27	946.24	891.13	931.14	979.88	1073.76
德国	355.86	460.32	665.82	809.29	874.57	891.20	952.04	922.53	949.57	997.31	1045.38	1110.97
澳大利亚	456.84	582.11	666.26	745.27	738.61	748.13	820.01	851.33	836.96	909.96	921.93	999.98
瑞典	475.45	600.20	676.62	789.19	820.41	777.56	793.21	806.01	825.75	872.97	897.65	970.81
瑞士	506.02	584.57	622.49	669.77	694.60	709.97	750.15	774.16	788.08	837.91	879.26	957.17
芬兰	371.68	585.54	571.43	685.00	741.31	760.00	733.04	777.88	834.42	921.52	954.33	1032.22
斯洛文尼亚	281.42	429.75	605.77	736.37	789.73	788.86	846.48	857.97	886.80	978.03	1025.00	1037.44
爱沙尼亚	203.69	359.10	551.53	734.41	859.47	901.05	948.70	942.30	931.20	990.43	1024.16	1159.02
捷克	296.13	384.14	535.67	712.53	743.58	727.14	768.25	810.52	867.01	972.64	1022.91	1068.06
日本	410.25	490.64	611.97	700.42	709.86	714.92	740.96	760.33	752.37	756.67	781.94	617.24

续表

国家	1996年	2000年	2005年	2010年	2011年	2012年	2013年	2014年	2015年	2016年	2017年	2018年
法国	324.66	440.58	518.07	877.91	896.77	876.55	814.20	725.43	653.42	750.99	696.55	740.69
意大利	335.71	485.70	523.92	731.45	746.22	723.20	734.36	741.09	741.26	815.91	851.77	909.94
韩国	460.36	623.42	466.02	504.39	520.20	511.47	526.50	506.82	725.99	937.53	857.96	856.67
美国	400.57	504.13	568.08	597.18	638.05	663.35	692.24	715.77	736.89	754.15	747.64	840.79
法国	326.24	463.33	538.99	695.32	659.74	674.04	723.95	708.61	708.31	715.27	761.25	820.40
拉脱维亚	221.56	309.35	478.60	614.90	710.81	774.18	779.62	815.43	818.66	904.19	957.32	1056.86
智利	296.97	346.83	487.93	693.05	763.69	787.08	803.34	797.33	707.99	722.58	775.54	794.20
葡萄牙	281.39	348.20	500.18	681.52	658.28	672.74	695.05	711.86	776.80	797.37	784.45	885.43
新西兰	349.77	455.72	519.52	537.60	570.45	581.25	633.87	649.17	669.26	736.46	768.22	806.57
西班牙	291.53	421.32	530.42	607.16	579.95	589.28	613.90	641.08	684.97	666.37	729.38	787.16
斯洛伐克	1139.15	293.39	386.41	520.07	506.55	560.94	655.14	646.71	724.64	713.37	705.31	762.67
土耳其	265.67	272.68	312.26	463.35	507.55	550.72	618.06	704.08	778.51	837.74	870.32	899.78
以色列	301.83	369.89	388.33	442.25	454.61	472.96	502.19	517.28	537.62	584.68	603.46	639.01
匈牙利	199.10	242.24	372.94	506.84	536.49	548.77	592.65	618.10	667.76	707.83	718.32	801.77
波兰	146.43	251.64	336.39	451.09	526.73	542.17	572.86	630.43	650.45	718.90	780.82	869.11
英国	265.06	345.02	374.22	385.48	384.94	403.44	421.75	428.42	453.84	484.08	479.15	482.67
俄罗斯	149.32	173.55	278.11	420.02	433.75	477.69	535.59	548.29	526.52	625.89	683.15	629.70
爱尔兰	199.61	358.14	335.07	332.31	355.68	355.69	358.40	346.06	476.51	410.40	523.70	512.38

续表

国家	1996年	2000年	2005年	2010年	2011年	2012年	2013年	2014年	2015年	2016年	2017年	2018年
巴西	458.73	173.33	231.30	291.82	323.59	306.99	318.65	345.20	317.77	294.00	314.44	266.93
哥伦比亚	137.10	145.29	221.28	299.31	331.10	359.04	411.08	400.48	419.22	429.36	407.90	455.30
南非	154.07	187.44	232.68	297.51	342.94	336.54	352.78	341.81	342.20	341.80	336.49	355.33
墨西哥	138.24	198.92	224.89	275.39	294.17	300.66	309.06	319.86	310.78	330.86	338.23	359.07
哥斯达黎加	131.93	165.65	203.76	249.92	270.08	285.36	294.12	314.96	314.15	353.75	378.53	405.82
印度尼西亚	102.21	92.30	155.74	192.24	201.67	211.83	228.74	243.64	249.50	267.48	271.87	1029.84
中国	44.26	62.66	133.19	243.02	258.70	282.92	291.15	295.08	308.45	327.19	349.07	364.33
印度	157.51	243.08	32.52	46.05	51.90	54.17	56.11	56.57	56.01	61.98	63.51	71.51

三、不同区域服务业出口技术复杂度比较

1. "一带一路"沿线国家不同服务行业出口技术复杂度比较

从表 4-5 测算结果可知：①"一带一路"沿线国家不同服务行业出口技术复杂度差异明显。出口技术复杂度最高的行业是 IT 和其他信息服务，2008—2018 年，其平均值高达 110000，且从 1997—2018 年以来各年位稳居行业第一位，其后依次为陆地与管道运输，房地产活动，艺术、娱乐与休闲等行业；而出口技术复杂度历年排位靠后行业包括出版、视听和广播业，邮政和收藏活动，金融与保险活动，公共行政管理、国防与强制性社会保障，教育等行业，其各行业值均小于 80000，最小值为 15280.05。②出口技术复杂度一直保持较高值的行业为 IT 和其他信息服务，陆路运输和管道运输，房地产活动，艺术、娱乐与休闲等行业，而邮政和收藏活动，金融与保险活动，公共行政管理、国防与强制性社会保障及教育等行业出口技术复杂度普遍较低。大部分出口技术复杂度排位前十行业保持高值。③1996—2018 年各行业历年出口技术复杂度变化趋势稳定。大体呈现较大幅度稳步上升趋势，大部分行业增幅较大。以排位第一的 IT 和其他信息服务为例，其出口技术复杂度历年最高为 150645.66，最低为 51138.02，增幅约为 194.59%，其余各行业情况大致类似；而以公共行政管理、国防与强制性社会保障为例，其出口技术复杂度历年最高为 46458.91，最低为 15280.05，增幅约为 204.05%；特别的是，几乎所有行业在 1997 年出现下降，而后稳步增长。④各行业出口技术复杂度之间竞争排位变动较小。从 1996—2018 年出口技术复杂度各行业排位前七名变化小，第八、九、十位排名有所波动；IT 和其他信息服务历年来位居第一，其后依次为陆地与管道运输、房地产活动，其余各行业位居其后。

表 4-5 "一带一路"沿线国家不同服务行业的出口技术复杂度

行业	1996 年	2000 年	2005 年	2010 年	2011 年	2012 年	2013 年	2014 年	2015 年	2016 年	2017 年	2018 年
C1	51138.02	62265.13	78782.74	101420.22	104541.44	108561.02	116237.80	115098.05	119671.25	126411.29	136292.28	150645.66
C2	42465.77	47295.75	60989.91	77428.98	82541.31	84522.59	89488.43	90621.37	93258.33	99296.14	108715.46	118283.04
C3	48897.08	53981.70	60552.90	77504.76	81169.91	80649.39	85083.19	87021.16	87705.78	91526.69	100204.90	112440.72
C4	47880.94	51773.66	54631.50	66788.50	68677.60	66317.64	69554.79	70767.79	72702.98	73756.20	78421.74	89083.98
C5	34321.00	40811.87	50617.93	67254.43	71974.11	73197.83	77614.84	79484.19	80782.73	89317.49	96387.08	117267.89
C6	30390.16	42546.86	60494.25	66346.07	68391.38	67862.61	70682.85	74613.32	74899.80	78072.30	83609.25	94509.54
C7	43022.03	47137.30	53860.17	64059.19	65196.00	63300.04	67006.46	67119.12	68520.30	68203.60	74961.64	84477.00
C8	58732.10	46879.42	51751.18	57778.23	56738.81	55602.15	58257.21	58475.60	61073.12	62466.57	69474.67	82736.30
C9	27445.80	32604.66	44778.94	61228.76	65003.23	66335.21	71700.66	73221.04	74603.97	77801.53	84153.28	94534.12
C10	32576.74	33111.17	42856.92	58470.09	60346.05	63135.09	68629.97	71910.78	73784.53	77563.98	87222.59	98502.51
C11	32250.74	40203.56	42777.89	59972.82	63892.78	63176.63	66503.08	65619.22	65932.34	69342.01	78178.24	87066.48
C12	37314.17	38488.63	43125.43	52875.41	55006.86	50472.65	60029.10	57416.73	60052.37	63352.72	70140.03	82452.43
C13	35830.77	39315.07	45127.15	52969.00	54377.52	51915.08	51998.16	48700.04	46575.63	47692.48	53693.13	60315.37
C14	27709.03	30078.79	36603.37	53450.34	55858.26	53274.43	58445.49	56751.97	57443.78	60720.13	68691.56	79471.09
C15	43046.29	30379.70	31354.20	28654.51	27439.82	29096.62	33472.72	36291.24	38523.67	41070.96	43636.71	49243.10
C16	21696.17	25455.62	23142.35	31953.38	32798.02	32927.66	34211.07	33983.97	36826.90	38476.65	42443.83	47808.40
C17	44784.26	15280.05	20719.05	34693.02	38480.61	35568.88	36184.28	34920.79	37677.69	35493.35	40874.35	46458.91
C18	30734.29	19370.60	19247.01	21525.96	23206.13	21943.47	23703.21	21658.02	21372.14	21459.42	24911.76	28805.55

注：C1-IT 和其他信息服务；C2-陆地与管道运输；C3-房地产活动；C4-艺术、娱乐与休闲；C5-运输仓储和支持活动；C6-水运；C7-膳宿服务活动；C8-人类健康和社会工作活动；C9-批发零售贸易与汽车修理；C10-航运；C11-专业、科学和技术活动；C12-电信业；C13-行政与支持服务活动；C14-出版、视听和广播业；C15-邮政和收藏活动；C16-金融与保险活动；C17-公共行政管理、国防与强制性社会保障；C18-教育。

2. 区域全面经济伙伴关系（RECP）国家不同服务行业的出口技术复杂度比较

为了方便分析，本研究将1996—2018年RECP国家不同服务行业的出口技术复杂度排名前十的数据加粗。表4-6显示：①RECP国家不同行业出口技术复杂度差异较明显。出口技术复杂度最高是水运，其值历年皆在27700.20以上，且从1996—2018年以来各年位居行业第一位，其后依次为行政与支持服务活动、教育、批发零售贸易与汽车修理等行业，排名前十位各行业值差距较明显；而出口技术复杂度排位靠后行业包括邮政和收藏活动，IT和其他信息服务，金融与保险活动，公共行政管理、国防与强制性社会保障等行业。②出口技术复杂度一直保持较高值的行业为水运、批发零售贸易与汽车修理，而IT和其他信息服务，金融与保险活动，公共行政管理、国防与强制性社会保障等行业出口技术复杂度普遍较低。大部分出口技术复杂度排名前十行业保持中高值。③1996—2018年各行业出口技术复杂度变化趋势较稳定，大体呈现大幅度稳步上升趋势，增幅较大。以排名第一的水运为例，其出口技术复杂度历年最高为73531.71，最低为27700.20，增幅约为165.46%；而以排名靠后的金融与保险活动行业为例，其出口技术复杂度历年最高为25806.94，最低为11253.37，增幅约为129.33%，相邻年变化值较小，其余各行业情况大致类似。④各行业出口技术复杂度之间竞争排位变动小。从1996—2018年出口技术复杂度各行业排名前十名变化较小，水运历年来位居第一，其后依次为行政与支持服务活动、教育、批发零售贸易与汽车修理，其余各行业位居其后。

表 4-6　RECP 国家不同服务行业的出口技术复杂度

行业	1996 年	2000 年	2005 年	2010 年	2011 年	2012 年	2013 年	2014 年	2015 年	2016 年	2017 年	2018 年
C1	15683.98	16782.51	14760.69	15666.21	19113.04	19920.96	19564.61	25026.43	23879.88	23273.39	22364.03	30993.72
C2	13786.45	18234.90	23653.38	32700.52	32439.71	32923.64	33859.27	36034.08	39048.60	38602.42	38949.92	45546.72
C3	13139.14	16122.39	22821.38	32113.63	31229.83	31840.98	33189.18	35262.36	37104.27	38194.39	36298.30	44654.93
C4	12660.27	15367.86	24813.73	34548.18	34720.51	34106.64	35793.07	37881.06	40031.41	39458.09	38850.48	47592.82
C5	19937.77	26355.29	28470.76	34435.65	33669.51	35389.77	35828.29	37751.84	40820.16	38786.17	37901.11	37350.02
C6	27700.20	31604.37	29605.37	43934.61	44488.29	46619.35	48103.59	50889.43	57905.56	63187.70	59938.05	73531.71
C7	10999.66	13171.87	19220.92	27470.73	24965.21	26346.57	27326.93	29598.97	34076.78	36893.91	36582.91	49080.25
C8	10269.28	15246.51	20187.17	30191.05	29332.67	29693.06	30698.93	33225.16	34727.18	35460.61	34816.69	33048.34
C9	21152.67	27250.05	31703.46	37871.43	38171.19	39786.27	42016.86	42765.14	44335.63	44877.33	44734.50	56623.14
C10	18161.93	23778.92	30105.84	33815.41	35584.80	34514.39	35978.40	35615.56	35999.61	39394.78	37692.27	45031.76
C11	13194.04	14834.61	22120.30	28148.16	31058.24	28075.32	28558.97	31030.05	31064.78	30036.50	30281.44	35582.47
C12	13200.22	16872.62	23083.18	30274.88	31309.87	27906.18	32790.79	33686.19	31907.85	32605.32	34227.58	42571.38
C13	12346.88	13001.37	21151.73	40560.18	39617.94	41918.01	44266.50	50138.73	50452.03	53076.89	53534.50	64556.99
C14	13263.41	16362.79	19962.27	28677.12	30385.94	28606.10	31768.98	33631.85	34726.45	33961.90	33824.23	41148.04
C15	12374.88	16881.92	20231.47	24465.49	23943.56	24601.69	25585.43	27645.21	30047.91	30729.81	31499.01	35233.86
C16	11253.37	12965.05	17882.14	17673.84	17404.26	17590.91	17296.59	19616.89	21377.25	22149.04	22225.30	25806.94
C17	5681.05	10721.57	11984.07	9631.06	11575.97	12174.29	12174.78	12114.75	3104.09	3018.04	3071.73	3688.82
C18	13321.88	18570.44	29364.61	42191.67	40942.28	38718.72	38432.56	38574.72	40474.26	41319.81	44649.09	58228.11

3. 北约国家不同服务行业的出口技术复杂度比较

从表4-7测算结果可知：①北约不同服务行业出口技术复杂度差异明显，同年排名前六位差异较小。出口技术复杂度最高是公共行政管理、国防与强制性社会保障，其后依次是金融与保险活动、教育等行业，排名前十位各行业值大体在100000以上；而出口技术复杂度历年排位靠后行业包括批发零售贸易与汽车修理、水运、房地产活动、陆地与管道运输、IT和其他信息服务等行业。②出口技术复杂度一直保持较高值的行业为公共行政管理、国防与强制性社会保障，金融与保险活动，教育，邮政和收藏活动，出版、视听和广播业，专业、科学和技术活动等行业，而批发零售贸易与汽车修理、水运、陆地与管道运输、IT和其他信息服务等行业出口技术复杂度相对较低。③1996—2018年各行业历年出口技术复杂度变化趋势稳定，总体呈现大幅度稳步上升趋势，行业增幅较大。以排名第一的公共行政管理、国防与强制性社会保障为例，增幅约为237.29%；而以IT和其他信息服务行业为例，其出口技术复杂度增幅约为152.89%，相邻年变化较小，其余各行业情况大致类似。④各行业出口技术复杂度之间竞争排位变动小。从1996—2018年出口技术复杂度各行业排位前十名变化较小，公共行政管理、国防与强制性社会保障大多数年份位居第一，其后依次为金融与保险活动、教育与邮政和收藏活动，其余各行业位居其后。

表 4-7　北约国家不同服务行业的出口技术复杂度

行业	1996 年	2000 年	2005 年	2010 年	2011 年	2012 年	2013 年	2014 年	2015 年	2016 年	2017 年	2018 年
C1	49049.04	60866.80	70677.41	87516.43	95220.35	97096.38	100597.18	101407.88	105852.80	117574.18	121653.44	124038.07
C2	63511.64	75301.19	95251.47	111811.90	124164.24	132373.78	143157.60	149754.47	145338.80	158216.22	160169.31	186255.35
C3	61986.20	74561.90	101753.35	120658.92	140690.58	155382.26	166361.55	169801.15	170701.75	181867.27	194117.75	203731.24
C4	70030.02	84393.23	119977.77	140489.54	158993.02	182256.89	193241.28	197999.12	197011.27	217782.77	231722.68	238273.21
C5	80091.82	89555.81	121103.07	144745.66	156645.75	162671.11	175178.20	178929.13	177199.06	185281.15	197229.51	212495.14
C6	63938.51	82435.34	111550.01	135340.52	146995.74	154582.02	167389.28	165197.27	151782.52	147970.16	172444.73	177554.35
C7	78278.23	102330.32	131932.41	167471.23	199264.33	213445.58	226497.69	232200.84	221204.97	233162.32	242189.30	239796.07
C8	72136.08	101219.84	139232.09	186775.84	215498.46	230405.09	244752.66	250746.98	247407.76	265481.44	277463.66	306921.27
C9	85712.00	92450.51	117375.05	137849.59	148687.05	153878.68	158749.12	166507.02	168308.55	182315.96	190754.28	191918.08
C10	86459.08	114038.40	135237.12	165985.19	175590.22	185471.32	191515.82	198982.11	203763.78	207507.71	212060.93	223183.68
C11	110033.84	129004.90	167575.16	188372.96	190115.35	214739.98	229540.66	239217.00	248242.61	268841.83	274447.68	294079.94
C12	90499.76	109832.15	144653.66	187632.25	203114.38	239756.47	228228.46	247687.32	256849.57	273783.42	275205.03	275935.52
C13	101744.22	130300.48	153126.48	153589.38	175687.12	187975.54	205046.90	208701.72	224745.38	237144.24	245674.30	255951.92
C14	117355.23	143036.03	185265.35	195345.59	206474.95	232929.67	234017.72	246579.14	250640.26	270667.89	278060.56	283007.48
C15	100333.45	145610.96	199271.37	273716.25	297235.61	302921.21	311584.95	316343.90	314731.37	330793.90	349988.36	373975.78
C16	135372.84	165540.55	223535.67	283737.39	304115.67	315708.65	337316.64	344490.57	340260.36	356133.90	371694.70	391780.58
C17	126908.48	199255.66	256250.57	299138.53	303954.07	320295.88	336885.40	353659.82	381838.03	412067.35	428053.21	321491.52
C18	124699.47	173317.71	210068.58	250239.75	271136.25	294050.51	314955.27	332667.06	336912.92	358247.32	365274.76	366391.25

4. 发达区域不同服务行业的出口技术复杂度比较

为方便分析，本研究将 1996—2018 年出口复杂度排名前十的行业数据加粗。从表 4-8 测算结果可知：①发达区域不同服务行业出口技术复杂度差异明显。出口技术复杂度最高的是公共行政管理、国防与强制性社会保障，其值历年皆在 170000 以上，且从 1996—2018 年以来皆位于前三，其中有 19 年位居世界第一，其后依次为金融与保险活动、邮政和收藏活动和教育等行业，排名前十位各行业值均为 119000 以上；而出口技术复杂度历年排位靠后行业包括水运 IT 和其他信息服务、陆地与管道运输等，其值均小于 250000。②出口技术复杂度一直保持较高值的行业为公共行政管理、国防与强制性社会保障，金融与保险活动，邮政和收藏活动和教育等行业，而房地产活动、水运、IT 和其他信息服务、陆地与管道运输等行业出口技术复杂度普遍较低。③1996—2018 年各行业出口技术复杂度历年变化趋势激烈，大体呈现大幅度快速上升趋势，所有行业都有很大涨幅，最高超过 230%。以常年排位第一的公共行政管理、国防与强制性社会保障为例，其出口技术复杂度历年最高为 579397.31，最低为 170506.47，变化幅度接近 240%；而以涨幅程度最小的 IT 和其他信息服务行业为例，其出口技术复杂度历年最高为 207468.82，最低为 81069.51，其变化幅度大于 150%，且相邻年变化值大于 5000，其余各行业情况大致类似。④各行业出口技术复杂度之间竞争排位变动小。从 1996—2018 年出口技术复杂度各行业排位前十名变化较小，公共行政管理、国防与强制性社会保障历年来19 次位居第一，其后依次为金融与保险活动和教育，其余各行业位居其后。

表 4-8 发达区域不同服务行业的出口技术复杂度

行业	1996 年	2000 年	2005 年	2010 年	2011 年	2012 年	2013 年	2014 年	2015 年	2016 年	2017 年	2018 年
C1	81069.51	107259.17	117540.00	149171.49	162433.99	169068.42	182209.86	186372.95	188281.76	200439.24	204871.02	207468.82
C2	88316.08	106329.77	126817.03	148149.36	159887.27	169193.11	179723.28	187519.80	186005.18	202683.21	200688.73	223358.44
C3	80322.03	97473.96	132994.45	160230.02	183793.61	201478.70	214366.17	222170.15	228224.48	247663.74	259078.36	270201.37
C4	87178.04	102401.70	149937.43	179143.93	202143.88	230072.05	245177.75	249735.29	251231.58	283950.27	297769.97	305204.25
C5	117851.83	133945.52	167730.15	200555.63	211727.87	218158.80	231524.21	237762.29	243034.04	252105.67	263296.89	268862.69
C6	106661.28	129280.75	146697.07	179232.84	190692.80	199856.14	214238.34	213245.99	210122.22	217624.81	238251.25	246683.19
C7	98669.25	130400.38	162590.68	207849.89	241910.47	260802.05	274942.96	284233.41	279983.63	301652.79	307488.24	308899.36
C8	97570.67	137575.63	181460.95	244405.83	281332.83	300753.97	316906.07	327189.58	327559.56	353085.63	362491.84	386455.07
C9	125480.79	138405.89	166552.40	194490.48	206794.43	213132.07	217076.24	224963.04	230339.51	248134.46	256200.15	258535.36
C10	119329.67	159258.34	183249.88	209103.78	222962.34	230388.97	235510.52	242139.59	250331.79	255765.51	259726.58	272596.09
C11	143519.28	173073.24	220770.31	243091.06	245074.69	275723.78	291876.39	304025.93	320997.70	343206.48	342299.53	363160.55
C12	129608.54	166731.94	198907.23	221227.73	245164.02	264472.45	287859.19	299655.02	324020.01	343388.59	348808.01	362762.18
C13	124073.33	158533.10	197544.95	238279.47	254470.24	298771.40	282591.50	312794.69	324327.99	344714.45	350467.64	351395.40
C14	154990.68	191474.26	241876.28	260872.40	273116.63	305965.79	305987.40	327377.28	340888.08	363803.29	365198.89	372824.91
C15	133898.82	196351.73	269136.12	377676.41	406296.25	407986.40	420356.40	415632.92	420258.43	438136.46	456001.25	478742.54
C16	187203.60	238345.22	317784.63	384089.06	405725.02	419714.54	440826.55	451885.42	456780.62	483383.37	499449.00	525063.36
C17	170506.47	272678.39	337368.15	391811.46	399498.86	425009.88	454968.28	476466.99	513291.85	550270.44	557008.98	579397.31
C18	154537.00	219203.84	264584.17	327136.58	351062.58	373597.25	393737.31	416388.87	429546.44	453466.36	458090.26	465224.81

5. 发展中区域不同服务行业的出口技术复杂度比较

为方便分析，本研究将1996—2018年出口技术复杂度排名前十的行业数据加粗。从表4-9测算结果可知：①发展中区域不同服务行业出口技术复杂度差异明显。出口技术复杂度最高的是IT和其他信息服务，其值绝大多数年份皆在30000以上，其后依次为陆地与管道运输与房地产活动等行业，并且IT和其他信息服务从起初的第四名到了第一名；排名前十位各行业值均为19000以上；而出口技术复杂度历年排位靠后行业包括公共行政管理、国防与强制性社会保障，教育和金融与保险活动等，其各行业值均小于36500，最小值为9083.99。②出口技术复杂度一直保持较高值的行业为陆地与管道运输、IT和其他信息服务与房地产活动等行业，而公共行政管理、国防与强制性社会保障，教育和金融与保险活动等行业出口技术复杂度普遍较低。③1996—2018年各行业出口技术复杂度历年变化趋势激烈，大体呈现大幅度快速上升趋势，大多行业都有很大涨幅，极个别涨幅较大，最高超过290%。以常年排位第一的IT和其他信息服务为例，其出口技术复杂度历年最高为106001.17，最低为27063.70，变化幅度接近292%；而以涨幅程度最小的教育为例，其出口技术复杂度历年最高为20998.04，最低为13025.31，其变化幅度大于60%，且相邻年变化值大于400，其余各行业情况大致类似。④各行业出口技术复杂度之间竞争排位变动较大。从1996—2018年出口技术复杂度各行业排位前十名变化较大，IT和其他信息服务在1996—2000年时还只是四五名，但在2005年以后它反超陆地与管道运输并保持多年的第一名，其后依次是陆地与管道运输和房地产活动。其他各行业则竞争较激烈，排名经常波动。

表4-9 发展中区域不同服务行业的出口技术复杂度

行业	1996年	2000年	2005年	2010年	2011年	2012年	2013年	2014年	2015年	2016年	2017年	2018年
C1	27063.70	31510.39	49004.64	69529.21	71559.71	74431.48	78702.37	79033.18	82241.61	85157.77	92514.66	106001.17
C2	30636.50	36845.60	43474.89	57754.02	61715.40	63710.73	66622.56	67205.19	68851.72	70621.35	77649.31	85587.19
C3	28663.54	36440.76	42282.67	53983.96	55332.09	55286.30	57257.43	58138.73	59979.37	60994.25	66051.77	74845.72
C4	26802.02	35795.48	37052.41	49726.84	51054.29	49420.86	51153.31	52646.84	54605.79	54621.24	59420.23	69039.86
C5	19785.79	23604.85	32249.15	44461.40	48871.61	50265.40	52982.93	54228.11	54736.69	59867.41	64657.43	79624.40
C6	19075.77	18437.03	29793.95	38804.07	43028.55	43905.89	46185.41	47480.40	47889.68	49641.42	52886.07	59208.80
C7	28204.64	32921.28	39458.20	48890.30	48752.57	48095.94	49845.01	50745.38	53718.40	54519.20	60399.62	68954.29
C8	19770.05	29656.85	34994.62	37956.47	36729.27	36178.40	37727.66	37612.46	41090.12	41160.51	45586.00	54858.82
C9	20448.62	26757.74	33407.13	47001.14	50699.28	52384.88	55974.24	57631.65	59214.86	60970.71	66587.02	76989.48
C10	21333.75	22225.18	29849.04	44504.29	47400.10	50233.68	54042.20	56453.80	58028.83	60636.01	68271.37	78125.42
C11	17603.69	22508.27	25952.34	38978.55	42973.40	42301.68	44106.71	43639.30	44020.45	45240.89	51181.62	57326.42
C12	22181.13	28023.00	33548.75	42228.30	43774.25	40388.55	45076.59	41590.40	44010.95	44150.79	49159.87	58862.08
C13	20543.38	26087.63	32355.47	40243.39	41692.07	40181.56	39825.96	37462.74	35711.62	35895.39	40618.68	46479.18
C14	16931.67	21350.33	25265.73	37771.92	39894.29	37712.06	41275.72	39410.27	40095.50	40984.08	46924.92	55973.65
C15	15059.45	19117.85	20877.60	19156.56	19308.76	21456.52	23445.23	25355.13	26566.17	27982.50	29446.50	34184.69
C16	13598.00	15783.24	15790.69	22157.75	22864.88	22890.00	23484.11	23409.83	25858.32	26100.65	29108.98	32803.97
C17	9083.99	12087.30	13874.15	25616.25	28164.63	26439.93	26581.32	26034.92	28755.51	27064.09	31295.99	36169.95
C18	13025.31	14480.44	16569.78	15936.70	16369.56	15752.31	16782.08	15382.11	15762.57	15898.17	18509.37	20998.04

第三节 中国服务业国际竞争力测算：质量层面

一、中国服务业整体及分行业出口技术复杂度

表4-10是1996—2018年中国服务业整体及分行业出口技术复杂度及其在全球的排名。由表4-10我们可以发现：①中国服务业整体出口技术复杂度较低，且呈现波动下降的趋势，2017年下降幅度较大，2018年在全球排名不高，这说明我国服务业仍然以低技术复杂度的服务出口为主，原因是我国服务业虽然总体上取得较为明显的进步，但在参与全球价值链分工中更多还是依托资本、劳动密集型中低端服务业或者高端服务行业的低端环节，即我国服务业的国际分工地位仍然较低，参与国际竞争的能力亟待提升（戴翔，2015）[94]。②服务业各行业的出口技术复杂度差异较大。只有少数服务行业的出口技术复杂度较高，如批发零售贸易与汽车修理、水运的出口技术复杂度较高，在全球排名都是第五；陆地与管道运输，IT和其他信息服务，专业、科学和技术活动也相对较高，但在全球排名不是很高，分别为第11、19、21位。运输仓储和支持活动，膳宿服务活动，电信业，艺术、娱乐与休闲，房地产活动，人类健康和社会工作活动，教育，公共行政管理、国防与强制性社会保障，邮政和收藏活动都很低，在全球排名大部分都在30名后，尤其是教育、邮政和收藏活动不仅低，还处于一种下降的趋势中。③中国服务业大部分行业出口技术复杂度都是一直上升的，但也有少数服务行业的出口技术复杂度处于下降的趋势中。具体来说，不仅传统的批发零售贸易与汽车修理、交通运输（包括水陆空）呈现明显上升，IT和其他信息服务，专业、科学和技术活动，出版、视听和广播业，金融与保险活动等现代服务业也呈现出明显上升趋势，但教育、邮政和收藏活动等都是下降的趋势（见图4-1）。

表 4-10　1996—2018 年中国服务业整体及分行业出口技术复杂度

行业	1996年	2000年	2005年	2006年	2007年	2008年	2009年	2010年	2011年	2012年	2013年	2014年	2015年	2016年	2017年	2018年	2018年排名
整体	7032.76	4790.33	4129.41	4047.88	4031.50	4038.83	4119.21	4019.28	4191.49	3842.43	4001.56	4017.99	4172.10	4184.10	3710.89	3830.03	44
C1	1391.60	1919.30	1479.79	1516.84	2021.44	1886.58	1402.92	1790.97	2523.83	2132.04	2091.21	2865.55	2957.54	3101.09	3712.80	5877.20	19
C2	3022.06	3140.13	4116.33	4028.50	4083.36	5152.75	2886.48	4725.45	4897.85	3811.01	4533.44	4561.27	4497.79	4193.62	5136.28	6242.89	11
C3	563.10	603.72	642.03	630.88	675.38	677.27	452.11	734.79	631.27	481.45	522.06	492.30	462.98	447.29	446.23	481.95	26
C4	432.50	467.86	513.89	525.34	576.15	570.35	395.50	664.52	628.54	434.29	488.89	451.19	420.14	423.60	422.65	484.54	24
C5	322.40	641.42	1068.92	1123.87	1470.05	1591.02	834.92	1301.54	1374.65	1194.32	1302.89	1298.21	1204.29	1106.29	1072.18	1244.92	30
C6	1337.76	1382.51	3338.04	3863.60	3929.83	4051.18	2678.68	4001.92	4119.90	3560.23	3581.71	3503.91	3130.56	2602.27	3037.36	3035.99	5
C7	2016.87	1864.67	1950.51	2043.69	1949.81	1684.62	1181.13	1642.52	1235.54	868.00	913.33	839.94	863.09	825.59	792.92	1138.49	35
C8	113.80	116.97	111.49	116.98	109.23	108.97	79.60	125.04	99.14	72.30	78.72	72.17	73.40	69.42	68.15	70.89	38
C9	4361.96	6420.95	8507.34	8998.46	10202.99	10300.44	6640.98	10357.60	11728.36	10292.65	13664.37	13498.52	12561.43	12406.35	12629.82	16247.94	5
C10	835.47	866.92	1532.50	1749.12	2004.66	2403.75	2375.93	1959.69	1948.87	1847.10	2024.35	1815.33	1819.78	1866.35	1792.33	1915.75	19
C11	2128.03	2842.35	2745.98	2691.21	3424.41	3277.69	2310.37	3717.66	4954.81	3027.74	3358.39	3401.35	2965.37	3041.13	3697.43	4173.72	21
C12	239.01	326.83	383.85	406.27	469.04	468.65	318.06	774.57	876.92	415.30	756.33	465.63	415.26	421.07	434.05	592.04	27
C13	900.19	1188.23	1266.97	1429.71	1856.73	1820.75	1119.07	1900.03	1764.20	1569.92	1726.38	1787.96	1509.49	1476.27	1835.20	1968.80	30
C14	562.09	852.40	805.01	824.81	1045.44	1018.36	738.60	1422.86	1634.65	963.60	1319.63	1138.94	1064.95	1043.32	1348.53	1707.11	17
C15	6.40	7.40	10.24	10.93	10.31	10.44	7.45	12.27	9.81	7.18	7.76	7.09	7.14	6.58	6.54	7.07	44
C16	784.72	955.30	923.32	956.40	1126.78	1068.70	684.15	1191.53	1383.62	1067.73	1283.38	1431.35	1420.67	1424.48	1628.74	1661.08	32
C17	89.33	87.11	94.33	97.65	82.45	90.46	67.38	112.29	125.03	82.00	80.54	25.91	26.87	25.22	24.46	25.29	42
C18	236.06	245.77	312.93	258.28	157.07	238.11	225.44	426.11	300.95	116.21	199.76	263.79	374.27	235.33	87.81	90.79	37

图 4-1 2018 年中国服务行业出口技术复杂度

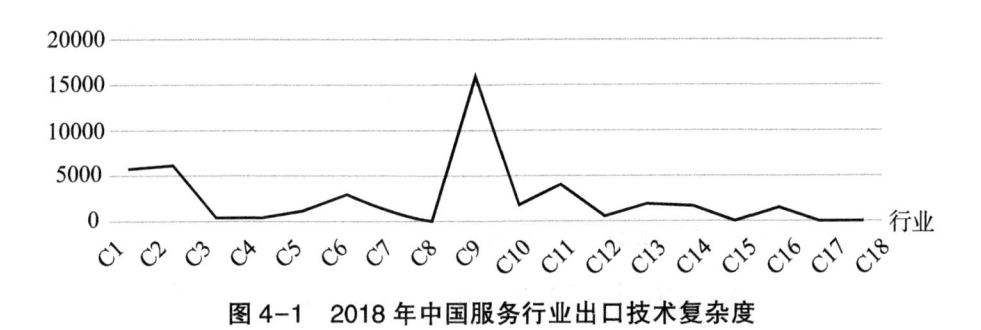

二、中国分类型服务业分行业的中心度测算

根据表 4-11 可知:

(1) 从整体上看,中国劳动密集型服务行业的出口技术复杂度明显要高于知识密集型服务业和资本密集型服务业,这说明目前中国服务贸易的比较优势仍然主要集中在劳动密集型等领域。

(2) 各种类型的服务业出口技术复杂度都处于上升的趋势,且中国劳动和知识密集型服务行业出口技术复杂度一直处于上升的趋势,且增幅明显,这说明随着中国经济的快速发展、技术进步以及劳动力素质的不断提高,中国服务贸易的出口内涵也必将随之上升。

表 4-11 1996—2018 年中国服务业分类型出口技术复杂度

类型	1996 年	2000 年	2005 年	2010 年	2011 年	2012 年	2013 年	2014 年	2015 年	2016 年	2017 年	2018 年
劳动密集型服务业	39.50	63.85	111.81	197.47	216.88	261.93	307.75	323.20	337.70	357.45	352.15	397.20
资本密集型服务业	43.63	70.59	94.95	185.78	226.35	216.84	211.92	230.45	227.05	245.52	283.84	308.82
知识密集型服务业	44.26	62.66	133.19	243.02	258.70	282.92	291.15	295.08	308.45	327.19	349.07	364.33

第四节　小结

总之，不同区域组织服务业出口技术复杂度存在差异。

1. "一带一路"沿线国家服务业出口技术复杂度由高到低依次是 IT 和其他信息服务，陆地与管道运输，房地产活动，艺术、娱乐与休闲等行业，而排位靠后的是出版、视听和广播业，邮政和收藏活动，金融与保险活动，教育等行业。

2. RECP 国家服务业出口技术复杂度由高到低依次是水运、行政与支持服务活动、教育、批发零售贸易与汽车修理等行业（排名前十位各行业值差距较明显），而排位靠后的是邮政和收藏活动、IT 和其他信息服务、金融与保险活动等行业。

3. 北约国家服务业出口技术复杂度由高到低依次为公共行政管理、国防与强制性社会保障，金融与保险活动，教育等行业，排位靠后行业包括批发零售贸易与汽车修理、水运、房地产活动、陆地与管道运输、IT 和其他信息服务等行业。整体上，1996—2018 年各行业历年出口技术复杂度变化趋势稳定，总体呈现大幅度稳步上升趋势，行业增幅较大，各行业出口技术复杂度之间竞争排位变动小。

第五章 全球价值链下中国服务业国际竞争力分析：产业空间位置层面

随着越来越多服务变得可贸易，与制成品的全球价值链分工类似，服务产品的生产也逐渐呈现出"全球化"和"碎片化"的发展趋势，而这种发展趋势促进了服务贸易规模的快速扩张。联合国贸发会议统计数据库显示，从2014年起我国服务贸易规模连续7年位居全球第二位，服务业国际竞争力不断提升。然而，在全球价值链分工和数字经济广泛应用的背景下，服务产品"全球化"和"碎片化"在使得各国服务贸易规模迅速扩张的同时，也对各国服务业在全球价值链中的分工地位产生重要影响。那么，在我国服务贸易规模迅速扩张的过程中，我国服务业是否存在"扩张陷阱"问题，是否也会出现类似于我国制造业发展的"低端锁定"现象？对此，有必要采用合适的方法对我国服务业在全球价值链中的分工地位进行科学测度和国际比较。

近年来，全球价值链中的国际分工地位问题是国际经济学领域的研究热点之一。目前学术界针对中国尤其是中国制造业在全球价值链的国际分工地位问题，主要是从出口产品价格和出口产品技术含量视角来测度国际分工地位，可这两类指标的计算使用的大多是未剔除进口中间投入价值的出口数据，难以避免"统计假象"问题。于是部分学者采用基于出口产品的国内完全增加值视角研究全球价值链中的国际分工地位。但该方法与HIY一样，忽略了进口中间品的国内增加值部分，从而会低估一国出口中的国内增加值，也无法准确测度一国在全球价值链中的国际分工地位。而

Koopman 等利用国际投入产出表，基于附加值贸易框架提出 GVC 地位指数（GVC_ Position）来测度一国产业的国际分工地位，相对来说比较客观和科学。鉴于此，本研究根据 OECD-WTO 提供的最新国际投入产出表，采用 Koopman 等提出的 GVC 地位指数，从空间层面测度中国服务业的国际竞争力并进行大范围国际比较，分析服务业国际分工地位的变化机制，希望由此探寻提升中国服务业国际竞争力的对策建议。

第一节 GVC 地位指数测度方法的选择与理论特征

一、测度方法的选择

本研究借助 Koopman 等（2010）[14] 的方法，采用 GVC 地位指数来衡量中国服务业在全球价值链中的国际分工地位。Koopman 等（2010）[14] 基于贸易附加值分解框架，构建了 GVC 地位指数这一指标，来衡量一国某产业在全球价值链中所处的国际分工地位。具体计算公式如下：

$$GVC\_Position_{ir} = \ln\left(1 + \frac{IV_{ir}}{E_{ir}}\right) - \ln\left(1 + \frac{FV_{ir}}{E_{ir}}\right) \quad (5-1)$$

在式（5-1）中，i 表示产业，r 表示国家，E_{ir} 表示 r 国 i 部门的总出口。IV_{ir} 表示 r 国 i 部门的间接附加值出口，用来衡量 r 国 i 部门的中间品出口中有多少 r 国的国内附加值被进口国加工后又出口给第三国，也就是别国出口中所包含的 r 国的国内附加值。因此，$\frac{IV_{ir}}{E_{ir}}$ 实际上是指 i 国 r 产业间接出口的国内附加值占 i 国 r 产业总出口的比重，这也被 Koopman 等称为"GVC 前向参与度"。FV_{ir} 指的是 r 国 i 产业总出口中所包含的国外附加值，因此，$\frac{FV_{ir}}{E_{ir}}$ 表示 r 国 i 产业出口中国外附加值占总出口的比重，$\frac{FV_{ir}}{E_{ir}}$ 被 Koopman 等称为"GVC 后向参与度"。$GVC\_Position_{ir}$ 表示 r 国 i 部门在全球价值链中的国际分工地位。Koopman 等认为一国某产业在全球价值链中的国际分工地位可通过其在该产业分别作为中间品出口方与进口方的相对重要性来反映。具体而言，如果一国处于该产业的上游环节，那么它会主要通过向其他国家（地区）提供原材料或中间产品来参与国际生产，其 GVC 前向参与度（$\frac{IV_{ir}}{E_{ir}}$，即间接出口国内附加值占总出口的比重）就会高于后向参与度（$\frac{FV_{ir}}{E_{ir}}$，即出口中国外附加值比重），其 GVC 地位指数就较高。反之，如果一国某产业处于全球价值链的下游，就会从其他国家（地区）大量进口原材料或中间产品来生产最终产品，此时 GVC 前向参与度低于后向参与度，其 GVC 地位指数就较低。❶ 因此，该 GVC 地位指数越大，说明一国（地区）在全球价值链中所处的位置就越高，越靠近上游，国际分工地位越高；反之，该指标越小，则表明一国（地区）在全球价值链上的位置就越低，越靠近下游，国际分工地位越低。很明显，从 GVC 地位指数的计算公式可以看出，GVC 地位指数的大小取决于 GVC 前向参与度和后向参与度，前向参与度越大，GVC 地位指数越高，而后向参与度越大，GVC 地位指数越低。

---

❶ 本研究参照 OECD 和 WTO 的 TIVA 数据库的处理办法，具体用一国（地区）某产业中间品出口的国内附加值来表示，因为实际测算过程中，很难区分一国（地区）某行业出口的中间产品中到底有哪些进一步加工后最后被直接进口国最终使用，还是包含在直接进口国出口产品中间接出口到其他国家。也就是说，本研究中一国（地区）某行业 GVC 前向参与度 $\frac{IV_{ir}}{E_{ir}}$ 实际上就等于该行业中间品出口在总出口中占比与该行业总出口中国内附加值比重的乘积。

二、数据来源

按照以上方法计算 GVC 地位指数，需要用到全球投入产出数据。本研究使用 2018 年 12 月 OECD-WTO 最新发布的全球投入产出数据，来测算服务业的 GVC 地位指数。

第二节　服务业 GVC 地位指数的国际比较

一、整体层面服务业 GVC 地位指数比较

从表 5-1 中的测算结果来看，发现不同类型经济体的 GVC（CF）地位指数存在很大差异：①发达经济体中美国的 GVC 地位指数最高，多年位列第一。②发达经济体整体 GVC 地位指数较高且大多保持在 1.5 以上，而且大都呈现下降趋势，也有部分呈现小幅上升。发达经济体国家内部整体发展平稳，其中美国 GVC 地位指数最高，而日本、英国、德国次之。韩国的整体服务业 GVC 地位指数排名从 1998 年的第 47 名上升到 2018 年的第 30 名，上升幅度较大。③对发展中经济体而言，其 GVC 地位指数内部各经济体差异明显。其中，巴西在 2018 年排名第二，紧接着是哈萨克斯坦和俄罗斯，其 GVC 地位指数大多大于 1.5；再次是阿根廷，阿根廷的整体服务业 GVC 地位指数排名从 1998 年第 4 名下降到第 2018 年的第 7 名。然后是墨西哥、印度、哥伦比亚，值得注意的是哥斯达黎加的整体服务业 GVC 地位指数排名由 1998 年的第 53 名升为 2018 年的第 27 名，智利的 GVC 地位指数排名由 1998 年的第 38 名升为 2018 年的第 17 名，其上涨幅度巨大。巴西、阿根廷、墨西哥、印度等均呈现下降趋势。④整体而言，各国整体服务业 GVC 地位指数排名竞争较大，美国多年位居世界第一，其次是日本、巴西、俄罗斯等。

第五章　全球价值链下中国服务业国际竞争力分析：产业空间位置层面　089

表 5-1　67 个国家 GVC 地位指数值以及排名

国家	2018年的值	1998年排名	2008年排名	2018年排名	类型	国家	2018年的值	1998年排名	2008年排名	2018年排名	类型
美国	2.40	1	3	1	发达经济体	瑞士	0.96	33	40	28	发达经济体
日本	1.86	2	5	5	发达经济体	韩国	0.96	47	35	30	发达经济体
巴西	2.04	3	1	2	发展中经济体	突尼斯	0.80	31	45	40	发展中经济体
俄罗斯	1.92	9	2	4	发展中经济体	文莱	0.88	39	21	36	发展中经济体
阿根廷	1.67	4	7	7	发展中经济体	拉脱维亚	0.90	40	31	35	发展中经济体
墨西哥	1.58	7	4	9	发展中经济体	智利	1.33	38	51	17	发展中经济体
印度	1.56	8	9	11	发展中经济体	缅甸	0.71	54	20	43	发展中经济体
哥伦比亚	1.60	5	6	8	发展中经济体	葡萄牙	0.66	41	37	46	发达经济体
德国	1.34	10	12	16	发达经济体	斯洛伐克	0.79	37	41	41	发达经济体
英国	1.44	15	14	13	发达经济体	挪威	0.90	49	38	33	发达经济体
秘鲁	1.49	11	11	12	发展中经济体	摩洛哥	0.57	24	53	47	发展中经济体
哈萨克斯坦	2.02	27	17	3	发展中经济体	比利时	0.70	42	44	44	发达经济体
印度尼西亚	1.58	12	15	10	发展中经济体	捷克	0.67	36	42	45	发达经济体
中国	1.69	25	10	6	发展中经济体	哥斯达黎加	0.98	53	49	27	发展中经济体
加拿大	1.35	20	13	15	发达经济体	希腊	0.35	35	43	55	发达经济体
世界其他地区	1.32	—	—	18	世界其他地区	斯洛文尼亚	0.54	45	48	50	发达经济体
法国	1.14	13	18	22	发达经济体	匈牙利	0.55	55	46	48	发展中经济体
澳大利亚	1.31	19	16	19	发达经济体	泰国	0.25	43	54	56	发展中经济体

续表

国家	2018年的值	1998年排名	2008年排名	2018年排名	类型	国家	2018年的值	1998年排名	2008年排名	2018年排名	类型
意大利	1.18	16	19	21	发达经济体	克罗地亚	0.23	56	50	57	发展中经济体
以色列	1.41	29	23	14	发展中经济体	保加利亚	0.49	50	56	53	发展中经济体
沙特阿拉伯	1.20	17	33	20	发达经济体	爱沙尼亚	0.52	62	47	51	发展中经济体
西班牙	1.09	23	36	24	发达经济体	越南	0.06	52	59	61	发展中经济体
瑞典	1.05	26	32	26	发展中经济体	马来西亚	0.54	64	57	49	发展中经济体
芬兰	0.87	21	34	37	发展中经济体	老挝	0.46	61	60	54	发展中经济体
土耳其	1.11	18	25	23	发达经济体	丹麦	0.06	57	62	58	发达经济体
波兰	0.94	32	29	32	发展中经济体	爱尔兰	0.02	51	61	59	发展中经济体
奥地利	0.96	30	26	29	发达经济体	冰岛	0.16	59	58	63	发达经济体
罗马尼亚	0.87	22	24	38	发展中经济体	塞浦路斯	0.05	63	55	60	发展中经济体
荷兰	0.74	28	22	42	发达经济体	新加坡	0.19	58	63	64	发达经济体
立陶宛	0.90	48	28	34	发展中经济体	柬埔寨	0.07	60	64	62	发展中经济体
新西兰	1.06	34	39	25	发达经济体	卢森堡	1.07	66	65	66	发达经济体
菲律宾	0.95	46	27	31	发展中经济体	马耳他	1.02	65	66	65	发展中经济体

二、不同要素密集型服务业 GVC 地位指数比较

1. 各国资本密集型服务业 GVC 地位指数比较

为了方便分析，本研究将 1995—2018 年各国 GVC 地位指数排名前十的国家数据字体加粗，从表 5-2 测算结果可知：①不同国家间资本密集型服务业 GVC 地位指数差异明显。GVC 地位指数最高是日本，其值历年皆在 0.54 以上，且从 1995—2018 年以来各年位居世界前三，除 2014 年位于世界第四位外，其次为美国、巴西、阿根廷、俄罗斯等国家；而 GVC 地位指数历年排位靠后国家包括马耳他、老挝、塞浦路斯、柬埔寨等国，且各国值均小于 0.08，且最小为-0.33。②GVC 地位指数较高的国家既包括发达经济体，同时包括发展中经济体，而且发展中经济体占比较大。在 GVC 地位指数排位前十的国家中，发达经济体包括日本、美国、英国、德国等国，而发展中经济体则有巴西、阿根廷、俄罗斯、哥伦比亚、印度尼西亚等国。③1995—2018 年各国历年 GVC 地位指数变化趋势稳定，大体呈现小幅度下降趋势，降幅最高不超过 50%，以排名第一的日本为例，其 GVC 地位指数历年最高为 1.01，最低为 0.54，且相邻年变化值小于 0.15，其余各国情况类似。④资本密集型服务业 GVC 地位指数各经济体之间排位变动激烈。1995 年仍位居第五位的德国，在 2004 年以后排位下降至退出前十位，而在 2000 年位居第 48 位的哈萨克斯坦在 2010 年以后排行上升至前十位，乃至 2013 年达到排位第六，各国之间 GVC 地位指数相对变动较大。

表 5-2　各国资本密集型服务业 GVC 地位指数

国家	1995年	2000年	2005年	2006年	2007年	2008年	2009年	2010年	2011年	2012年	2013年	2014年	2016年	2017年	2018年
日本	1.01	0.91	0.75	0.72	0.67	0.61	0.73	0.70	0.64	0.60	0.57	0.54	0.64	0.60	0.61
美国	0.96	0.80	0.67	0.63	0.60	0.56	0.72	0.64	0.54	0.55	0.57	0.58	0.73	0.72	0.72
巴西	0.73	0.66	0.63	0.64	0.66	0.66	0.64	0.67	0.63	0.58	0.57	0.60	0.66	0.66	0.61
阿根廷	1.04	0.81	0.47	0.47	0.45	0.44	0.53	0.48	0.46	0.52	0.51	0.53	0.52	0.53	0.49
俄罗斯	0.65	0.58	0.64	0.62	0.64	0.61	0.63	0.62	0.63	0.62	0.60	0.60	0.54	0.54	0.51
哥伦比亚	0.50	0.41	0.44	0.51	0.58	0.52	0.54	0.56	0.49	0.47	0.46	0.49	0.48	0.51	0.51
英国	0.51	0.53	0.46	0.44	0.45	0.42	0.41	0.38	0.36	0.37	0.36	0.39	0.42	0.41	0.40
德国	0.68	0.46	0.42	0.39	0.39	0.36	0.41	0.36	0.34	0.33	0.34	0.34	0.34	0.35	0.34
印度尼西亚	0.52	0.31	0.40	0.41	0.43	0.36	0.43	0.44	0.42	0.41	0.42	0.44	0.59	0.57	0.52
土耳其	0.59	0.52	0.46	0.41	0.42	0.47	0.40	0.39	0.37	0.33	0.29	0.33	0.28	0.31	0.34
世界其他地区	0.46	0.42	0.39	0.40	0.40	0.40	0.43	0.43	0.41	0.41	0.40	0.41	0.44	0.43	0.41
印度	0.65	0.47	0.37	0.33	0.34	0.28	0.31	0.28	0.22	0.22	0.25	0.26	0.29	0.30	0.26
法国	0.49	0.40	0.41	0.39	0.40	0.41	0.41	0.36	0.31	0.30	0.30	0.31	0.34	0.32	0.32
智利	0.46	0.41	0.36	0.36	0.33	0.27	0.32	0.34	0.31	0.35	0.35	0.37	0.50	0.47	0.45
意大利	0.46	0.36	0.37	0.33	0.33	0.34	0.40	0.29	0.28	0.26	0.28	0.29	0.37	0.32	0.31
哈萨克斯坦	0.28	0.20	0.30	0.31	0.33	0.37	0.36	0.44	0.38	0.42	0.49	0.50	0.47	0.46	0.42
澳大利亚	0.39	0.33	0.33	0.33	0.34	0.31	0.33	0.35	0.34	0.34	0.33	0.33	0.36	0.36	0.33
加拿大	0.38	0.31	0.38	0.39	0.39	0.38	0.37	0.36	0.36	0.33	0.31	0.31	0.30	0.30	0.30

续表

国家	1995年	2000年	2005年	2006年	2007年	2008年	2009年	2010年	2011年	2012年	2013年	2014年	2016年	2017年	2018年
突尼斯	0.43	**0.48**	**0.46**	0.24	0.22	0.22	0.31	0.28	0.19	0.12	0.15	0.09	0.28	0.25	0.18
芬兰	0.43	0.38	0.31	0.26	0.27	0.25	0.31	0.26	0.22	0.21	0.21	0.23	0.26	0.26	0.25
秘鲁	0.46	0.38	0.36	0.34	0.32	0.18	0.27	0.22	0.17	0.20	0.21	0.24	0.24	0.27	0.25
中国	0.32	0.36	0.22	0.25	0.28	0.26	0.31	0.30	0.27	0.28	0.29	0.30	0.37	0.40	0.37
沙特阿拉伯	0.34	0.33	0.28	0.16	0.13	0.18	0.21	0.23	0.26	0.28	0.25	0.30	0.36	0.38	0.36
文莱	0.39	0.38	**0.47**	0.39	0.37	0.34	0.24	0.14	0.21	0.11	0.07	0.14	0.12	0.11	0.14
葡萄牙	0.35	0.32	0.31	0.30	0.31	0.29	0.32	0.28	0.27	0.25	0.24	0.21	0.21	0.17	0.14
墨西哥	0.49	0.43	0.32	0.31	0.30	0.27	0.23	0.22	0.20	0.15	0.19	0.18	0.03	0.04	0.04
韩国	0.51	0.34	0.34	0.32	0.28	0.20	0.15	0.17	0.12	0.12	0.13	0.16	0.20	0.19	0.16
西班牙	0.50	0.22	0.17	0.14	0.16	0.15	0.22	0.31	0.29	0.29	0.33	0.33	0.34	0.29	0.28
摩洛哥	0.47	0.43	0.33	0.25	0.16	0.09	0.21	0.14	0.06	0.04	0.06	0.07	0.16	0.16	0.16
波兰	0.29	0.30	0.32	0.27	0.23	0.23	0.27	0.26	0.26	0.23	0.22	0.23	0.24	0.22	0.21
新西兰	0.34	0.23	0.27	0.23	0.28	0.19	0.27	0.25	0.26	0.26	0.27	0.28	0.29	0.27	0.24
希腊	0.40	0.22	0.25	0.22	0.22	0.23	0.24	0.23	0.22	0.18	0.17	0.16	0.24	0.22	0.17
立陶宛	0.19	0.33	0.20	0.23	0.23	0.24	0.34	0.29	0.30	0.27	0.31	0.26	0.26	0.25	0.23
罗马尼亚	0.29	0.33	0.25	0.17	0.24	0.20	0.25	0.21	0.22	0.23	0.26	0.20	0.27	0.20	0.19
挪威	0.29	0.29	0.28	0.27	0.21	0.24	0.26	0.18	0.22	0.21	0.21	0.17	0.21	0.16	0.16
拉脱维亚	0.32	0.25	0.27	0.19	0.21	0.25	0.29	0.18	0.20	0.17	0.20	0.24	0.24	0.19	0.20

续表

国家	1995年	2000年	2005年	2006年	2007年	2008年	2009年	2010年	2011年	2012年	2013年	2014年	2016年	2017年	2018年
缅甸	0.16	0.22	0.28	0.25	0.30	0.31	**0.44**	0.35	0.34	**0.37**	0.24	0.18	0.11	0.07	0.07
菲律宾	0.34	0.27	0.17	0.16	0.14	0.21	0.24	0.23	0.22	0.23	0.26	0.26	0.27	0.23	0.20
瑞典	0.28	0.26	0.20	0.19	0.18	0.18	0.21	0.22	0.21	0.22	0.21	0.19	0.18	0.19	0.05
斯洛伐克	0.22	0.27	0.21	0.24	0.31	0.22	0.22	0.18	0.18	0.20	0.19	0.19	0.11	0.14	0.12
荷兰	0.27	0.24	0.24	0.25	0.24	0.25	0.21	0.19	0.16	0.15	0.13	0.13	0.12	0.10	0.10
以色列	0.17	0.23	0.18	0.15	0.13	0.12	0.18	0.17	0.21	0.21	0.26	0.27	0.31	0.28	0.27
泰国	0.41	0.24	0.11	0.11	0.12	0.09	0.14	0.11	0.09	0.10	0.09	0.12	0.16	0.13	0.11
冰岛	0.28	0.21	0.17	0.17	0.20	0.20	0.17	0.15	0.10	0.08	0.11	0.11	0.16	0.17	0.15
瑞士	0.26	0.19	0.16	0.15	0.15	0.15	0.16	0.16	0.17	0.16	0.14	0.14	0.15	0.15	0.16
奥地利	0.31	0.20	0.17	0.16	0.18	0.19	0.23	0.19	0.15	0.13	0.12	0.12	0.15	0.12	0.12
克罗地亚	0.32	0.25	0.14	0.12	0.14	0.19	0.22	0.23	0.18	0.18	0.16	0.14	0.05	0.03	0.02
斯洛文尼亚	0.24	0.15	0.16	0.13	0.16	0.14	0.17	0.13	0.11	0.10	0.10	0.13	0.13	0.12	0.07
爱尔兰	0.20	0.24	0.13	0.11	0.13	0.10	0.09	0.05	0.16	0.13	0.15	0.14	0.04	0.09	0.12
比利时	0.28	0.14	0.17	0.16	0.13	0.09	0.08	0.09	0.07	0.06	0.07	0.07	0.11	0.11	0.10
保加利亚	0.46	0.19	0.09	0.07	0.05	0.03	0.09	0.12	0.11	0.05	0.06	0.04	0.08	0.08	0.08
匈牙利	0.22	0.06	0.16	0.13	0.15	0.12	0.10	0.11	0.09	0.08	0.09	0.07	0.09	0.07	0.07
捷克	0.19	0.20	0.08	0.07	0.09	0.13	0.13	0.09	0.04	0.01	0.01	0.00	0.01	0.01	0.03
越南	0.30	0.22	0.12	0.09	0.06	0.01	0.05	0.03	0.03	0.03	0.02	−0.01	−0.07	−0.08	−0.09

续表

国家	1995年	2000年	2005年	2006年	2007年	2008年	2009年	2010年	2011年	2012年	2013年	2014年	2016年	2017年	2018年
丹麦	-0.29	0.16	0.09	0.05	0.06	0.01	0.06	0.04	0.02	0.00	0.03	0.01	0.01	0.02	0.00
爱沙尼亚	0.03	0.06	0.04	0.04	0.05	0.09	0.13	0.07	0.03	0.02	0.02	0.03	0.05	0.04	0.04
哥斯达黎加	-0.02	-0.08	-0.07	-0.03	-0.02	0.00	0.06	0.04	0.06	0.07	0.07	0.08	0.17	0.16	0.15
卢森堡	0.22	0.10	-0.01	-0.02	-0.04	-0.07	-0.07	-0.09	-0.11	-0.13	-0.13	-0.13	-0.10	-0.10	-0.10
马来西亚	-0.04	-0.04	-0.03	-0.05	-0.05	-0.04	0.00	0.00	0.02	0.03	0.02	0.04	0.04	0.03	0.03
新加坡	0.06	0.01	-0.06	-0.06	-0.03	-0.08	-0.05	-0.06	-0.08	-0.09	-0.10	-0.11	-0.07	-0.08	-0.09
柬埔寨	0.07	-0.03	-0.12	-0.09	-0.08	-0.07	-0.06	-0.06	-0.07	-0.08	-0.07	-0.07	-0.05	-0.04	-0.02
塞浦路斯	-0.17	-0.11	-0.02	-0.06	-0.04	-0.05	-0.01	-0.06	-0.10	-0.08	-0.13	-0.15	-0.16	-0.20	-0.09
老挝	-0.05	-0.11	-0.12	-0.15	-0.12	-0.18	-0.17	-0.23	-0.12	-0.14	-0.13	-0.13	-0.10	-0.08	-0.09
马耳他	-0.03	-0.01	-0.10	-0.14	-0.16	-0.24	-0.19	-0.24	-0.33	-0.32	-0.33	-0.30	-0.30	-0.28	-0.29

2. 各国劳动密集型服务业 GVC 地位指数比较

从表5-3测算结果可知：①不同国家间劳动密集型服务业 GVC 地位指数差异较大。GVC 地位指数最高是美国，其值历年皆在 0.17 以上，且从 1995—2018 年以来各年均位于世界前五。其次为阿根廷、日本、巴西、墨西哥、哥伦比亚等国家；而 GVC 地位指数历年排位靠后国家包括柬埔寨、新加坡、卢森堡、老挝等国家，其各国值均小于 -0.31。1995—2018 年 GVC 地位指数各国历年最大值是 1995 年的日本，为 0.59；最小值是 2005 年和 2012 年的柬埔寨，为 -0.60，两者差值为 1.19。同一国家间劳动密集型服务业 GVC 地位指数差异较小。极个别国家其历年差异较大，包括日本、巴西和印度。②GVC 地位指数较大的国家既包括发达经济体，也包括发展中经济体，且发展中经济体占比较大。在 GVC 地位指数排位前十的国家中发达经济体包括美国、日本等国，而发展中经济体则有阿根廷、巴西、墨西哥、哥伦比亚、俄罗斯、印度等国。③1995—2018 年各国历年 GVC 地位指数变化趋势稳定，大体呈现小幅度下降趋势。各国其值变化幅度较小，基本在 0.1~0.4。变化幅度最大为马耳他，从 2002 年 0.09 下降到 2012 年 -0.56，下降了 0.65。④劳动密集型行业 GVC 地位指数各经济体之间排位变动激烈。2012 年位居第七位的日本，在 2012 年后排位下降至退出前十位，而在 1995 年位居第 20 名的俄罗斯在 2001 年以后排位上升至前十位，至 2011 年达到排位第一，各国之间 GVC 地位指数相对变动较大。

第五章 全球价值链下中国服务业国际竞争力分析：产业空间位置层面 097

表 5-3 各国劳动密集型服务业 GVC 地位指数

国家	1995年	2000年	2005年	2006年	2007年	2008年	2009年	2010年	2011年	2012年	2013年	2014年	2015年	2016年	2017年	2018年
美国	0.29	0.29	0.26	0.24	0.23	0.18	0.29	0.21	0.17	0.19	0.19	0.18	0.24	0.25	0.23	0.23
阿根廷	0.39	0.42	0.14	0.13	0.12	0.14	0.19	0.16	0.16	0.22	0.22	0.23	0.29	0.23	0.23	0.17
日本	0.59	0.45	0.15	0.13	0.11	0.07	0.16	0.10	0.10	0.06	0.01	-0.02	-0.02	0.02	-0.01	-0.06
巴西	0.31	0.01	-0.01	0.03	0.05	0.13	0.17	0.30	0.23	0.19	0.16	0.15	0.12	0.16	0.18	0.17
墨西哥	0.17	0.13	0.15	0.15	0.17	0.18	0.18	0.15	0.14	0.13	0.10	0.09	0.06	0.04	0.03	0.02
哥伦比亚	0.20	0.01	0.01	0.03	0.10	0.06	0.09	0.13	0.11	0.10	0.09	0.30	0.24	0.25	0.28	0.27
俄罗斯	0.02	0.05	0.17	0.17	0.18	0.18	0.17	0.20	0.24	0.14	0.10	0.12	0.09	0.11	0.11	0.11
印度	0.32	0.13	0.01	-0.04	-0.05	-0.12	-0.10	-0.08	-0.12	-0.11	-0.07	0.01	0.08	0.08	0.05	0.02
秘鲁	0.06	0.05	0.08	0.08	0.06	-0.04	0.05	0.03	0.03	0.04	0.05	0.05	0.05	0.08	0.08	0.07
立陶宛	0.05	0.01	0.15	0.15	0.09	0.05	0.10	0.11	0.08	0.17	0.17	0.09	0.03	-0.06	-0.02	-0.02
加拿大	0.05	-0.01	0.04	0.03	0.06	0.02	0.02	0.02	0.02	0.02	0.03	-0.01	-0.03	-0.05	-0.05	-0.06
意大利	0.12	0.08	0.07	0.04	0.04	-0.03	0.01	-0.14	-0.14	-0.13	-0.11	-0.13	-0.13	-0.09	-0.11	-0.12
波兰	0.16	0.15	0.07	0.05	-0.03	-0.05	-0.03	-0.05	-0.04	-0.16	-0.11	-0.13	-0.08	-0.14	-0.13	-0.13
新西兰	-0.03	-0.06	-0.02	0.01	0.01	-0.02	0.04	0.04	0.05	0.06	0.09	0.06	0.05	0.07	0.06	0.05
德国	0.13	0.05	0.03	0.01	0.01	-0.08	-0.05	-0.14	-0.12	-0.11	-0.11	-0.09	-0.10	-0.08	-0.10	-0.10
荷兰	0.02	0.01	0.03	-0.01	-0.02	-0.01	0.00	-0.02	-0.04	-0.04	-0.04	-0.05	-0.08	-0.02	-0.07	-0.07
斯洛伐克	0.06	0.01	0.04	0.00	-0.07	-0.07	-0.02	-0.04	0.01	0.09	0.06	-0.01	-0.01	-0.02	-0.04	-0.03
土耳其	0.17	0.06	-0.03	-0.05	-0.09	-0.09	-0.10	-0.11	-0.13	-0.12	-0.12	-0.10	-0.08	-0.07	-0.10	-0.08

续表

国家	1995年	2000年	2005年	2006年	2007年	2008年	2009年	2010年	2011年	2012年	2013年	2014年	2015年	2016年	2017年	2018年
中国	-0.05	-0.03	-0.15	-0.13	-0.13	-0.09	0.00	0.01	-0.04	-0.02	-0.05	-0.02	0.04	0.03	0.02	-0.03
印度尼西亚	0.03	-0.04	-0.07	-0.05	-0.07	-0.12	-0.05	-0.06	-0.10	-0.12	-0.12	-0.11	-0.06	-0.03	-0.05	-0.09
奥地利	-0.08	-0.07	-0.05	-0.04	-0.06	-0.02	0.00	-0.04	-0.06	-0.06	-0.06	-0.05	-0.05	-0.05	-0.07	-0.07
瑞典	-0.05	-0.06	-0.12	-0.15	-0.15	-0.15	-0.09	-0.05	-0.08	-0.03	-0.04	-0.07	-0.04	-0.07	-0.06	-0.04
澳大利亚	-0.09	-0.11	-0.10	-0.09	-0.09	-0.09	-0.09	-0.08	-0.08	-0.05	-0.06	-0.05	-0.03	-0.04	-0.02	-0.06
拉脱维亚	0.02	0.01	0.01	-0.05	-0.04	-0.10	-0.02	-0.15	-0.16	-0.20	-0.19	-0.10	-0.11	-0.05	-0.09	-0.08
世界其他地区	-0.08	-0.11	-0.11	-0.08	-0.10	-0.10	-0.08	-0.08	-0.07	-0.07	-0.07	-0.07	-0.06	-0.06	-0.07	-0.08
挪威	-0.10	-0.06	-0.04	-0.07	-0.06	-0.08	-0.09	-0.13	-0.11	-0.16	-0.16	-0.14	-0.15	-0.11	-0.17	-0.12
英国	-0.10	-0.06	-0.09	-0.10	-0.10	-0.12	-0.11	-0.12	-0.13	-0.12	-0.13	-0.12	-0.11	-0.10	-0.11	-0.11
智利	-0.12	-0.18	-0.10	-0.04	-0.05	-0.09	-0.06	-0.04	-0.09	-0.07	-0.10	-0.09	-0.07	-0.06	-0.06	-0.06
西班牙	-0.04	-0.13	-0.15	-0.17	-0.17	-0.19	-0.12	-0.07	-0.09	-0.08	-0.06	-0.07	-0.08	-0.12	-0.15	-0.14
摩洛哥	-0.05	-0.12	-0.15	-0.17	-0.16	-0.16	-0.13	-0.14	-0.19	-0.20	-0.19	-0.16	-0.11	-0.12	-0.12	-0.13
沙特阿拉伯	-0.05	-0.10	-0.09	-0.21	-0.23	-0.26	-0.23	-0.24	-0.24	-0.27	-0.21	-0.18	-0.17	-0.13	-0.15	-0.18
缅甸	-0.30	-0.33	0.02	-0.10	0.07	-0.05	0.07	0.03	0.05	0.08	-0.01	-0.08	-0.15	-0.25	-0.25	-0.17
芬兰	-0.08	-0.14	-0.13	-0.15	-0.15	-0.12	-0.19	-0.23	-0.25	-0.21	-0.18	-0.18	-0.17	-0.16	-0.17	-0.18
韩国	-0.10	-0.09	-0.09	-0.09	-0.10	-0.19	-0.22	-0.24	-0.26	-0.28	-0.26	-0.26	-0.26	-0.25	-0.26	-0.28
哈萨克斯坦	-0.27	-0.33	-0.30	-0.26	-0.25	-0.22	-0.21	-0.03	-0.06	-0.07	0.04	0.01	0.05	-0.05	-0.02	-0.02
法国	-0.08	-0.15	-0.18	-0.19	-0.19	-0.21	-0.19	-0.23	-0.24	-0.25	-0.25	-0.26	-0.26	-0.26	-0.27	-0.27

续表

国家	1995年	2000年	2005年	2006年	2007年	2008年	2009年	2010年	2011年	2012年	2013年	2014年	2015年	2016年	2017年	2018年
突尼斯	-0.19	-0.16	-0.11	-0.31	-0.36	-0.40	-0.33	-0.26	-0.27	-0.31	-0.27	-0.25	-0.18	-0.17	-0.15	-0.16
斯洛文尼亚	-0.24	-0.25	-0.24	-0.24	-0.25	-0.26	-0.20	-0.22	-0.22	-0.24	-0.23	-0.15	-0.14	-0.14	-0.15	-0.15
葡萄牙	-0.29	-0.24	-0.19	-0.18	-0.19	-0.20	-0.17	-0.20	-0.19	-0.18	-0.18	-0.20	-0.21	-0.21	-0.23	-0.23
捷克	-0.14	-0.22	-0.24	-0.28	-0.29	-0.26	-0.21	-0.22	-0.22	-0.26	-0.29	-0.30	-0.25	-0.23	-0.21	-0.20
希腊	-0.14	-0.26	-0.25	-0.26	-0.28	-0.25	-0.23	-0.23	-0.21	-0.23	-0.24	-0.23	-0.22	-0.23	-0.24	-0.25
以色列	-0.23	-0.21	-0.28	-0.28	-0.30	-0.30	-0.24	-0.26	-0.23	-0.24	-0.21	-0.20	-0.17	-0.17	-0.18	-0.20
保加利亚	0.15	-0.19	-0.30	-0.31	-0.35	-0.34	-0.30	-0.29	-0.29	-0.33	-0.31	-0.31	-0.28	-0.28	-0.26	-0.25
哥斯达黎加	-0.24	-0.28	-0.29	-0.29	-0.29	-0.29	-0.22	-0.22	-0.23	-0.22	-0.21	-0.22	-0.18	-0.18	-0.18	-0.18
罗马尼亚	-0.14	-0.09	-0.15	-0.21	-0.26	-0.28	-0.26	-0.42	-0.44	-0.35	-0.34	-0.36	-0.33	-0.32	-0.35	-0.36
丹麦	-0.29	-0.32	-0.25	-0.26	-0.26	-0.24	-0.17	-0.17	-0.19	-0.18	-0.20	-0.22	-0.21	-0.22	-0.18	-0.19
瑞士	-0.24	-0.27	-0.30	-0.31	-0.32	-0.33	-0.28	-0.25	-0.22	-0.23	-0.26	-0.24	-0.25	-0.26	-0.25	-0.23
菲律宾	-0.32	-0.30	-0.26	-0.26	-0.26	-0.27	-0.24	-0.27	-0.30	-0.28	-0.25	-0.25	-0.26	-0.28	-0.31	-0.33
克罗地亚	-0.30	-0.31	-0.31	-0.31	-0.30	-0.30	-0.26	-0.23	-0.25	-0.26	-0.26	-0.26	-0.27	-0.20	-0.25	-0.27
比利时	-0.28	-0.36	-0.32	-0.32	-0.32	-0.31	-0.29	-0.21	-0.24	-0.25	-0.24	-0.25	-0.29	-0.28	-0.29	-0.29
泰国	-0.23	-0.28	-0.35	-0.32	-0.31	-0.34	-0.30	-0.33	-0.35	-0.36	-0.35	-0.34	-0.31	-0.27	-0.27	-0.28
爱尔兰	-0.28	-0.38	-0.29	-0.33	-0.27	-0.30	-0.15	-0.22	-0.20	-0.26	-0.29	-0.25	-0.30	-0.35	-0.34	-0.31
爱沙尼亚	-0.35	-0.33	-0.28	-0.26	-0.26	-0.29	-0.29	-0.32	-0.31	-0.30	-0.32	-0.32	-0.30	-0.29	-0.28	-0.28
匈牙利	-0.24	-0.39	-0.27	-0.28	-0.20	-0.39	-0.41	-0.40	-0.40	-0.43	-0.43	-0.43	-0.44	-0.44	-0.43	-0.42

续表

国家	1995年	2000年	2005年	2006年	2007年	2008年	2009年	2010年	2011年	2012年	2013年	2014年	2015年	2016年	2017年	2018年
塞浦路斯	-0.44	-0.40	-0.30	-0.30	-0.28	-0.34	-0.31	-0.39	-0.35	-0.32	-0.35	-0.28	-0.38	-0.38	-0.38	-0.34
马耳他	-0.23	-0.37	-0.33	-0.38	-0.41	-0.43	-0.34	-0.34	-0.55	-0.56	-0.54	-0.53	-0.49	-0.49	-0.49	-0.49
马来西亚	-0.38	-0.37	-0.39	-0.41	-0.41	-0.43	-0.39	-0.39	-0.35	-0.33	-0.31	-0.28	-0.29	-0.29	-0.30	-0.29
文莱	-0.39	-0.36	-0.34	-0.27	-0.28	-0.31	-0.35	-0.35	-0.36	-0.39	-0.41	-0.40	-0.40	-0.38	-0.40	-0.39
冰岛	-0.28	-0.37	-0.40	-0.43	-0.38	-0.40	-0.40	-0.41	-0.42	-0.45	-0.43	-0.43	-0.42	-0.40	-0.40	-0.41
越南	-0.38	-0.42	-0.32	-0.33	-0.37	-0.41	-0.38	-0.40	-0.40	-0.40	-0.42	-0.44	-0.46	-0.49	-0.49	-0.49
老挝	-0.42	-0.47	-0.37	-0.40	-0.40	-0.44	-0.42	-0.44	-0.38	-0.41	-0.41	-0.42	-0.35	-0.31	-0.31	-0.32
卢森堡	-0.31	-0.37	-0.45	-0.46	-0.49	-0.51	-0.52	-0.51	-0.50	-0.55	-0.56	-0.55	-0.53	-0.50	-0.45	-0.46
新加坡	-0.40	-0.41	-0.43	-0.44	-0.44	-0.48	-0.46	-0.47	-0.48	-0.50	-0.50	-0.51	-0.49	-0.44	-0.46	-0.46
柬埔寨	-0.51	-0.56	-0.60	-0.57	-0.55	-0.54	-0.53	-0.58	-0.59	-0.60	-0.59	-0.58	-0.57	-0.56	-0.54	-0.51

3. 各国知识密集型服务业 GVC 地位指数比较

为了方便分析，本研究将 1995—2018 年各国 GVC 地位指数排名前十的国家字体加粗，从测算表 5-4 结果可知：①不同国家间知识密集型服务业 GVC 地位指数差异较大。GVC 地位指数最高是美国，其值历年皆在 0.77 以上，且从 1995—2018 年以来大部分年份排位在世界第一，极个别年份位于世界第二位。其次为日本、巴西、哥伦比亚、秘鲁、德国、阿根廷、法国等国家，排名前十位各国值均为 0.28 以上；而 GVC 地位指数历年排位靠后国家包括马耳他、文莱、泰国、卢森堡、老挝、柬埔寨等国，其各国值均小于 0.06，且 1995—2018 年 GVC 地位指数各国历年值最大的是 1995 年的日本，为 1.03；最小值是 2012 年的马耳他，为 -0.29，两者差值为 1.32。②GVC 地位指数较高的国家既包括发达经济体，也包括发展中经济体，而且发达经济体占比较高。在 GVC 地位指数排位前十的国家中发达经济体包括美国、日本、德国、法国、澳大利亚、英国等国，而发展中经济体则有巴西、哥伦比亚、秘鲁、阿根廷等国。③1995—2018 年各国历年 GVC 地位指数变化趋势稳定，大体呈现小幅度下降趋势。大部分国家其值变化幅度较小，在 0.05~0.25。变化幅度最大的为丹麦，从 1995 年的 -0.29 上升到 1996 年的 0.38，增加了 0.67。其余各国历年变化较小。④知识密集型服务业 GVC 地位指数各经济体之间排位变动较大。2002 年仍位居第六的阿根廷，在 2003 年以后排位下降至退出前十位，而在 1995 年位居第 32 位的哥斯达黎加在 2009 年以后排行上升至前十位，至 2014 年达到第六位，各国之间 GVC 地位指数相对变动较大。

表 5-4　各国知识密集型服务业 GVC 地位指数

国家	1995年	2000年	2005年	2006年	2007年	2008年	2009年	2010年	2011年	2012年	2013年	2014年	2015年	2016年	2017年	2018年
美国	0.98	0.86	0.88	0.85	0.82	0.77	0.88	0.82	0.78	0.80	0.81	0.81	0.87	0.89	0.86	0.86
日本	1.03	0.97	0.82	0.78	0.75	0.72	0.83	0.78	0.73	0.71	0.66	0.62	0.64	0.70	0.66	0.61
巴西	0.80	0.75	0.78	0.83	0.85	0.84	0.82	0.80	0.79	0.75	0.74	0.73	0.69	0.73	0.75	0.69
哥伦比亚	0.69	0.46	0.46	0.52	0.59	0.57	0.60	0.64	0.62	0.64	0.67	0.62	0.54	0.57	0.59	0.58
秘鲁	0.52	0.48	0.51	0.54	0.55	0.44	0.54	0.52	0.49	0.51	0.51	0.53	0.53	0.55	0.57	0.55
德国	0.69	0.51	0.52	0.48	0.49	0.47	0.49	0.46	0.45	0.44	0.43	0.44	0.43	0.42	0.41	0.42
阿根廷	0.87	0.72	0.31	0.33	0.32	0.32	0.38	0.35	0.33	0.39	0.38	0.37	0.43	0.39	0.40	0.34
法国	0.57	0.50	0.49	0.47	0.47	0.46	0.48	0.46	0.45	0.44	0.43	0.43	0.42	0.42	0.41	0.40
澳大利亚	0.50	0.42	0.46	0.48	0.48	0.46	0.47	0.49	0.49	0.50	0.49	0.48	0.48	0.47	0.48	0.47
英国	0.46	0.47	0.48	0.47	0.48	0.45	0.45	0.42	0.43	0.43	0.42	0.43	0.44	0.43	0.42	0.40
新西兰	0.38	0.34	0.40	0.40	0.44	0.39	0.47	0.42	0.43	0.44	0.46	0.46	0.46	0.47	0.47	0.45
墨西哥	0.47	0.43	0.44	0.43	0.46	0.46	0.46	0.44	0.42	0.40	0.39	0.38	0.33	0.29	0.29	0.29
加拿大	0.42	0.34	0.41	0.41	0.41	0.45	0.46	0.45	0.44	0.44	0.43	0.43	0.41	0.41	0.41	0.41
西班牙	0.47	0.34	0.36	0.34	0.34	0.36	0.44	0.43	0.42	0.40	0.42	0.39	0.39	0.42	0.41	0.40
韩国	0.53	0.49	0.45	0.43	0.42	0.32	0.32	0.29	0.27	0.26	0.28	0.29	0.31	0.32	0.32	0.31
意大利	0.40	0.35	0.36	0.33	0.32	0.35	0.40	0.40	0.39	0.41	0.41	0.42	0.41	0.43	0.40	0.38
智利	0.27	0.35	0.39	0.44	0.43	0.36	0.41	0.43	0.43	0.43	0.47	0.41	0.44	0.46	0.47	0.49
摩洛哥	0.56	0.47	0.37	0.35	0.32	0.28	0.31	0.29	0.26	0.25	0.26	0.28	0.30	0.32	0.30	0.27

第五章 全球价值链下中国服务业国际竞争力分析：产业空间位置层面 103

续表

国家	1995年	2000年	2005年	2006年	2007年	2008年	2009年	2010年	2011年	2012年	2013年	2014年	2015年	2016年	2017年	2018年
俄罗斯	0.20	0.32	0.41	0.44	0.45	0.43	0.44	0.42	0.44	0.41	0.41	0.39	0.37	0.42	0.42	0.39
哥斯达黎加	0.25	0.28	0.33	0.34	0.34	0.35	**0.46**	**0.46**	**0.47**	**0.48**	**0.48**	**0.49**	**0.49**	**0.47**	**0.44**	**0.43**
瑞典	0.37	0.33	0.36	0.34	0.32	0.32	0.38	0.39	0.40	0.40	0.41	0.39	0.39	0.37	0.38	0.38
荷兰	0.39	0.35	0.36	0.36	0.34	0.36	0.37	0.36	0.34	0.34	0.33	0.33	0.25	0.29	0.27	0.26
土耳其	0.41	0.33	0.27	0.23	0.25	0.29	0.39	0.34	0.27	0.35	0.40	0.43	**0.46**	**0.52**	**0.47**	**0.43**
中国	0.33	0.27	0.15	0.19	0.25	0.24	0.35	0.32	0.28	0.31	0.33	0.35	0.41	**0.49**	**0.53**	**0.52**
挪威	0.30	0.33	0.36	0.33	0.34	0.35	0.37	0.34	0.34	0.33	0.35	0.32	0.30	0.30	0.29	0.28
世界其他地区	0.37	0.27	0.30	0.32	0.32	0.32	0.33	0.33	0.33	0.33	0.33	0.34	0.36	0.36	0.34	0.32
芬兰	0.39	0.33	0.30	0.29	0.27	0.27	0.28	0.29	0.28	0.27	0.26	0.29	0.28	0.28	0.26	0.24
希腊	0.23	0.23	0.32	0.32	0.31	0.31	0.37	0.31	0.32	0.28	0.28	0.27	0.32	0.35	0.25	0.24
葡萄牙	0.24	0.26	0.32	0.32	0.33	0.32	0.36	0.33	0.33	0.32	0.32	0.29	0.29	0.30	0.30	0.29
奥地利	0.29	0.28	0.28	0.28	0.28	0.32	0.35	0.31	0.31	0.30	0.29	0.29	0.30	0.31	0.29	0.29
印度	0.34	0.31	0.30	0.25	0.26	0.21	0.23	0.20	0.16	0.18	0.20	0.21	0.26	0.25	0.24	0.21
波兰	0.21	0.23	0.32	0.28	0.26	0.28	0.32	0.31	0.30	0.27	0.28	0.29	0.29	0.29	0.27	0.26
斯洛伐克	0.21	0.20	0.23	0.25	0.28	0.28	0.35	0.38	0.37	0.42	0.37	0.33	0.30	0.31	0.29	0.25
瑞士	0.33	0.25	0.22	0.22	0.21	0.20	0.23	0.24	0.27	0.25	0.23	0.24	0.24	0.23	0.23	0.25
印度尼西亚	0.24	0.14	0.22	0.28	0.28	0.22	0.26	0.25	0.25	0.24	0.25	0.26	0.34	0.41	0.44	0.42
以色列	0.10	0.26	0.22	0.20	0.20	0.22	0.31	0.25	0.26	0.23	0.31	0.31	0.34	0.37	0.33	0.32

续表

国家	1995年	2000年	2005年	2006年	2007年	2008年	2009年	2010年	2011年	2012年	2013年	2014年	2015年	2016年	2017年	2018年
立陶宛	0.17	0.28	0.23	0.22	0.23	0.24	0.36	0.29	0.31	0.29	0.29	0.29	0.28	0.27	0.28	0.27
突尼斯	0.23	0.28	0.31	0.22	0.17	0.15	0.22	0.18	0.15	0.14	0.17	0.16	0.23	0.26	0.24	0.19
拉脱维亚	0.26	0.26	0.25	0.20	0.17	0.26	0.32	0.22	0.24	0.23	0.26	0.27	0.28	0.30	0.27	0.28
丹麦	-0.29	0.31	0.25	0.25	0.24	0.21	0.25	0.21	0.19	0.19	0.19	0.20	0.20	0.20	0.19	0.19
斯洛文尼亚	0.25	0.26	0.18	0.19	0.17	0.18	0.21	0.18	0.18	0.17	0.17	0.18	0.19	0.19	0.18	0.18
比利时	0.21	0.16	0.22	0.21	0.21	0.22	0.23	0.23	0.22	0.21	0.21	0.21	0.19	0.18	0.18	0.18
缅甸	0.04	0.05	0.27	0.21	0.29	0.30	0.43	0.38	0.40	0.43	0.27	0.20	0.15	0.12	0.10	0.10
捷克	0.17	0.18	0.19	0.15	0.17	0.21	0.20	0.17	0.16	0.16	0.17	0.17	0.19	0.19	0.20	0.20
匈牙利	0.17	0.10	0.16	0.15	0.17	0.09	0.07	0.14	0.13	0.14	0.16	0.14	0.13	0.12	0.13	0.14
菲律宾	0.18	0.11	0.08	0.06	0.12	0.17	0.17	0.16	0.17	0.19	0.21	0.21	0.19	0.17	0.15	0.13
罗马尼亚	0.13	0.17	0.05	0.05	0.09	0.13	0.15	0.15	0.14	0.16	0.15	0.12	0.14	0.14	0.16	0.16
爱沙尼亚	0.01	0.09	0.14	0.14	0.17	0.18	0.21	0.18	0.16	0.16	0.12	0.12	0.15	0.14	0.16	0.16
哈萨克斯坦	0.02	-0.06	-0.02	0.02	0.08	0.17	0.14	0.32	0.30	0.13	0.28	0.23	0.22	0.13	0.22	0.21
保加利亚	0.35	0.02	0.01	0.00	-0.01	0.00	-0.01	0.15	0.17	0.15	0.16	0.14	0.15	0.20	0.19	0.20
克罗地亚	0.09	0.13	0.04	0.04	0.05	0.05	0.10	0.13	0.14	0.16	0.16	0.15	0.14	0.11	0.08	0.07
越南	0.22	0.16	0.06	0.04	0.01	0.03	0.06	0.01	0.03	0.03	0.01	-0.07	-0.07	-0.06	-0.06	-0.08
冰岛	0.08	0.06	0.09	0.05	0.09	0.08	0.10	0.04	-0.01	-0.05	-0.05	-0.07	-0.07	-0.06	-0.06	-0.08
沙特阿拉伯	0.09	0.07	0.00	-0.10	-0.07	-0.13	-0.11	-0.07	-0.07	-0.07	-0.09	-0.11	-0.11	-0.01	-0.03	-0.04

第五章　全球价值链下中国服务业国际竞争力分析：产业空间位置层面　105

续表

国家	1995年	2000年	2005年	2006年	2007年	2008年	2009年	2010年	2011年	2012年	2013年	2014年	2015年	2016年	2017年	2018年
新加坡	0.05	0.03	-0.03	-0.07	-0.09	-0.11	-0.06	-0.06	-0.08	-0.07	-0.08	-0.09	-0.06	-0.06	-0.07	-0.08
塞浦路斯	-0.12	-0.05	-0.03	-0.02	-0.02	-0.09	-0.02	-0.01	0.04	0.03	-0.04	-0.01	-0.07	-0.07	-0.11	-0.09
马来西亚	-0.11	-0.08	-0.04	-0.05	-0.06	-0.06	-0.05	-0.04	-0.04	-0.03	-0.03	0.00	-0.01	-0.01	-0.01	0.00
爱尔兰	0.02	-0.08	0.04	0.03	0.02	-0.15	-0.14	-0.08	0.00	-0.10	-0.11	-0.12	-0.13	-0.14	-0.11	-0.08
柬埔寨	0.06	-0.08	-0.15	-0.11	-0.09	-0.07	-0.05	-0.05	-0.16	-0.13	-0.13	-0.13	-0.11	-0.10	-0.08	-0.06
老挝	-0.08	-0.12	-0.06	-0.11	-0.10	-0.15	-0.14	-0.18	-0.06	-0.14	-0.16	-0.13	-0.09	-0.06	-0.06	-0.08
卢森堡	0.03	-0.06	-0.11	-0.10	-0.19	-0.14	-0.10	-0.14	-0.15	-0.16	-0.18	-0.22	-0.20	-0.23	-0.21	-0.20
泰国	0.04	-0.16	-0.16	-0.17	-0.04	-0.22	-0.18	-0.22	-0.24	-0.22	-0.22	-0.20	-0.19	-0.18	-0.18	-0.19
文莱	-0.23	-0.21	-0.11	-0.06	-0.04	-0.02	-0.09	-0.09	-0.11	-0.17	-0.20	-0.16	-0.12	-0.15	-0.13	-0.12
马耳他	-0.12	-0.12	-0.09	-0.12	-0.12	-0.18	-0.18	-0.21	-0.28	-0.29	-0.27	-0.25	-0.25	-0.24	-0.21	-0.21

三、不同区域服务业 GVC 地位指数比较

1. "一带一路"沿线国家不同服务业 GVC 地位指数比较

为了方便分析，本研究将 1995—2018 年"一带一路"沿线国家 GVC 地位指数排名前十的行业数据加粗。从表 5-5 测算结果可知：①"一带一路"沿线国家不同服务业 GVC 地位指数差异明显。GVC 地位指数最高的是金融与保险活动，其值历年皆在 0.43 以上，且从 1995—2018 年以来各年均位居世界第一位，其后依次为专业、科学和技术活动，公共行政管理、国防与强制性社会保障，邮政和收藏活动等行业，排名前十位各行业值均为 0.15 以上；而 GVC 地位指数历年排名靠后的行业包括膳宿服务活动，艺术、娱乐与休闲，其他服务活动，教育，人类健康和社会工作活动等行业，其各行业值均小于-0.33，最小值为-2.02。②GVC 地位指数一直保持较高值的行业为金融与保险活动，专业、科学和技术活动，公共行政管理、国防与强制性社会保障，邮政和收藏活动，批发零售贸易与汽车修理，而艺术、娱乐与休闲，其他服务活动，教育，人类健康和社会工作活动，膳宿服务活动等行业 GVC 地位指数普遍较低。大部分 GVC 地位指数排位前十的行业保持高值。③1995—2018 年各行业历年 GVC 地位指数变化趋势稳定，大体呈现小幅度下降趋势，个别行业变化较大，变化幅度最大的是教育业。以排位第一的金融与保险活动为例，其 GVC 地位指数历年最高为 0.52，最低为 0.43（2004 年），变化幅度约 20.93%；而以运输仓储和支持活动行业为例，其 GVC 地位指数历年最高为 0.38，最低为 0.28，变化幅度约 35.71%，且相邻年变化值小于 0.02，其余各行业情况大致类似。④各行业 GVC 地位指数之间竞争排位变动小。从 1995—2018 年 GVC 地位指数各行业排位前十名变化较小，金融与保险活动历年来位居第一，其后依次为专业、科学和技术活动，公共行政管理、国防与强制性社会保障，邮政和收藏活动，其余各行业位居其后。

表 5-5 "一带一路"国家不同服务业 GVC 地位指数

行业	1995年	1996年	2000年	2005年	2006年	2007年	2008年	2009年	2010年	2011年	2012年	2013年	2014年	2015年	2016年	2017年	2018年
C16	0.516	0.469	0.436	0.453	0.450	0.470	0.468	0.487	0.478	0.459	0.445	0.451	0.442	0.457	0.473	0.462	0.455
C11	0.355	0.342	0.333	0.341	0.338	0.350	0.345	0.383	0.379	0.378	0.375	0.372	0.369	0.381	0.387	0.382	0.377
C17	0.239	0.305	0.330	0.322	0.297	0.303	0.334	0.387	0.394	0.398	0.393	0.384	0.409	0.400	0.406	0.390	0.390
C15	0.441	0.388	0.403	0.360	0.326	0.318	0.319	0.350	0.326	0.312	0.303	0.296	0.301	0.291	0.297	0.288	0.271
C9	0.370	0.355	0.333	0.348	0.334	0.332	0.321	0.353	0.330	0.334	0.330	0.333	0.333	0.338	0.343	0.333	0.334
C1	0.300	0.292	0.308	0.322	0.304	0.323	0.322	0.367	0.340	0.333	0.335	0.339	0.325	0.330	0.344	0.340	0.332
C5	0.382	0.370	0.311	0.308	0.294	0.297	0.282	0.332	0.313	0.314	0.299	0.291	0.299	0.311	0.317	0.321	0.313
C13	0.332	0.320	0.311	0.295	0.295	0.302	0.302	0.339	0.326	0.322	0.318	0.313	0.314	0.320	0.327	0.329	0.326
C3	0.363	0.310	0.364	0.289	0.269	0.288	0.252	0.281	0.246	0.255	0.245	0.243	0.252	0.254	0.304	0.274	0.259
C12	0.352	0.326	0.325	0.282	0.241	0.253	0.258	0.262	0.209	0.196	0.181	0.170	0.158	0.134	0.137	0.124	0.111
C2	0.233	0.211	0.179	0.176	0.156	0.156	0.159	0.197	0.177	0.154	0.145	0.147	0.154	0.177	0.187	0.176	0.156
C14	0.177	0.166	0.143	0.158	0.150	0.161	0.164	0.184	0.159	0.145	0.150	0.150	0.147	0.159	0.157	0.152	0.146
C6	0.114	0.096	0.055	0.001	−0.017	0.011	0.027	0.046	0.049	0.050	0.031	0.024	0.017	0.015	0.013	0.009	0.001
C10	−0.009	−0.016	−0.064	−0.067	−0.087	−0.069	−0.092	−0.067	−0.081	−0.090	−0.082	−0.069	−0.062	−0.034	−0.054	−0.075	−0.053
C4	−0.396	−0.458	−0.418	−0.351	−0.368	−0.383	−0.393	−0.422	−0.407	−0.365	−0.373	−0.403	−0.397	−0.404	−0.339	−0.379	−0.392
C19	−0.722	−0.784	−0.712	−0.713	−0.736	−0.712	−0.736	−0.725	−0.779	−0.739	−0.820	−0.814	−0.763	−0.763	−0.763	−0.877	−0.874
C18	−1.124	−1.211	−1.019	−0.975	−1.014	−1.009	−0.910	−0.864	−0.710	−0.742	−0.909	−0.827	−0.775	−0.729	−0.757	−0.756	−0.743
C8	−1.228	−1.330	−1.180	−1.250	−1.283	−1.265	−1.238	−1.109	−1.027	−1.006	−1.116	−1.030	−1.025	−1.028	−1.062	−1.002	−1.006
C7	−1.721	−1.922	−1.804	−1.799	−1.825	−1.904	−2.022	−1.964	−1.949	−1.944	−1.988	−2.017	−1.939	−1.909	−1.885	−1.868	−1.874

注：C19—其他服务活动。

2. RCEP 国家不同服务业 GVC 地位指数比较

为了方便分析，本研究将 1995—2018 年 RCEP 国家 GVC 地位指数排名前十的行业数据加粗。从表 5-6 测算结果可知：①RCEP 国家的不同服务业 GVC 地位指数差异明显。GVC 地位指数最高的是金融与保险活动，其值历年皆在 0.47 以上，且从 1995—2018 年以来各年位居世界第一位，其次为公共行政管理、国防与强制性社会保障，运输仓储和支持活动，批发零售贸易与汽车修理等行业，排名前十位各行业值均为 0.18 以上；而 GVC 地位指数历年排位靠后行业包括其他服务活动、教育、人类健康和社会工作活动、膳宿服务活动等行业，其各行业值均小于-0.72，最小值为 -2.49。②GVC 地位指数一直保持较高值的行业为金融与保险活动，公共行政管理、国防与强制性社会保障，运输仓储和支持活动，批发零售贸易与汽车修理，专业、科学和技术活动，而艺术、娱乐与休闲，其他服务活动，教育，人类健康和社会工作活动，膳宿服务活动等行业 GVC 地位指数普遍较低。大部分 GVC 地位指数排位前十行业保持高值。③1995—2018 年各行业历年 GVC 地位指数变化趋势稳定，大体呈现小幅度下降趋势，个别行业变化幅度较大，GVC 地位指数变化最大的是膳宿服务活动行业。以排位第一的金融与保险活动为例，其 GVC 地位指数历年最高为 0.56，最低为 0.47（1998 年），变化幅度为 19.15%，其余各行业情况大致类似。④各行业 GVC 地位指数之间竞争排位变动小。从 1995—2018 年 GVC 地位指数各行业排位前十名变化较小，金融与保险活动历年来位居第一，其后依次为公共行政管理、国防与强制性社会保障，运输仓储和支持活动，批发零售贸易与汽车修理，专业、科学和技术活动，其余各行业位居其后。

第五章 全球价值链下中国服务业国际竞争力分析：产业空间位置层面

表 5-6 RCEP 国家不同服务业 GVC 地位指数

行业	1995年	2000年	2005年	2006年	2007年	2008年	2009年	2010年	2011年	2012年	2013年	2014年	2015年	2016年	2017年	2018年
C16	0.545	0.486	0.516	0.527	0.539	0.521	0.560	0.531	0.516	0.506	0.487	0.488	0.522	0.542	0.533	0.521
C17	0.438	0.408	0.369	0.373	0.386	0.339	0.378	0.376	0.375	0.386	0.390	0.403	0.413	0.428	0.414	0.404
C5	0.468	0.364	0.366	0.370	0.373	0.336	0.375	0.360	0.360	0.357	0.349	0.349	0.384	0.398	0.387	0.369
C9	0.381	0.347	0.370	0.370	0.368	0.347	0.387	0.370	0.367	0.361	0.351	0.351	0.360	0.376	0.365	0.358
C11	0.378	0.341	0.350	0.361	0.369	0.355	0.396	0.384	0.371	0.373	0.362	0.367	0.377	0.385	0.382	0.378
C3	0.453	0.413	0.345	0.326	0.331	0.287	0.313	0.310	0.341	0.332	0.310	0.297	0.294	0.305	0.297	0.295
C13	0.376	0.347	0.335	0.339	0.345	0.333	0.361	0.351	0.339	0.344	0.335	0.342	0.346	0.354	0.354	0.349
C15	0.420	0.378	0.352	0.320	0.327	0.298	0.330	0.290	0.280	0.263	0.253	0.267	0.288	0.300	0.287	0.260
C1	0.368	0.306	0.293	0.293	0.308	0.291	0.329	0.308	0.299	0.288	0.265	0.267	0.278	0.292	0.292	0.282
C14	0.265	0.199	0.208	0.201	0.213	0.201	0.241	0.219	0.214	0.210	0.199	0.199	0.210	0.214	0.204	0.190
C12	0.388	0.283	0.250	0.220	0.230	0.190	0.208	0.148	0.164	0.136	0.123	0.115	0.068	0.070	0.058	0.041
C2	0.222	0.152	0.138	0.132	0.145	0.121	0.158	0.144	0.130	0.119	0.116	0.123	0.160	0.169	0.157	0.144
C6	0.139	0.081	0.031	0.028	0.036	0.023	0.042	0.051	0.033	0.035	0.026	0.035	0.045	0.051	0.042	0.038
C10	0.069	0.006	-0.026	-0.045	-0.045	-0.073	-0.021	-0.033	-0.037	-0.042	-0.041	-0.033	-0.003	0.004	-0.018	-0.008
C4	-0.192	-0.324	-0.243	-0.280	-0.312	-0.318	-0.303	-0.332	-0.298	-0.305	-0.324	-0.336	-0.337	-0.322	-0.284	-0.280
C19	-0.780	-0.752	-0.762	-0.788	-0.824	-0.846	-0.844	-0.919	-0.951	-1.076	-1.010	-1.007	-0.812	-0.815	-1.007	-1.009
C18	-1.010	-0.984	-1.010	-1.009	-0.989	-0.962	-0.930	-0.961	-0.989	-0.994	-1.010	-1.012	-1.127	-1.164	-1.150	-1.165
C8	-1.172	-1.125	-1.124	-1.136	-1.126	-1.154	-1.140	-1.186	-1.176	-1.178	-1.164	-1.178	-1.195	-1.213	-1.190	-1.236
C7	-1.973	-2.043	-2.265	-2.224	-2.234	-2.316	-2.327	-2.377	-2.316	-2.338	-2.338	-2.353	-2.420	-2.422	-2.414	-2.487

3. 北约国家不同服务业 GVC 地位指数比较

为了方便分析，本研究将 1995—2018 年 GVC 地位指数排名前十的行业字体加粗。从表 5-7 测算结果可知：①北约国家的不同服务业 GVC 地位指数差异明显。GVC 地位指数最高的是邮政和收藏活动，其值历年皆在 0.35 以上，且从 1995—2009 年以来各年位居世界第一位（2010—2013 年为专业、科学和技术活动，2014—2018 年为公共行政管理、国防与强制性社会保障），其次为金融与保险活动，专业、科学和技术活动，公共行政管理、国防与强制性社会保障，行政与支持服务活动等行业，排名前十各行业值均为 0.20 以上；而 GVC 地位指数历年排位靠后行业包括其他服务活动，艺术、娱乐与休闲，人类健康和社会工作活动，膳宿服务活动等行业，各行业最小值为-1.45。②GVC 地位指数一直保持较高值的行业为邮政和收藏活动，金融与保险活动，专业、科学和技术活动，公共行政管理、国防与强制性社会保障，行政与支持服务活动，IT 和其他信息服务，而教育，航运，其他服务活动，艺术、娱乐与休闲，人类健康和社会工作活动，膳宿服务活动等行业 GVC 地位指数普遍较低。大部分 GVC 地位指数排位前十行业保持高值。③1995—2018 年各行业历年 GVC 地位指数变化趋势稳定，大体呈现小幅下降趋势，个别行业降幅较大，变化幅度最大的是电信业。以排位第一的邮政和收藏活动为例，其 GVC 值历年最高为 0.64，最低为 0.35，变化幅度大于 82.86%，其余各行业情况大致类似。④各行业 GVC 地位指数之间竞争排位变动较大。从 1995—2018 年 GVC 地位指数各行业排位前十名变化较小，邮政和收藏活动，专业、科学和技术活动，公共行政管理、国防与强制性社会保障都曾位居第一，其后依次为行政与支持服务活动，IT 和其他信息服务，运输仓储和支持活动，批发零售贸易与汽车修理等行业，其余各行业位居其后，各行业的 GVC 地位指数排名上下波动。

第五章 全球价值链下中国服务业国际竞争力分析：产业空间位置层面 111

表 5-7 北约国家不同服务业 GVC 地位指数

行业	1995年	2000年	2005年	2006年	2007年	2008年	2009年	2010年	2011年	2012年	2013年	2014年	2015年	2016年	2017年	2018年
C15	0.642	0.559	0.501	0.474	0.455	0.467	0.496	0.453	0.428	0.404	0.405	0.401	0.378	0.386	0.366	0.352
C16	0.553	0.448	0.465	0.446	0.446	0.453	0.476	0.456	0.444	0.439	0.441	0.434	0.430	0.447	0.431	0.426
C11	0.496	0.455	0.452	0.437	0.444	0.440	0.478	0.462	0.451	0.451	0.452	0.436	0.439	0.443	0.436	0.428
C17	0.462	0.464	0.434	0.415	0.416	0.432	0.477	0.461	0.449	0.438	0.435	0.444	0.448	0.459	0.437	0.442
C13	0.462	0.411	0.394	0.386	0.389	0.381	0.424	0.401	0.388	0.377	0.380	0.371	0.368	0.377	0.368	0.363
C1	0.403	0.389	0.391	0.377	0.389	0.392	0.428	0.401	0.392	0.396	0.406	0.388	0.379	0.389	0.373	0.362
C5	0.500	0.397	0.381	0.360	0.363	0.355	0.416	0.378	0.375	0.350	0.340	0.346	0.348	0.348	0.352	0.347
C9	0.436	0.379	0.376	0.359	0.351	0.341	0.368	0.339	0.332	0.323	0.327	0.322	0.322	0.321	0.312	0.310
C12	0.480	0.388	0.350	0.321	0.313	0.330	0.325	0.279	0.259	0.243	0.239	0.224	0.213	0.220	0.205	0.200
C3	0.418	0.405	0.319	0.300	0.326	0.304	0.302	0.267	0.247	0.237	0.261	0.261	0.262	0.307	0.270	0.249
C2	0.331	0.260	0.249	0.228	0.230	0.217	0.258	0.222	0.192	0.179	0.183	0.188	0.210	0.220	0.208	0.197
C14	0.234	0.191	0.214	0.200	0.206	0.209	0.241	0.207	0.193	0.205	0.210	0.200	0.198	0.192	0.184	0.181
C6	0.154	0.088	0.030	0.018	0.043	0.058	0.066	0.067	0.057	0.036	0.041	0.031	0.037	0.036	0.025	0.024
C18	-0.127	-0.065	0.014	-0.013	-0.009	0.028	0.057	0.071	0.020	0.005	0.022	0.058	0.097	0.092	0.090	0.114
C10	0.051	-0.029	-0.035	-0.050	-0.037	-0.075	-0.055	-0.070	-0.097	-0.101	-0.090	-0.095	-0.055	-0.045	-0.059	-0.065
C19	0.017	-0.045	-0.062	-0.076	-0.067	-0.107	-0.046	-0.131	-0.131	-0.158	-0.147	-0.126	-0.122	-0.098	-0.125	-0.130
C4	-0.090	-0.095	-0.078	-0.081	-0.082	-0.105	-0.099	-0.089	-0.074	-0.092	-0.104	-0.110	-0.100	-0.060	-0.087	-0.110
C8	-0.270	-0.306	-0.290	-0.300	-0.287	-0.233	-0.157	-0.134	-0.133	-0.130	-0.139	-0.134	-0.123	-0.136	-0.129	-0.123
C7	-1.192	-1.263	-1.252	-1.285	-1.320	-1.446	-1.376	-1.432	-1.402	-1.389	-1.406	-1.395	-1.378	-1.325	-1.333	-1.316

4. 东盟十国不同服务业 GVC 地位指数比较

为了方便分析，本研究将 1995—2018 年 GVC 地位指数排名前十的行业字体加粗，从表 5-8 测算结果可知：①东盟十国不同行业 GVC 地位指数差异明显。GVC 地位指数最高的是批发零售贸易与汽车修理，其后依次为运输仓储和支持活动、水运、陆地与管道运输、航运等行业，排名前十的各行业值均为 0.02 以上且均为正值；而 GVC 地位指数历年排位靠后行业包括教育，艺术、娱乐与休闲，其他服务活动等行业，其各行业值均小于 -1.70。②GVC 地位指数一直保持较高值的行业为批发零售贸易与汽车修理、陆地与管道运输、水运、航运、运输仓储和支持活动等行业，而教育，人类健康和社会工作活动，艺术、娱乐与休闲，其他服务活动等行业 GVC 地位指数普遍较低。③1995—2018 年各行业历年 GVC 地位指数变化趋势稳定，大体呈现小幅稳步下降趋势，个别行业下降幅度较大。以下降幅度最大的人类健康和社会工作活动为例，其 GVC 地位指数从 1995 年的 -1.38 下降至 2018 年的 -1.86，下降幅度大于 34%；而以变化幅度最小的陆地和管道运输业为例，其 GVC 地位指数从 1995 年的 0.24 上升至 2018 年的 0.25，变化幅度小于 10%，且相邻年变化值小于 0.1，其余各行业情况大致类似。④各行业 GVC 地位指数之间竞争排位变动小。从 1995—2018 年 GVC 地位指数各行业排位前十名变化较小，批发零售贸易与汽车修理历年来位居第一，其后依次为运输仓储和支持活动、水运，其余各行业位居其后。

表 5-8 东盟十国不同服务业 GVC 地位指数

行业	1995年	2000年	2005年	2006年	2007年	2008年	2009年	2010年	2011年	2012年	2013年	2014年	2015年	2016年	2017年	2018年
C9	0.365	0.313	0.352	0.371	0.372	0.375	0.391	0.363	0.362	0.342	0.307	0.306	0.312	0.328	0.314	0.298
C5	0.372	0.323	0.295	0.251	0.248	0.245	0.270	0.226	0.226	0.206	0.192	0.208	0.212	0.222	0.205	0.181
C6	0.263	0.221	0.247	0.254	0.260	0.259	0.290	0.279	0.268	0.264	0.245	0.249	0.248	0.243	0.238	0.239
C2	0.238	0.213	0.261	0.257	0.257	0.242	0.274	0.249	0.255	0.252	0.239	0.239	0.239	0.248	0.240	0.248
C10	0.273	0.190	0.209	0.212	0.204	0.194	0.220	0.208	0.213	0.216	0.200	0.196	0.220	0.225	0.214	0.208
C15	0.212	0.170	0.171	0.166	0.174	0.179	0.195	0.182	0.172	0.180	0.163	0.167	0.165	0.157	0.158	0.166
C7	0.212	0.179	0.181	0.162	0.175	0.172	0.205	0.196	0.181	0.164	0.128	0.131	0.125	0.118	0.112	0.108
C14	0.279	0.237	0.135	0.106	0.106	0.113	0.123	0.105	0.165	0.149	0.119	0.106	0.099	0.105	0.094	0.107
C1	0.128	0.070	0.104	0.083	0.096	0.098	0.130	0.105	0.104	0.097	0.078	0.081	0.085	0.080	0.068	0.060
C16	0.083	0.047	0.036	0.024	0.031	0.030	0.055	0.041	0.036	0.027	0.021	0.024	0.043	0.041	0.029	0.026
C13	0.208	0.145	0.102	0.074	0.095	0.063	0.066	-0.036	0.007	-0.029	-0.051	-0.045	-0.120	-0.139	-0.152	-0.166
C12	-0.027	-0.020	-0.042	-0.028	-0.001	-0.049	-0.041	-0.054	-0.034	-0.012	0.003	0.037	0.082	0.095	0.088	0.087
C3	0.044	0.022	-0.063	-0.056	-0.048	-0.063	-0.035	-0.043	-0.054	-0.050	-0.072	-0.076	-0.080	-0.080	-0.087	-0.084
C11	-0.022	-0.083	-0.115	-0.142	-0.126	-0.148	-0.098	-0.125	-0.115	-0.119	-0.114	-0.112	-0.100	-0.104	-0.130	-0.103
C17	-0.444	-0.614	-0.496	-0.565	-0.610	-0.578	-0.568	-0.607	-0.536	-0.528	-0.541	-0.546	-0.586	-0.593	-0.546	-0.542
C8	-1.384	-1.248	-1.311	-1.365	-1.388	-1.449	-1.517	-1.752	-1.847	-2.122	-2.016	-2.069	-1.858	-1.868	-1.861	-1.858
C18	-2.017	-1.701	-1.947	-1.992	-1.986	-1.882	-1.818	-1.924	-1.947	-1.942	-1.942	-1.908	-1.814	-1.901	-1.884	-1.854
C4	-1.970	-1.806	-1.975	-2.052	-2.096	-2.084	-2.091	-2.187	-2.153	-2.155	-2.103	-2.056	-2.065	-2.112	-2.112	-2.109
C19	-2.792	-2.690	-2.785	-2.812	-2.850	-2.941	-2.928	-2.995	-2.965	-2.967	-2.921	-2.890	-2.846	-2.840	-2.832	-2.825

5. 发达区域不同服务业 GVC 地位指数比较

为了方便分析，本研究将 1995—2018 年 GVC 地位指数排名前十的行业字体加粗，从表 5-9 测算结果可知：①发达区域不同服务业 GVC 地位指数差异明显。GVC 地位指数最高的是公共行政管理、国防与强制性社会保障，其值历年皆在 0.44 以上，其后依次为金融与保险活动，专业、科学和技术活动，邮政和收藏活动，行政与支持服务活动，运输仓储和支持活动，IT 和其他信息服务，批发零售贸易与汽车修理，房地产活动等行业，排名前十的各行业值均为 0.19 以上；而 GVC 地位指数历年排位靠后行业包括人类健康和社会工作活动、其他服务活动、膳宿服务活动等行业，其各行业值均小于-0.04，最小值为-1.43。②GVC 地位指数一直保持较高值的行业为公共行政管理、国防与强制性社会保障，金融与保险活动，专业、科学和技术活动，邮政和收藏活动，行政与支持服务活动，运输仓储和支持活动，而航运，艺术、娱乐与休闲，人类健康和社会工作活动，其他服务活动，膳宿服务活动等行业 GVC 地位指数普遍较低。大部分 GVC 地位指数排位前十的行业保持较高值。③1995—2018 年各行业历年 GVC 地位指数变化趋势稳定，大体呈现小幅度稳步下降趋势，个别行业涨幅较大，最高超过 1.3 倍。以变化最大的电信业为例，其 GVC 地位指数历年最高为 0.44，最低为 0.19，变化幅度大于 1.3 倍；而以膳宿服务活动行业为例，其 GVC 历年最高为-1.25（2002 年），最低为-1.43，变化幅度小于 14.40%，且相邻年变化值小于 0.2，其余各行业情况大致类似。④各行业 GVC 地位指数之间竞争排位变动小。从 1995—2018 年 GVC 地位指数各行业排位前十名变化较小，公共行政管理、国防与强制性社会保障历年来位居第一，而金融与保险活动以及专业、科学和技术活动分别为第二、第三位，其余各行业位居其后。

第五章　全球价值链下中国服务业国际竞争力分析：产业空间位置层面　115

表 5-9　发达区域不同服务业 GVC 地位指数

行业	1995年	2000年	2005年	2006年	2007年	2008年	2009年	2010年	2011年	2012年	2013年	2014年	2015年	2016年	2017年	2018年
C17	0.502	0.464	0.460	0.450	0.446	0.438	0.475	0.456	0.447	0.446	0.447	0.456	0.458	0.473	0.458	0.454
C16	0.544	0.479	0.486	0.464	0.460	0.444	0.480	0.451	0.435	0.430	0.430	0.427	0.421	0.430	0.423	0.420
C11	0.491	0.456	0.459	0.452	0.452	0.432	0.469	0.456	0.453	0.441	0.436	0.431	0.427	0.434	0.430	0.424
C15	0.596	0.523	0.468	0.442	0.429	0.387	0.420	0.393	0.366	0.344	0.343	0.341	0.334	0.355	0.340	0.324
C13	0.472	0.450	0.435	0.434	0.430	0.410	0.448	0.427	0.423	0.406	0.405	0.407	0.412	0.420	0.413	0.411
C5	0.496	0.404	0.383	0.366	0.373	0.342	0.395	0.368	0.371	0.355	0.352	0.350	0.358	0.358	0.355	0.345
C1	0.422	0.398	0.394	0.373	0.376	0.346	0.383	0.343	0.330	0.325	0.328	0.311	0.311	0.326	0.310	0.302
C9	0.428	0.385	0.369	0.353	0.347	0.330	0.357	0.338	0.333	0.327	0.331	0.327	0.322	0.329	0.324	0.320
C3	0.374	0.401	0.356	0.345	0.350	0.346	0.332	0.269	0.249	0.261	0.267	0.264	0.274	0.287	0.282	0.241
C12	0.438	0.337	0.316	0.285	0.274	0.262	0.278	0.238	0.228	0.219	0.211	0.209	0.201	0.210	0.202	0.194
C2	0.318	0.247	0.214	0.194	0.195	0.173	0.205	0.187	0.164	0.151	0.155	0.161	0.188	0.196	0.193	0.177
C14	0.236	0.201	0.196	0.181	0.191	0.184	0.217	0.188	0.183	0.180	0.176	0.169	0.171	0.167	0.156	0.148
C18	-0.095	0.029	0.089	0.060	0.070	0.088	0.110	0.098	0.058	0.053	0.042	0.049	0.066	0.041	-0.010	0.013
C6	0.083	0.043	-0.012	-0.023	-0.005	-0.007	0.012	0.012	-0.022	-0.028	-0.027	-0.025	-0.014	-0.018	-0.026	-0.026
C10	0.059	0.000	-0.023	-0.038	-0.027	-0.070	-0.044	-0.061	-0.084	-0.094	-0.089	-0.086	-0.032	-0.040	-0.057	-0.054
C4	-0.095	-0.089	-0.061	-0.080	-0.101	-0.137	-0.124	-0.133	-0.123	-0.150	-0.150	-0.161	-0.160	-0.121	-0.137	-0.151
C8	-0.221	-0.242	-0.115	-0.123	-0.117	-0.094	-0.057	-0.045	-0.057	-0.060	-0.067	-0.068	-0.057	-0.069	-0.070	-0.076
C19	-0.078	-0.121	-0.151	-0.164	-0.164	-0.174	-0.144	-0.173	-0.201	-0.222	-0.203	-0.192	-0.163	-0.140	-0.151	-0.150
C7	-1.301	-1.351	-1.352	-1.383	-1.388	-1.432	-1.331	-1.384	-1.399	-1.406	-1.425	-1.395	-1.385	-1.360	-1.371	-1.365

6. 发展中区域不同服务业的 GVC 地位指数比较

为了方便分析，本研究将 1995—2018 年 GVC 地位指数排名前十的行业字体加粗，从表 5-10 发展中区域不同行业 GVC 地位指数测算结果可知：①发展中国家不同服务业 GVC 地位指数差异明显。GVC 地位指数最高是金融与保险活动，其值历年皆在 0.52 以上，其后依次为公共行政管理、国防与强制性社会保障，批发零售贸易与汽车修理，运输仓储和支持活动，专业、科学和技术活动，行政与支持服务活动，房地产活动，IT 和其他信息服务，邮政和收藏活动，电信业等行业，排名前十位的行业值均为 0.2 以上；而 GVC 地位指数历年排位靠后行业包括教育、人类健康和社会工作活动、膳宿服务活动等行业，其各行业值均小于 -0.6，最小值为 -2.27（1996 年）。②GVC 地位指数一直保持较高值的行业为金融与保险活动，公共行政管理、国防与强制性社会保障，批发零售贸易与汽车修理，运输仓储和支持活动，专业、科学和技术活动，而膳宿服务活动，人类健康和社会工作活动，教育，其他服务活动，艺术、娱乐与休闲等行业 GVC 地位指数普遍较低。大部分 GVC 地位指数排位前十行业保持高值。③1995—2018 年各行业历年 GVC 地位指数变化趋势稳定，大部分行业呈现小幅度稳步下降趋势，个别行业涨幅较大，最高达到 3 倍。以排位变化最大的水运为例，其 GVC 地位指数历年最高为 0.19，最低为 0.05，变化幅度大于 3 倍；而以专业、科学和技术活动为例，其 GVC 地位指数历年最高为 0.46，最低为 0.40（2004 年），变化幅度小于 16%，且相邻年变化值小于 0.1，其余各行业情况大致类似。④各行业 GVC 地位指数之间竞争排位变动小。从 1995—2018 年 GVC 地位指数各行业排位前十名变化较小，金融与保险活动历年来位居第一，其后依次为公共行政管理、国防与强制性社会保障以及批发零售贸易与汽车修理，其余各行业位居其后。

第五章 全球价值链下中国服务业国际竞争力分析：产业空间位置层面 117

表 5-10 发展中区域不同服务业 GVC 地位指数

行业	1995年	2000年	2005年	2006年	2007年	2008年	2009年	2010年	2011年	2012年	2013年	2014年	2015年	2016年	2017年	2018年
C16	0.631	0.541	0.539	0.560	0.590	0.582	0.596	0.582	0.559	0.559	0.567	0.548	0.565	0.584	0.576	0.561
C17	0.486	0.529	0.467	0.439	0.428	0.435	0.492	0.494	0.485	0.478	0.482	0.495	0.498	0.503	0.495	0.481
C9	0.497	0.438	0.450	0.431	0.432	0.420	0.459	0.438	0.438	0.432	0.436	0.435	0.453	0.456	0.448	0.444
C5	0.515	0.440	0.422	0.405	0.405	0.383	0.441	0.421	0.409	0.393	0.390	0.392	0.418	0.425	0.426	0.415
C11	0.435	0.403	0.403	0.410	0.425	0.417	0.455	0.451	0.446	0.444	0.443	0.441	0.457	0.460	0.456	0.450
C13	0.447	0.404	0.388	0.387	0.394	0.390	0.431	0.427	0.419	0.417	0.414	0.422	0.426	0.432	0.436	0.426
C3	0.498	0.460	0.387	0.369	0.378	0.336	0.362	0.342	0.347	0.337	0.341	0.365	0.366	0.405	0.379	0.369
C1	0.390	0.369	0.372	0.363	0.381	0.382	0.422	0.407	0.400	0.400	0.405	0.401	0.400	0.409	0.412	0.402
C15	0.495	0.443	0.388	0.356	0.348	0.335	0.382	0.350	0.332	0.327	0.316	0.325	0.326	0.331	0.328	0.311
C12	0.454	0.397	0.344	0.313	0.331	0.330	0.338	0.291	0.273	0.261	0.253	0.233	0.209	0.202	0.196	0.174
C2	0.324	0.268	0.246	0.226	0.222	0.214	0.260	0.235	0.207	0.195	0.199	0.206	0.242	0.249	0.237	0.217
C14	0.242	0.198	0.196	0.192	0.199	0.201	0.231	0.208	0.196	0.199	0.208	0.206	0.212	0.210	0.208	0.200
C6	0.194	0.132	0.074	0.049	0.065	0.086	0.105	0.112	0.109	0.095	0.105	0.111	0.123	0.125	0.123	0.109
C10	0.092	0.012	0.001	-0.031	-0.033	-0.061	-0.011	-0.018	-0.041	-0.042	-0.025	-0.019	0.019	0.012	-0.003	-0.005
C4	-0.267	-0.342	-0.298	-0.313	-0.319	-0.338	-0.359	-0.306	-0.291	-0.297	-0.312	-0.336	-0.342	-0.287	-0.284	-0.286
C19	-0.682	-0.575	-0.572	-0.598	-0.577	-0.656	-0.638	-0.728	-0.707	-0.783	-0.728	-0.680	-0.703	-0.712	-0.827	-0.830
C18	-1.010	-0.873	-0.906	-0.871	-0.872	-0.811	-0.759	-0.637	-0.696	-0.831	-0.776	-0.634	-0.623	-0.622	-0.600	-0.608
C8	-1.060	-1.058	-1.078	-1.055	-1.017	-1.059	-0.944	-0.871	-0.867	-0.955	-0.859	-0.897	-0.909	-0.945	-0.883	-0.900
C7	-1.954	-2.082	-1.982	-1.948	-1.952	-2.060	-2.036	-1.920	-2.029	-2.021	-2.067	-1.879	-1.896	-1.878	-1.865	-1.868

第三节　中国服务业国际竞争力测算：位置层面

一、中国服务业整体和分行业的 GVC 地位指数

表 5-11 是 1995—2018 年中国服务业整体和分行业的 GVC 地位指数及其在全球的排名。由表 5-19 可以发现：①中国服务业整体 GVC 地位指数是先降后升的，1995—2005 年处于波动下降阶段，2006 年开始后一直上升，但 2018 年略有下降，在全球排名第 12 位。②中国服务业内部各行业的 GVC 地位指数差异很大。具体来说，一是金融与保险活动行业全球排名第一，出版、视听和广播活动行业全球排名第二，房地产活动全球排名第四，说明我国这些产业处于价值链上部，主要通过向其他国家出口中间品参与全球价值链分工；二是公共行政管理、国防与强制性社会保障，人类健康和社会工作活动，教育，邮政和收藏活动行业都处于较低的水平，说明我国这些行业前向参与度指数小于后向参与度指数，产业处于价值链底部，主要通过进口国外中间品来进行生产。

第五章 全球价值链下中国服务业国际竞争力分析：产业空间位置层面 119

表 5-11 中国服务业整体和分行业的 GVC 地位指数

行业	1995年	2000年	2005年	2006年	2007年	2008年	2009年	2010年	2011年	2012年	2013年	2014年	2015年	2016年	2017年	2018年	排名
整体	1.30	1.30	1.07	1.18	1.23	1.26	1.46	1.41	1.33	1.35	1.40	1.47	1.60	1.71	1.76	1.69	12
C17	1.71	1.54	1.10	0.88	0.21	0.85	1.26	1.37	1.22	0.62	1.25	1.59	1.59	1.61	-1.60	-1.67	-20
C4	1.31	1.22	0.39	0.39	0.38	0.32	0.46	0.45	0.45	0.46	0.39	0.39	0.38	0.58	0.68	0.67	7
C8	-2.14	-2.18	-2.57	-2.48	-2.42	-2.42	-2.25	-2.44	-2.36	-2.16	-2.11	-2.10	-2.01	-1.88	-1.90	-1.95	-19
C18	-1.50	-2.19	-2.17	-2.14	-2.16	-1.89	-1.44	-1.50	-1.63	-1.60	-1.68	-1.63	-1.34	-1.41	-1.29	-1.49	-15
C13	1.44	1.42	1.17	1.26	1.46	1.39	1.66	1.61	1.58	1.67	1.75	1.84	1.88	2.06	2.13	2.12	13
C11	1.27	1.14	0.80	1.01	1.15	1.13	1.51	1.35	1.33	1.37	1.43	1.47	1.65	1.75	1.80	1.82	18
C3	1.61	1.70	1.34	1.30	1.61	1.22	1.40	1.54	1.63	1.85	1.88	1.89	1.85	2.13	2.27	2.28	4
C16	2.26	1.94	1.56	1.73	2.26	2.26	2.79	2.88	2.36	2.45	2.50	2.58	3.03	3.16	3.22	3.17	1
C1	1.16	0.90	0.95	1.12	1.20	1.17	1.42	1.30	1.21	1.22	1.26	1.36	1.55	1.85	2.13	2.15	6
C12	0.87	0.67	0.05	0.13	0.38	0.39	0.60	0.77	0.79	0.74	0.86	0.77	0.82	1.08	1.26	1.33	7
C14	1.24	1.12	1.00	1.11	1.14	1.21	1.45	1.33	1.25	1.36	1.39	1.40	1.55	1.68	1.76	1.73	2
C7	-1.72	-1.66	1.00	1.11	1.14	1.21	1.45	1.33	1.25	1.36	1.39	1.40	1.55	1.68	1.76	1.73	29
C15	-1.53	-1.27	-1.13	-1.07	-0.65	-0.48	-0.69	-0.74	-0.75	-0.57	-0.75	-0.62	-0.60	-0.64	-0.54	-0.63	-1
C5	1.63	1.89	1.44	1.52	1.51	1.44	1.65	1.56	1.40	1.36	1.40	1.42	1.59	1.61	1.64	1.42	27
C10	0.96	1.15	0.68	0.71	0.73	0.71	0.81	0.74	0.60	0.51	0.52	0.53	0.69	0.74	0.78	0.76	15
C6	1.44	1.50	1.04	1.15	1.12	1.15	1.34	1.19	1.07	1.04	1.16	1.10	1.13	1.13	1.15	0.95	13
C2	1.36	1.45	1.29	1.46	1.43	1.32	1.34	1.26	1.11	1.05	1.12	1.24	1.43	1.55	1.62	1.49	7
C9	1.50	1.54	1.38	1.48	1.55	1.72	1.95	2.11	1.97	2.03	1.90	1.98	2.10	2.16	2.14	2.00	8

二、中国服务业分行业 GVC 地位指数测算

从表 5-12 可知：①整体上看，中国知识密集型服务行业 GVC 地位指数明显要高于劳动密集型服务业，略高于资本密集型服务业，但 2017 年、2018 年知识密集型服务业的 GVC 地位指数明显高于资本密集型服务业。说明我国知识密集型服务业通过向其他国家出口中间品参与全球价值链分工的形式更明显，而劳动密集型服务业通过进口国外中间品来进行生产的成分更大，表明我国知识密集型服务业和资本密集型服务业对外出口能力在逐步增强，而劳动密集型服务业主要处于全球价值链低端，主要通过进口高端服务业来支撑发展。②中国劳动密集型服务业 GVC 地位指数大部分年份都为负数，且正值也很小，说明我国劳动密集型服务业在全球价值链中处于较低位置，且近年来地位变化不大。③无论是哪种类型的服务业其变化趋势都有升有降。如资本密集型服务业的 GVC 地位指数 2011—2016 年都是处于缓缓增长的趋势，但 2017 年开始出现下降；知识密集型服务业 GVC 地位指数 2011 年开始一直处于增长的趋势，2018 年略微下降；劳动密集型服务业的 GVC 地位指数处于一种不断调整的状态中。

表 5-12 1995-2018 中国服务业分行业 GVC 地位指数

类型	1995	2000	2005	2006	2007	2008	2009	2010	2011	2012	2013	2014	2015	2016	2017	2018
资本	0.32	0.36	0.22	0.25	0.28	0.26	0.31	0.30	0.27	0.28	0.29	0.30	0.37	0.40	0.37	0.25
劳动	-0.05	-0.03	-0.15	-0.13	-0.13	-0.09	0.00	0.01	-0.04	-0.02	-0.05	-0.02	0.04	0.03	0.02	-0.03
知识	0.33	0.27	0.15	0.19	0.25	0.24	0.35	0.32	0.28	0.31	0.33	0.35	0.41	0.49	0.53	0.52

第四节 小结

一、发达经济体整体 GVC 地位指数较高，而且大都呈现下降趋势

发达经济体整体 GVC 地位指数较高且大多保持在 1.5 以上，大都呈现下降趋势，也有部分呈现小幅上升。其中美国 GVC 地位指数最高（多年位列第一），而日本、英国、德国次之。发展中经济体 GVC 地位指数内部各经济体差异明显，且呈现不同变动趋势，有增强的也有下降的，这直接导致各国整体服务业 GVC 地位指数排名竞争较大。

二、不同要素密集型服务业 GVC 地位指数差异明显

不同国家间劳动、资本、知识密集型服务业 GVC 地位指数差异明显，其中资本密集型日本最高，劳动和知识密集型美国最高；资本和劳动密集型 GVC 地位指数较高的国家发展中经济体占比较大，知识密集型服务业 GVC 地位指数较高的国家发达经济体占比较大；三种类型服务业 1995—2018 年各国历年 GVC 地位指数变化趋势稳定，大体呈现小幅度下降趋势，且各经济体之间排位变动激烈。

三、不同区域服务业 GVC 地位指数比较

第一，"一带一路"沿线国家 GVC 地位指数较高的依次是金融与保险活动，专业、科学和技术活动，公共行政管理、国防与强制性社会保障等行业。排位靠后的行业是膳宿服务活动，艺术、娱乐与休闲，其他服务活动，教育，人类健康和社会工作活动等行业。1995—2018 年各行业历年 GVC 地

位指数变化趋势稳定，大体呈现小幅度下降趋势，变化幅度最大的是教育业。第二，RCEP 国家 GVC 地位指数较高依次是金融与保险活动，公共行政管理、国防与强制性社会保障，运输仓储和支持活动，批发零售贸易与汽车修理等行业。排位靠后行业包括其他服务活动、教育、人类健康和社会工作活动、膳宿服务活动等行业。1995—2018 年各行业历年 GVC 地位指数变化趋势稳定，大体呈现小幅度下降趋势，变化最大的是膳宿服务活动行业。第三，北约国家 GVC 地位指数较高依次是邮政和收藏活动，金融与保险活动，专业、科学和技术活动、行政与支持服务活动等行业，排位靠后行业包括其他服务活动，艺术、娱乐与休闲，人类健康和社会工作活动，膳宿服务活动等行业，1995—2018 年各行业历年 GVC 地位指数变化趋势稳定，大体呈现小幅下降趋势，变化幅度最大的是电信业。第四，东盟十国 GVC 地位指数较高的依次是批发零售贸易与汽车修理、运输仓储和支持活动、水运、陆地与管道运输、航运等行业。排位靠后行业包括教育，艺术、娱乐与休闲，其他服务活动等行业。1995—2018 年各行业历年 GVC 地位指数变化趋势稳定，大体呈现小幅下降趋势，降幅最大的是人类健康和社会工作活动。

四、中国服务业 GVC 地位指数知识密集型服务业最高、劳动密集型服务业最低

首先，中国服务业整体 GVC 地位指数 2006 年开始后一直上升，其中 2018 年金融与保险活动行业全球排名第一，出版、视听和广播活动行业全球排名第二，房地产活动全球排名第四，但公共行政管理、国防与强制性社会保障，人类健康和社会工作活动，教育，邮政和收藏活动行业都处于较低的水平。其次，整体上中国知识密集型服务行业的 GVC 地位指数明显要高于劳动密集型服务业、略高于资本密集型服务业，尤其是劳动密集型服务行业 GVC 地位指数大部分年份都为负数且正值也很小。

第六章 全球价值链下中国服务业国际竞争力分析：产业网络控制力层面

近年来，国内外政治经济形势发生巨大变化，尤其是2018年3月开始的中美经贸摩擦和2020年突如其来的新冠疫情对全球产业链的竞争与稳定性产生了前所未有的影响。2020年4月，中共中央政治局会议明确提出要保产业链供应链稳定。因此，我们必须通过内生技术的发展突破"卡脖子问题"，以内为主参与国际大循环，逐步解决我国经济内循环中存在的供给不匹配高层次需求的问题。为此，我们必须要厘清中国在全球产业链中的竞争力现状与差异，找到中国的优势与短板。产业链竞争力是指一国（地区）在全球产业链中的国际竞争力（Criscuolo and Timmis，2018）[13]，全球价值链分工背景下，贸易规模和出口行业结构等传统方法难以评判一国（地区）的产业链竞争力（黎峰，2015）[285]；GVC地位指数与上游度指数仅依据其在全球产业链上的数据也难以判断产业链竞争力（Antràs et al，2012[152]；Koopman et al，2012[8]），服务出口技术复杂度过度强调了技术层面而忽略上下游的配合。近年来，国外有学者借鉴社会学的网络分析方法（Carvalho，2014[205]；Acemoglu et al，2018[207]；Magerman et al，2016[206]），提出了一个特别的测度企业或行业在一国（地区）产业链中影响力的方法——博纳奇-卡茨特征向量中心度（Bonacich-Katz Eigenvector Centrality），该中心度指标既可测度企业或行业在一国产业链中作为上游供应商的影响力，还可测度其作为下游购买方的影响力。Criscuolo和Timmis（2018）[13]提出把该方法与国际投入产出数据相结合，来测度一国（地区)在全球产业链中的竞争力,综合分析一国(地区)在全球产业链中作为上游供应商和下游购买方的影响力。

总之,现有文献多侧重于从价值链环节来测度一国(地区)产业链竞争力,认为一国(地区)某产业越处于全球价值链上游环节,其产业链竞争力就越强。本研究则认为现有的 GVC 地位指数和上游度指数相比,Criscuolo 和 Timmis(2018)[13] 等提出的网络分析方法可更为全面客观地评价一国(地区)的产业链竞争力,但他们并没有对中国和美国的产业链竞争力进行具体测度和比较。因此,本研究借鉴 Criscuolo 和 Timmis[13] 等的研究,运用网络分析方法对全球及中国的产业链竞争力进行测度和比较,希望由此找到提升中国服务业产业链竞争力的方向。

第一节 网络中心度的测度方法选择

一、研究方法

与以往文献不同,本研究从网络视角重新界定一国或地区产业链竞争力的内涵,认为一国或地区(产业)是全球生产网络中的节点,各国或各地区(产业)间的投入产出关系是网络的结(边),一国或地区的产业链竞争力本质上就是该国或地区(产业)作为一个节点在全球产业链中的影响力和控制力。因此,一节点在全球生产网络中占据的结构洞越多,与其他节点间的直接与间接投入产出关联程度就越高,该节点的影响力与控制力就越大,其产业链竞争力就越强。本研究借鉴 Criscuolo 和 Timmis(2018)[13] 的方法,基于网络分析方法的博纳奇-卡茨特征向量中心度指标,测度中国服务业在全球产业链上的中心度指数,以此来衡量中国服务业的产业链竞争力,然后根据各服务行业的生产份额加权得到中国服务业整体的产业链竞争力。其中,产业链竞争力即中心度的具体计算公式见式（6-1）—（6-3）：

$$CB = \eta(1 - \lambda W^{\mathrm{T}})^{-1}\mathbf{1} \qquad (6-1)$$

$$CF = \eta(1 - \lambda W)^{-1}\mathbf{1} \qquad (6-2)$$

$$C = (CB + CF)/2 \qquad (6-3)$$

在式（6-1）—（6-3）中，CB、CF 和 C 分别表示后向中心度、前向中心度和总中心度指数，本研究以总中心度指数来衡量一国或地区的产业链竞争力。W 是全球中间投入系数矩阵，W^{T} 为 W 的转置矩阵，$\mathbf{1}$ 是所有元素为 1 的列向量。η 和 λ 分别是反应规模因素和间接投入产出关联的参数，本研究参照 Acemoglu 等（2018）[207] 以及 Criscuolo 和 Timmis（2018）[13] 的处理方法，η 和 λ 取值皆为 0.5。

二、数据来源

按照以上方法计算产业中心度指数，需要用到全球投入产出数据。本研究使用 2021 年 11 月 OECD-WTO 最新发布的全球投入产出数据，来测算一国（产业）在全球生产网络中的产业链竞争力。该数据库提供了 1995—2018 年全球 67 个经济体所有部门（包括 23 个服务部门）之间中间产品与最终需求的贸易往来，可为本研究测算中国和世界其他主要国家服务业的中心度指数提供翔实数据。

第二节　服务业网络中心度指数的国际比较

一、整体层面服务业网络中心度的国际比较

1. 整体的前向参与度

从表 6-1 中的测算结果来看，不同类型经济体的前向参与度（CF）存

在很大差异：①发达经济体中美国前向参与度最高，多年均位列第一。②发达经济体整体前向参与度较高，大多保持在1以上，而且大都呈不断上升趋势。发达经济体内部整体发展平稳，其中美国的前向参与度最高，卢森堡的排名从1998年的第16名上升到2018年的第4名，上升幅度较大。德国、法国、英国次于美国，其前向参与度大部分年份大于1。③对发展中经济体而言，其前向参与度的内部各经济体差异明显。其中，俄罗斯在2018年排名第5，其前向参与度大多大于1。其次是中国，中国的排名从1998年第27名上升到第2018年的第7名。然后是墨西哥、波兰、泰国，值得注意的是罗马尼亚的前向参与度排名，由1998年的第48名升为2018年的第30名，印度的前向参与度排名，由1998年的第54名升为2018年的第33名，其上涨幅度巨大。塞浦路斯、哈萨克斯坦、希腊、印度尼西亚、匈牙利均呈现下降趋势。④整体而言，发达经济体的前向参与度较高，且呈不断上升趋势。

第六章 全球价值链下中国服务业国际竞争力分析：产业网络控制力层面 127

表6-1 各国前向参与度及排名

国家	2018年数值	2018年名次	2008年名次	1998年名次	类型	国家	2018年数值	2018年名次	2008年名次	1998年名次	类型
美国	1.5235	1	2	2	发达经济体	瑞典	0.8073	34	34	33	发达经济体
德国	1.1698	3	4	3	发达经济体	斯洛伐克	0.7944	35	28	20	发展中经济体
卢森堡	1.1621	4	5	16	发达经济体	希腊	0.7943	36	36	25	发达经济体
俄罗斯	1.1307	5	3	4	发展中经济体	智利	0.7900	37	43	47	发展中经济体
法国	1.0930	6	6	8	发达经济体	巴西	0.7806	38	45	52	发展中经济体
中国	1.0470	7	18	27	发展中经济体	立陶宛	0.7764	39	46	50	发展中经济体
英国	1.0392	8	7	6	发达经济体	南非	0.7750	40	41	43	发展中经济体
新加坡	1.0196	9	13	15	发达经济体	塞浦路斯	0.7743	41	42	38	发展中经济体
意大利	1.0029	10	9	5	发达经济体	韩国	0.7719	42	52	51	发达经济体
墨西哥	1.0001	11	17	11	发展中经济体	斯洛文尼亚	0.7697	43	38	42	发展中经济体
荷兰	0.9908	12	14	10	发达经济体	以色列	0.7674	44	56	56	发达经济体
波兰	0.9800	13	10	9	发展中经济体	阿根廷	0.7660	45	49	55	发展中经济体
瑞士	0.9562	14	11	12	发达经济体	加拿大	0.7625	47	44	44	发达经济体
日本	0.9386	15	8	7	发达经济体	沙特阿拉伯	0.7607	48	58	40	发展中经济体
比利时	0.9136	16	12	13	发达经济体	葡萄牙	0.7559	49	37	29	发达经济体
西班牙	0.9049	17	20	28	发达经济体	爱沙尼亚	0.7547	50	51	45	发达经济体
世界其他地区	0.8963	18	16	22	世界其他地区	哥伦比亚	0.7471	51	59	58	发展中经济体

续表

国家	2018年数值	2018年名次	2008年名次	1998年名次	类型	国家	2018年数值	2018年名次	2008年名次	1998年名次	类型
泰国	0.8920	19	21	19	发展中经济体	挪威	0.7337	54	40	39	发达经济体
菲律宾	0.8662	20	22	57	发展中经济体	哥斯达黎加	0.7229	55	61	53	发展中经济体
澳大利亚	0.8661	21	24	21	发达经济体	克罗地亚	0.7151	56	47	41	发展中经济体
哈萨克斯坦	0.8577	22	26	17	发展中经济体	匈牙利	0.7116	57	50	49	发展中经济体
奥地利	0.8564	23	23	24	发达经济体	冰岛	0.6968	58	57	59	发达经济体
老挝	0.8560	24	19	14	发展中经济体	马耳他	0.6906	59	39	30	发展中经济体
爱尔兰	0.8531	25	33	35	发达经济体	文莱	0.6905	60	15	67	发展中经济体
马来西亚	0.8429	26	29	26	发展中经济体	秘鲁	0.6781	61	62	60	发展中经济体
捷克	0.8367	27	30	32	发展中经济体	越南	0.6780	62	64	66	发展中经济体
丹麦	0.8299	28	31	34	发达经济体	缅甸	0.6774	63	60	61	发展中经济体
拉脱维亚	0.8231	29	25	23	发展中经济体	塞尼斯	0.6350	64	65	65	发展中经济体
罗马尼亚	0.8223	30	48	48	发展中经济体	保加利亚	0.6302	65	66	63	发展中经济体
新西兰	0.8216	31	35	31	发达经济体	柬埔寨	0.6302	65	66	63	发展中经济体
土耳其	0.8102	32	32	18	发展中经济体	摩洛哥	0.6184	67	63	62	发展中经济体
印度	0.8091	33	53	54	发展中经济体						
印度尼西亚	0.7381	52	55	37	发展中经济体						
芬兰	0.7357	53	54	46	发达经济体						

2. 整体的后向参与度

从表 6-2 中的测算结果来看，不同类型经济体的后向参与度（CB）存在很大差异：①发达经济体中卢森堡的后向参与度最高，多年来位列第一。②发达经济体整体后向参与度较低，而且大都呈现不断下降的趋势。发达经济体国家内部整体发展平稳，其中新加坡的排名从 1998 年的第 3 名下降到 2018 年的第 5 名。而爱尔兰、新西兰等均呈现下降趋势。③对发展中经济体而言，其后向参与度的内部各经济体差异明显。其中，2018 年马耳他排名第 2 名；其次是越南，越南从 1998 年第 34 名上升到 2018 年的第 3 名。再次是老挝、缅甸、文莱等。但值得注意的是，菲律宾从 1998 年的第 54 名上升到 2018 年的第 27 名。而中国从 1998 年的第 6 名下降到 2018 年的第 11 名。印度尼西亚的后向参与度排名从 1998 年的第 15 名下降为 2018 年的第 43 名，其下降幅度巨大。秘鲁、柬埔寨、立陶宛、摩洛哥等均呈现下降趋势。④整体而言，发展中经济体的后向参与度较高，且呈不断上升趋势。

表6-2 各国后向参与度及排名

国家	2018年数值	2018年名次	2008年名次	1998年名次	类型	国家	2018年数值	2018年名次	2008年名次	1998年名次	类型
卢森堡	0.75	1	1	5	发达经济体	南非	0.64	35	30	43	发展中经济体
马耳他	0.72	2	2	1	发展中经济体	意大利	0.64	36	33	35	发达经济体
越南	0.71	3	23	34	发展中经济体	挪威	0.64	37	37	33	发达经济体
老挝	0.69	4	5	2	发展中经济体	匈牙利	0.64	38	34	27	发达经济体
新加坡	0.68	5	6	3	发达经济体	法国	0.63	39	47	50	发达经济体
缅甸	0.68	6	14	17	发展中经济体	英国	0.63	40	46	42	发达经济体
文莱	0.67	7	8	9	发展中经济体	俄罗斯	0.63	41	57	41	发展中经济体
捷克	0.67	8	9	11	发达经济体	克罗地亚	0.63	42	39	32	发达经济体
爱尔兰	0.66	9	7	7	发达经济体	智利	0.63	48	32	45	发展中经济体
马来西亚	0.66	10	10	4	发展中经济体	印度尼西亚	0.63	43	19	15	发展中经济体
中国	0.66	11	4	6	发展中经济体	德国	0.63	44	51	56	发达经济体
塞浦路斯	0.66	12	11	13	发达经济体	葡萄牙	0.63	45	31	19	发达经济体
斯洛伐克	0.66	13	22	10	发达经济体	哈萨克斯坦	0.63	46	44	20	发展中经济体
韩国	0.65	15	24	37	发达经济体	哥伦比亚	0.63	47	48	67	发展中经济体
比利时	0.65	16	17	14	发达经济体	印度	0.62	49	49	51	发展中经济体
爱沙尼亚	0.65	17	20	12	发达经济体	西班牙	0.62	50	29	46	发达经济体
澳大利亚	0.65	18	18	21	发达经济体	加拿大	0.62	51	58	58	发达经济体

续表

国家	2018年数值	2018年名次	2008年名次	1998年名次	类型	国家	2018年数值	2018年名次	2008年名次	1998年名次	类型
波兰	0.65	19	16	25	发展中经济体	美国	0.62	52	55	53	发达经济体
拉脱维亚	0.65	20	12	18	发达经济体	瑞典	0.62	53	45	39	发达经济体
瑞士	0.65	21	25	24	发达经济体	世界其他地区	0.62	54	59	47	世界其他地区
新西兰	0.65	22	21	16	发达经济体	日本	0.62	55	60	59	发达经济体
斯洛文尼亚	0.65	23	15	23	发达经济体	沙特阿拉伯	0.61	56	50	55	发展中经济体
罗马尼亚	0.64	24	28	26	发展中经济体	立陶宛	0.61	57	56	38	发展中经济体
土耳其	0.64	25	35	22	发展中经济体	哥斯达黎加	0.61	58	53	48	发展中经济体
荷兰	0.64	26	43	31	发达经济体	以色列	0.61	59	52	52	发达经济体
菲律宾	0.64	27	38	54	发展中经济体	希腊	0.61	60	61	57	发达经济体
冰岛	0.64	28	27	36	发达经济体	阿根廷	0.61	61	63	64	发展中经济体
芬兰	0.64	29	40	40	发达经济体	巴西	0.60	63	66	65	发展中经济体
丹麦	0.64	30	26	44	发达经济体	摩洛哥	0.60	64	64	61	发展中经济体
泰国	0.64	31	13	28	发展中经济体	突尼斯	0.60	65	62	63	发展中经济体
奥地利	0.64	32	36	49	发达经济体	秘鲁	0.60	66	65	60	发展中经济体
保加利亚	0.64	33	41	29	发展中经济体	墨西哥	0.58	67	67	66	发展中经济体
柬埔寨	0.64	33	41	29	发展中经济体						

3. 整体的网络中心度

从表 6-3 的测算结果来看，不同类型经济体的网络中心度（C）存在很大差异：①发达经济体中美国的网络中心度最高，2018 年网络中心度位列第一。②发达经济体整体网络中心度较高且大多位于前列。发达经济体国家内部整体发展平稳，其中美国网络中心度最高，卢森堡的网络中心度排名从 1998 年的第 15 名上升到 2018 年的第 3 名，上升幅度较大，德国、法国、新加坡次之。③发展中经济体的网络中心度差异明显。其中，俄罗斯的网络中心度排名从 1998 年的第 3 名下降到 2018 年的第 5 名。其后依次是中国、波兰、墨西哥、老挝、泰国等。值得注意的是中国的网络中心度排名从 1998 年的第 24 名上升到 2018 年的第 7 名。菲律宾的网络中心度排名，由 1998 年的第 57 名上升到 2018 年的第 23 名，其上涨幅度巨大。波兰、马来西亚、哈萨克斯坦、土耳其等均呈现下降趋势。④整体而言，发达经济体的网络中心度较高，且呈不断上升趋势。

表 6-3 各国网络中心度及排名

国家	2018年数值	2018年名次	2008年名次	1998年名次	类型	国家	2018年数值	2018年名次	2008年名次	1998年名次	类型
美国	1.075384	1	2	2	发达经济体	印度	0.719478	35	57	53	发展中经济体
卢森堡	0.958676	3	4	15	发达经济体	瑞典	0.716655	36	38	35	发达经济体
德国	0.901614	4	5	4	发达经济体	韩国	0.71529	37	49	51	发达经济体
俄罗斯	0.883759	5	3	3	发展中经济体	智利	0.710462	38	43	48	发展中经济体
法国	0.865801	6	6	8	发达经济体	斯洛文尼亚	0.710149	39	36	40	发展中经济体
中国	0.85747	7	16	24	发展中经济体	南非	0.708528	40	42	42	发展中经济体
新加坡	0.854081	8	10	12	发达经济体	马耳他	0.708179	41	23	20	发展中经济体
英国	0.838377	9	7	6	发达经济体	爱沙尼亚	0.705662	42	46	38	发展中经济体
意大利	0.822504	10	8	5	发达经济体	希腊	0.704853	43	41	32	发达经济体
荷兰	0.819849	11	15	11	发达经济体	立陶宛	0.697759	44	51	50	发展中经济体
波兰	0.81766	12	11	10	发展中经济体	越南	0.695427	45	63	65	发展中经济体
瑞士	0.803984	13	13	14	发达经济体	加拿大	0.694933	46	48	49	发达经济体
墨西哥	0.793474	14	29	16	发达经济体	葡萄牙	0.694519	47	37	28	发达经济体
比利时	0.785909	15	14	13	发达经济体	巴西	0.694113	48	52	56	发展中经济体
日本	0.780842	16	9	7	发达经济体	以色列	0.691986	49	58	55	发展中经济体
老挝	0.775147	17	17	9	发展中经济体	芬兰	0.690636	50	53	46	发展中经济体
泰国	0.768488	18	18	23	发展中经济体	阿根廷	0.690435	51	56	59	发展中经济体

续表

国家	2018年数值	2018年名次	2008年名次	1998年名次	类型	国家	2018年数值	2018年名次	2008年名次	1998年名次	类型
西班牙	0.767053	19	20	33	发达经济体	沙特阿拉伯	0.690259	52	59	45	发展中经济体
爱尔兰	0.761098	20	28	30	发达经济体	哥伦比亚	0.689939	53	60	63	发展中经济体
澳大利亚	0.760964	21	22	22	发达经济体	挪威	0.68758	55	40	39	发达经济体
世界其他地区	0.760225	22	19	27	世界其他地区	印度尼西亚	0.686502	56	50	36	发展中经济体
菲律宾	0.75696	23	25	57	发展中经济体	文莱	0.685981	57	12	66	发展中经济体
捷克	0.756177	24	26	26	发展中经济体	缅甸	0.682457	58	54	54	发展中经济体
马来西亚	0.755937	25	24	18	发展中经济体	匈牙利	0.675815	59	47	44	发展中经济体
奥地利	0.75011	26	27	31	发达经济体	克罗地亚	0.675317	60	44	41	发展中经济体
哈萨克斯坦	0.745236	27	30	19	发展中经济体	冰岛	0.671704	61	55	58	发达经济体
丹麦	0.737717	28	32	37	发达经济体	哥斯达黎加	0.669864	62	61	52	发展中经济体
拉脱维亚	0.737713	29	21	25	发展中经济体	秘鲁	0.640929	63	62	60	发展中经济体
新西兰	0.736557	30	35	29	发达经济体	保加利亚	0.636274	64	65	61	发展中经济体
罗马尼亚	0.736017	31	45	43	发展中经济体	柬埔寨	0.636274	64	65	61	发展中经济体
土耳其	0.729886	32	33	21	发展中经济体	突尼斯	0.620084	66	67	67	发展中经济体
匈牙利	0.729565	33	31	17	发展中经济体	摩洛哥	0.612084	67	64	64	发展中经济体
塞浦路斯	0.720848	34	39	34	发展中经济体						

二、不同要素密集型服务业网络中心度的国际比较

为分析不同类型服务业在全球价值链中分工地位的差异，本研究按照要素密集度特征对上述 23 个服务业部门进行分类考察。在此，本研究借鉴 OECD 数据构建的说明及对 OECD 产业的划分，将 23 个服务业部门分为 3 大类，据此对各国不同要素密集型服务业前向参与度、后向参与度、网络中心度进行测算和分析。

1. 劳动密集型服务业网络中心度的国际比较

（1）各国劳动密集型服务业前向参与度比较

表中历年各国前向参与度排名前十的国家数据加粗。从表 6-4 测算结果可知：①不同国家劳动密集型服务业前向参与度差异明显。前向参与度较高的有美国、俄罗斯、日本、意大利、德国等国家，排名前十各国值均为 1.1 以上；而前向参与度历年排名靠后的国家包括突尼斯、越南、文莱、柬埔寨等国，其各国值均小于 1.0，且最小为 0.63。②前向参与度较高国家大多为发达经济体，发展中经济体前向参与度普遍较低。大部分年份排位前十各国包括美国、俄罗斯、日本、意大利、德国等发达经济体；而突尼斯、越南、文莱等多数发展中经济体，其值相比较偏低。③1996—2018 年各国历年前向参与度变化趋势较为稳定，大体呈现小幅度稳步上升趋势。涨幅最高的是新加坡，为 37.14%。以排名第二的美国为例，其前向参与度值最高为 2012 年的 2.33，最低为 2009 年的 1.99，这两年的增幅约为 17.09%，且相邻年变化值小于 0.25，其余各国情况类似。④劳动密集型服务业前向参与度各经济体之间竞争排位变动小。从 1996—2018 年前向参与度各经济体前十名变化较小，排名前几位的依次为美国、俄罗斯、日本，其余各国位居其后。

136 全球价值链下中国服务业国际竞争力研究

表6-4 各国劳动密集型服务业前向参与度指数

国家	1996年	1998年	2000年	2002年	2004年	2006年	2008年	2010年	2012年	2014年	2016年	2018年
美国	2.2086	2.2707	2.2244	2.1048	2.0601	2.0074	2.0537	2.2258	2.3274	2.3241	2.2857	2.2702
俄罗斯	1.7760	1.6321	1.8315	1.7701	1.8271	2.0737	2.0929	2.0783	2.0048	1.9502	1.7008	1.7521
日本	1.5862	1.6278	1.7122	1.6986	1.7947	1.7965	1.8064	1.7983	1.7284	1.5351	1.4645	1.4715
意大利	1.6238	1.5989	1.5339	1.5526	1.5636	1.5464	1.4586	1.3798	1.3962	1.4075	1.3999	1.4253
德国	1.5230	1.5884	1.5720	1.6330	1.7492	1.7123	1.7415	1.7444	1.6365	1.7027	1.6966	1.7148
法国	1.4740	1.5245	1.5079	1.5634	1.6023	1.5448	1.5101	1.4491	1.4396	1.4602	1.4748	1.4690
英国	1.4022	1.4787	1.4264	1.4366	1.4584	1.3906	1.2902	1.2748	1.2336	1.2298	1.1855	1.1749
波兰	1.3570	1.3755	1.3788	1.4579	1.3877	1.3662	1.3710	1.3598	1.3177	1.3109	1.3486	1.3720
哈萨克斯坦	1.2342	1.2111	1.3052	1.2325	1.2257	1.1877	1.1536	1.1205	1.1944	1.1976	1.1605	1.2166
比利时	1.2668	1.2641	1.2833	1.3777	1.3309	1.2815	1.2839	1.1875	1.1800	1.1767	1.1658	1.1308
瑞士	1.2433	1.2153	1.2492	1.2440	1.2887	1.3073	1.3477	1.4100	1.4085	1.3937	1.3593	1.2975
墨西哥	1.2598	1.2225	1.2181	1.1565	1.1824	1.1858	1.2007	1.2269	1.2979	1.3124	1.3859	1.3996
荷兰	1.2355	1.2763	1.2831	1.3197	1.3242	1.2849	1.2714	1.2796	1.2986	1.3504	1.3492	1.3456
世界其他地区	1.1173	1.0903	1.1827	1.1502	1.1393	1.2347	1.2389	1.2039	1.2675	1.1974	1.1984	1.2060
老挝	1.1387	1.1371	1.1920	1.1388	1.1225	1.0872	1.0772	1.1326	0.9331	0.9663	1.1058	1.0988
丹麦	1.1249	1.0811	1.0901	1.1131	1.0933	1.1370	1.1574	1.1694	1.1557	1.1899	1.1518	1.1207
新加坡	1.0909	1.1375	1.1240	1.2400	1.2165	1.4033	1.3968	1.4707	1.4550	1.4893	1.4956	1.4961
希腊	1.0738	1.0380	1.0019	1.0228	1.0211	0.9969	1.0000	1.0524	1.0052	0.9797	0.9953	1.0046
奥地利	1.0502	1.0627	1.0612	1.0755	1.0688	1.0950	1.0954	1.1099	1.0866	1.0912	1.0795	1.0616
澳大利亚	1.0866	1.1041	1.1087	1.1269	1.0978	1.0750	1.0673	1.0666	1.0710	1.0438	1.0357	1.0343
克罗地亚	1.0648	1.0283	0.9743	0.9810	0.9443	0.9678	0.9398	0.9376	0.9358	0.9147	0.8786	0.8650
瑞典	1.0301	1.0263	0.9737	0.9800	1.0137	1.0360	1.0152	1.0338	1.0340	1.0487	1.0692	1.0373

续表

国家	1996年	1998年	2000年	2002年	2004年	2006年	2008年	2010年	2012年	2014年	2016年	2018年
挪威	1.0397	1.0074	0.9969	1.0096	1.0426	1.0259	1.0742	0.9773	0.9729	0.9423	0.9314	0.9333
新西兰	1.0047	1.0001	0.9904	0.9811	0.9634	0.9579	0.9429	0.9285	0.9377	0.9380	0.9277	0.9224
斯洛伐克	0.9556	1.0775	1.0392	0.9758	0.9580	0.9464	0.9897	1.0188	0.9898	0.9297	0.9496	0.9579
泰国	1.0544	1.0561	1.1065	1.1191	1.1493	1.1086	1.1401	1.3270	1.1974	1.2277	1.1658	1.1494
捷克	0.9598	0.9524	0.9989	1.0149	1.0329	1.0219	1.0203	1.0660	1.0191	1.0148	1.0278	1.0705
葡萄牙	0.9860	0.9691	0.9957	0.9980	1.0123	0.9937	0.9925	0.9604	0.9668	0.9691	0.9677	0.9420
立陶宛	0.9256	0.8908	0.9264	1.0086	1.0371	0.9210	0.9573	0.9903	0.9689	0.9694	0.9879	0.9328
沙特阿拉伯	0.9641	0.9378	0.9844	0.9921	0.9432	0.8666	0.8836	0.8871	1.0331	0.9770	1.0490	1.0559
爱沙尼亚	0.9527	0.9490	0.9977	1.0167	0.9347	0.9119	0.9021	0.9020	0.8857	0.8912	0.8993	0.9005
中国	0.9327	0.8720	0.9070	0.8883	0.8740	0.9067	0.9299	0.9189	1.0346	1.1710	1.1864	1.2093
西班牙	0.9378	0.9575	0.9731	1.0370	1.0802	1.1146	1.0914	1.1138	1.1719	1.1883	1.2130	1.1945
斯洛文尼亚	0.9134	0.8999	0.8785	0.8902	0.9224	0.9363	0.9922	0.9992	0.9695	0.9637	0.9660	0.9657
拉脱维亚	0.9058	0.9552	1.0941	1.0850	1.0531	1.1502	1.0629	1.1586	1.0929	1.0397	1.0449	1.0273
芬兰	0.8966	0.9375	0.8868	0.9005	0.9219	0.9229	0.8937	0.9046	0.9014	0.9032	0.8772	0.8640
匈牙利	0.8837	0.8853	0.9000	0.9153	0.9146	0.9338	0.9333	0.8779	0.8793	0.8799	0.8867	0.8718
缅甸	0.8749	0.8162	0.7815	0.9179	0.8667	0.8563	0.8705	0.8977	0.8681	0.8376	0.8614	0.8098
哥斯达黎加	0.8789	0.8667	0.8240	0.8173	0.8014	0.7953	0.8045	0.8031	0.8075	0.8167	0.7957	0.8251
马来西亚	0.9050	0.9255	0.8974	0.9672	0.9573	0.9543	0.9852	0.9906	0.9881	0.9714	1.0615	1.0562
土耳其	0.8883	0.9420	0.9243	0.9725	0.9373	0.9460	0.9747	0.9703	0.9688	0.9838	1.0029	0.9511
加拿大	0.8754	0.9048	0.9089	0.9187	0.9263	0.9486	0.9486	0.9453	0.9367	0.9234	0.9308	0.9283
菲律宾	0.8533	0.8547	0.8356	0.9678	0.9937	1.0098	1.1796	1.2020	1.2339	1.2503	1.2293	1.1895
爱尔兰	0.8635	0.8526	0.8766	0.8541	0.8726	0.9161	0.9417	0.9176	0.9653	0.8770	0.8444	0.8452

续表

国家	1996年	1998年	2000年	2002年	2004年	2006年	2008年	2010年	2012年	2014年	2016年	2018年
印度尼西亚	0.8332	0.9012	1.0203	0.9985	0.8723	0.8272	0.8348	0.9110	0.8957	0.8677	0.8479	0.8462
塞浦路斯	0.8255	0.8976	0.8922	0.9266	0.9947	0.9883	0.9826	1.0266	0.9849	0.9610	0.9691	0.9593
南非	0.8248	0.8554	0.9165	0.9255	0.9315	0.9272	0.8993	0.9194	0.9242	0.9399	0.9464	0.9362
智利	0.8014	0.7733	0.7961	0.7793	0.8301	0.7976	0.8707	0.8781	0.8722	0.8833	0.8987	0.9019
保加利亚	0.8738	0.8651	1.0000	0.9977	1.0707	1.0623	1.0039	1.0032	0.9783	1.0139	0.9943	1.0211
韩国	0.7902	0.7591	0.8351	0.8005	0.7607	0.7961	0.7848	0.8369	0.8683	0.8598	0.8951	0.8911
哥伦比亚	0.7938	0.7674	0.9284	0.8886	0.8405	0.8161	0.8094	0.7761	0.7699	0.8127	0.8588	0.8744
马耳他	0.8211	0.8281	0.7993	0.8877	0.8220	0.8130	0.7942	0.8107	0.8245	0.8699	0.8635	0.8636
阿根廷	0.8054	0.8050	0.8250	0.9289	0.9742	0.9054	0.9348	0.9335	0.9378	0.9186	1.0032	0.9678
印度	0.7943	0.8092	0.8438	0.8272	0.8349	0.8007	0.8070	0.8104	0.8990	0.8806	0.9016	0.9074
巴西	0.7712	0.7663	0.7715	0.7651	0.8473	0.8959	0.9285	0.9932	1.0196	1.0375	1.0720	1.0093
以色列	0.7908	0.7882	0.7855	0.8095	0.8356	0.8380	0.8624	0.8647	0.8258	0.8344	0.8259	0.8206
冰岛	0.7738	0.7631	0.7855	0.7915	0.7693	0.7571	0.7708	0.8417	0.8095	0.7891	0.7713	0.7562
秘鲁	0.7641	0.7537	0.7651	0.7675	0.7634	0.7631	0.7573	0.7460	0.7497	0.7379	0.7361	0.7390
摩洛哥	0.7733	0.7584	0.7587	0.7482	0.7108	0.6996	0.7245	0.6936	0.7065	0.6829	0.6711	0.6695
卢森堡	0.7322	0.7083	0.6796	0.7145	0.7329	0.7763	0.8260	0.9260	1.1238	1.1030	0.9984	0.8843
罗马尼亚	0.7476	0.8063	0.8443	0.7771	0.8104	0.8327	0.8248	0.9761	1.0363	1.0574	1.0567	0.9672
柬埔寨	0.7314	0.7140	0.6501	0.6493	0.6432	0.6257	0.6705	0.7216	0.7150	0.7058	0.7192	0.7245
文莱	0.6710	0.6718	0.8435	0.7888	0.8242	0.9228	0.8668	0.7816	0.7140	0.7554	0.7130	0.6991
越南	0.6572	0.6560	0.6535	0.6462	0.6720	0.6983	0.6757	0.6726	0.6858	0.7131	0.7620	0.7552
突尼斯	0.6469	0.6407	0.6356	0.6344	0.6383	0.6717	0.6785	0.6821	0.6969	0.6998	0.6927	0.6920

(2) 各国劳动密集型服务业后向参与度比较

表中历年各国后向参与度排名前十的国家数据加粗。从表6-5测算结果可知：①不同国家间劳动密集型服务业后向参与度差异较小。1996—2018年后向参与度各国历年最大值是1996年的中国，为0.73；最小是2016年的墨西哥，为0.58，两者差值为0.15。其余各国历年其值差异程度较小。②后向参与度较高的国家既包括发达经济体，也包括发展中经济体，且发展中经济体占比较大。在后向参与度排位前十的国家中发达经济体包括新西兰、新加坡、比利时等国，而发展中经济体则有中国、斯洛伐克、老挝、文莱、捷克等国。③1996—2018年各国历年后向参与度变化趋势稳定，各国其值变化幅度较小。变化幅度最大的为罗马尼亚，从1998年的0.63上升到2011年的0.74，这两年间的增幅约为17.46%，其余各国变化趋势较小。④劳动密集型服务业后向参与度各经济体之间排名变动激烈。1998年仍位居第4名的斯洛伐克，在2000年以后排名下降至退出前十位，而在1996年位居第17名的澳大利亚，在1998年以后排行上升至前十位，至2018年达到排名第5名，各国之间后向参与度相对变动较大。

表 6-5　各国劳动密集型服务业后向参与度指数

国家	1996年	1998年	2000年	2002年	2004年	2006年	2008年	2010年	2012年	2014年	2016年	2018年
中国	**0.7305**	**0.7160**	**0.7185**	**0.7084**	**0.7123**	**0.7254**	**0.7214**	**0.7011**	**0.7130**	**0.7255**	**0.7181**	**0.7112**
斯洛伐克	0.7085	0.7013	0.6887	0.6869	0.6697	0.6721	0.6664	0.6599	0.6562	0.6574	0.6827	0.6755
老挝	**0.7150**	**0.7145**	**0.7198**	**0.7099**	**0.7070**	**0.7044**	**0.7077**	**0.7161**	**0.7208**	**0.7203**	**0.7167**	**0.7173**
文莱	**0.7084**	**0.7062**	**0.7155**	**0.7154**	**0.7164**	**0.7404**	**0.7419**	**0.7396**	**0.7414**	**0.7391**	**0.7289**	**0.7347**
新西兰	0.7003	0.6982	0.7030	0.6982	0.7002	0.7002	0.6993	0.6895	0.6916	0.6931	0.6946	0.6942
捷克	0.6971	0.6937	0.6963	0.6955	0.7006	**0.7078**	**0.7149**	**0.7100**	**0.7076**	**0.7051**	**0.6951**	**0.6995**
匈牙利	0.6908	0.6817	0.6871	0.6814	0.6819	0.6868	0.6853	0.6856	0.6826	0.6800	0.6818	0.6752
新加坡	0.6929	0.6969	**0.6973**	**0.6972**	**0.6971**	**0.7034**	**0.6974**	**0.6974**	**0.7061**	**0.7109**	**0.6931**	**0.6938**
比利时	0.6911	**0.6954**	**0.7029**	**0.6962**	0.6850	0.6897	0.6927	0.6905	0.6961	0.6957	0.6936	0.6958
爱沙尼亚	0.6840	0.6884	0.6890	0.6875	0.6798	0.6761	0.6760	0.6787	0.6768	0.6771	0.6716	0.6808
葡萄牙	0.6884	0.6879	0.6856	0.6820	0.6827	0.6799	0.6783	0.6733	0.6506	0.6440	0.6427	0.6492
越南	0.6839	0.6836	0.6853	0.6594	0.6708	0.6821	0.6819	0.6796	0.6840	**0.7118**	**0.7355**	**0.7347**
澳大利亚	0.6801	**0.6907**	**0.6898**	**0.6950**	**0.6954**	**0.6998**	**0.7020**	**0.7009**	**0.6984**	0.6960	0.6973	**0.7040**
哈萨克斯坦	0.6635	0.6606	0.6803	0.6703	0.6686	0.6642	0.6505	0.6269	0.6129	0.6077	0.6015	0.6095
沙特阿拉伯	0.6835	0.6729	0.6846	0.6786	0.6727	0.6658	0.6713	0.6645	0.6790	0.6483	0.6459	0.6648
斯洛文尼亚	0.6853	0.6806	0.6871	0.6838	**0.6900**	0.6958	**0.7014**	0.6955	0.6869	0.6798	0.6748	0.6786
爱尔兰	0.6719	0.6765	0.6766	0.6795	0.6824	0.6812	**0.7073**	0.6897	0.6667	0.6576	0.6718	0.6717
拉脱维亚	0.6579	0.6669	0.6698	0.6726	0.6857	**0.6973**	**0.7027**	**0.6993**	0.6963	0.6940	0.6690	0.6829
克罗地亚	0.6690	0.6622	0.6674	0.6638	0.6691	0.6722	0.6715	0.6565	0.6611	0.6570	0.6565	0.6562
缅甸	0.6686	0.6691	0.6663	0.6652	0.6612	0.6589	0.6762	0.6952	0.6947	0.6966	**0.6965**	**0.6978**
马来西亚	0.6693	0.6648	0.6618	0.6680	0.6677	0.6656	0.6687	0.6614	0.6579	0.6398	0.6608	0.6612
印度尼西亚	0.6691	0.6756	0.6795	0.6711	0.6724	0.6709	0.6752	0.6697	0.6711	0.6620	0.6542	0.6538

续表

国家	1996年	1998年	2000年	2002年	2004年	2006年	2008年	2010年	2012年	2014年	2016年	2018年
荷兰	0.6708	0.6684	0.6687	0.6638	0.6638	0.6670	0.6692	0.6669	0.6714	0.6687	0.6709	0.6714
瑞士	0.6658	0.6665	0.6686	0.6654	0.6669	0.6665	0.6651	0.6607	0.6670	0.6649	0.6633	0.6576
芬兰	0.6677	0.6707	0.6775	0.6729	0.6737	0.6829	0.6793	0.6768	0.6745	0.6736	0.6719	0.6751
挪威	0.6646	0.6629	0.6635	0.6636	0.6685	0.6736	0.6815	0.6696	0.6766	0.6766	0.6787	0.6821
韩国	0.6650	0.6733	0.6664	0.6675	0.6727	0.6755	0.6870	0.6905	0.6941	0.6925	0.6925	**0.6948**
印度	0.6608	0.6589	0.6711	0.6684	0.6660	0.6631	0.6643	0.6691	0.6664	0.6581	0.6492	0.6502
意大利	0.6615	0.6667	0.6743	0.6751	0.6758	0.6796	0.6805	0.6799	0.6747	0.6699	0.6629	0.6657
保加利亚	0.6603	0.6649	0.6760	**0.6915**	0.7140	**0.7136**	0.7258	**0.6957**	**0.6993**	0.7067	0.6837	0.6817
希腊	0.6530	0.6520	0.6501	0.6554	0.6471	0.6556	0.6608	0.6489	0.6498	0.6519	0.6507	0.6428
罗马尼亚	0.6566	0.6317	0.6337	0.6456	0.6480	0.6482	0.6539	**0.7334**	**0.7097**	**0.7018**	0.6855	0.6823
冰岛	0.6646	0.6484	0.6619	0.6584	0.6669	0.6867	0.6846	0.6821	0.6755	0.6673	0.6632	0.6638
丹麦	0.6543	0.6569	0.6570	0.6609	0.6587	0.6696	0.6699	0.6632	0.6656	0.6635	0.6625	0.6633
马耳他	0.6543	0.6514	0.6581	0.6443	0.6481	0.6754	0.6894	0.6796	0.6824	0.6812	0.6766	0.6785
柬埔寨	0.6516	0.6516	0.6529	0.6571	0.6586	0.6496	0.6512	0.6546	0.6584	0.6511	0.6546	0.6498
法国	0.6495	0.6510	0.6592	0.6590	0.6624	0.6686	0.6665	0.6677	0.6709	0.6714	0.6692	0.6716
英国	0.6479	0.6495	0.6488	0.6508	0.6548	0.6513	0.6555	0.6537	0.6536	0.6533	0.6540	0.6565
瑞典	0.6440	0.6432	0.6426	0.6423	0.6420	0.6464	0.6531	0.6455	0.6500	0.6473	0.6479	0.6457
波兰	0.6480	0.6480	0.6634	0.6637	0.6671	0.6697	0.6786	0.6671	0.6642	0.6606	0.6666	0.6672
塞浦路斯	0.6501	0.6521	0.6541	0.6578	0.6632	0.6670	0.6776	0.6725	0.6587	0.6574	0.6630	0.6557
哥斯达黎加	0.6464	0.6505	0.6572	0.6614	0.6633	0.6634	0.6699	0.6612	0.6700	0.6651	0.6555	0.6540
智利	0.6441	0.6526	0.6745	0.6793	0.6862	0.6712	0.6784	0.6676	0.6657	0.6684	0.6605	0.6599
突尼斯	0.6459	0.6371	0.6426	0.6273	0.6289	0.6457	0.6655	0.6565	0.6585	0.6490	0.6369	0.6369

续表

国家	1996年	1998年	2000年	2002年	2004年	2006年	2008年	2010年	2012年	2014年	2016年	2018年
德国	0.6439	0.6452	0.6520	0.6439	0.6487	0.6526	0.6545	0.6587	0.6576	0.6552	0.6482	0.6510
世界其他地区	0.6423	0.6427	0.6412	0.6408	0.6428	0.6397	0.6433	0.6413	0.6394	0.6379	0.6395	0.6425
美国	0.6379	0.6290	0.6309	0.6292	0.6346	0.6361	0.6386	0.6363	0.6434	0.6467	0.6437	0.6479
西班牙	0.6416	0.6474	0.6542	0.6712	0.6804	0.6943	0.6765	0.6527	0.6445	0.6480	0.6423	0.6447
菲律宾	0.6390	0.6395	0.6353	0.6296	0.6359	0.6421	0.6730	0.6730	0.6737	0.6735	0.6744	0.6742
日本	0.6406	0.6358	0.6372	0.6376	0.6366	0.6441	0.6505	0.6468	0.6504	0.6511	0.6444	0.6478
泰国	0.6491	0.6479	0.6319	0.6279	0.6395	0.6419	0.6487	0.6451	0.6611	0.6567	0.6404	0.6383
加拿大	0.6395	0.6410	0.6485	0.6497	0.6504	0.6522	0.6492	0.6499	0.6520	0.6542	0.6507	0.6504
立陶宛	0.6346	0.6239	0.6173	0.6211	0.6202	0.6264	0.6237	0.6083	0.6043	0.6061	0.6127	0.6072
卢森堡	0.6371	0.6441	0.6488	0.6499	0.6622	0.6728	0.6889	0.6884	**0.7043**	**0.7132**	**0.7106**	**0.7006**
奥地利	0.6367	0.6383	0.6405	0.6415	0.6430	0.6476	0.6534	0.6528	0.6555	0.6551	0.6546	0.6559
俄罗斯	0.6317	0.6310	0.6281	0.6287	0.6264	0.6277	0.6294	0.6303	0.6236	0.6308	0.6475	0.6507
土耳其	0.6344	0.6393	0.6648	0.6866	0.6745	0.6671	0.6692	0.6801	0.6652	0.6582	0.6555	0.6597
摩洛哥	0.6301	0.6300	0.6396	0.6338	0.6337	0.6475	0.6541	0.6510	0.6562	0.6498	0.6393	0.6393
以色列	0.6295	0.6327	0.6353	0.6418	0.6339	0.6454	0.6537	0.6466	0.6429	0.6370	0.6313	0.6378
哥伦比亚	0.6268	0.6182	0.6742	0.6762	0.6682	0.6633	0.6644	0.6551	0.6535	0.6632	0.6607	0.6576
秘鲁	0.6210	0.6212	0.6218	0.6219	0.6214	0.6211	0.6263	0.6224	0.6213	0.6187	0.6129	0.6120
南非	0.6049	0.6138	0.6259	0.6329	0.6295	0.6228	0.6271	0.6269	0.6298	0.6356	0.6349	0.6290
阿根廷	0.5994	0.5978	0.5959	0.6197	0.6504	0.6296	0.6235	0.6191	0.6162	0.6165	0.6128	0.6142
墨西哥	0.5929	0.5967	0.5954	0.5953	0.5958	0.5971	0.5978	0.5957	0.5943	0.5887	0.5844	0.5845
巴西	0.5884	0.5942	0.6320	0.6376	0.6411	0.6354	0.6335	0.6272	0.6292	0.6286	0.6294	0.6220

(3) 各国劳动密集型服务业网络中心度比较

表中历年各国网络中心度排名前十的国家数据加粗。从表6-6测算结果可知：①不同国家间劳动密集型服务业网络中心度差异明显。网络中心度较高的国家是美国、俄罗斯、日本、意大利、德国、法国等，排名前十位各国值均为0.96以上；而网络中心度历年排名靠后国家包括摩洛哥、柬埔寨、秘鲁、突尼斯等，其各国值均小于0.71，且最小为0.63。②网络中心度较高国家大多为发达经济体。大部分年份网络中心度排名前十的国家包括美国、日本、德国、意大利、法国、英国等发达经济体；但排名靠后的国家既包括冰岛、卢森堡等发达经济体，也包括突尼斯、秘鲁、柬埔寨等发展中经济体。③1996—2018年各国历年网络中心度变化趋势稳定，大体呈现小幅度稳步降低趋势。④各经济体之间劳动密集型服务业网络中心度排名变动小。1996—2018年网络中心度各经济体前十名变化较小，美国、俄罗斯的网络中心度最高，其余各国位居其后。

表 6-6　各国劳动密集型服务业网络中心度指数

国家	1996年	1998年	2000年	2002年	2004年	2006年	2008年	2010年	2012年	2014年	2016年	2018年
美国	1.4233	1.4498	1.4277	1.3670	1.3474	1.3218	1.3461	1.4311	1.4854	1.4854	1.4647	1.4591
俄罗斯	1.2039	1.1316	1.2298	1.1994	1.2268	1.3507	1.3612	1.3543	1.3142	1.2905	1.1741	1.2014
日本	1.1134	1.1318	1.1747	1.1681	1.2157	1.2203	1.2284	1.2225	1.1894	1.0931	1.0544	1.0596
意大利	1.1427	1.1328	1.1041	1.1138	1.1197	1.1130	1.0696	1.0298	1.0354	1.0387	1.0314	1.0455
德国	1.0835	1.1168	1.1120	1.1384	1.1990	1.1825	1.1980	1.2016	1.1470	1.1790	1.1724	1.1829
法国	1.0618	1.0878	1.0835	1.1112	1.1323	1.1067	1.0883	1.0584	1.0552	1.0658	1.0720	1.0703
英国	1.0251	1.0641	1.0376	1.0437	1.0566	1.0210	0.9728	0.9643	0.9436	0.9415	0.9198	0.9157
波兰	1.0025	1.0117	1.0211	1.0608	1.0274	1.0179	1.0248	1.0135	0.9910	0.9857	1.0076	1.0196
比利时	0.9789	0.9798	0.9931	1.0370	1.0080	0.9856	0.9883	0.9390	0.9380	0.9362	0.9297	0.9133
哈萨克斯坦	0.9488	0.9358	0.9928	0.9514	0.9471	0.9259	0.9020	0.8737	0.9036	0.9027	0.8810	0.9130
瑞士	0.9545	0.9409	0.9589	0.9547	0.9778	0.9869	1.0064	1.0353	1.0377	1.0293	1.0113	0.9775
老挝	0.9268	0.9258	0.9559	0.9244	0.9148	0.8958	0.8925	0.9244	0.8269	0.8433	0.9113	0.9081
荷兰	0.9531	0.9723	0.9759	0.9917	0.9940	0.9760	0.9703	0.9732	0.9850	1.0096	1.0100	1.0085
世界其他地区	0.8798	0.8665	0.9120	0.8955	0.8911	0.9372	0.9411	0.9226	0.9535	0.9177	0.9189	0.9242
墨西哥	0.9264	0.9096	0.9067	0.8759	0.8891	0.8914	0.8993	0.9113	0.9461	0.9505	0.9851	0.9920
丹麦	0.8896	0.8690	0.8736	0.8870	0.8760	0.9033	0.9136	0.9163	0.9107	0.9267	0.9071	0.8920
新加坡	0.8919	0.9172	0.9107	0.9686	0.9568	1.0534	1.0471	1.0841	1.0805	1.1001	1.0944	1.0949
澳大利亚	0.8833	0.8974	0.8993	0.9109	0.8966	0.8874	0.8846	0.8838	0.8847	0.8699	0.8665	0.8692
希腊	0.8634	0.8450	0.8260	0.8391	0.8341	0.8262	0.8304	0.8507	0.8275	0.8158	0.8230	0.8237
斯洛伐克	0.8321	0.8894	0.8639	0.8314	0.8138	0.8093	0.8281	0.8393	0.8230	0.7935	0.8161	0.8167
新西兰	0.8525	0.8492	0.8467	0.8397	0.8318	0.8291	0.8211	0.8090	0.8146	0.8156	0.8111	0.8083
克罗地亚	0.8669	0.8452	0.8208	0.8224	0.8067	0.8200	0.8056	0.7971	0.7984	0.7859	0.7675	0.7606

续表

国家	1996年	1998年	2000年	2002年	2004年	2006年	2008年	2010年	2012年	2014年	2016年	2018年
挪威	0.8521	0.8352	0.8302	0.8366	0.8555	0.8497	0.8779	0.8234	0.8248	0.8094	0.8050	0.8077
奥地利	0.8435	0.8505	0.8509	0.8585	0.8559	0.8713	0.8744	0.8814	0.8711	0.8731	0.8670	0.8587
捷克	0.8284	0.8230	0.8476	0.8552	0.8668	0.8648	0.8676	0.8880	0.8633	0.8600	0.8614	0.8850
瑞典	0.8371	0.8347	0.8081	0.8111	0.8278	0.8412	0.8341	0.8397	0.8420	0.8480	0.8586	0.8415
葡萄牙	0.8372	0.8285	0.8407	0.8400	0.8475	0.8368	0.8354	0.8168	0.8087	0.8065	0.8052	0.7956
中国	0.8316	0.7940	0.8127	0.7984	0.7932	0.8160	0.8256	0.8100	0.8738	0.9482	0.9522	0.9602
泰国	0.8518	0.8520	0.8692	0.8735	0.8944	0.8752	0.8944	0.9861	0.9293	0.9422	0.9031	0.8938
沙特阿拉伯	0.8238	0.8054	0.8345	0.8353	0.8079	0.7662	0.7774	0.7758	0.8560	0.8126	0.8474	0.8604
爱沙尼亚	0.8184	0.8187	0.8434	0.8521	0.8073	0.7940	0.7890	0.7904	0.7812	0.7841	0.7855	0.7907
斯洛文尼亚	0.7993	0.7903	0.7828	0.7870	0.8062	0.8160	0.8468	0.8474	0.8282	0.8218	0.8204	0.8221
匈牙利	0.7873	0.7835	0.7936	0.7984	0.7982	0.8103	0.8093	0.7818	0.7810	0.7800	0.7843	0.7735
立陶宛	0.7801	0.7574	0.7719	0.8149	0.8286	0.7737	0.7905	0.7993	0.7866	0.7877	0.8003	0.7700
拉脱维亚	0.7819	0.8110	0.8820	0.8788	0.8694	0.9238	0.8828	0.9289	0.8946	0.8669	0.8570	0.8551
西班牙	0.7897	0.8025	0.8137	0.8541	0.8803	0.9044	0.8840	0.8833	0.9082	0.9181	0.9276	0.9196
芬兰	0.7821	0.8041	0.7821	0.7867	0.7978	0.8029	0.7865	0.7907	0.7880	0.7884	0.7746	0.7696
缅甸	0.7717	0.7426	0.7239	0.7915	0.7639	0.7576	0.7733	0.7964	0.7814	0.7671	0.7789	0.7538
马来西亚	0.7871	0.7952	0.7796	0.8176	0.8125	0.8099	0.8270	0.8260	0.8230	0.8056	0.8611	0.8587
哥斯达黎加	0.7626	0.7586	0.7406	0.7394	0.7323	0.7294	0.7372	0.7322	0.7387	0.7409	0.7256	0.7395
爱尔兰	0.7677	0.7646	0.7766	0.7668	0.7775	0.7986	0.8245	0.8036	0.8160	0.7673	0.7581	0.7585
土耳其	0.7613	0.7906	0.7945	0.8296	0.8059	0.8066	0.8220	0.8252	0.8170	0.8210	0.8292	0.8054
加拿大	0.7574	0.7729	0.7787	0.7842	0.7883	0.8004	0.7989	0.7976	0.7944	0.7888	0.7907	0.7894
印度尼西亚	0.7511	0.7884	0.8499	0.8348	0.7724	0.7491	0.7550	0.7903	0.7834	0.7649	0.7511	0.7500
菲律宾	0.7462	0.7471	0.7354	0.7987	0.8148	0.8259	0.9263	0.9375	0.9538	0.9619	0.9519	0.9318

续表

国家	1996年	1998年	2000年	2002年	2004年	2006年	2008年	2010年	2012年	2014年	2016年	2018年
塞浦路斯	0.7378	0.7749	0.7731	0.7922	0.8289	0.8276	0.8301	0.8495	0.8218	0.8092	0.8160	0.8075
韩国	0.7276	0.7162	0.7508	0.7340	0.7167	0.7358	0.7359	0.7637	0.7812	0.7762	0.7938	0.7929
保加利亚	0.7671	0.7650	0.8380	0.8446	0.8923	0.8879	0.8649	0.8495	0.8388	0.8603	0.8390	0.8514
印度	0.7275	0.7340	0.7575	0.7478	0.7504	0.7319	0.7356	0.7398	0.7827	0.7693	0.7754	0.7788
智利	0.7228	0.7129	0.7353	0.7293	0.7581	0.7344	0.7745	0.7728	0.7689	0.7758	0.7796	0.7809
马耳他	0.7377	0.7397	0.7287	0.7660	0.7351	0.7442	0.7418	0.7452	0.7534	0.7756	0.7700	0.7711
冰岛	0.7192	0.7058	0.7237	0.7249	0.7181	0.7219	0.7277	0.7619	0.7425	0.7282	0.7172	0.7100
哥伦比亚	0.7103	0.6928	0.8013	0.7824	0.7543	0.7397	0.7369	0.7156	0.7117	0.7380	0.7598	0.7660
南非	0.7148	0.7346	0.7712	0.7792	0.7805	0.7750	0.7632	0.7732	0.7770	0.7877	0.7907	0.7826
以色列	0.7102	0.7105	0.7104	0.7257	0.7347	0.7417	0.7580	0.7556	0.7343	0.7357	0.7286	0.7292
阿根廷	0.7024	0.7014	0.7105	0.7743	0.8123	0.7675	0.7791	0.7763	0.7770	0.7676	0.8080	0.7910
摩洛哥	0.7017	0.6942	0.6992	0.6910	0.6723	0.6735	0.6893	0.6723	0.6814	0.6664	0.6552	0.6544
文莱	0.6897	0.6890	0.7795	0.7521	0.7703	0.8316	0.8044	0.7606	0.7277	0.7473	0.7209	0.7169
秘鲁	0.6926	0.6875	0.6935	0.6947	0.6924	0.6921	0.6918	0.6842	0.6855	0.6783	0.6745	0.6755
巴西	0.6798	0.6803	0.7018	0.7014	0.7442	0.7656	0.7810	0.8102	0.8244	0.8331	0.8507	0.8156
罗马尼亚	0.7021	0.7190	0.7390	0.7113	0.7292	0.7404	0.7393	0.8548	0.8730	0.8796	0.8711	0.8248
柬埔寨	0.6915	0.6828	0.6515	0.6532	0.6509	0.6376	0.6608	0.6881	0.6867	0.6785	0.6869	0.6871
卢森堡	0.6846	0.6762	0.6642	0.6822	0.6975	0.7245	0.7574	0.8072	0.9140	0.9081	0.8545	0.7925
越南	0.6706	0.6698	0.6694	0.6528	0.6714	0.6902	0.6788	0.6761	0.6849	0.7124	0.7487	0.7450
突尼斯	0.6464	0.6389	0.6391	0.6309	0.6336	0.6587	0.6720	0.6693	0.6777	0.6744	0.6648	0.6644

2. 知识密集型服务业网络中心度的国际比较

(1) 各国知识密集型服务业前向参与度比较

表中历年各国知识密集型服务业排名前十的国家数据加粗。从表6-7测算结果可知：①不同国家间知识密集型服务业前向参与度差异较小。前向参与度最高的是美国，其值历年皆在1.14以上，且在1996—2018年以来（除2008年、2010年、2011年）均位居世界第一位，其后依次为卢森堡、英国、德国、法国等，排名前十的国家数值均在0.78以上；而前向参与度历年排位靠后国家包括柬埔寨、立陶宛、越南、印度尼西亚、缅甸等，各国值均小于0.63，且最小为0.52。②前向参与度较高国家大多为发达经济体，发展中经济体前向参与度普遍较低。大部分年份前向参与度排位前十各国包括美国、英国、德国、法国等发达经济体；而立陶宛、柬埔寨、印度尼西亚、缅甸等大多数发展中经济体其值相对偏低。③1996—2018年各国历年前向参与度变化整体趋势稳定，大部分国家大体呈现稳步上升趋势，以多次排位第一的美国为例，其前向参与度历年最高为1.43，最低为1.15，变化幅度小于24.35%，且相邻年变化值小于0.3，其余各国情况类似。④知识密集型服务业前向参与度各经济体之间竞争排位变动小。从1996—2018年前向参与度各经济体排位前十名变化较小，美国历年来多次位居第一，卢森堡、英国、德国紧随其后，其余各国位居其后。但值得注意的是，卢森堡于2008年、2010年、2011年反超美国，排位第一。

表 6-7 各国知识密集型服务业前向参与度指数

国家	1996年	1998年	2000年	2002年	2004年	2006年	2008年	2010年	2012年	2014年	2016年	2018年
美国	1.1538	1.3140	1.4348	1.3525	1.2738	1.2814	1.2426	1.2453	1.2644	1.3208	1.4216	1.4374
保加利亚	1.0681	0.9303	0.6168	0.6217	0.6391	0.6272	0.6378	0.7316	0.6966	0.6685	0.6809	0.6872
英国	0.9403	1.0008	0.9920	1.0537	1.0954	1.1382	1.1118	1.0426	1.0749	1.1131	1.1234	1.1173
德国	0.9206	0.9793	0.9835	1.0016	1.0189	1.0197	1.0041	0.9953	1.0138	1.0377	1.0406	1.0213
卢森堡	0.9421	0.9803	1.2781	1.1984	1.0730	1.2438	1.2531	1.3328	1.2068	1.2960	1.2682	1.2694
法国	0.8741	0.8900	0.9336	0.9582	0.9827	0.9948	0.9871	0.9783	0.9941	1.0135	1.0341	1.0412
荷兰	0.8583	0.8796	0.8905	0.8946	0.8965	0.8787	0.8791	0.8777	0.8965	0.9082	0.8897	0.9136
马耳他	0.8160	0.8297	0.8498	0.6995	0.7451	0.7801	0.8312	0.6251	0.6018	0.6123	0.6246	0.6514
老挝	0.7904	0.7530	0.7917	0.7801	0.8424	0.8260	0.7983	0.7155	0.6322	0.6160	0.6246	0.6130
爱尔兰	0.7670	0.7614	0.7125	0.7043	0.7279	0.7775	0.8164	0.8051	0.8376	0.8410	0.8256	0.8958
瑞士	0.8292	0.8899	0.9286	0.8610	0.8432	0.8464	0.8612	0.8248	0.8330	0.8524	0.8704	0.8805
比利时	0.8089	0.8486	0.8181	0.8302	0.8539	0.8424	0.8526	0.8403	0.8316	0.8525	0.8620	0.8743
新加坡	0.7968	0.8112	0.7973	0.7814	0.7706	0.7622	0.7228	0.7439	0.8088	0.7942	0.8244	0.8145
意大利	0.7903	0.8089	0.8274	0.8470	0.8525	0.8350	0.8216	0.8005	0.7993	0.8034	0.8226	0.8105
智利	0.7464	0.7435	0.7415	0.7270	0.7245	0.6982	0.7271	0.7485	0.7807	0.7583	0.7566	0.7447
巴西	0.7278	0.7054	0.7219	0.7099	0.6792	0.7007	0.7042	0.6919	0.6957	0.6873	0.7091	0.6848
马来西亚	0.7679	0.7580	0.7626	0.7591	0.7597	0.7603	0.7615	0.7558	0.6711	0.6552	0.6766	0.6775
罗马尼亚	0.6284	0.6016	0.6032	0.5773	0.5905	0.6262	0.6313	0.6627	0.7200	0.7537	0.7441	0.7507
澳大利亚	0.7366	0.7570	0.7719	0.7720	0.7820	0.8064	0.8173	0.8093	0.8106	0.8191	0.8269	0.8353
斯洛文尼亚	0.7290	0.6977	0.6840	0.7020	0.7007	0.6999	0.7019	0.6982	0.6785	0.6885	0.6839	0.6856
中国	0.7118	0.6946	0.6920	0.6974	0.6947	0.7370	0.7813	0.7816	0.8439	0.8704	0.8865	0.8798
新西兰	0.7090	0.7203	0.7304	0.7374	0.7483	0.7650	0.7669	0.7597	0.7558	0.7639	0.7842	0.7861

续表

国家	1996年	1998年	2000年	2002年	2004年	2006年	2008年	2010年	2012年	2014年	2016年	2018年
韩国	0.7103	0.7165	0.6943	0.7147	0.6999	0.7089	0.7244	0.7080	0.7154	0.7157	0.7371	0.7448
俄罗斯	0.6719	0.6618	0.7236	0.6828	0.6911	0.6904	0.7200	0.6965	0.6912	0.7092	0.6752	0.6790
日本	0.6833	0.6773	0.6752	0.6780	0.6685	0.6721	0.6816	0.6742	0.6740	0.6818	0.7023	0.6917
奥地利	0.6866	0.6844	0.7148	0.7041	0.7032	0.7153	0.7234	0.7157	0.7197	0.7240	0.7235	0.7184
南非	0.6844	0.6993	0.7298	0.7325	0.7315	0.7336	0.7247	0.7495	0.7479	0.7274	0.7240	0.7195
冰岛	0.6929	0.6419	0.6770	0.6827	0.7130	0.7857	0.7407	0.7231	0.7178	0.7124	0.7084	0.7099
葡萄牙	0.6806	0.6949	0.6675	0.6686	0.6697	0.6737	0.6914	0.6742	0.6792	0.6691	0.6630	0.6584
以色列	0.6844	0.6810	0.6750	0.6778	0.6918	0.6934	0.7104	0.7259	0.7509	0.7500	0.7800	0.7965
西班牙	0.6810	0.6950	0.6846	0.6966	0.6916	0.7046	0.7185	0.7141	0.7130	0.7267	0.7463	0.7498
瑞典	0.6848	0.7015	0.7221	0.7117	0.7075	0.7159	0.7280	0.7083	0.7315	0.7420	0.7322	0.7244
墨西哥	0.6769	0.6785	0.6858	0.6768	0.6831	0.6874	0.6977	0.6758	0.6693	0.6611	0.6590	0.6545
印度	0.6519	0.6511	0.6556	0.6594	0.6729	0.6886	0.6893	0.7043	0.7029	0.7546	0.7704	0.7916
捷克	0.6573	0.6758	0.6541	0.6805	0.6885	0.6806	0.7041	0.6977	0.6949	0.6935	0.7003	0.7049
丹麦	0.6451	0.6453	0.6387	0.6442	0.6450	0.6548	0.6779	0.6664	0.6614	0.6609	0.6734	0.6792
世界其他地区	0.6580	0.6555	0.6614	0.6538	0.6537	0.6685	0.6712	0.6580	0.6775	0.6692	0.6732	0.6718
匈牙利	0.6534	0.6409	0.6268	0.6413	0.6599	0.6668	0.6553	0.6487	0.6332	0.6269	0.6310	0.6370
土耳其	0.6477	0.6616	0.6572	0.6529	0.6538	0.6442	0.6414	0.6177	0.6126	0.6157	0.6286	0.6168
哈萨克斯坦	0.6442	0.6410	0.6504	0.6453	0.6547	0.6559	0.6478	0.6308	0.6234	0.5931	0.5891	0.6185
沙特阿拉伯	0.6280	0.6312	0.6168	0.6277	0.6283	0.6005	0.5984	0.5951	0.5948	0.5751	0.5852	0.5970
希腊	0.6389	0.6451	0.6429	0.6768	0.6626	0.6810	0.6687	0.6652	0.6535	0.6547	0.6466	0.6418
芬兰	0.6398	0.6367	0.6319	0.6354	0.6439	0.6411	0.6525	0.6499	0.6555	0.6663	0.6731	0.6838
加拿大	0.6636	0.6907	0.6945	0.6976	0.6923	0.6945	0.7133	0.7040	0.6964	0.7029	0.7134	0.7077
塞浦路斯	0.6767	0.6450	0.6475	0.6652	0.6682	0.6927	0.6864	0.7027	0.7461	0.7240	0.7560	0.7175

续表

国家	1996年	1998年	2000年	2002年	2004年	2006年	2008年	2010年	2012年	2014年	2016年	2018年
阿根廷	0.6334	0.6341	0.6216	0.6445	0.6577	0.6368	0.6434	0.6412	0.6513	0.6492	0.6561	0.6637
挪威	0.6296	0.6378	0.6437	0.6392	0.6359	0.6396	0.6551	0.6385	0.6434	0.6523	0.6473	0.6467
菲律宾	0.6053	0.5905	0.5866	0.5881	0.5878	0.5896	0.6611	0.6793	0.6825	0.6911	0.6841	0.6688
文莱	0.6680	0.5496	0.7536	0.6873	**0.8897**	**1.1482**	**1.1039**	0.7016	0.7825	0.6774	0.5948	0.7061
哥伦比亚	0.6110	0.6060	0.6186	0.6236	0.6186	0.6096	0.6299	0.6414	0.6471	0.6622	0.6490	0.6518
秘鲁	0.6193	0.6143	0.6113	0.6069	0.6045	0.6082	0.6049	0.6189	0.6225	0.6283	0.6221	0.6191
泰国	0.5974	0.5920	0.5726	0.5815	0.5887	0.5898	0.5892	0.5914	0.6241	0.6252	0.6178	0.6158
斯洛伐克	0.6103	0.6194	0.6317	0.6242	0.6143	0.6144	0.6319	0.6357	0.6352	0.6791	0.6971	0.6981
摩洛哥	0.6073	0.6095	0.6092	0.6020	0.5951	0.6014	0.6055	0.6026	0.6039	0.6002	0.6006	0.5994
拉脱维亚	0.5841	0.6002	0.6008	0.5922	0.6005	0.6535	0.6664	0.6430	0.6529	0.6351	0.6340	0.6285
突尼斯	0.5970	0.6006	0.5902	0.5868	0.5814	0.5595	0.5700	0.5721	0.5701	0.5735	0.5711	0.5736
哥斯达黎加	0.5834	0.5890	0.6089	0.6183	0.6182	0.6268	0.6430	0.6581	0.6750	0.6850	0.7062	0.7141
波兰	0.5932	0.6373	0.6825	0.6668	0.6615	0.6755	0.6824	0.6719	0.6666	0.6799	0.6895	0.7120
缅甸	0.5879	0.5706	0.5789	0.5888	0.5850	0.5842	0.5977	0.6225	0.6160	0.5824	0.5660	0.5658
克罗地亚	0.5917	0.5958	0.5832	0.5854	0.6027	0.6348	0.6575	0.6526	0.6498	0.6642	0.6848	0.6556
爱沙尼亚	0.5767	0.5881	0.6052	0.6091	0.6135	0.6158	0.6236	0.6242	0.6233	0.6240	0.6232	0.6392
印度尼西亚	0.5738	0.5777	0.5815	0.5740	0.5742	0.5775	0.5840	0.5934	0.5864	0.5773	0.5727	0.5707
越南	0.5546	0.5584	0.5606	0.5496	0.5506	0.5517	0.5600	0.5620	0.5695	0.5873	0.6009	0.5991
立陶宛	0.5522	0.5577	0.5710	0.5685	0.5860	0.5925	0.6152	0.5898	0.5955	0.6051	0.6128	0.6220
柬埔寨	0.5362	0.5375	0.5280	0.5226	0.5226	0.5217	0.5218	0.5188	0.5209	0.5202	0.5219	0.5247

(2) 各国知识密集型服务业后向参与度比较

表中加粗字体表示后向参与度排名前十的国家。从表6-8测算结果可知：①不同国家间知识密集型服务业后向参与度差异较小。1996—2018年后向参与度最大值是2018年的卢森堡，为0.77；最小是2003年的突尼斯，为0.55。其余各国历年其值差异程度较小。②后向参与度较高的国家既包括发达经济体，也包括发展中经济体，且发展中经济体占比较大。在后向参与度排位前十的国家中发达经济体包括卢森堡、爱尔兰、新加坡等，而发展中经济体则包括马耳他、老挝、马来西亚、哈萨克斯坦等。③1996—2018年各国历年后向参与度变化趋势较为稳定，大部分国家其值变化幅度较小，但个别国家变化幅度较大。其中，变化幅度最大的是卢森堡，从1996年的0.68上升到2018年的0.77，增幅约为13.24%。④知识密集型服务业后向参与度各经济体之间排位变动较小。马耳他、老挝、卢森堡、爱尔兰、新加坡等国从1996—2018年间后向参与度一直位居全球前十位，其余各国排位虽随时间有所变动，但变动趋势较小。

表 6-8　各国知识密集型服务业后向参与度指数

国家	1996年	1998年	2000年	2002年	2004年	2006年	2008年	2010年	2012年	2014年	2016年	2018年
马耳他	0.7285	0.7244	0.7242	0.7220	0.7123	0.7177	0.7443	0.7478	0.7498	0.7415	0.7399	0.7369
老挝	0.6954	0.6964	0.7017	0.6937	0.6917	0.6900	0.6919	0.6962	0.6863	0.6889	0.6864	0.6871
马来西亚	0.6958	0.6930	0.6912	0.6743	0.6742	0.6706	0.6743	0.6649	0.6537	0.6337	0.6583	0.6586
卢森堡	0.6768	0.7146	0.7422	0.7358	0.7384	0.7538	0.7579	0.7540	0.7590	0.7725	0.7709	0.7726
哈萨克斯坦	0.6550	0.6525	0.6714	0.6618	0.6600	0.6572	0.6439	0.6239	0.6446	0.6599	0.6593	0.6718
爱尔兰	0.6632	0.6699	0.6668	0.6693	0.6612	0.6737	0.6885	0.6734	0.6856	0.6866	0.6787	0.6778
新加坡	0.6639	0.6650	0.6655	0.6755	0.6749	0.6766	0.6725	0.6709	0.6819	0.6807	0.6750	0.6746
文莱	0.6610	0.6613	0.6676	0.6684	0.6678	0.6555	0.6590	0.6571	0.6660	0.6570	0.6598	0.6566
克罗地亚	0.6458	0.6369	0.6197	0.6207	0.6205	0.6232	0.6232	0.6157	0.6196	0.6230	0.6279	0.6220
捷克	0.6508	0.6499	0.6578	0.6546	0.6565	0.6603	0.6610	0.6575	0.6554	0.6531	0.6483	0.6495
中国	0.6479	0.6561	0.6639	0.6525	0.6652	0.6703	0.6601	0.6459	0.6562	0.6496	0.6317	0.6212
缅甸	0.6411	0.6422	0.6417	0.6399	0.6333	0.6308	0.6451	0.6646	0.6659	0.6671	0.6716	0.6732
新西兰	0.6354	0.6359	0.6410	0.6361	0.6348	0.6337	0.6322	0.6292	0.6292	0.6269	0.6281	0.6264
爱沙尼亚	0.6347	0.6471	0.6394	0.6393	0.6338	0.6306	0.6242	0.6208	0.6243	0.6242	0.6230	0.6268
斯洛文尼亚	0.6353	0.6354	0.6296	0.6283	0.6261	0.6287	0.6316	0.6278	0.6258	0.6293	0.6269	0.6268
以色列	0.6299	0.6244	0.6201	0.6235	0.6219	0.6275	0.6274	0.6267	0.6218	0.6152	0.6140	0.6169
俄罗斯	0.6308	0.6317	0.6300	0.6310	0.6303	0.6251	0.6206	0.6201	0.6085	0.6039	0.6087	0.6098
土耳其	0.6318	0.6361	0.6316	0.6409	0.6445	0.6449	0.6345	0.6138	0.6133	0.6098	0.6001	0.6081
英国	0.6280	0.6305	0.6319	0.6343	0.6298	0.6320	0.6349	0.6295	0.6302	0.6304	0.6289	0.6313
保加利亚	0.6469	0.6393	0.6346	0.6386	0.6528	0.6613	0.6494	0.6279	0.6268	0.6381	0.6294	0.6285
立陶宛	0.6207	0.6184	0.6095	0.6075	0.6093	0.6129	0.6228	0.6110	0.6093	0.6078	0.6099	0.6069
比利时	0.6303	0.6393	0.6341	0.6363	0.6355	0.6387	0.6427	0.6375	0.6373	0.6341	0.6364	0.6378

第六章 全球价值链下中国服务业国际竞争力分析：产业网络控制力层面 153

续表

国家	1996年	1998年	2000年	2002年	2004年	2006年	2008年	2010年	2012年	2014年	2016年	2018年
瑞典	0.6184	0.6217	0.6234	0.6188	0.6141	0.6202	0.6245	0.6169	0.6184	0.6154	0.6126	0.6045
荷兰	0.6228	0.6272	0.6300	0.6252	0.6237	0.6258	0.6263	0.6206	0.6246	0.6249	0.6265	0.6317
南非	0.6177	0.6283	0.6469	**0.6620**	**0.6568**	0.6553	0.6548	0.6471	0.6473	0.6371	0.6378	0.6341
印度尼西亚	0.6223	0.6289	0.6354	0.6361	0.6218	0.6236	0.6333	0.6294	0.6207	0.6122	0.5957	0.5944
匈牙利	0.6197	0.6240	0.6266	0.6201	0.6205	0.6198	0.6200	0.6177	0.6133	0.6147	0.6140	0.6159
澳大利亚	0.6205	0.6260	0.6338	0.6375	0.6355	0.6358	0.6362	0.6312	0.6266	0.6259	0.6303	0.6273
葡萄牙	0.6230	0.6201	0.6192	0.6114	0.6109	0.6104	0.6149	0.6167	0.6203	0.6187	0.6151	0.6131
波兰	0.6211	0.6242	0.6285	0.6234	0.6251	0.6322	0.6327	0.6295	0.6275	0.6232	0.6272	0.6339
斯洛伐克	0.6342	0.6329	0.6358	0.6260	0.6239	0.6294	0.6316	0.6215	0.6191	0.6348	0.6417	0.6475
希腊	0.6131	0.6073	0.6122	0.6132	0.6047	0.6024	0.5974	0.5974	0.5972	0.5968	0.5923	0.5888
拉脱维亚	0.6249	0.6242	0.6285	0.6255	0.6354	0.6343	0.6208	0.6343	0.6280	0.6179	0.6100	0.6102
柬埔寨	0.6171	0.6168	0.6173	0.6215	0.6224	0.6146	0.6151	0.6190	0.6206	0.6184	0.6165	0.6134
意大利	0.6147	0.6197	0.6247	0.6284	0.6268	0.6294	0.6297	0.6293	0.6274	0.6250	0.6273	0.6306
菲律宾	0.6129	0.6115	0.6069	0.6124	0.6190	0.6264	0.6318	0.6339	0.6342	0.6336	0.6350	0.6348
塞浦路斯	0.6245	0.6237	0.6296	0.6354	0.6296	0.6332	0.6416	0.6331	0.6319	0.6377	**0.6641**	**0.6641**
罗马尼亚	0.6401	0.6245	0.6239	0.6345	0.6422	0.6466	0.6380	0.6245	0.6359	0.6380	0.6247	0.6146
印度	0.6112	0.5952	0.5978	0.5850	0.6014	0.6051	0.5938	0.5893	0.5983	0.6025	0.6052	0.6092
智利	0.6119	0.6092	0.6034	0.5972	0.6145	0.6001	0.6009	0.5972	0.5988	0.6001	0.5970	0.5985
冰岛	0.6143	0.6206	0.6321	0.6257	0.6307	0.6349	0.6274	0.6316	0.6357	0.6355	0.6304	0.6307
美国	0.6143	0.6191	0.6257	0.6165	0.6203	0.6225	0.6292	0.6213	0.6218	0.6233	0.6194	0.6230
挪威	0.6141	0.6162	0.6183	0.6190	0.6104	0.6169	0.6170	0.6138	0.6116	0.6120	0.6101	0.6105
瑞士	0.6131	0.6175	0.6209	0.6279	0.6250	0.6251	0.6289	0.6290	0.6289	0.6307	0.6353	0.6375
法国	0.6114	0.6116	0.6183	0.6209	0.6187	0.6220	0.6226	0.6222	0.6245	0.6242	0.6246	0.6266

续表

国家	1996年	1998年	2000年	2002年	2004年	2006年	2008年	2010年	2012年	2014年	2016年	2018年
芬兰	0.6092	0.6092	0.6154	0.6171	0.6199	0.6246	0.6262	0.6265	0.6273	0.6291	0.6315	0.6363
加拿大	0.6114	0.6171	0.6234	0.6217	0.6225	0.6230	0.6219	0.6219	0.6210	0.6204	0.6216	0.6225
世界其他地区	0.6080	0.6100	0.6109	0.6092	0.6097	0.6069	0.6070	0.6056	0.6049	0.6054	0.6096	0.6090
哥伦比亚	0.5891	0.5706	0.6338	0.6312	0.6303	0.6269	0.6236	0.6160	0.6111	0.6207	0.6219	0.6201
日本	0.6055	0.6048	0.6055	0.6042	0.6042	0.6063	0.6104	0.6090	0.6116	0.6131	0.6103	0.6105
泰国	0.6138	0.6141	0.6237	0.6254	0.6367	0.6503	**0.6570**	**0.6562**	0.6525	0.6474	0.6313	0.6297
奥地利	0.6063	0.6106	0.6143	0.6148	0.6172	0.6237	0.6234	0.6239	0.6247	0.6247	0.6204	0.6200
哥斯达黎加	0.6035	0.6098	0.6056	0.6052	0.6021	0.6003	0.5990	0.5941	0.5939	0.5949	0.5936	0.5999
韩国	0.6050	0.6076	0.6143	0.6171	0.6154	0.6187	0.6254	0.6316	0.6362	0.6365	0.6339	0.6344
丹麦	0.5998	0.6021	0.6079	0.6119	0.6096	0.6184	0.6228	0.6144	0.6182	0.6162	0.6142	0.6157
西班牙	0.5993	0.6039	0.6145	0.6123	0.6148	0.6204	0.6193	0.6149	0.6141	0.6147	0.6138	0.6142
德国	0.5980	0.6036	0.6107	0.6078	0.6099	0.6147	0.6196	0.6223	0.6219	0.6197	0.6214	0.6198
巴西	0.5902	0.5887	0.5995	0.6002	0.6009	0.5976	0.5976	0.6047	0.6046	0.6012	0.5989	0.5964
秘鲁	0.5917	0.5918	0.5923	0.5922	0.5919	0.5918	0.5958	0.5948	0.5949	0.5894	0.5832	0.5825
沙特阿拉伯	0.5910	0.5823	0.5942	0.5952	0.5875	0.5858	0.6063	0.5921	0.6237	0.6335	0.5859	0.5928
越南	0.5821	0.5822	0.5840	0.6050	0.6167	0.6279	0.6102	0.6092	0.6152	**0.6501**	**0.6786**	**0.6779**
墨西哥	0.5833	0.5836	0.5833	0.5775	0.5825	0.5831	0.5831	0.5817	0.5861	0.5823	0.5838	0.5860
阿根廷	0.5771	0.5754	0.5721	0.5964	0.6318	0.6112	0.6071	0.6072	0.6047	0.6050	0.6008	0.6037
摩洛哥	0.5637	0.5643	0.5720	0.5667	0.5616	0.5674	0.5761	0.5777	0.5797	0.5773	0.5751	0.5796
突尼斯	0.5553	0.5524	0.5567	0.5485	0.5487	0.5820	0.5924	0.5789	0.5765	0.5665	0.5603	0.5640

(3) 各国知识密集型服务业网络中心度比较

表中加粗字体表示网络中心度排名前十的国家。从表6-9测算结果可知：①不同国家间知识密集型服务业网络中心度差异较小。网络中心度最高的是美国，其值历年皆在0.87以上，大部分时间都在0.90以上，且从1996—2018年以来多数年份位居世界第一位，其次为保加利亚、马耳他、卢森堡、英国、德国等，排名前十各国值均为0.60以上；而网络中心度历年排位靠后的国家包括立陶宛、摩洛哥、柬埔寨、突尼斯、越南，各国值均小于0.65。②网络中心度较高的国家大多为发达经济体。大部分年份网络中心度排位前十的国家包括美国、卢森堡、英国、德国、法国等发达经济体，也包括保加利亚、马耳他、老挝等发展中经济体；而排名靠后的国家包括立陶宛、摩洛哥、柬埔寨、突尼斯、越南等发展中经济体。③1996—2018年各国历年网络中心度变化趋势稳定，大体呈现小幅度稳步上升趋势，其中历年变化幅度最显著的是卢森堡，其网络中心度从1996年的0.81增长到2018年的1.02，增幅约为25.93%。④知识密集型服务业网络中心度各经济体之间竞争排位变动小，且自1996—2018年网络中心度各经济体前十名变动较小，美国在多数年份居第一，排在其后的国家在保加利亚、英国、德国、卢森堡等之间相替变化，其余各国位居其后。

表 6-9　各国知识密集型服务业网络中心度指数

国家	1996年	1998年	2000年	2002年	2004年	2006年	2008年	2010年	2012年	2014年	2016年	2018年
美国	0.8841	0.9665	1.0303	0.9845	0.9470	0.9520	0.9359	0.9333	0.9431	0.9720	1.0205	1.0302
保加利亚	0.8575	0.7848	0.6257	0.6301	0.6459	0.6443	0.6436	0.6798	0.6617	0.6533	0.6552	0.6578
马耳他	0.7722	0.7771	0.7870	0.7107	0.7287	0.7489	0.7878	0.6864	0.6758	0.6769	0.6823	0.6942
卢森堡	0.8095	0.8475	1.0101	0.9671	0.9057	0.9988	1.0055	1.0434	0.9829	1.0342	1.0195	1.0210
英国	0.7841	0.8156	0.8119	0.8440	0.8626	0.8851	0.8734	0.8361	0.8525	0.8718	0.8762	0.8743
德国	0.7593	0.7915	0.7971	0.8047	0.8144	0.8172	0.8118	0.8088	0.8179	0.8287	0.8310	0.8206
老挝	0.7429	0.7247	0.7467	0.7369	0.7671	0.7580	0.7451	0.7059	0.6592	0.6524	0.6555	0.6501
法国	0.7428	0.7508	0.7759	0.7895	0.8007	0.8084	0.8049	0.8002	0.8093	0.8188	0.8293	0.8339
爱尔兰	0.7151	0.7157	0.6897	0.6868	0.6945	0.7256	0.7525	0.7392	0.7616	0.7638	0.7522	0.7868
荷兰	0.7406	0.7534	0.7602	0.7599	0.7601	0.7523	0.7527	0.7492	0.7606	0.7666	0.7581	0.7727
新加坡	0.7303	0.7381	0.7314	0.7285	0.7227	0.7194	0.6977	0.7074	0.7453	0.7374	0.7497	0.7446
马来西亚	0.7318	0.7255	0.7269	0.7167	0.7169	0.7154	0.7179	0.7104	0.6624	0.6444	0.6675	0.6681
比利时	0.7196	0.7439	0.7261	0.7332	0.7447	0.7405	0.7476	0.7389	0.7344	0.7433	0.7492	0.7561
瑞士	0.7211	0.7537	0.7747	0.7445	0.7341	0.7357	0.7450	0.7269	0.7309	0.7415	0.7528	0.7590
意大利	0.7025	0.7143	0.7260	0.7377	0.7397	0.7322	0.7256	0.7149	0.7133	0.7142	0.7249	0.7205
智利	0.6791	0.6763	0.6725	0.6621	0.6695	0.6491	0.6640	0.6728	0.6898	0.6792	0.6768	0.6716
中国	0.6798	0.6754	0.6780	0.6749	0.6799	0.7036	0.7207	0.7137	0.7500	0.7600	0.7591	0.7505
斯洛文尼亚	0.6821	0.6666	0.6568	0.6652	0.6634	0.6643	0.6668	0.6630	0.6521	0.6589	0.6554	0.6562
巴西	0.6590	0.6471	0.6607	0.6550	0.6401	0.6492	0.6509	0.6483	0.6501	0.6443	0.6540	0.6406
澳大利亚	0.6786	0.6915	0.7029	0.7047	0.7087	0.7211	0.7268	0.7203	0.7186	0.7225	0.7286	0.7313
新西兰	0.6722	0.6781	0.6857	0.6868	0.6916	0.6994	0.6995	0.6945	0.6925	0.6954	0.7062	0.7063
罗马尼亚	0.6343	0.6131	0.6136	0.6059	0.6164	0.6364	0.6346	0.6436	0.6779	0.6959	0.6844	0.6826

续表

国家	1996 年	1998 年	2000 年	2002 年	2004 年	2006 年	2008 年	2010 年	2012 年	2014 年	2016 年	2018 年
俄罗斯	0.6513	0.6468	0.6768	0.6569	0.6607	0.6577	0.6703	0.6583	0.6498	0.6565	0.6420	0.6444
哈萨克斯坦	0.6496	0.6468	0.6609	0.6536	0.6573	0.6565	0.6459	0.6274	0.6340	0.6265	0.6242	0.6452
以色列	0.6572	0.6527	0.6475	0.6506	0.6569	0.6604	0.6689	0.6763	0.6863	0.6826	0.6970	0.7067
捷克	0.6540	0.6628	0.6559	0.6675	0.6725	0.6705	0.6825	0.6776	0.6752	0.6733	0.6743	0.6772
南非	0.6510	0.6638	0.6883	0.6973	0.6941	0.6945	0.6898	0.6983	0.6976	0.6822	0.6809	0.6768
葡萄牙	0.6518	0.6575	0.6434	0.6400	0.6403	0.6421	0.6531	0.6454	0.6498	0.6439	0.6390	0.6358
韩国	0.6577	0.6621	0.6543	0.6659	0.6577	0.6638	0.6749	0.6698	0.6758	0.6761	0.6855	0.6896
冰岛	0.6536	0.6312	0.6545	0.6542	0.6718	0.7103	0.6840	0.6774	0.6768	0.6739	0.6694	0.6703
日本	0.6444	0.6411	0.6403	0.6411	0.6364	0.6392	0.6460	0.6416	0.6428	0.6474	0.6563	0.6511
奥地利	0.6465	0.6475	0.6645	0.6594	0.6602	0.6695	0.6734	0.6698	0.6722	0.6743	0.6719	0.6692
瑞典	0.6516	0.6616	0.6727	0.6652	0.6608	0.6680	0.6762	0.6626	0.6750	0.6787	0.6724	0.6644
文莱	0.6645	0.6055	0.7106	0.6778	**0.7788**	**0.9018**	**0.8814**	0.6793	0.7242	0.6672	0.6273	0.6813
土耳其	0.6397	0.6489	0.6444	0.6469	0.6491	0.6445	0.6380	0.6158	0.6130	0.6127	0.6143	0.6125
西班牙	0.6402	0.6495	0.6495	0.6544	0.6532	0.6625	0.6689	0.6645	0.6635	0.6707	0.6800	0.6820
印度	0.6315	0.6231	0.6267	0.6222	0.6371	0.6469	0.6416	0.6468	0.6506	0.6786	0.6878	0.7004
匈牙利	0.6365	0.6325	0.6267	0.6307	0.6402	0.6433	0.6376	0.6332	0.6232	0.6208	0.6225	0.6264
希腊	0.6260	0.6262	0.6276	0.6450	0.6337	0.6417	0.6330	0.6313	0.6254	0.6257	0.6195	0.6153
世界其他地区	0.6330	0.6327	0.6361	0.6315	0.6317	0.6377	0.6391	0.6318	0.6412	0.6373	0.6414	0.6404
丹麦	0.6224	0.6237	0.6233	0.6280	0.6273	0.6366	0.6504	0.6404	0.6398	0.6385	0.6438	0.6475
塞浦路斯	0.6506	0.6344	0.6385	0.6503	0.6489	0.6630	0.6640	0.6679	0.6890	0.6808	0.7101	0.6908
芬兰	0.6245	0.6230	0.6237	0.6263	0.6319	0.6329	0.6394	0.6382	0.6414	0.6477	0.6523	0.6601
加拿大	0.6375	0.6539	0.6589	0.6597	0.6574	0.6587	0.6676	0.6630	0.6587	0.6616	0.6675	0.6651
墨西哥	0.6301	0.6310	0.6346	0.6272	0.6328	0.6353	0.6404	0.6287	0.6277	0.6217	0.6214	0.6202

续表

国家	1996年	1998年	2000年	2002年	2004年	2006年	2008年	2010年	2012年	2014年	2016年	2018年
挪威	0.6219	0.6270	0.6310	0.6291	0.6231	0.6283	0.6361	0.6262	0.6275	0.6322	0.6287	0.6286
菲律宾	0.6091	0.6010	0.5968	0.6002	0.6034	0.6080	0.6464	0.6566	0.6583	0.6623	0.6596	0.6518
沙特阿拉伯	0.6095	0.6068	0.6055	0.6115	0.6079	0.5932	0.6023	0.5936	0.6093	0.6043	0.5855	0.5949
克罗地亚	0.6188	0.6163	0.6015	0.6031	0.6116	0.6290	0.6403	0.6342	0.6347	0.6436	0.6564	0.6388
哥伦比亚	0.6000	0.5883	0.6262	0.6274	0.6245	0.6183	0.6267	0.6287	0.6291	0.6414	0.6355	0.6360
缅甸	0.6145	0.6064	0.6103	0.6143	0.6091	0.6075	0.6214	0.6436	0.6410	0.6248	0.6188	0.6195
斯洛伐克	0.6222	0.6261	0.6338	0.6251	0.6191	0.6219	0.6317	0.6286	0.6271	0.6569	0.6694	0.6728
泰国	0.6056	0.6030	0.5981	0.6034	0.6127	0.6200	0.6231	0.6238	0.6383	0.6363	0.6245	0.6227
秘鲁	0.6055	0.6031	0.6018	0.5995	0.5982	0.6000	0.6003	0.6068	0.6087	0.6088	0.6027	0.6008
爱沙尼亚	0.6057	0.6176	0.6223	0.6242	0.6236	0.6232	0.6239	0.6225	0.6238	0.6241	0.6231	0.6330
拉脱维亚	0.6045	0.6122	0.6146	0.6089	0.6180	0.6439	0.6436	0.6387	0.6405	0.6265	0.6220	0.6193
阿根廷	0.6052	0.6047	0.5968	0.6204	0.6448	0.6240	0.6253	0.6242	0.6280	0.6271	0.6285	0.6337
波兰	0.6071	0.6307	0.6555	0.6451	0.6433	0.6538	0.6576	0.6507	0.6471	0.6515	0.6583	0.6729
印度尼西亚	0.5980	0.6033	0.6085	0.6051	0.5980	0.6006	0.6086	0.6114	0.6035	0.5947	0.5842	0.5825
哥斯达黎加	0.5934	0.5994	0.6073	0.6117	0.6101	0.6136	0.6210	0.6261	0.6345	0.6399	0.6499	0.6570
立陶宛	0.5865	0.5881	0.5903	0.5880	0.5976	0.6027	0.6190	0.6004	0.6024	0.6064	0.6113	0.6145
摩洛哥	0.5855	0.5869	0.5906	0.5843	0.5784	0.5844	0.5908	0.5902	0.5918	0.5888	0.5878	0.5895
柬埔寨	0.5766	0.5771	0.5726	0.5720	0.5725	0.5682	0.5684	0.5689	0.5707	0.5693	0.5692	0.5691
突尼斯	0.5761	0.5765	0.5735	0.5676	0.5651	0.5708	0.5812	0.5755	0.5733	0.5700	0.5657	0.5688
越南	0.5684	0.5703	0.5723	0.5773	0.5837	0.5898	0.5851	0.5856	0.5924	0.6187	0.6397	0.6385

3. 资本密集型服务业网络中心度的国际比较

（1）各国资本密集型服务业前向参与度比较

表中加粗字体表示前向参与度排名前十的国家。从表6-10的测算结果可知：①不同国家间资本密集型服务业前向参与度差异明显。前向参与度最高的是俄罗斯，其值历年皆在0.98以上，且1996—2018年以来大部分年份位居世界第一，其后为德国、中国、美国、拉脱维亚等国家，排名前十的各国值均为0.79以上；而前向参与度历年排名靠后的国家包括冰岛、突尼斯、文莱、卢森堡、缅甸、摩洛哥、越南、柬埔寨等国，各国值均小于0.65，且最小为0.54。②前向参与度较高国家既有发达经济体又有发展中经济体。大部分年份前向参与度前十位包括德国、美国、意大利、新加坡等发达经济体，也包括俄罗斯、中国、土耳其、斯洛伐克等发展中经济体；而柬埔寨、摩洛哥、越南等多数发展中经济体其值偏低。③1996—2018年各国历年前向参与度变化趋势稳定，大体呈现小幅度稳步上升趋势，以排名第一的俄罗斯为例，其前向参与度最高为1996年的1.12，最低为2018年的0.99，跌幅约为11.61%，且相邻年变化幅度小于5%，其余各国情况类似。④资本密集型服务业前向参与度各经济体之间竞争排位变动小。1996—2018年前向参与度各经济体前十名变化较小，大部分年份俄罗斯位居第一，德国为第二或第三位，拉脱维亚为第四或第五位，其余各国位居其后。

表 6-10 各国资本密集型服务业前向参与度指数

国家	1996年	1998年	2000年	2002年	2004年	2006年	2008年	2010年	2012年	2014年	2016年	2018年
俄罗斯	1.1151	1.0266	1.0865	1.0467	1.0456	1.0766	1.0423	1.0785	1.0634	1.0313	1.0388	0.9894
土耳其	0.9271	0.9390	0.8680	0.8483	0.8463	0.8591	0.8416	0.8198	0.8166	0.8285	0.8507	0.8254
德国	0.9635	0.9256	0.9282	0.9584	0.9773	0.9934	0.9998	0.9784	0.9633	0.9678	0.9609	0.9616
拉脱维亚	0.8843	0.9319	0.9026	0.8373	0.8197	0.8035	0.8185	0.8739	0.8862	0.8747	0.8428	0.8187
美国	0.8872	0.9115	0.9473	0.9421	0.9529	0.9626	0.9063	0.9042	0.9174	0.9325	0.9705	0.9787
斯洛伐克	0.8949	0.8469	0.8686	0.9192	0.9053	0.8612	0.8867	0.8603	0.8858	0.8021	0.7830	0.7627
墨西哥	0.8207	0.8164	0.8041	0.8061	0.7944	0.7856	0.7601	0.7919	0.7704	0.8193	0.8009	0.7906
保加利亚	0.6209	0.6885	0.7048	0.7435	0.7137	0.6833	0.6941	0.7642	0.7647	0.7287	0.7302	0.7098
日本	0.7613	0.7570	0.7751	0.7751	0.7624	0.7240	0.7392	0.7381	0.7448	0.7411	0.7411	0.7014
新加坡	0.7965	0.8135	0.8037	0.8112	0.7900	0.7807	0.7540	0.7682	0.7766	0.7978	0.7831	0.7758
世界其他地区	0.7971	0.7861	0.8064	0.8088	0.8051	0.8372	0.8454	0.8321	0.8597	0.8095	0.7948	0.8046
塞浦路斯	0.8019	0.7642	0.7077	0.7056	0.6740	0.6644	0.6344	0.6670	0.7066	0.7043	0.6849	0.6945
瑞典	0.7810	0.7661	0.7638	0.7708	0.7845	0.7791	0.7887	0.7978	0.8109	0.7974	0.7856	0.7401
捷克	0.7792	0.7608	0.7677	0.7814	0.7758	0.7710	0.7917	0.7847	0.7884	0.7725	0.7661	0.7673
罗马尼亚	0.7881	0.7538	0.7779	0.8506	0.8502	0.7941	0.7898	0.8088	0.8253	0.7816	0.7498	0.7498
意大利	0.7848	0.7870	0.7901	0.8110	0.8234	0.8355	0.8413	0.8320	0.8363	0.8365	0.8314	0.8368
中国	0.7684	0.8593	0.8864	0.8014	0.9285	0.9550	1.0143	0.9860	1.0139	1.0451	1.0241	1.0435
马耳他	0.7317	0.7293	0.7895	0.7174	0.6988	0.6945	0.6435	0.6652	0.6822	0.6772	0.6989	0.7056
泰国	0.7599	0.7574	0.7596	0.7875	0.7871	0.8078	0.8101	0.8129	0.8727	0.8683	0.8465	0.8390
瑞士	0.7314	0.7289	0.7140	0.7146	0.7104	0.7123	0.7085	0.7232	0.7431	0.7096	0.6917	0.6940
波兰	0.7266	0.7205	0.7221	0.7445	0.7449	0.7660	0.7647	0.7468	0.7549	0.7672	0.7809	0.8133
爱尔兰	0.7396	0.7295	0.7126	0.6509	0.6698	0.6639	0.6651	0.6539	0.6496	0.6323	0.6291	0.6477

续表

国家	1996年	1998年	2000年	2002年	2004年	2006年	2008年	2010年	2012年	2014年	2016年	2018年
法国	0.7272	0.7380	0.7456	0.7536	0.7696	0.7766	0.7966	0.7926	0.7862	0.7778	0.7735	0.7764
奥地利	0.7183	0.7183	0.7100	0.7309	0.7604	0.7896	**0.8266**	**0.8364**	**0.8611**	0.8187	0.7924	**0.8244**
荷兰	0.7154	0.7203	0.7166	0.7180	0.7307	0.7233	0.7222	0.7159	0.7169	0.7103	0.7001	0.6981
英国	0.7140	0.7400	0.7412	0.7381	0.7309	0.7381	0.7319	0.7280	0.7406	0.7404	0.7280	0.7247
哥伦比亚	0.7066	0.6787	0.7586	0.7470	0.7244	0.7069	0.7065	0.7204	0.7047	0.7167	0.7294	0.7269
丹麦	0.7116	0.7130	0.7424	0.7339	0.7511	0.7503	0.7655	0.7860	0.7759	0.7794	0.7570	0.7796
南非	0.7108	0.7256	0.7612	0.7636	0.7633	0.7606	0.7486	0.7391	0.7275	0.7230	0.7168	0.7078
比利时	0.6951	0.6927	0.7078	0.7275	0.7264	0.7405	0.7609	0.7413	0.7350	0.7265	0.7299	0.7262
匈牙利	0.6814	0.6990	0.6682	0.6840	0.6826	0.6739	0.7015	0.6911	0.6691	0.6652	0.6620	0.6536
智利	0.6988	0.6785	0.6722	0.6657	0.6773	0.6737	0.7362	0.7288	0.7317	0.7109	0.7238	0.7280
新西兰	0.7048	0.7132	0.7204	0.7282	0.7313	0.7410	0.7447	0.7470	0.7727	0.7662	0.7658	0.7602
西班牙	0.6997	0.7086	0.7258	0.7283	0.7403	0.7625	0.8043	0.8088	0.8175	0.8190	0.7806	0.7713
马来西亚	0.6994	0.6852	0.6980	0.6920	0.6936	0.6893	0.6910	0.6845	0.6777	0.6446	0.6525	0.6496
哈萨克斯坦	0.6681	0.6532	0.7005	0.7061	0.7368	0.7759	0.7293	0.6663	0.7070	0.7251	0.7037	0.7887
芬兰	0.6808	0.6805	0.6850	0.6930	0.6989	0.6859	0.6978	0.7132	0.7078	0.7116	0.6960	0.6959
挪威	0.6995	0.7027	0.7155	0.7370	0.7111	0.7003	0.7020	0.7012	0.7075	0.7068	0.7113	0.6737
澳大利亚	0.6891	0.6903	0.6910	0.6904	0.6917	0.6891	0.6892	0.6896	0.7073	0.7164	0.7209	0.7100
老挝	0.6771	0.6390	0.6480	0.6793	0.6927	0.6254	0.6199	0.6751	0.6812	0.6797	0.6674	0.6537
希腊	0.6887	0.6794	0.6956	0.7140	0.7204	0.7160	0.7502	0.7802	0.8033	**0.8292**	**0.8025**	0.7767
阿根廷	0.6829	0.6544	0.6479	0.6770	0.6955	0.6632	0.6670	0.6653	0.6601	0.6602	0.6622	0.6914
立陶宛	0.6773	0.6599	0.6281	0.6383	0.6294	0.6416	0.6414	0.6412	0.6312	0.6324	0.6313	0.6429
沙特阿拉伯	0.6842	0.6840	0.6699	0.7018	0.6977	0.6351	0.6370	0.6413	0.6496	0.6311	0.6380	0.6432
爱沙尼亚	0.6758	0.6925	0.7349	0.7205	0.7374	0.7206	0.7167	0.7459	0.7397	0.7319	0.7572	0.7552

续表

国家	1996年	1998年	2000年	2002年	2004年	2006年	2008年	2010年	2012年	2014年	2016年	2018年
加拿大	0.6715	0.6689	0.6656	0.6639	0.6652	0.6690	0.6669	0.6707	0.6703	0.6704	0.6769	0.6727
印度尼西亚	0.6616	0.6427	0.6462	0.6458	0.6551	0.6584	0.6552	0.6614	0.6667	0.6676	0.6678	0.6637
巴西	0.6885	0.7070	0.7086	0.7049	0.7037	0.7075	0.7152	0.7115	0.7101	0.7092	0.7089	0.7109
秘鲁	0.6503	0.6475	0.6515	0.6538	0.6560	0.6676	0.6674	0.6723	0.6802	0.6822	0.6785	0.6761
韩国	0.6568	0.6853	0.6829	0.6789	0.6934	0.7029	0.7194	0.6990	0.7065	0.7113	0.6681	0.6749
菲律宾	0.6166	0.6069	0.5959	0.6137	0.6251	0.6375	0.6834	0.6622	0.6355	0.6384	0.6342	0.6258
以色列	0.6413	0.6393	0.6328	0.6406	0.6395	0.6421	0.6504	0.6520	0.6516	0.6547	0.6498	0.6489
冰岛	0.6377	0.6227	0.6300	0.6247	0.6315	0.6366	0.6423	0.6281	0.6229	0.6196	0.6149	0.6247
葡萄牙	0.6394	0.6399	0.6491	0.6492	0.6489	0.6541	0.6698	0.6509	0.6510	0.6432	0.6406	0.6431
哥斯达黎加	0.6307	0.6370	0.6359	0.6362	0.6246	0.6203	0.6192	0.6383	0.6429	0.6429	0.6426	0.6016
印度	0.6248	0.6332	0.6465	0.6539	0.6791	0.6899	0.6941	0.7063	0.7249	0.7172	0.7029	0.7026
克罗地亚	0.6204	0.6020	0.6008	0.6180	0.6477	0.6618	0.6585	0.6840	0.6888	0.6700	0.6554	0.6215
卢森堡	0.6160	0.6193	0.6102	0.6196	0.6116	0.6183	0.6261	0.6250	0.6084	0.6002	0.5938	0.5983
摩洛哥	0.6079	0.6113	0.6185	0.6151	0.6073	0.5897	0.5810	0.5761	0.5768	0.5783	0.5836	0.5846
斯洛文尼亚	0.5993	0.6030	0.6154	0.6213	0.6246	0.6308	0.6389	0.6523	0.6571	0.6688	0.6641	0.6631
柬埔寨	0.6013	0.6004	0.5679	0.5578	0.5557	0.5573	0.5624	0.5613	0.5462	0.5446	0.5483	0.5519
突尼斯	0.6053	0.6085	0.6080	0.6121	0.6154	0.6243	0.6097	0.6281	0.6162	0.6257	0.6352	0.6442
缅甸	0.5995	0.5880	0.5897	0.6012	0.6029	0.6097	0.6245	0.6434	0.6422	0.6265	0.6214	0.6218
越南	0.5667	0.5688	0.5666	0.5951	0.6004	0.6112	0.5890	0.5917	0.5948	0.6096	0.6230	0.6214
文莱	0.5439	0.5479	0.6384	0.6024	0.6258	0.6661	0.6611	0.6624	0.6269	0.6438	0.6067	0.6269

(2) 各国资本密集型服务业后向参与度比较

表中加粗字体表示后向参与度排名前十的国家。从表 6-11 测算结果可知：①不同国家间资本密集型服务业后向参与度差异较小。历年最大值是 1996 年的马来西亚，为 0.73；最小是 1998 年的哥伦比亚和希腊，为 0.57，两者差值为 0.16。其余各国历年其值差异程度较小。②后向参与度较高的国家既包括发达经济体，也包括发展中经济体，且发展中经济体所占比重较大。后向参与度排名前十的国家中发达经济体包括新加坡、瑞士等国，而发展中经济体则有马来西亚、泰国、中国等国。③1996—2018 年各国历年后向参与度变化趋势稳定。各国其值变化幅度较小。变化幅度最大的为越南，从 1996 年 0.60 上升到 2016 年 0.71，增幅为 18.33%，其余各国变化趋势相对较小。④资本密集型服务业后向参与度各经济体之间排名变动激烈。1996—2018 年前向参与度各经济体排位前十名变化较大，但马耳他、马来西亚、新加坡、塞浦路斯这四个国家历年来稳居前十，其余各国位居其后。2016 年位居第十位的中国，在 2017 年排名下降至退出前二十，而在 2013 年位居 19 位的越南在 2014 年以后排名上升至前十位，各国之间后向参与度相对变动较大。

表 6-11　各国资本密集型服务业后向参与度指数

国家	1996年	1998年	2000年	2002年	2004年	2006年	2008年	2010年	2012年	2014年	2016年	2018年
马来西亚	0.7316	0.7306	0.7259	0.7243	0.7236	0.7212	0.7248	0.7163	0.6953	0.6794	0.7004	0.7006
塞浦路斯	0.7226	0.7155	0.7205	0.7125	0.7059	0.7076	0.7067	0.6950	0.6903	0.6896	0.6840	0.6859
马耳他	0.7126	0.7129	0.7171	0.7109	0.7155	0.7361	0.7473	0.7248	0.7442	0.7224	0.7166	0.7198
新加坡	0.7100	0.7117	0.7105	0.7205	0.7177	0.7152	0.7085	0.7078	0.7101	0.7127	0.7075	0.7060
爱尔兰	0.6824	0.6720	0.6651	0.6540	0.6549	0.6616	0.6654	0.6729	0.6545	0.6358	0.6401	0.6212
立陶宛	0.6773	0.6599	0.6281	0.6383	0.6294	0.6416	0.6414	0.6412	0.6312	0.6324	0.6313	0.6429
罗马尼亚	0.6859	0.6651	0.6738	0.6793	0.6792	0.6689	0.6629	0.6620	0.6781	0.6667	0.6566	0.6585
老挝	0.6748	0.6754	0.6794	0.6700	0.6663	0.6632	0.6669	0.6763	0.6566	0.6605	0.6520	0.6518
斯洛伐克	0.6726	0.6769	0.6852	0.6970	0.6695	0.6618	0.6758	0.6865	0.6894	0.6750	0.6721	0.6768
爱沙尼亚	0.6623	0.6630	0.6741	0.6758	0.6799	0.6810	0.6806	0.6738	0.6780	0.6660	0.6634	0.6693
文莱	0.6672	0.6643	0.6676	0.6681	0.6688	0.6808	0.6821	0.6816	0.6765	0.6826	0.6729	0.6772
拉脱维亚	0.6652	0.6664	0.6907	0.6687	0.6666	0.6868	0.6808	0.6969	0.6946	0.6810	0.6629	0.6643
中国	0.6589	0.6681	0.6651	0.6472	0.6763	0.6826	0.7034	0.6860	0.6964	0.7017	0.6795	0.6702
土耳其	0.6643	0.6691	0.6373	0.6434	0.6477	0.6420	0.6357	0.6425	0.6518	0.6602	0.6648	0.6748
瑞士	0.6662	0.6707	0.6713	0.6786	0.6863	0.6940	0.6963	0.6930	0.6935	0.6886	0.6757	0.6792
捷克	0.6648	0.6704	0.6732	0.6675	0.6751	0.6792	0.6804	0.6805	0.6917	0.6845	0.6831	0.6852
哈萨克斯坦	0.6424	0.6396	0.6599	0.6489	0.6470	0.6461	0.6304	0.6078	0.6077	0.5838	0.5794	0.5991
泰国	0.6648	0.6632	0.6643	0.6722	0.6798	0.6904	0.6970	0.6937	0.6890	0.6890	0.6771	0.6745
波兰	0.6562	0.6616	0.6642	0.6656	0.6677	0.6710	0.6774	0.6721	0.6691	0.6646	0.6663	0.6699
缅甸	0.6556	0.6547	0.6548	0.6564	0.6531	0.6530	0.6686	0.6843	0.6848	0.6857	0.6891	0.6905
柬埔寨	0.6481	0.6476	0.6494	0.6542	0.6556	0.6598	0.6597	0.6593	0.6614	0.6584	0.6567	0.6536
澳大利亚	0.6407	0.6423	0.6524	0.6568	0.6579	0.6544	0.6532	0.6537	0.6456	0.6463	0.6479	0.6485

续表

国家	1996年	1998年	2000年	2002年	2004年	2006年	2008年	2010年	2012年	2014年	2016年	2018年
南非	0.6419	0.6526	0.6698	**0.6774**	0.6716	0.6670	0.6693	0.6644	0.6656	0.6701	0.6716	0.6691
瑞典	0.6403	0.6447	0.6474	0.6493	0.6515	0.6563	0.6579	0.6582	0.6603	0.6562	0.6570	0.6487
挪威	0.6435	0.6529	0.6549	0.6519	0.6553	0.6507	0.6582	0.6477	0.6495	0.6531	0.6502	0.6545
荷兰	0.6400	0.6388	0.6453	0.6603	0.6539	0.6462	0.6433	0.6669	0.6785	0.6727	0.6707	0.6636
葡萄牙	0.6394	0.6399	0.6491	0.6492	0.6489	0.6541	0.6698	0.6509	0.6510	0.6432	0.6406	0.6431
新西兰	0.6375	0.6428	0.6592	0.6584	0.6538	0.6558	0.6604	0.6511	0.6508	0.6444	0.6383	0.6419
匈牙利	0.6352	0.6304	0.6334	0.6305	0.6356	0.6486	0.6518	0.6422	0.6432	0.6404	0.6351	0.6414
俄罗斯	0.6312	0.6329	0.6299	0.6329	0.6315	0.6349	0.6356	0.6412	0.6286	0.6359	0.6472	0.6515
比利时	0.6362	0.6427	0.6501	0.6495	0.6533	0.6562	0.6603	0.6635	0.6675	0.6606	0.6563	0.6577
智利	0.6335	0.6238	0.6282	0.6230	0.6381	0.6402	0.6768	0.6618	0.6628	0.6604	0.6447	0.6471
冰岛	0.6468	0.6384	0.6464	0.6440	0.6563	0.6660	0.6616	0.6555	0.6682	0.6626	0.6509	0.6550
印度尼西亚	0.6326	0.6413	0.6467	0.6350	0.6320	0.6379	0.6537	0.6636	0.6652	0.6515	0.6379	0.6346
斯洛文尼亚	0.6256	0.6203	0.6324	0.6281	0.6306	0.6396	0.6515	0.6514	0.6567	0.6517	0.6417	0.6545
丹麦	0.6264	0.6390	0.6514	0.6496	0.6451	0.6718	**0.6842**	0.6723	0.6832	0.6729	0.6676	**0.6774**
世界其他地区	0.6229	0.6236	0.6228	0.6226	0.6231	0.6199	0.6208	0.6189	0.6212	0.6190	0.6204	0.6212
芬兰	0.6257	0.6252	0.6295	0.6227	0.6286	0.6417	0.6366	0.6346	0.6378	0.6347	0.6302	0.6316
意大利	0.6197	0.6232	0.6358	0.6309	0.6291	0.6376	0.6387	0.6349	0.6349	0.6343	0.6306	0.6340
克罗地亚	0.6192	0.6113	0.6082	0.6195	0.6310	0.6424	0.6417	0.6331	0.6397	0.6317	0.6292	0.6310
秘鲁	0.6192	0.6190	0.6196	0.6196	0.6176	0.6178	0.6235	0.6228	0.6361	0.6307	0.6267	0.6245
德国	0.6131	0.6183	0.6273	0.6249	0.6313	0.6368	0.6397	0.6455	0.6457	0.6444	0.6418	0.6438
奥地利	0.6145	0.6188	0.6307	0.6338	0.6430	0.6612	0.6735	0.6730	0.6767	0.6675	0.6568	0.6655
韩国	0.6128	0.6221	0.6314	0.6267	0.6361	0.6482	0.6782	0.6688	0.6786	0.6676	0.6489	0.6649
保加利亚	0.6196	0.6604	0.6568	0.6537	0.6568	0.6662	0.6651	0.6556	0.6676	0.6699	0.6613	0.6596

续表

国家	1996年	1998年	2000年	2002年	2004年	2006年	2008年	2010年	2012年	2014年	2016年	2018年
哥斯达黎加	0.6044	0.6022	0.6059	0.6096	0.6056	0.6084	0.6157	0.6164	0.6097	0.6075	0.5971	0.6042
巴西	0.5928	0.5836	0.6019	0.6095	0.6149	0.6200	0.6259	0.6185	0.6213	0.6261	0.6137	0.6135
英国	0.6087	0.6131	0.6154	0.6169	0.6182	0.6271	0.6291	0.6459	0.6419	0.6388	0.6313	0.6306
西班牙	0.6150	0.6275	0.6484	0.6481	0.6450	0.6551	0.6555	0.6439	0.6387	0.6384	0.6264	0.6332
阿根廷	0.6079	0.6078	0.6067	0.6278	0.6523	0.6360	0.6427	0.6455	0.6445	0.6429	0.6421	0.6404
菲律宾	0.6040	0.6033	0.5987	0.6018	0.6075	0.6147	0.6214	0.6222	0.6232	0.6228	0.6236	0.6226
法国	0.6023	0.6040	0.6164	0.6153	0.6121	0.6183	0.6265	0.6347	0.6354	0.6280	0.6241	0.6275
美国	0.6065	0.6117	0.6237	0.6171	0.6211	0.6275	0.6222	0.6124	0.6166	0.6216	0.6158	0.6171
越南	0.6036	0.6038	0.6045	0.6217	0.6313	0.6431	0.6612	0.6606	0.6684	**0.6868**	**0.7117**	**0.7107**
印度	0.6024	0.5984	0.6135	0.6123	0.6271	0.6338	0.6399	0.6458	0.6488	0.6437	0.6331	0.6336
沙特阿拉伯	0.6020	0.5971	0.6073	0.6028	0.6126	0.6127	0.6177	0.6102	0.6171	0.6073	0.5987	0.6056
摩洛哥	0.5990	0.6001	0.6052	0.5969	0.5967	0.6115	0.6386	0.6257	0.6502	0.6390	0.6118	0.6115
以色列	0.6117	0.5972	0.5899	0.5891	0.6063	0.6180	0.6244	0.6063	0.6068	0.5903	0.5887	0.5943
卢森堡	0.5988	0.6016	0.6126	0.6160	0.6233	0.6443	0.6627	0.6745	0.6713	0.6691	0.6684	0.6762
加拿大	0.5926	0.5962	0.6040	0.6009	0.6047	0.6037	0.6084	0.6061	0.6068	0.6091	0.6078	0.6091
哥伦比亚	0.5842	0.5731	0.6098	0.6127	0.6108	0.6091	0.6122	0.6134	0.6188	0.6235	0.6237	0.6193
日本	0.5851	0.5855	0.5912	0.5966	0.5986	0.6023	0.6099	0.6029	0.6150	0.6157	0.6067	0.6139
突尼斯	0.5808	0.5821	0.5857	0.5843	0.5832	0.5962	0.6018	0.5986	0.6125	0.6197	0.5953	0.6196
希腊	0.5768	0.5731	0.5950	0.6008	0.6040	0.6084	0.6083	0.6055	0.6070	0.6072	0.6093	0.6199
墨西哥	0.5772	0.5746	0.5801	0.5771	0.5791	0.5815	0.5854	0.5861	0.5931	0.5889	0.5910	0.5915

(3) 各国资本密集型服务业网络中心度比较

表中加粗字体表示网络中心度排名前十的国家。从表 6-12 测算结果可知：①不同国家间资本密集型服务业网络中心度差异较小。网络中心度最高是俄罗斯，其值历年皆在 0.80 以上，且从 1996—2018 年以来多数年份位居世界第一，其次为土耳其、拉脱维亚、斯洛伐克、德国等国。排名前十的各国数值均为 0.70 以上；而网络中心度历年排位靠后国家包括卢森堡、突尼斯、越南等国，其值均小于 0.70，且最小为 0.58。②网络中心度较高的国家大多为发达经济体。大部分年份网络中心度排位前十的国家包括德国、美国、新加坡等发达经济体；但排名靠后的国家既包括卢森堡等发达经济体，也有越南、突尼斯等发展中经济体。③1996—2018 年各国历年网络中心度变化趋势稳定，大体呈现小幅度稳步降低趋势，跌幅最高不超过 10%。④资本密集型服务业网络中心度各经济体之间竞争排位变化较大。从 1996—2018 年历年网络中心度各经济体排位前十名额变化较大，俄罗斯在 1996—2011 年（除 2008 年是中国第一外）均位于第一，但在 2011 年以后则是中国常位于第一。泰国从 2002 年开始排名上升至前十。各国之间资本密集型服务业网络中心度相对变动较大。

表 6-12　各国资本密集型服务业网络中心度指数

国家	1996年	1998年	2000年	2002年	2004年	2006年	2008年	2010年	2012年	2014年	2016年	2018年
俄罗斯	0.8731	0.8297	0.8582	0.8398	0.8385	0.8557	0.8390	0.8598	0.8460	0.8336	0.8430	0.8205
土耳其	0.7957	0.8040	0.7527	0.7458	0.7470	0.7505	0.7386	0.7312	0.7342	0.7443	0.7577	0.7501
拉脱维亚	0.7747	0.7992	0.7967	0.7530	0.7432	0.7452	0.7496	0.7854	0.7904	0.7778	0.7529	0.7415
斯洛伐克	0.7838	0.7619	0.7769	0.8081	0.7874	0.7615	0.7813	0.7734	0.7876	0.7385	0.7276	0.7198
德国	0.7883	0.7719	0.7778	0.7916	0.8043	0.8151	0.8197	0.8119	0.8045	0.8061	0.8013	0.8027
塞浦路斯	0.7623	0.7398	0.7141	0.7091	0.6900	0.6860	0.6706	0.6810	0.6985	0.6969	0.6844	0.6902
新加坡	0.7533	0.7626	0.7571	0.7658	0.7539	0.7480	0.7312	0.7380	0.7434	0.7553	0.7453	0.7409
美国	0.7469	0.7616	0.7855	0.7796	0.7870	0.7951	0.7643	0.7583	0.7670	0.7770	0.7931	0.7979
马耳他	0.7222	0.7211	0.7533	0.7141	0.7072	0.7153	0.6954	0.6950	0.7132	0.6998	0.7077	0.7127
罗马尼亚	0.7370	0.7094	0.7258	0.7650	0.7647	0.7315	0.7263	0.7354	0.7517	0.7241	0.7032	0.7041
捷克	0.7220	0.7156	0.7205	0.7244	0.7254	0.7251	0.7360	0.7326	0.7400	0.7285	0.7246	0.7262
瑞典	0.7106	0.7054	0.7056	0.7101	0.7180	0.7177	0.7233	0.7280	0.7356	0.7268	0.7213	0.6944
中国	0.7136	0.7637	0.7757	0.7243	0.8024	0.8188	0.8589	0.8360	0.8552	0.8734	0.8518	0.8569
马来西亚	0.7155	0.7079	0.7120	0.7081	0.7086	0.7052	0.7079	0.7004	0.6865	0.6620	0.6764	0.6751
世界其他地区	0.7100	0.7049	0.7146	0.7157	0.7141	0.7286	0.7331	0.7255	0.7404	0.7143	0.7076	0.7129
爱尔兰	0.7110	0.7008	0.6889	0.6525	0.6623	0.6627	0.6653	0.6634	0.6521	0.6341	0.6346	0.6344
保加利亚	0.6202	0.6745	0.6808	0.6986	0.6853	0.6748	0.6796	0.7099	0.7161	0.6993	0.6958	0.6847
泰国	0.7124	0.7103	0.7120	0.7299	0.7335	0.7491	0.7536	0.7533	0.7809	0.7787	0.7618	0.7568
瑞士	0.6988	0.6998	0.6927	0.6966	0.6983	0.7032	0.7024	0.7081	0.7183	0.6991	0.6837	0.6866
波兰	0.6914	0.6910	0.6932	0.7050	0.7063	0.7185	0.7210	0.7094	0.7120	0.7159	0.7236	0.7416
意大利	0.7022	0.7051	0.7130	0.7209	0.7262	0.7366	0.7400	0.7335	0.7356	0.7354	0.7310	0.7354
墨西哥	0.6990	0.6955	0.6921	0.6916	0.6867	0.6835	0.6728	0.6890	0.6818	0.7041	0.6960	0.6910

续表

国家	1996年	1998年	2000年	2002年	2004年	2006年	2008年	2010年	2012年	2014年	2016年	2018年
日本	0.6732	0.6713	0.6831	0.6858	0.6805	0.6632	0.6746	0.6705	0.6799	0.6784	0.6739	0.6576
立陶宛	0.6773	0.6599	0.6281	0.6383	0.6294	0.6416	0.6414	0.6412	0.6312	0.6324	0.6313	0.6429
老挝	0.6759	0.6572	0.6637	0.6746	0.6795	0.6443	0.6434	0.6757	0.6689	0.6701	0.6597	0.6527
荷兰	0.6777	0.6795	0.6810	0.6891	0.6923	0.6848	0.6827	0.6914	0.6977	0.6915	0.6854	0.6809
哈萨克斯坦	0.6552	0.6464	0.6802	0.6775	0.6919	0.7110	0.6798	0.6371	0.6574	0.6545	0.6416	0.6939
南非	0.6764	0.6891	0.7155	0.7205	0.7174	0.7138	0.7090	0.7017	0.6965	0.6965	0.6942	0.6885
比利时	0.6656	0.6677	0.6789	0.6885	0.6899	0.6984	0.7106	0.7024	0.7013	0.6936	0.6931	0.6920
爱沙尼亚	0.6690	0.6777	0.7045	0.6982	0.7086	0.7008	0.6987	0.7099	0.7088	0.6990	0.7103	0.7123
丹麦	0.6690	0.6760	0.6969	0.6917	0.6981	0.7110	0.7249	0.7292	0.7295	0.7261	0.7123	0.7285
奥地利	0.6664	0.6685	0.6704	0.6824	0.7017	0.7254	**0.7501**	**0.7547**	**0.7689**	**0.7431**	0.7246	**0.7449**
法国	0.6648	0.6710	0.6810	0.6845	0.6908	0.6974	0.7116	0.7136	0.7108	0.7029	0.6988	0.7020
匈牙利	0.6583	0.6647	0.6508	0.6572	0.6591	0.6612	0.6767	0.6666	0.6562	0.6528	0.6486	0.6475
新西兰	0.6712	0.6780	0.6898	0.6933	0.6925	0.6984	0.7025	0.6990	0.7117	0.7053	0.7021	0.7011
智利	0.6662	0.6511	0.6502	0.6444	0.6577	0.6570	0.7065	0.6953	0.6972	0.6856	0.6842	0.6875
澳大利亚	0.6649	0.6663	0.6717	0.6736	0.6748	0.6718	0.6712	0.6716	0.6764	0.6813	0.6844	0.6793
挪威	0.6715	0.6778	0.6852	0.6945	0.6832	0.6755	0.6801	0.6744	0.6785	0.6799	0.6807	0.6641
英国	0.6613	0.6765	0.6783	0.6775	0.6746	0.6826	0.6805	0.6869	0.6913	0.6896	0.6797	0.6777
芬兰	0.6532	0.6528	0.6572	0.6578	0.6638	0.6638	0.6672	0.6739	0.6728	0.6732	0.6631	0.6637
哥伦比亚	0.6454	0.6259	0.6842	0.6798	0.6676	0.6580	0.6594	0.6669	0.6617	0.6701	0.6765	0.6731
西班牙	0.6574	0.6681	0.6871	0.6882	0.6926	0.7088	0.7299	0.7264	0.7281	0.7287	0.7035	0.7023
印度尼西亚	0.6471	0.6420	0.6464	0.6404	0.6435	0.6482	0.6544	0.6625	0.6659	0.6595	0.6528	0.6491
阿根廷	0.6454	0.6311	0.6273	0.6524	0.6739	0.6496	0.6549	0.6554	0.6523	0.6516	0.6521	0.6659
沙特阿拉伯	0.6431	0.6406	0.6386	0.6523	0.6552	0.6239	0.6274	0.6257	0.6334	0.6192	0.6183	0.6244

续表

国家	1996年	1998年	2000年	2002年	2004年	2006年	2008年	2010年	2012年	2014年	2016年	2018年
葡萄牙	0.6394	0.6399	0.6491	0.6492	0.6489	0.6541	0.6698	0.6509	0.6510	0.6432	0.6406	0.6431
冰岛	0.6423	0.6305	0.6382	0.6343	0.6439	0.6513	0.6520	0.6418	0.6456	0.6411	0.6329	0.6399
秘鲁	0.6348	0.6333	0.6356	0.6367	0.6368	0.6427	0.6455	0.6475	0.6581	0.6565	0.6526	0.6503
巴西	0.6406	0.6453	0.6553	0.6572	0.6593	0.6638	0.6706	0.6650	0.6657	0.6677	0.6613	0.6622
希腊	0.6327	0.6263	0.6453	0.6574	0.6622	0.6622	0.6793	0.6928	0.7052	0.7182	0.7059	0.6983
韩国	0.6348	0.6537	0.6571	0.6528	0.6648	0.6755	0.6988	0.6839	0.6926	0.6895	0.6585	0.6699
加拿大	0.6320	0.6326	0.6348	0.6324	0.6349	0.6363	0.6376	0.6384	0.6385	0.6398	0.6424	0.6409
缅甸	0.6276	0.6213	0.6223	0.6288	0.6280	0.6313	0.6466	0.6638	0.6635	0.6561	0.6553	0.6562
柬埔寨	0.6247	0.6240	0.6086	0.6060	0.6057	0.6086	0.6111	0.6103	0.6038	0.6015	0.6025	0.6028
菲律宾	0.6103	0.6051	0.5973	0.6077	0.6163	0.6261	0.6524	0.6422	0.6294	0.6306	0.6289	0.6242
克罗地亚	0.6198	0.6067	0.6045	0.6188	0.6394	0.6521	0.6501	0.6585	0.6643	0.6509	0.6423	0.6263
哥斯达黎加	0.6176	0.6196	0.6209	0.6229	0.6151	0.6143	0.6174	0.6274	0.6263	0.6252	0.6199	0.6029
以色列	0.6265	0.6182	0.6113	0.6149	0.6229	0.6301	0.6374	0.6292	0.6292	0.6225	0.6193	0.6216
印度	0.6136	0.6158	0.6300	0.6331	0.6531	0.6619	0.6670	0.6760	0.6868	0.6805	0.6680	0.6681
斯洛文尼亚	0.6124	0.6116	0.6239	0.6247	0.6276	0.6352	0.6452	0.6518	0.6569	0.6602	0.6529	0.6588
文莱	0.6055	0.6061	0.6530	0.6353	0.6473	0.6735	0.6716	0.6720	0.6517	0.6632	0.6398	0.6521
摩洛哥	0.6035	0.6057	0.6119	0.6060	0.6020	0.6006	0.6098	0.6009	0.6135	0.6087	0.5977	0.5981
卢森堡	0.6074	0.6104	0.6114	0.6178	0.6175	0.6313	0.6444	0.6498	0.6398	0.6346	0.6311	0.6373
突尼斯	0.5930	0.5953	0.5968	0.5982	0.5993	0.6103	0.6058	0.6134	0.6144	0.6227	0.6153	0.6319
越南	0.5851	0.5863	0.5856	0.6084	0.6158	0.6271	0.6251	0.6262	0.6316	0.6482	0.6674	0.6661

三、不同区域服务业中心度的比较

1. 发达国家服务业中心度的比较

（1）发达国家不同服务行业的前向中心度比较

表中加粗字体表示前向中心度排名前十的行业。如表6-13测算结果可知：①发达国家不同行业前向中心度差异较大，前向中心度最高的是批发零售贸易与汽车修理，其值历年皆在1.50以上，且从1996—2018年以来各年位于第一，其后依次是专业、科学和技术活动和金融与保险活动等行业。排名前三的行业数值皆在0.90以上；而前向中心度历年排位靠后的服务行业有教育、人类健康和社会工作活动、家政服务业等行业，其数值均小于0.60，且最小为0.50。②劳动密集型行业除批发零售贸易与汽车修理以外的行业数值都较低；知识密集型行业排名分布比较均匀；而资本密集型行业大多分布在中间行业。③1996—2018年发达国家各行业历年前向中心度变化趋势稳定，大体呈现小幅度稳步上升趋势，涨幅最高不超过30%。④各行业之间竞争排位变动较小。1996—2018年历年各行业前向中心度前十名的行业变化较小；各行业之间前向中心度相对变动较小，但部分行业的前向中心度不断增加，变化幅度大，如行政与支持服务活动、运输仓储和支持活动、IT和其他信息服务这几个行业的涨幅都超过10%，尤其是行政与支持服务活动、IT和其他信息服务业，它们的前向中心度涨幅都超过20%。

表 6-13 发达国家 23 个服务业的前向中心度

行业	1996年	1998年	2000年	2002年	2004年	2006年	2008年	2010年	2012年	2014年	2016年	2018年
C9	1.513767	1.535405	1.535483	1.555295	1.577537	1.588771	1.595009	1.581935	1.565381	1.561714	1.548311	1.540952
C11	0.999657	1.044543	1.060264	1.086485	1.090498	1.098166	1.107079	1.087645	1.108186	1.116362	1.141225	1.149200
C13	0.810544	0.837614	0.862509	0.871660	0.875162	0.883362	0.909312	0.899238	0.916532	0.929386	0.950797	0.965993
C16	0.986622	1.004260	0.994765	0.980264	0.987235	0.990310	0.985925	0.983690	0.969511	0.986653	0.983577	0.955826
C21	0.791234	0.778431	0.780328	0.787307	0.786691	0.809588	0.828737	0.825119	0.844086	0.829217	0.801588	0.802181
C5	0.708106	0.722808	0.730443	0.746648	0.752880	0.756423	0.759537	0.760756	0.773313	0.779773	0.785526	0.789878
C2	0.757078	0.762111	0.763810	0.767575	0.774375	0.770870	0.781318	0.770784	0.771651	0.771659	0.768614	0.770738
C23	0.711442	0.717233	0.705730	0.724471	0.731898	0.742446	0.739732	0.743593	0.734773	0.736991	0.741667	0.751553
C1	0.600201	0.615639	0.628046	0.635799	0.629336	0.635460	0.640295	0.657090	0.683488	0.698665	0.711749	0.729843
C3	0.683969	0.684319	0.691166	0.697967	0.703519	0.700912	0.705744	0.723485	0.724060	0.720644	0.720644	0.711598
C6	0.647292	0.645487	0.646296	0.650184	0.649512	0.650327	0.652498	0.642384	0.638238	0.642950	0.635618	0.641041
C14	0.640335	0.650372	0.647736	0.645530	0.644276	0.639373	0.638878	0.639679	0.635151	0.638995	0.637318	0.640283
C22	0.593613	0.596247	0.600046	0.603684	0.608630	0.611955	0.611221	0.623752	0.630768	0.626157	0.627858	0.630609
C12	0.638532	0.654390	0.671519	0.671113	0.668375	0.656005	0.653093	0.644787	0.632674	0.616711	0.613558	0.605449
C7	0.595489	0.594414	0.594076	0.606472	0.589380	0.584234	0.578034	0.575216	0.573707	0.575737	0.581684	0.581979
C10	0.599981	0.605890	0.606043	0.605709	0.606055	0.604233	0.600536	0.589072	0.587488	0.586715	0.579173	0.580026
C17	0.574462	0.571014	0.566719	0.571213	0.572323	0.569019	0.567671	0.576383	0.579033	0.579929	0.582648	0.579796
C15	0.572079	0.581001	0.582693	0.582648	0.582436	0.586268	0.574938	0.571172	0.577228	0.574238	0.578140	0.578924
C4	0.537151	0.538162	0.541188	0.541459	0.545020	0.543886	0.546375	0.543787	0.544665	0.547230	0.550712	0.550776
C19	0.557870	0.559086	0.557819	0.558508	0.556597	0.553521	0.551474	0.552057	0.551013	0.549383	0.550071	0.547013
C18	0.532648	0.532081	0.533821	0.535428	0.536198	0.533988	0.534636	0.537752	0.538116	0.538008	0.538994	0.537414
C8	0.530333	0.532111	0.530584	0.530156	0.530514	0.530726	0.532420	0.531415	0.531743	0.532295	0.534059	0.533555
C20	0.500000	0.500000	0.500000	0.500000	0.500000	0.500000	0.500000	0.500000	0.500000	0.500000	0.500000	0.500000

注：C1-IT 和其他信息服务；C2-陆地与管道运输；C3-房地产活动；C4-艺术、娱乐与休闲；C5-运输仓储和支持活动；C6-水运；C7-膳宿服务活动；C8-人类健康和社会工作活动；C9-批发零售贸易与汽车修理；C10-航运；C11-专业、科学和技术活动；C12-电信业；C13-行政与支持服务活动；C14-出版、视听和广播活动；C15-邮政和收藏活动；C16-金融与保险活动；C17-公共行政管理、国防与强制性社会保障；C18-教育；C19-其他服务活动；C20-家政服务活动；C21-电力、燃气、蒸汽和空调供应；C22-供水、污水处理、废物管理和修复活动；C23-建设。

(2) 发达国家不同服务行业的后向中心度比较

表中加粗字体表示后向中心度排名前十的行业。从表 6-14 测算结果可知：①不同行业间后向中心度差异明显。后向中心度最高的行业是水运，其值历年皆在 0.72 以上，且从 1996—2018 年以来除 2004 年、2005 年、2008 年，其余各年均列于世界第一位，其后依次为航运，建设，出版、视听和广播业，电力、燃气、蒸汽和空调供应等行业，排名前十各行业值均为 0.64 以上；而后向中心度历年排位靠后行业包括人类健康和社会工作活动，房地产活动，教育，家政服务业等行业，其各行业值均小于 0.62，且最小值为 0.50。②后向中心度较高的行业大多为发达市场和新兴市场，为本地市场服务行业后向中心度普遍较低。大部分年份后向中心度排位前十名包括水运，航运，建设，出版、视听和广播业，电力、燃气、蒸汽和空调供应等行业为发达市场和新兴市场；而电信，专业、科学和技术活，IT 和其他信息服务，艺术、娱乐与休闲等大多数为本地市场服务行业，其值相比较偏低。③1996—2018 年大部分行业历年后向中心度变化趋势稳定，大体呈现小幅度稳步上升趋势，涨幅最高不超过 10%，以涨幅排最高的邮政和收藏活动为例，其后向中心度历年最高为 0.67，最低为 0.61，变化幅度小于 10%。其中教育、膳宿服务活动、金融与保险活动、家政服务、其他服务活动、房地产活动几乎保持稳定不变，其中 2009 年和 2013 年呈现整体下降趋势。④发达国家各行业后向中心度之间竞争排位变动小。从 1996—2018 年各行业后向中心度排位前十名变化较小，水运多年位居第一，其后依次为航运，建设，出版、视听和广播活动，其余各行业位居其后。

表 6–14 发达国家 23 个服务业后向中心度比较

行业	1996 年	1998 年	2000 年	2002 年	2004 年	2006 年	2008 年	2010 年	2012 年	2014 年	2016 年	2018 年
C6	0.724651	0.727773	0.731734	0.732790	0.726207	0.737639	0.742831	0.735577	0.745757	0.738315	0.735380	0.740216
C10	0.713431	0.714724	0.726644	0.726950	0.727536	0.736184	0.745404	0.733030	0.738990	0.736822	0.722552	0.724218
C23	0.698093	0.699995	0.702848	0.702506	0.703324	0.710576	0.715123	0.711452	0.711480	0.709905	0.708108	0.709231
C14	0.690312	0.689747	0.691618	0.691696	0.689533	0.693446	0.695624	0.690474	0.688195	0.688042	0.686053	0.687522
C21	0.656018	0.659410	0.673713	0.676506	0.675546	0.690657	0.705433	0.696076	0.701956	0.696473	0.687543	0.697267
C5	0.658375	0.664232	0.668727	0.670489	0.671842	0.676354	0.679927	0.676612	0.676364	0.676317	0.675261	0.676767
C7	0.669504	0.667935	0.669513	0.668903	0.668988	0.671982	0.673494	0.671870	0.670658	0.669394	0.666111	0.665995
C22	0.655397	0.656816	0.661198	0.662042	0.663943	0.677084	0.678801	0.673183	0.680977	0.675352	0.672085	0.676478
C2	0.642377	0.643977	0.650659	0.651825	0.654969	0.665206	0.672249	0.670617	0.672322	0.666688	0.661489	0.665049
C12	0.624981	0.630347	0.650793	0.647047	0.650355	0.655573	0.658911	0.663222	0.663089	0.661764	0.663506	0.664610
C11	0.646540	0.650006	0.653071	0.650816	0.650116	0.653669	0.655363	0.650169	0.651522	0.649807	0.649954	0.650186
C1	0.640321	0.639929	0.644824	0.642608	0.644673	0.649049	0.649893	0.651810	0.654845	0.654155	0.652120	0.654758
C4	0.639774	0.639092	0.642546	0.642948	0.643504	0.646842	0.652710	0.648599	0.650017	0.649985	0.650061	0.649728
C13	0.638515	0.641176	0.643510	0.641056	0.639101	0.640342	0.645290	0.643690	0.645899	0.643243	0.640535	0.641555
C15	0.611830	0.616716	0.626805	0.630673	0.632766	0.644521	0.650950	0.650792	0.660842	0.661015	0.662130	0.666766
C9	0.633546	0.634208	0.638716	0.637551	0.638623	0.643657	0.645390	0.644252	0.644329	0.643890	0.641981	0.642681
C19	0.633783	0.634394	0.637887	0.637942	0.638542	0.640966	0.642946	0.644142	0.642291	0.640361	0.638700	0.634013
C16	0.629408	0.629408	0.629408	0.629408	0.629408	0.629408	0.629408	0.629408	0.629408	0.629408	0.629408	0.629408
C17	0.603119	0.606075	0.610015	0.611890	0.611594	0.614718	0.615345	0.615556	0.614446	0.612601	0.612225	0.612877
C8	0.602035	0.603462	0.608376	0.606251	0.607437	0.609176	0.610533	0.609143	0.610021	0.609774	0.609513	0.609168
C3	0.584960	0.584091	0.584312	0.586579	0.590033	0.589227	0.586990	0.592432	0.590317	0.587788	0.587180	0.586316
C18	0.563201	0.562430	0.564696	0.567121	0.567059	0.569307	0.569663	0.569963	0.568744	0.569600	0.567789	0.567723
C20	0.500000	0.500000	0.500000	0.500000	0.500000	0.500000	0.500000	0.500000	0.500000	0.500000	0.500000	0.500000

(3) 发达国家不同服务行业的网络中心度比较

表中加粗字体表示网络中心度排名前十的行业。从表 6-15 测算结果可知：①不同行业间网络中心度差异明显。网络中心度最高的行业是批发零售贸易与汽车修理，从 1996—2018 年以来各年均列于 23 个服务业分行业第一位，其次为专业、科学和技术活动，金融与保险活动，行政与支持服务活动等行业，排名前十各行业值均为 0.64 以上；而网络中心度历年排位靠后行业包括公共行政管理、国防与强制性社会保障，人类健康和社会工作活动，教育，家政服务等行业，其各行业值均小于 0.60。②网络中心度较高行业大多为知识密集型行业，大部分年份的网络中心度排位前十名包括批发零售贸易与汽车修理，专业、科学和技术活动，金融与保险活动，行政与支持服务活动，电力、燃气、蒸汽和空调供应，建设，陆地与管道运输，运输仓储和支持活动，水运，出版、视听和广播业等投资类行业；但排名靠后的行业包括公共行政管理、国防与强制性社会保障，人类健康和社会工作活动等行业，也包括教育、家政服务等管理类行业。③1996—2018 年大部分行业历年网络中心度变化趋势稳定，大体呈现小幅度稳步上升趋势，涨幅最高不超过 15%，以涨幅排名第一的行政与支持服务活动为例，其网络中心度历年最高值 0.80，最低值 0.72，变化幅度约为 11.11%。④发达国家各行业网络中心度之间竞争排位变动小。1996—2018 年各行业网络中心度排位前十名变化较小，批发零售贸易与汽车修理多年位居第一，其后依次为专业、科学和技术活动，金融与保险活动，行政与支持服务活动，其余各行业居其后。

表 6-15 发达国家 23 个服务业总中心度比较

行业	1996年	1998年	2000年	2002年	2004年	2006年	2008年	2010年	2012年	2014年	2016年	2018年
C9	1.073656	1.084806	1.087099	1.096423	1.108080	1.116214	1.120200	1.113094	1.104855	1.102802	1.095146	1.091817
C11	0.823099	0.847274	0.856667	0.868650	0.870307	0.875917	0.881221	0.868907	0.879854	0.883085	0.895589	0.899693
C16	0.810514	0.821365	0.820039	0.814645	0.815896	0.820296	0.819313	0.816744	0.810467	0.818814	0.817568	0.803526
C13	0.724530	0.739395	0.753010	0.756358	0.757131	0.761802	0.777301	0.771464	0.781215	0.786314	0.795666	0.803774
C21	0.723626	0.718921	0.727021	0.731907	0.731119	0.750123	0.767085	0.760597	0.773021	0.762845	0.744565	0.749724
C23	0.704767	0.708614	0.704289	0.713488	0.717611	0.726511	0.727428	0.727523	0.723127	0.723448	0.724887	0.730392
C2	0.699727	0.703044	0.707234	0.709700	0.714672	0.718038	0.726783	0.720700	0.721986	0.719173	0.715052	0.717893
C5	0.693241	0.693520	0.699585	0.708568	0.712361	0.716388	0.719732	0.718684	0.724839	0.728045	0.730394	0.733323
C6	0.685972	0.686630	0.689015	0.691487	0.687860	0.693983	0.697665	0.688981	0.691997	0.690632	0.685499	0.690628
C14	0.665324	0.670059	0.669677	0.668613	0.666905	0.666410	0.667251	0.665077	0.661673	0.663519	0.661685	0.663903
C10	0.656706	0.660307	0.666343	0.666330	0.666795	0.670208	0.672970	0.661051	0.663239	0.661768	0.650862	0.652122
C1	0.620261	0.627784	0.636435	0.639203	0.637005	0.642254	0.645094	0.654450	0.669166	0.676410	0.681935	0.692301
C12	0.631757	0.642369	0.661156	0.659080	0.659365	0.655789	0.656002	0.654005	0.647882	0.639237	0.638532	0.635030
C3	0.634465	0.634205	0.637739	0.642273	0.646776	0.645069	0.646367	0.657959	0.657188	0.654216	0.653912	0.648957
C15	0.611830	0.616716	0.626805	0.630673	0.632766	0.644521	0.650950	0.650792	0.660842	0.661015	0.662130	0.666766
C22	0.624505	0.626531	0.630622	0.632863	0.636287	0.644519	0.645011	0.648467	0.655873	0.650755	0.649971	0.653544
C7	0.632497	0.631175	0.631795	0.637688	0.629184	0.628108	0.625764	0.623543	0.622182	0.622565	0.623898	0.623987
C19	0.595827	0.596740	0.597853	0.598225	0.597570	0.597243	0.597210	0.598100	0.596652	0.594872	0.594386	0.590513
C4	0.588462	0.588627	0.591867	0.592203	0.594262	0.595364	0.599542	0.596193	0.597341	0.598607	0.600386	0.600252
C17	0.588790	0.588545	0.588367	0.591551	0.591958	0.591869	0.591508	0.595970	0.596739	0.596265	0.597437	0.596337
C8	0.566184	0.567786	0.569480	0.568204	0.568976	0.569951	0.571477	0.570279	0.570882	0.571035	0.571786	0.571361
C18	0.547925	0.547255	0.549258	0.551275	0.551628	0.551648	0.552149	0.553858	0.553804	0.553430	0.553391	0.552569
C20	0.500000	0.500000	0.500000	0.500000	0.500000	0.500000	0.500000	0.500000	0.500000	0.500000	0.500000	0.500000

2. 发展中国家服务业中心度比较

(1) 发展中国家不同服务行业的前向中心度比较

表中加粗字体表示前向中心度排名前十的行业。从表 6-16 测算结果可知：①发展中国家不同服务行业前向中心度差异明显。前向中心度最高是批发零售贸易与汽车修理，其值历年皆在 1.24 以上，且从 1996—2018 年以来各年位居世界第一位，其后依次为金融与保险活动，电力、燃气、蒸汽和空调供应，陆地与管道运输等行业，排名前十位各行业值均为 0.60 以上；而前向中心度历年排位靠后的行业包括公共行政管理、国防与强制性社会保障，教育，人类健康和社会工作活动，艺术、娱乐与休闲，其他服务活动，家政服务等行业，其各行业值均小于 0.60，最小值为 0.50。②前向中心度一直保持较高值的行业为批发零售贸易与汽车修理，金融与保险活动，电力、燃气、蒸汽和空调供应及陆地与管道运输，而家政服务，教育，人类健康和社会工作活动，艺术、娱乐与休闲等行业前向中心度普遍较低。大部分前向中心度排位前十行业保持高值。③1996—2018 年各行业历年前向中心度变化趋势稳定，大体呈现小幅度稳步上升趋势，个别行业涨幅较大。以排名第一的批发零售贸易与汽车修理为例，其前向中心度历年最高为 1.67，最低为 1.25，变化幅度大于 30%；而以运输仓储和支持活动行业为例，其前向中心度历年最高为 0.69，最低为 0.62，变化幅度约为 11.29%，其余各行业情况大致类似。④各行业前向中心度之间竞争排位变动小。从 1996—2018 年前向中心度各行业排位前十名变化较小，批发零售贸易与汽车修理历年来位居第一，其后依次为金融与保险活动，电力、燃气、蒸汽和空调供应，其余各行业位居其后。

表 6-16 发展中国家 23 个服务业前向中心度比较

行业	1996年	1998年	2000年	2002年	2004年	2006年	2008年	2010年	2012年	2014年	2016年	2018年
C9	1.257543	1.248995	1.323777	1.355271	1.364582	1.395933	1.435988	1.433843	1.486408	1.584221	1.6436	1.669505
C2	0.740739	0.727814	0.747211	0.757191	0.770819	0.779907	0.809573	0.823165	0.869582	0.913107	0.945291	0.970886
C16	0.827178	0.81465	0.81576	0.802541	0.803842	0.808583	0.840849	0.854118	0.897282	0.921296	0.944538	0.928177
C21	0.806027	0.80586	0.823071	0.818851	0.840376	0.842249	0.862216	0.887781	0.902526	0.907182	0.904569	0.922615
C11	0.741006	0.74297	0.754279	0.758677	0.766689	0.780901	0.803133	0.811592	0.846896	0.86106	0.874145	0.881111
C13	0.720785	0.719432	0.716088	0.722882	0.716061	0.728854	0.746609	0.760071	0.784643	0.815587	0.859416	0.873796
C5	0.61888	0.621382	0.626089	0.630308	0.634936	0.64157	0.654288	0.660944	0.675419	0.684428	0.697101	0.691647
C1	0.558562	0.56043	0.573401	0.574347	0.572312	0.574267	0.582388	0.586594	0.60335	0.627014	0.642047	0.675235
C3	0.638271	0.632905	0.640716	0.640586	0.638972	0.644192	0.648717	0.642481	0.648172	0.655878	0.661296	0.663342
C6	0.576387	0.571104	0.566035	0.571651	0.572156	0.579517	0.591352	0.598537	0.618593	0.626474	0.635398	0.637553
C12	0.639603	0.64285	0.656338	0.654899	0.662172	0.663333	0.662056	0.66107	0.656155	0.655327	0.645141	0.637108
C7	0.569763	0.57017	0.573185	0.569669	0.574174	0.579406	0.588116	0.59918	0.601657	0.612446	0.627792	0.62854
C23	0.631901	0.631774	0.63971	0.629638	0.630248	0.621067	0.622794	0.622434	0.639423	0.638325	0.629319	0.617791
C10	0.557686	0.557376	0.559569	0.561351	0.565626	0.570833	0.586491	0.583502	0.597827	0.60419	0.610935	0.604037
C22	0.544754	0.543659	0.550846	0.55224	0.555341	0.561935	0.569786	0.569819	0.576217	0.577074	0.582654	0.591129
C14	0.560753	0.559066	0.564013	0.566572	0.570543	0.571108	0.574129	0.579489	0.581672	0.585048	0.581784	0.588821
C15	0.532465	0.533764	0.534781	0.537601	0.540547	0.542052	0.541859	0.539899	0.543591	0.549113	0.54968	0.555725
C19	0.547929	0.546271	0.547796	0.547908	0.547883	0.54608	0.54449	0.552543	0.544916	0.555546	0.559609	0.543897
C4	0.532964	0.533469	0.53425	0.53343	0.53767	0.53921	0.536834	0.541415	0.537741	0.527445	0.529375	0.531495
C17	0.54545	0.540693	0.550993	0.537534	0.551121	0.555094	0.551025	0.533641	0.533114	0.528836	0.528127	0.526716
C18	0.521576	0.520759	0.52395	0.521318	0.52362	0.524029	0.522596	0.524198	0.528348	0.528595	0.522533	0.522777
C8	0.517821	0.51747	0.519084	0.5196	0.522235	0.527701	0.52378	0.524742	0.522875	0.524968	0.520872	0.522487
C20	0.500000	0.500000	0.500000	0.500000	0.500000	0.500000	0.500000	0.500000	0.500000	0.500000	0.500000	0.500000

(2) 发展中国家不同服务行业的后向中心度比较

表中加粗字体表示后向中心度排名前十的行业。从测算结果表 6-17 可知：①发展中国家不同服务业后向中心度差异较小。1996—2018 年后向中心度各行业历年最大值是 2011 年的航运，为 0.74；最小值是 1996 年的家政服务，为 0.50。其余各行业历年值差异程度较小。②后向中心度较高的行业包括航运，建设，水运，电力、燃气、蒸汽和空调供应，出版、视听和广播业，膳宿服务活动，运输仓储和支持活动，及陆地与管道运输等行业，稳居后向中心度排位前十且后向中心度差异较小。③1996—2018 年各行业历年后向中心度变化趋势稳定，大体呈现小幅度稳步上升趋势，各行业其值变化幅度较小，在 0.00~0.04 之间。变化幅度最大的为电信，从 1996 年的 0.63 上升到 2018 年的 0.67，增幅约 6.35%，其余各行业变化趋势较小。④各行业后向中心度竞争排位变动较小。航运，建设，水运，电力、燃气、蒸汽和空调供应，出版、视听和广播业等行业从 1996—2018 年后向中心度一直位居行业前十位，其余各行业排位虽随时间有所变动，但变动趋势较小。

表 6—17 发展中国家 23 个服务业后向中心度比较

行业	1996 年	1998 年	2000 年	2002 年	2004 年	2006 年	2008 年	2010 年	2012 年	2014 年	2016 年	2018 年
C10	0.722070	0.719998	0.722276	0.720807	0.722886	0.730028	0.737161	0.731271	0.737405	0.735121	0.729839	0.727160
C23	0.707424	0.706559	0.714065	0.714113	0.718038	0.718023	0.721543	0.717165	0.722554	0.726267	0.724647	0.724145
C6	0.699501	0.696320	0.695201	0.696083	0.699528	0.703465	0.708046	0.706133	0.711762	0.707086	0.704850	0.713411
C21	0.665528	0.664066	0.670361	0.669624	0.678335	0.686389	0.701949	0.694108	0.697164	0.700337	0.693267	0.696044
C14	0.687595	0.687585	0.691805	0.688630	0.691743	0.693294	0.696848	0.698378	0.704740	0.703837	0.694827	0.686671
C7	0.664053	0.660561	0.666606	0.665231	0.669509	0.671508	0.680083	0.677729	0.677748	0.678669	0.681889	0.681965
C22	0.641688	0.640183	0.645559	0.645282	0.652202	0.657853	0.668505	0.665724	0.669820	0.670809	0.668612	0.672391
C5	0.659681	0.655821	0.659202	0.654287	0.657925	0.660272	0.669335	0.666770	0.672333	0.674777	0.672247	0.672367
C2	0.648048	0.643760	0.647605	0.646977	0.652911	0.655324	0.664385	0.665119	0.676448	0.677359	0.667531	0.670149
C12	0.629734	0.630494	0.637419	0.638994	0.642780	0.646243	0.649388	0.658928	0.664764	0.665009	0.662362	0.666592
C15	0.628077	0.626201	0.629512	0.629046	0.634521	0.639777	0.644636	0.642713	0.653996	0.658266	0.656862	0.661289
C11	0.645909	0.642258	0.647326	0.645911	0.648963	0.650707	0.655027	0.652972	0.657034	0.659620	0.658078	0.655431
C13	0.643471	0.638325	0.639818	0.638790	0.640238	0.644388	0.648892	0.644659	0.646721	0.646004	0.649064	0.648915
C4	0.643020	0.641756	0.641335	0.640507	0.650870	0.653900	0.656969	0.648490	0.651418	0.649628	0.642280	0.637838
C8	0.626277	0.623803	0.629198	0.629941	0.635428	0.641085	0.642266	0.640243	0.641736	0.640423	0.632386	0.630249
C1	0.636494	0.633429	0.637669	0.635736	0.636114	0.637991	0.639832	0.643111	0.645219	0.645940	0.635865	0.627620
C9	0.618723	0.615114	0.621598	0.616047	0.618236	0.621623	0.625435	0.623934	0.623510	0.624757	0.620211	0.622603
C17	0.604878	0.602552	0.607185	0.606204	0.609974	0.609531	0.610200	0.605838	0.614282	0.619544	0.612652	0.606925
C16	0.596582	0.599816	0.603485	0.600065	0.610389	0.610224	0.606391	0.600461	0.607021	0.602968	0.593680	0.592750
C19	0.590846	0.588684	0.593009	0.592536	0.595388	0.596942	0.596411	0.598347	0.592979	0.596636	0.598411	0.588994
C18	0.573856	0.574802	0.577331	0.576838	0.579654	0.584952	0.581968	0.572871	0.577114	0.581147	0.576534	0.577253
C3	0.569779	0.568563	0.569511	0.571481	0.573545	0.575121	0.581463	0.576207	0.577744	0.577608	0.573053	0.570712
C20	0.500000	0.500000	0.500000	0.500000	0.500000	0.500000	0.500000	0.500000	0.500000	0.500000	0.500000	0.500000

(3) 发展中国家不同服务行业的网络中心度比较

表中加粗字体表示网络中心度排名前十的行业。从测算结果表 6-18 可知：①不同行业间网络中心度差异较大。网络中心度最高的是批发零售贸易与汽车修理行业，从 1996—2018 年以来均位居世界第一位，其后依次为陆地与管道运输，电力、燃气、蒸汽和空调供应等行业，排名前十的各行业值均为 0.60 以上；1996—2018 年各行业最大值是 2018 年的批发零售业贸易与汽车修理行业，为 1.15；各年中最小值均为家政服务行业。②1996—2018 年各行业历年网络中心度变化趋势稳定，各行业历年变化幅度较小。变化幅度最大的为批发零售贸易与汽车修理行业，从 1996 年的 0.94 上升到 2018 年的 1.15，涨幅约 22.34%，其余各行业变化幅度较小。③发展中国家的网络中心度各行业之间竞争排位变动小。从 1996—2018 年各行业网络中心度排位前十名变化较小，批发零售贸易与汽车修理行业历年来位居第一，其后依次为陆地与管道运输，电力、燃气、蒸汽和空调供应行业，其余各行业位居其后。电信行业从 1997—2011 年网络中心度一直位居 23 个服务行业前十位，然而在 2011—2018 年退出前十。而水运行业从 1997—2011 年网络中心度排名不高，而在 1996 年以及 2011—2018 年却跻身行业前十。其余各行业排位虽随时间有所变动，但变动趋势较小，排位变动幅度不大。

表 6–18　发展中国家 23 个服务业网络中心度比较

行业	1996年	1998年	2000年	2002年	2004年	2006年	2008年	2010年	2012年	2014年	2016年	2018年
C9	0.938133	0.932054	0.972688	0.985659	0.991409	1.008778	1.030712	1.028888	1.054959	1.104489	1.131906	1.146054
C2	0.694394	0.685787	0.697408	0.702084	0.711865	0.717615	0.736979	0.744142	0.773015	0.795233	0.806411	0.820517
C21	0.735777	0.734963	0.746716	0.744237	0.759356	0.764319	0.782082	0.790945	0.799845	0.803760	0.798918	0.809330
C11	0.693458	0.692614	0.700802	0.702294	0.707826	0.715804	0.729080	0.732282	0.751965	0.760340	0.766112	0.768271
C13	0.682128	0.678879	0.677953	0.680836	0.678149	0.686621	0.697751	0.702365	0.715682	0.730795	0.754240	0.761355
C16	0.711880	0.707233	0.709622	0.701303	0.707115	0.709404	0.723620	0.727290	0.752151	0.762132	0.769109	0.760463
C5	0.639281	0.638602	0.642645	0.642298	0.646430	0.650921	0.661811	0.663857	0.673876	0.679602	0.684674	0.682007
C6	0.637944	0.633712	0.630618	0.633867	0.635842	0.641491	0.649699	0.652335	0.665178	0.666780	0.670124	0.675482
C23	0.669662	0.669167	0.676888	0.671875	0.674143	0.669545	0.672169	0.669800	0.680989	0.682296	0.676983	0.670968
C10	0.639878	0.638687	0.640923	0.641079	0.644256	0.650430	0.661826	0.657387	0.667616	0.669656	0.670387	0.665599
C7	0.616908	0.615366	0.619895	0.617450	0.621842	0.625457	0.634100	0.638454	0.639703	0.645557	0.654840	0.655252
C12	0.634669	0.636672	0.646879	0.646947	0.652476	0.654788	0.655722	0.659999	0.660460	0.660168	0.653751	0.651850
C1	0.597528	0.596930	0.605535	0.605041	0.604213	0.606129	0.611110	0.614852	0.624285	0.636477	0.638956	0.651427
C14	0.624174	0.623325	0.627909	0.627601	0.631143	0.632201	0.635488	0.638933	0.643206	0.644443	0.638305	0.637746
C22	0.593221	0.591921	0.598203	0.598761	0.603772	0.609894	0.619145	0.617771	0.623019	0.623942	0.625633	0.631760
C3	0.604025	0.600734	0.605114	0.606033	0.606258	0.609657	0.615090	0.609344	0.612958	0.616743	0.617174	0.617027
C15	0.580271	0.579982	0.582147	0.583324	0.587534	0.590914	0.593248	0.591306	0.598793	0.603690	0.603271	0.608507
C19	0.590846	0.588684	0.593009	0.592536	0.595388	0.596942	0.596411	0.598347	0.592979	0.596636	0.598411	0.588994
C4	0.587992	0.587612	0.587792	0.586968	0.594270	0.596555	0.596901	0.594952	0.594580	0.588536	0.585828	0.584666
C8	0.572049	0.570636	0.574141	0.574770	0.578832	0.581893	0.583023	0.582493	0.582305	0.582696	0.576629	0.576368
C17	0.575164	0.571623	0.579089	0.571869	0.580547	0.582313	0.580612	0.569740	0.573698	0.574190	0.570389	0.566821
C18	0.547716	0.547781	0.550640	0.549078	0.551637	0.554490	0.552282	0.548534	0.552731	0.552871	0.549534	0.550015
C20	0.500000	0.500000	0.500000	0.500000	0.500000	0.500000	0.500000	0.500000	0.500000	0.500000	0.500000	0.500000

第三节 中国服务业国际竞争力测算：网络层面

一、中国服务业整体的中心度测算

表 6-19 是 1995—2018 年中国服务业整体的前向中心度（CF）、后向中心度（CB）和网络中心度（C）及其在全球的排名。由表 6-19 我们可发现：①中国服务业整体前向参与度是一直上升的，2018 年在全球排名第八位，且到 2013 年其值才在 1 以上。②中国服务业整体后向参与度发展平稳，其值一直徘徊在 0.66~0.70，低于 1，2018 年处于全球第 12 位。③中国服务业整体的产业链竞争力上升先慢后快，但在全球的排位一直都不是很高。具体来说，1995—1997 年中国服务业整体的网络中心度排名一直未变，从 1998 年开始出现下降趋势，从 2003 年开始，中国加入世界贸易组织的红利开始显现，制造业整体的网络中心度快速上升，从 2003 年才开始稳定增长，从 2002 年的 0.74 上升为 2018 年的 0.86，增幅并不大，一直没有超过 1，2018 年在全球排名第八位。④中国服务业整体的前向中心度远高于后向中心度且上升趋势明显。制造业整体的前向中心度的数值明显较大且提升很快。很明显，中国服务业在全球产业链中作为上游供应商（中间品出口方）影响力与发达国家相差较大。

表 6-19 1995—2018 年中国服务业前向参与度、后向参与度和网络中心度

年份	CF	排名	CB	排名	C	排名
1995	0.809	27	0.687	4	0.748	19
1996	0.817	26	0.685	5	0.751	19
1997	0.833	25	0.681	5	0.757	19
1998	0.807	35	0.682	6	0.745	29
1999	0.805	36	0.683	6	0.744	31

续表

年份	CF	排名	CB	排名	C	排名
2000	0.826	34	0.685	6	0.756	25
2001	0.821	27	0.684	5	0.752	22
2002	0.799	33	0.673	8	0.736	26
2003	0.801	38	0.675	9	0.738	33
2004	0.827	35	0.686	6	0.756	26
2005	0.849	30	0.695	4	0.772	24
2006	0.861	30	0.694	6	0.778	23
2007	0.872	29	0.693	6	0.782	20
2008	0.903	22	0.695	7	0.799	17
2009	0.878	25	0.685	10	0.782	22
2010	0.890	23	0.677	13	0.784	22
2011	0.932	16	0.687	10	0.809	15
2012	0.961	15	0.688	7	0.825	13
2013	1.015	10	0.694	6	0.855	8
2014	1.034	9	0.693	6	0.864	8
2015	1.072	8	0.692	6	0.882	6
2016	1.036	9	0.677	8	0.857	8
2017	1.006	12	0.665	12	0.836	9
2018	1.047	8	0.668	12	0.858	8

二、中国分类型服务业分行业的中心度测算

从表6-20可知：①整体上看，中国劳动密集型服务行业的产业链竞争力明显要高于知识密集型服务业和资本密集型服务业，尤其是知识密集型服务业产业链竞争力最低。②中国劳动和知识密集型服务行业的产业链竞争力整体上处于先降后升的状态，都是从2004年开始增长，但增幅较小；中国资本密集型服务行业的产业链竞争力整体上保持一种稳定增长的态势，但增幅也较小。③无论是哪种类型的服务业，其后向参与度都低于前向参与度且保持稳定，其产业链竞争力主要由前向参与度决定，劳动密集型服务业的前向参与度在2012年开始超过1，资本密集型服务业在2008年超过1，知识密集型服务业一直都低于1，这也导致知识密集型服务业的产业链竞争力一直较低。

表 6-20　1996—2018 年中国服务业分类型前向参与度、后向参与度和网络中心度

类型	中心度	1996 年	1998 年	2000 年	2002 年	2004 年	2006 年	2008 年	2010 年	2012 年	2014 年	2016 年	2018 年
劳动密集型服务业	CF	0.9327	0.8720	0.9070	0.8883	0.8740	0.9067	0.9299	0.9189	1.0346	1.1710	1.1864	1.2093
	CB	0.7305	0.7160	0.7185	0.7084	0.7123	0.7254	0.7214	0.7011	0.7130	0.7255	0.7181	0.7112
	C	0.8316	0.7940	0.8127	0.7984	0.7932	0.8160	0.8256	0.8100	0.8738	0.9482	0.9522	0.9602
知识密集型服务业	CF	0.7118	0.6946	0.6920	0.6974	0.6947	0.7370	0.7813	0.7816	0.8439	0.8704	0.8865	0.8798
	CB	0.6479	0.6561	0.6639	0.6525	0.6652	0.6703	0.6601	0.6459	0.6562	0.6496	0.6317	0.6212
	C	0.6798	0.6754	0.6780	0.6749	0.6799	0.7036	0.7207	0.7137	0.7500	0.7600	0.7591	0.7505
资本密集型服务业	CF	0.7684	0.8593	0.8864	0.8014	0.9285	0.9550	1.0143	0.9860	1.0139	1.0451	1.0241	1.0435
	CB	0.6589	0.6681	0.6651	0.6472	0.6763	0.6826	0.7034	0.6860	0.6964	0.7017	0.6795	0.6702
	C	0.7136	0.7637	0.7757	0.7243	0.8024	0.8188	0.8589	0.8360	0.8552	0.8734	0.8518	0.8569

三、中国服务业分行业的中心度测算

仅从服务业整体的中心度可能还不足以判断中国服务业产业链竞争力的大小，因为不同服务行业在全球生产网络中的产业链竞争力可能存在很大差异。因此，为更清晰地认识中国服务业的产业链竞争力状况，接下来本研究计算了 1996—2018 年中国 23 个细分服务行业的中心度指数（见表 6-21）。发现与服务业整体上前向参与度大于后向参与度不同，23 个行业里有 12 个服务行业的前向参与度数值远大于后向参与度，但绝大部分行业呈明显上升趋势。后向参与度略有变化但基本稳定，网络中心度的数值大小与变化主要受前向参与度的影响，但不同服务行业的中心度指数存在很大差异。具体来说：①大部分服务行业产业链竞争力较弱，且上升趋势不明显。只有陆地与管道运输、批发零售贸易与汽车修理以及电力、燃气、蒸汽和空调供应三个行业具有很强的产业链竞争力。尤其是陆地与管道运输以及电力、燃气、蒸汽和空调供应 2018 年排全球第一，具有很强的产业链竞争力。②大部分高技术和资源密集型服务行业的产业链竞争力还不够强。具体来说，专业、科学和技术活动，金融与保险活动，IT 和其他信息服务以及出版、视听和广播业这几个知识密集型行业的网络中心度还不够高，比该行业的最高值相距甚远，只略高于均值，有待进一步提升。

表 6-21 1996—2018 年中国服务业分行业前向参与度、后向参与度和网络中心度

行业	前向参与度 1996年	2006年	2010年	2016年	2018年	后向参与度 1996年	2006年	2010年	2016年	2018年	网络中心度 1996年	2006年	2010年	2016年	2018年	最高	均值
C20	0.5000	0.5000	0.5000	0.5000	0.5000	0.5000	0.5000	0.5000	0.5000	0.5000	0.5000	0.5000	0.5000	0.5000	0.5000	0.5000	0.5000
C19	0.5412	0.5430	0.5482	0.5555	0.5548	0.5841	0.6365	0.6178	0.6196	0.6041	0.5722	0.6152	0.6154	0.6204	0.5826	0.644922	0.5822
C4	0.5472	0.5477	0.5292	0.5315	0.5395	0.5875	0.6554	0.6348	0.6376	0.6196	0.5673	0.6016	0.5820	0.5845	0.5796	0.6692	0.5864
C8	0.5078	0.5263	0.5132	0.5082	0.5074	0.6696	0.7014	0.6999	0.6440	0.6317	0.5887	0.6139	0.6065	0.5761	0.5696	0.6361	0.5666
C18	0.5193	0.5241	0.5059	0.5150	0.5129	0.5722	0.6318	0.5720	0.5799	0.5816	0.5458	0.5780	0.5389	0.5474	0.5472	0.6105	0.5437
C17	0.5110	0.5012	0.5020	0.5253	0.5126	0.6014	0.5995	0.5942	0.6255	0.6037	0.5562	0.5503	0.5481	0.5754	0.5581	0.6148	0.5237
C13	0.9464	0.9314	1.0416	1.1998	1.2278	0.5878	0.5713	0.6145	0.6119	0.6191	0.8411	0.8297	0.8793	0.9479	0.9587	1.1986	0.7387
C11	0.6076	0.7982	0.7657	0.8136	0.8184	0.7475	0.7678	0.7496	0.7216	0.7035	0.7680	0.8516	0.8870	0.9252	0.9144	1.6748	0.7930
C3	0.6514	0.6182	0.6414	0.7076	0.7189	0.6043	0.5918	0.5875	0.5702	0.5578	0.6278	0.6050	0.6145	0.6389	0.6384	0.8227	0.6184
C16	0.8969	0.9799	1.0690	1.2961	1.2273	0.5801	0.6317	0.5427	0.5498	0.5490	0.7385	0.8058	0.8058	0.9229	0.8882	1.5444	0.7491
C1	0.7245	0.7348	0.6823	0.7902	0.8782	0.6784	0.6792	0.7147	0.6482	0.6175	0.7014	0.7070	0.6985	0.7192	0.7478	0.9392	0.6451
C12	0.6304	0.6650	0.6561	0.6618	0.6616	0.7497	0.7760	0.7748	0.7319	0.6963	0.6901	0.7205	0.7154	0.6968	0.6789	0.7299	0.6301
C14	0.5441	0.5767	0.6217	0.6214	0.6286	0.7382	0.7335	0.7301	0.7125	0.6818	0.6411	0.6551	0.6759	0.6670	0.6552	1.0387	0.6379
C7	0.6333	0.7352	0.7754	0.7956	0.7794	0.6643	0.6964	0.7029	0.7188	0.7197	0.6488	0.7158	0.7392	0.7572	0.7496	0.7496	0.6136
C15	0.5310	0.5624	0.5690	0.5858	0.6017	0.6240	0.6433	0.6363	0.6854	0.6987	0.5775	0.6029	0.6026	0.6356	0.6502	0.7218	0.5979
C5	0.5934	0.6735	0.7142	0.7836	0.7637	0.6996	0.6825	0.6894	0.7081	0.7078	0.6465	0.6780	0.7018	0.7459	0.7358	1.0224	0.6837
C10	0.9774	1.3165	1.3304	1.2493	1.2925	0.6930	0.7121	0.7172	0.7498	0.7289	0.6311	0.6946	0.7110	0.7532	0.7203	0.7796	0.6383

续表

行业	前向参与度						后向参与度						网络中心度						最高	均值
	1996年	2006年	2010年	2016年	2018年		1996年	2006年	2010年	2016年	2018年		1996年	2006年	2010年	2016年	2018年			
C6	0.6223	0.7814	0.8153	0.8754	0.8658		0.7179	0.6965	0.7005	0.7304	0.7464		0.6701	0.7389	0.7579	0.8029	0.8061		0.8896	0.6435
C2	0.8489	1.0884	1.2286	1.4998	1.5552		0.6167	0.6283	0.6631	0.6936	0.6870		0.7328	0.8583	0.9459	1.0967	1.1211		1.1211	0.7289
C9	1.3843	1.4289	1.7747	1.5976	1.5718		0.6818	0.6442	0.5917	0.6126	0.6229		1.0571	1.0782	1.1372	1.5452	1.5731		2.0825	1.0285
C23	0.6344	0.6075	0.5416	0.5564	0.5256		0.7749	0.7773	0.7591	0.7751	0.7609		0.7047	0.6924	0.6503	0.6658	0.6432		0.8668	0.6924
C22	0.5464	0.6388	0.6182	0.6437	0.6746		0.7274	0.7722	0.7369	0.7137	0.7234		0.6369	0.7055	0.6775	0.6787	0.6990		0.7362	0.6274
C21	0.9774	1.3165	1.3304	1.2493	1.2925		0.6759	0.7255	0.7471	0.7453	0.7346		0.8267	1.0210	1.0388	0.9973	1.0136		1.0136	0.7308

第四节　小结

一、劳动和知识密集型服务业的前向参与度发达经济体较高、发展中经济体普遍较低，但资本密集型服务业前向参与度较高的国家既有发达经济体又有发展中经济体，且无论哪种类型服务业发达经济体网络中心度都较高

首先是前向参与度差异。不同国家间劳动密集型和资本密集型服务业的前向参与度差异明显、知识密集型服务业前向参与度差异较小。劳动密集型服务业和知识密集型服务业的前向参与度发达经济体较高、发展中经济体普遍较低，但资本密集型服务业前向参与度较高的国家既有发达经济体，又有发展中经济体。1996—2018年各国劳动密集型、知识密集型和资本密集型服务业历年前向参与度变化趋势都较稳定，呈小幅上涨趋势，且各经济体之间竞争排位变动小。其次是后向参与度差异。不同国家间劳动、知识、资本密集型服务业后向参与度差异较小，且后向参与度较高的国家既包括发达经济体也包括发展中经济体，且发展中经济体占比较大。1996—2018年各国历年后向参与度变化趋势稳定，但资本和劳动密集型服务业后向参与度各经济体之间排位变动激烈，知识密集型服务业后向参与度各经济体之间排位变动较小。最后是网络中心度差异。不同国家间资本密集型和知识密集型服务业网络中心度差异较小，但不同国家间劳动密集型服务业网络中心度差异明显。各类型服务业网络中心度较高的国家大多为发达经济体。1996—2018年各国各类型服务业网络中心度变化趋势稳定，但劳动和知识密集型服务业小幅上升，资本密集型服务业小幅下降，这直接导致劳动和知识密集型服务业网络中心度排名变动较小，资本密集型服务业网络中心度排名变动较大。

二、发达国家服务业具有较高的前向参与度和网络中心度、较低的后向参与度，而发展中国家服务业前向参与度、后向参与度、网络中心度内部差异明显

首先，发达经济体的前向参与度不仅高且大都呈不断上升的趋势，这表明发达经济体在全球服务产业链中发挥的"枢纽"作用日益增强，发达国家生产的出口品中被其他国家进口作为中间品的比重增加，其他经济体对发达经济体的依赖度较高。如美国的前向参与度最高，多年均位列第一，说明美国成为大多数国家进口中间品的主要来源甚至首要来源，美国在全球价值链中扮演着关键的"枢纽"角色。中国的前向参与度排名从1998年的第35名上升到第2018年的第8名，这显示中国服务产业水平的升级，中国不仅对主要服务强国的后向依存度降低，且自身成为大多数国家进口中间服务品的主要甚至首要来源。其次，发达经济体整体后向参与度较低，而且大都呈不断下降趋势。这表明发达经济体服务供给能力更强，它们往往会吸引更多的产业链环节，并在其出口中更多使用本国国内投入，减少对进口投入的使用，从而降低全球产业链后向参与。中国的后向参与度排名从1998年的第6名下降到2018年的第12名，表明中国的服务业的产业升级和"进口替代"，中国通过产业链升级替代和减少对中间高端服务品的进口，中国服务企业的技术升级路线更多选择对所进口中间品的替代，而不是出口新的服务。最后，发达经济体网络中心度整体较高且大多位于前列。这是因为发达经济体具有较大的前向全球产业链参与和较小的后向全球产业链参与，这说明发达经济体服务业在全球产业链中作为中间品出口方影响力的快速上升。如美国的网络中心度最高，多年以来网络中心度均位列第一，美国也确实是全球高端服务出口大国。中国的网络中心度排名从 1998 年的第 29 名上升到 2018 年的第 8 名，中国服务业在全球的影响力确实在逐步增强。

第七章　中国服务业进出口国别（地区）结构：基于附加值贸易的分析

自亚当·斯密以来，出口贸易与经济增长的研究一直是经济学家所关注的问题，二十世纪新增长理论、新贸易理论的兴起更是将这一研究推向高潮。但现有国际贸易理论也表明，扩大进口是发展中国家获得发达国家的创新理念、后发技术优势，赶超发达国家的重要路径。国际贸易理论揭示的贸易互利性，均同时关注出口和进口两个方面。出口是发挥国内优势产业的结果，而进口则利用国外优势产业。因此，对于一国（地区）的对外贸易而言，出口和进口如同一枚硬币的正反两面，任何忽视某一方面的政策和措施都会带来经济失衡的后果。

近年来，中国的服务贸易发展成就全球瞩目，规模连续七年位居全球第二，全球服务贸易第二大国地位不断巩固，服务贸易正在成为我国融入全球化的新亮点和外贸增长的新引擎。但在过去 20 年间，中国服务贸易长期呈逆差状态，且出口内容以传统劳动密集型服务为主，2021 年的知识密集型服务出口占比尚未达到 50%。而同为出口大国的印度服务贸易自 2004 年起持续呈顺差，高附加值的知识密集型服务占比达到 60% 以上，出口竞争力突出，对我国造成一定的竞争压力。我国进口又受美国"脱钩"论和技术封锁的态势蔓延影响，再加上以区域化、服务贸易、创新和可持续贸易主导的多边主义新时代的来临导致的跨境投资和贸易将越来越趋向市场导向而非效率导向，我国优质服务进口需求强劲。因此，为确保我国与其他国家贸易的持续性和稳定性,应由以出口为主的单向开放向注重"进口+出口"双向循环开放转变,充分利用好两个市场、两种资源。对此,习近平总书记指出,新发展格局决不是封闭的国内循环,而是开放的国内国际双循环。中国将坚定不移扩大对外开放,建立健全跨境服务贸易负面清单管理制度,推进服务贸易创新发展试点开放平台建设,继续放宽服务业市场准入,主动扩大优质服务进口。商务部等部门也制定了《"十四五"服务贸易发展规划》,从6个方面给出如何推动服务贸易高质量发展。而在此前,商务部已印发《全面深化服务贸易创新发展试点总体方案》,26项举措助推服务贸易扩大对外开放。既然扩大优质服务进口、提升服务出口质量已经成为我国未来很长一段时间的贸易政策导向。那么,我国进口和出口的主要服务是什么、具有什么特征?不同类型服务的主要进口来源国和出口国是哪些?只有清楚地回答这些问题,才能真正根据关键性服务的进出口来源国结构以及相互依赖关系制定更加有效的服务贸易战略,以便防范贸易风险等。基于此,本研究对中国服务进口和出口的国别(地区)进行研究。

第一节 研究方法与数据来源

一、研究方法

本研究借鉴 Johnson 和 Noguera(2012)[163]的方法来测算一国(地区)产业层面的附加值出口,并间接测度一国(地区)产业层面的附加值进口。根据 Johnson 和 Noguera(2012)[163]的定义,附加值出口是指一国(地区)生产而在另一国(地区)最终使用的附加值。而且,一国(地区）某产业的附加值出口额，既包括通过本行业出口实现的附加值出口，也包括通过其他行业出口而间接实现的附加值出口。本研究根据式（7-1）来测算一国（地区）的附加值出口：

$$VT = \begin{bmatrix} VT_{11} & VT_{12} & \mathrm{K} & VT_{1G} \\ VT_{21} & VT_{22} & \mathrm{A} & VT_{2G} \\ \mathrm{M} & \mathrm{M} & \mathrm{O} & \mathrm{M} \\ VT_{G1} & VT_{G2} & \mathrm{A} & VT_{GG} \end{bmatrix} = VBY$$

$$= \begin{bmatrix} V_1 & 0 & \mathrm{A} & 0 \\ 0 & V_2 & \mathrm{A} & 0 \\ \mathrm{M} & \mathrm{M} & \mathrm{O} & \mathrm{M} \\ 0 & 0 & \mathrm{A} & V_G \end{bmatrix} \begin{bmatrix} B_{11} & B_{12} & \mathrm{A} & B_{1G} \\ B_{21} & B_{22} & \mathrm{A} & B_{2G} \\ \mathrm{M} & \mathrm{M} & \mathrm{O} & \mathrm{M} \\ B_{G1} & B_{G2} & \mathrm{A} & B_{GG} \end{bmatrix} \begin{bmatrix} Y_{11} & Y_{12} & \mathrm{A} & Y_{1G} \\ Y_{21} & Y_{22} & \mathrm{A} & Y_{2G} \\ \mathrm{M} & \mathrm{M} & \mathrm{O} & \mathrm{M} \\ Y_{G1} & Y_{G2} & \mathrm{A} & Y_{GG} \end{bmatrix}$$

(7-1)

式（7-1）中，假设全球有 G 个国家，N 个行业，其中，V 为 GN 行 GN 列，是全球各国直接国内附加值系数矩阵，V_s 为 N 行 N 列的对角矩阵，其对角线上的元素为国家 S 各行业直接附加值系数；B 为 GN 行 GN 列的全球里昂惕夫逆矩阵，B_{sr} 为 N 行 N 列，表示国家 r 增加一单位最终需求对生产国 S 的总产出需求量；Y 为 GN 行 G 列，是全球各国的最终产品使用矩阵，Y_{sr} 为 N 行 1 列，是国家 r 对生产国 S 的最终产品需求向量。

式（7-1）描述了每个国家（产业）的附加值出口在国与国之间分布。矩阵 VT 为 GN 行 GN 列是全球附加值生产和出口矩阵。VT_{sr} 为 N 行 N 列，表示国家 S 生产而被国家 r 最终使用的附加值。矩阵 VT 对角线上的元素 VT_{ss} 表示国家 S 自己生产并在国内使用的附加值，如 VT_{11} 表示国家 1 自己生产并在国内最终使用的附加值部分；而矩阵 VT 的非对角线上的元素就构成了各国之间的双边附加值贸易矩阵，如 VT_{12} 表示国家 1 生产而被国家 2 最终使用的附加值，即国家 1 对国家 2 的附加值出口，同时也是国家

2 从国家 1 的附加值进口。而矩阵 VT 第 1 行的非对角线上的元素相加所得就是国家 1 对全球其他国家的附加值出口总和。矩阵 VT 其他行的含义与第一行类似，如第 2 行中的对角线元素 VT_{22} 表示国家 2 生产且自己最终使用的附加值，而其他元素 VT_{2i} ($i\neq 2$) 表示国家 2 生产但被国家 i 最终使用的附加值，即国家 2 对国家 i 的附加值出口，也就是国家 i 从国家 2 的附加值进口。以此类推。因此，利用式（7-1）可以测度一国（产业）的双边附加值出口，也可以间接测度一国（产业）的附加值进口。

二、数据来源

根据上述方法测算一国（地区）某产业的附加值进口额，需要用到世界投入产出矩阵数据。目前较权威和常用的国际投入产出表数据有 4 个，包括：经合组织（OECD）和世贸组织合作开发的国际投入产出表、GTAP 数据库、亚洲国际投入产出表、欧盟的世界投入产出数据库（WIOD）。其中，前三个数据库只包含少数几个年份的世界投入产出表，且在时间上不连续。而欧盟 WIOD 最新提供的 1995—2011 年世界投入产出表，涵盖了 41 个国家 35 个产业的连续 17 年的时间序列数据，其中第 18 类到第 35 类产业为服务行业，共 20 个服务业部门，为本研究测算中国及世界主要经济体附加值进出口及各行业附加值进出口提供了翔实数据。本研究利用 OECD 公布的数据，从行业层面分析中国服务业的附加值双边进口和出口额，研究中国服务业附加值进口和出口的国别或地区结构。

第二节 中国服务业进口的国别（地区）结构分析

在重商学派"贸易差额论"、李斯特"幼稚工业保护论"的影响下，国内外学者和业界人士几乎无不主张从本国利益出发扩大出口。在这种观点的影响下，我国也一直推行"奖出限入"的贸易政策，把贸易顺差视为考量发展和经济增长的重要指标。但在我国成为世界第一大出口国的同时，巨大的贸易顺差引发的频繁贸易摩擦和巨额的外汇储备带来人民币升值的巨大压力，也使我们不得不重新审视我们的贸易政策。与此同时，在"中国制造"标签贴遍全球的同时，主要依赖廉价劳动力和资本投入的中国服务业出口仍处于全球价值链的低端，且受到金融危机的波及也出现一系列较为严重的问题：一小部分大型外资企业主导了我国的出口贸易（Manova and Zhang, 2012）[286]，企业增加值率造成了"抑制效应"（张杰等，2013）[172]，被发达国家"俘获"（牛卫平，2012）[287]。然而，面对第三次科技革命，越来越多发达国家将知识密集的中间产业——生产性服务投入制造业，用专业化服务对制造业提供运输仓储、金融保险、研发、计算机软件、邮电通信等服务，其作用被世界各国认同。Hoekman（2006）[246]就曾指出OECD国家通过增加生产性服务进口贸易实现了国内技术水平提高，生产性服务进口贸易对输入国制造业发展有正向促进作用，可以提升我国制造业效率，是产业结构调整的主导力量和攀升价值链的目标（马鹏等，2014）[288]。应该说，在开放环境下，作为服务贸易重要组成部分的生产性服务进口贸易的重要性日益突显（杨玲，2016）[180]。事实上，当今处于新国际分工体系顶端的发达国家几乎都是全球或区域性服务中心，通过为其他国家提供高质量生产性服务或消费服务，牢牢占据着全球价值链的顶端和全球新创造财富的大部分。对此，国务院办公厅《关于支持外贸稳定增长的若干意见》（国办发〔2014〕19号）就明确提出要逐步扩大服务进口，国务院办公厅《关于加强进口的若干意见》（国办发〔2014〕49号）进一步指出，要大力发展服务贸易进口，积极扩大国内急需的咨询、研发设计、节能环保、环境服务等知识、技术密集型生产性服务进口和旅游进口。2016年国务院推出服务贸易创新发展试点等政策，通过服务贸易创新发展试点带动全国服务贸易向高质量发展。在这一系列政策的推动下，我国服务进口也取得较大进步。在第三届进博会《中国服务进口报告2020》专题发布会上，商务部服贸司相关负责人表示，商务部将采取多重举措进一步促进优质服务扩大进口。

"十三五"期间，我国服务贸易平均增速高于全球，连续5年位居世界第二。2020年，尽管受新冠疫情等多种因素的影响，中国服务进出口总额45642.7亿元，规模保持世界第二位，全球占比提升至6.9%。其中服务进口26286亿元，占总进口（货物和服务进口之和）的比重为57.6%。既然服务进口规模大幅增加已经成为事实，那么，我国进口的主要服务是什么、具有什么特征？不同类型服务的主要进口来源国是哪些？我国GDP、服务进口、货物进口与进口来源国之间的相互依赖程度是什么情况？只有清楚地回答这些问题，才能知道进口的服务类型是否与我国经济发展的需求相匹配、与我国产业发展政策相一致、有利于我国产业结构调整；才能真正根据关键性服务的进口来源国结构以及相互依赖关系制定更加有效的服务进口战略，以增强服务进口的主动权和防范进口中断的风险等。

一、服务业进口国别（地区）整体的测算结果与分析

根据表7-1的测算结果，可发现：①中国服务业进口约有1/2来自发达国家。其中，以日本和美国的份额居多，尤其是美国均在15%左右，但日本的份额呈不断下降趋势，2008年之前日本的份额最大，但2008年之后被美国超越；然后是德国；澳大利亚、法国、英国等其他发达国家次之，基本在5%以内。②来自韩国等新兴工业经济体的服务进口比重稳中有降，在14.2%~23.3%之间。③来自金砖国家的服务进口份额不大但整体稳定上升，在3.8%~8.9%之间，其中俄罗斯的份额相对巴西和印度大

一些。④来自其他发展中国家的份额不大,在12%~21%之间波动。总之,中国服务业附加值进口主要来自以美、日、德为首的发达国家,其次是韩国等新兴工业经济体与金砖国家。

表7-1 基于附加值贸易测算的中国服务业进口国家(地区)结构

单位:%

国家/地区	1995年	1997年	1999年	2001年	2003年	2005年	2007年	2009年	2011年	2013年	2015年	2017年	2018年
发达国家	55.2	54.4	56.3	55.7	53.9	53.0	51.9	52.1	50.5	49.4	50.8	50.1	48.7
美国	16.6	18.1	19.4	19.3	15.5	14.6	14.6	15.1	14.9	16.7	19.1	18.0	17.2
日本	20.6	18.1	17.5	16.4	18.2	17.2	14.9	13.8	12.6	9.1	8.1	8.8	8.0
加拿大	1.6	1.5	1.5	1.7	1.3	1.5	1.6	1.6	1.7	1.7	1.7	1.6	1.7
德国	4.9	4.0	4.6	5.2	5.9	5.9	6.3	6.6	6.6	6.3	5.6	5.8	5.9
法国	2.4	3.1	2.9	2.7	3.0	3.4	3.5	3.2	3.1	3.2	3.2	3.2	3.4
英国	2.2	2.6	3.3	3.1	2.8	3.3	3.2	3.2	2.7	3.0	3.4	3.0	3.1
意大利	2.6	2.4	2.5	2.5	2.3	2.1	2.1	2.0	1.9	1.9	1.8	1.8	1.9
澳大利亚	2.3	2.8	2.9	3.1	3.0	2.9	3.3	4.9	5.0	5.4	5.7	5.5	5.0
荷兰	0.9	1.1	1.0	1.0	1.2	1.3	1.3	1.4	1.2	1.2	1.2	1.3	1.4
西班牙	1.1	0.7	0.7	0.6	0.7	0.8	0.9	0.9	0.9	1.0	1.0	1.1	1.2
新兴经济体	22.9	23.3	21.2	20.5	21.3	19.8	17.4	15.7	14.8	15.5	15.3	14.2	14.4
韩国	4.7	5.9	5.4	5.3	6.3	6.8	6.1	5.0	5.3	5.4	5.5	5.2	5.5
墨西哥	0.2	0.3	0.3	0.4	0.4	0.5	0.5	0.5	0.6	0.6	0.6	0.6	0.6
土耳其	0.3	0.3	0.2	0.3	0.3	0.3	0.4	0.4	0.4	0.5	0.6	0.5	0.5
金砖国家	4.9	4.6	3.8	4.6	5.2	6.2	7.1	7.5	8.9	8.0	7.2	8.0	8.3
巴西	0.9	1.0	0.6	0.7	0.9	1.1	1.4	2.0	2.5	2.2	2.0	2.4	2.1
印度	0.4	0.6	0.7	0.9	1.2	1.8	2.3	2.1	2.3	2.3	2.3	2.5	2.8
俄罗斯	2.8	2.3	1.8	2.4	2.2	2.4	2.5	2.5	2.9	2.6	2.0	2.2	2.7
南非	0.8	0.7	0.7	0.6	0.9	0.9	0.9	0.9	1.2	1.0	0.9	0.9	0.7
东盟国家	6.0	6.5	6.7	6.5	7.0	6.8	7.0	7.4	7.9	7.9	8.2	8.9	9.3

续表

国家/地区	1995年	1997年	1999年	2001年	2003年	2005年	2007年	2009年	2011年	2013年	2015年	2017年	2018年
新加坡	2.1	2.2	2.0	2.0	2.2	2.3	2.3	2.3	2.7	3.0	2.8	3.0	3.1
印度尼西亚	1.1	1.1	1.1	1.0	1.0	0.9	0.9	1.0	1.2	1.0	1.0	1.3	1.3
马来西亚	1.1	1.3	1.5	1.4	1.5	1.3	1.3	1.5	1.6	1.4	1.3	1.2	1.4
泰国	1.3	1.5	1.6	1.5	1.7	1.6	1.6	1.7	1.4	1.4	1.7	1.9	1.9
其他6国	0.4	0.4	0.5	0.6	0.6	0.7	0.9	0.9	1.0	1.1	1.4	1.5	1.6
其他国家	11.0	11.2	12.0	12.7	12.5	14.2	16.5	17.4	17.9	19.2	18.6	18.8	19.5

资料来源：OECD 数据库。

接下来，进一步比较从附加值贸易角度与传统总值法角度测算的中国服务业进口国别（地区）结构。表7-2是基于传统总值核算法测算出来的1995—2018年中国服务业进口的国别（地区）结构，与表7-1的测算结果相比，两者存在类似之处：①无论用哪种核算方法，中国服务业进口中都是发达国家占据主要份额，发展中国家占比较小；②两种核算方法的测算结果都表明，来自新兴工业经济体的服务进口比重均处于下降趋势，而来自金砖国家和东盟国家的比重稳步上升。

但更重要的是，上述两种测算结果存在显著的差异。比较表7-1和表7-2的结果，可发现以下几个方面的差异：①两种核算方法的测算结果都显示，来自发达国家的中国服务业进口基于传统总值法测算的结果要低于基于附加值贸易测算的结果，而新兴经济体刚好相反，前者高于后者；金砖国家和东盟国家也呈现同样趋势。②根据传统总值法的核算结果，中国服务业进口来自美国的比重要低于基于附加值贸易法的测算结果，而且传统核算方法呈现下降趋势，基于附加值贸易法呈现上升的趋势，这主要是传统测算方法没能将来自美国的货物进口中伴随的服务业进口进行测算。③基于传统总值核算法的测算结果中，其他发达国家与基于附加值贸易法的测算结果差距不大,但都较低。

表7-2 基于传统总值法测算的中国服务业进口国别(地区)结构

单位:%

国家/地区	1995年	1997年	1999年	2001年	2003年	2005年	2007年	2009年	2011年	2013年	2015年	2017年	2018年
发达国家	49.2	49.0	51.9	50.7	49.1	48.2	45.3	45.0	44.0	43.1	44.6	43.9	42.8
美国	16.0	16.9	18.8	18.4	14.5	13.0	13.4	14.1	14.6	16.2	17.9	16.7	15.7
日本	19.1	17.0	17.0	15.4	18.0	17.4	13.8	12.5	11.0	7.8	7.2	7.9	7.4
加拿大	1.4	1.4	1.5	1.6	1.2	1.4	1.4	1.4	1.5	1.5	1.5	1.4	1.5
德国	3.1	2.6	3.0	3.5	4.0	4.3	4.5	4.7	5.3	5.0	4.7	4.8	4.8
法国	1.6	2.6	2.1	2.2	2.5	3.3	3.4	3.1	2.7	3.0	3.0	2.9	3.0
英国	1.9	2.1	3.1	2.9	2.5	3.0	2.8	2.3	2.5	2.8	3.1	2.7	2.8
意大利	1.8	1.9	2.1	2.0	1.6	1.4	1.4	1.2	1.3	1.3	1.3	1.3	1.3
澳大利亚	2.6	2.8	3.0	3.3	3.3	2.8	2.7	3.7	3.4	3.8	4.2	4.2	4.1
荷兰	0.6	1.0	0.7	0.8	0.9	1.0	1.1	1.2	0.9	0.9	1.0	1.0	1.1
西班牙	1.0	0.6	0.6	0.6	0.6	0.7	0.8	0.7	0.8	0.8	0.8	1.0	1.0
新兴经济体	28.6	27.1	23.6	23.6	25.0	23.0	20.5	19.7	18.3	18.6	17.9	16.5	16.4
韩国	3.9	5.0	4.9	5.0	5.1	5.9	6.1	5.0	4.9	4.9	5.6	5.3	5.3
墨西哥	0.2	0.2	0.2	0.3	0.4	0.4	0.4	0.3	0.4	0.4	0.4	0.5	0.5
土耳其	0.3	0.4	0.2	0.3	0.3	0.3	0.3	0.3	0.4	0.5	0.6	0.5	0.5
金砖国家	3.9	4.4	3.2	4.0	4.4	5.5	6.5	6.3	7.7	6.6	5.8	6.9	7.1
巴西	0.5	0.6	0.3	0.4	0.6	0.7	0.9	1.2	2.0	1.7	1.3	1.5	1.2
印度	0.5	0.9	0.9	1.2	1.5	2.4	3.0	2.6	2.7	2.4	2.3	2.8	3.1
俄罗斯	2.7	2.7	1.8	2.2	2.1	2.2	2.3	2.2	2.6	2.1	1.7	2.1	2.4
南非	0.2	0.2	0.2	0.2	0.2	0.2	0.3	0.3	0.4	0.4	0.5	0.5	0.4
东盟国家	6.4	7.7	7.9	7.8	8.2	8.4	9.3	9.5	10.9	11.2	11.7	12.4	13.1
新加坡	2.3	2.5	2.4	2.5	2.7	3.3	3.4	3.6	4.7	5.3	5.0	5.3	5.7
印度尼西亚	0.9	1.0	0.9	0.9	0.7	0.7	0.8	0.8	1.1	1.0	0.9	1.1	1.1
马来西亚	1.3	1.6	2.0	1.8	1.8	1.5	1.7	1.8	2.0	1.7	1.6	1.5	1.7
泰国	1.5	2.1	2.0	1.9	2.2	2.0	2.1	2.1	1.8	1.9	2.4	2.5	2.5

续表

国家/地区	1995年	1997年	1999年	2001年	2003年	2005年	2007年	2009年	2011年	2013年	2015年	2017年	2018年
其他6国	0.4	0.5	0.6	0.7	0.8	0.9	1.3	1.2	1.3	1.3	1.8	2.0	2.1
其他国家	11.8	12.0	13.3	13.9	13.3	15.0	18.4	19.5	19.0	20.5	20.0	20.3	20.6

资料来源：OECD 数据库。

二、按照要素密集度特征分类的服务业进口国别（地区）的测算结果与分析

为进一步分析不同要素密集度特征服务业出口国别（地区）结构及其变动趋势，本研究测度了 1995—2018 年中国 3 大类服务业部门的出口国别（地区）结构。并且，为将测度结果与传统贸易核算法下的出口国别（地区）结构进行比较分析，我们同时报告了采用上述两种方法测算的结果。

表 7-3 报告了基于附加值贸易法测算的中国不同要素密集度服务业进口国别（地区）结构。可发现：（1）无论是哪种类型服务业，其进口均主要来自发达国家，其中，知识密集型服务业进口中发达国家所占比重尤为突出，基本在 50% 以上；其次是劳动密集型服务业，其来自发达国家的进口比重要略高于资本密集型服务业。（2）对于所有类型服务业而言，来自韩国等新兴工业经济体的进口比重均呈现下降趋势，其中劳动密集型服务业进口比重下降幅度最大，下降了约 9 个百分点；其次是知识技术和资本密集型服务业，都下降 8 个百分点左右。（3）无论是哪种类型服务业的进口，来自金砖国家的比重均呈显著上升趋势。其中，劳动密集型服务业进口上升幅度最大，增加了约 4 个百分点；知识密集型服务业上升也很明显，样本期间上升了约 3.5 个百分点；资本密集型服务业上升幅度相对较小，增加小于 3 个百分点。（4）来自东盟十国进口中，无论是哪种类型服务业都呈微弱上升趋势，其中劳动密集型服务业上升幅度稍微大些。（5）其他发展中国家的进口中，劳动和资本密集型服务业进口比重上升最明显，知

识密集型服务业上升趋势稍显不足。

表 7-3 基于附加值贸易测算的中国不同要素密集度服务业进口国别（地区）来源　　单位：%

国家	序号	1995年	1997年	1999年	2001年	2003年	2005年	2007年	2009年	2011年	2013年	2015年	2017年	2018年
发达国家	(1)	55.1	54.5	55.9	54.3	52.6	52.6	50.8	50.2	48.0	45.9	47.1	46.7	44.9
	(2)	52.1	49.9	51.7	51.6	51.1	50.0	49.2	49.5	47.9	46.0	46.9	46.3	44.6
	(3)	57.3	57.3	59.4	59.7	57.2	55.4	54.5	55.4	54.4	54.3	56.2	55.0	53.8
新兴经济体	(1)	24.8	25.0	22.7	22.8	22.9	21.2	18.7	17.6	16.3	17.5	16.9	16.0	15.9
	(2)	21.7	22.4	21.2	20.1	20.0	18.4	15.5	13.3	12.9	14.3	15.3	13.9	14.2
	(3)	21.6	22.2	19.8	18.6	20.5	19.4	17.6	15.6	14.6	14.6	14.0	13.0	13.3
金砖国家	(1)	4.2	4.2	3.4	4.1	4.5	5.4	6.5	6.6	8.8	8.1	7.3	7.7	8.2
	(2)	6.7	6.4	4.9	5.9	6.5	7.0	7.5	8.2	10.1	8.9	7.4	8.5	8.4
	(3)	4.6	4.4	4.4	5.1	6.4	7.8	7.9	8.2	7.4	6.9	8.1	8.1
东盟国家	(1)	6.4	7.1	8.0	8.1	9.1	8.8	9.5	9.8	10.2	10.0	10.4	11.4	11.9
	(2)	6.0	6.6	6.7	6.2	6.4	6.1	6.1	6.5	6.8	7.0	7.7	8.4	8.9
	(3)	5.6	5.7	5.3	4.9	5.2	5.2	5.3	5.6	6.6	6.8	7.3	7.6
其他国家	(1)	9.5	9.2	10.0	10.7	10.8	11.9	14.6	15.8	16.7	18.4	18.3	18.3	19.1
	(2)	13.5	14.7	15.4	16.2	16.0	18.5	21.7	22.5	22.2	23.9	22.7	22.9	23.8
	(3)	10.9	10.9	11.8	12.4	12.0	13.5	14.8	15.6	16.3	16.9	16.1	16.6	17.2

注：表中的（1）、（2）、（3）分别代表劳动密集型服务业、资本密集型服务业和知识密集型服务业。

资料来源：作者计算。

表 7-4 报告了基于传统总值贸易法测算的不同要素密集度服务业进口国别（地区）结构，与表 7-3 基于附加值贸易法的测算结果相比，可以发现：（1）两种核算结果都显示，中国不同类型服务业进口均主要来自发达国家，知识密集型服务业和资本密集型服务业的进口比重均呈现下降趋势，但基于附加值贸易法测算的结果比较平缓，而基于传统总值贸易法测算的结果波动幅度较大。这是因为中国货物进口中发达国家所占比重下降非常缓慢导致间接进口的服务附加值下降缓慢，导致资本密集型和劳动密集型服务业附加值进口比重缓慢下降。此外，相对于劳动密集型服务业和

资本密集型服务业而言，发达国家在知识密集型服务方面更具有比较优势，因此中国知识密集型服务业的直接进口中发达国家比重上升飞快，且来自发达国家的货物进口内含的知识密集型服务所占比重也较大，从而使得来自发达国家的知识密集型服务业进口比重很大且不断上升。(2) 对于劳动密集型服务业和知识密集型服务业的进口比重而言，基于附加值贸易法核算的新兴工业经济体所占比重要小于基于传统总值法核算的比重。这可能是因为中国货物进口中新兴工业经济体所占比重较大，且相对于知识密集型服务业而言，新兴工业经济体在劳动密集型和资本密集型服务业方面更具比较优势，从而其货物出口中内含的劳动密集型和资本密集型服务业附加值比重较大。(3) 两种核算结果均显示，中国各类型服务业进口中来自金砖国家的比重都呈上升趋势，其中劳动密集型服务业和知识密集型服务业的比重上升幅度很大，而资本密集型服务业上升幅度较小。这是因为中国货物进口中来自金砖国家的比重上升较快，与新兴工业经济体类似，金砖国家在劳动密集型和知识密集型服务业方面更具比较优势，其货物出口中内含的劳动密集型和知识密集型服务业附加值比重较大而资本密集型服务业附加值占比较小，从而使中国劳动密集型和知识密集型服务业附加值出口比重上升较快而资本密集型服务业附加值出口上升较慢。(4) 基于附加值贸易法核算的结果中，中国资本密集型服务业进口来自其他发展中国家的比重呈明显上升趋势，而基于传统总值法核算的比重基本变化不大。这可能是中国货物进口中其他发展中国家所占比重上升较快以及这些国家货物出口中资本密集型服务业附加值占比较大所致。

表 7-4 基于传统总值法测算的中国不同要素密集度
服务业进口国别（地区）来源　　　　　单位:%

国家	序号	1995年	1997年	1999年	2001年	2003年	2005年	2007年	2009年	2011年	2013年	2015年	2017年	2018年
发达国家	(1)	49.8	51.2	54.6	52.4	50.4	51.0	50.0	48.9	47.3	45.8	47.2	46.8	45.5
	(2)	43.2	40.1	42.4	42.2	42.9	42.0	39.1	38.7	37.8	36.6	37.2	36.2	34.7
	(3)	53.8	53.9	55.3	55.4	52.4	49.8	45.4	46.7	46.1	46.5	49.5	48.3	46.7
新兴经济体	(1)	31.6	29.3	24.5	25.5	26.9	25.2	21.1	20.7	18.6	19.1	18.3	17.1	16.5
	(2)	25.8	26.1	24.6	24.6	23.7	21.3	19.4	18.2	17.0	17.9	19.4	18.1	18.6
	(3)	24.4	23.7	20.9	18.8	21.7	20.7	21.0	20.2	19.5	18.7	15.9	14.4	14.3
金砖国家	(1)	3.1	3.5	2.6	3.3	3.3	4.1	5.1	5.1	7.2	6.5	5.9	6.7	7.9
	(2)	6.5	6.4	4.1	5.0	5.9	5.8	5.8	6.3	8.6	6.9	5.5	6.8	5.5
	(3)	3.5	4.0	3.9	4.7	5.5	7.9	9.3	7.8	7.5	6.5	6.1	7.3	7.9
东盟国家	(1)	6.1	7.3	8.0	8.2	9.0	9.2	10.4	10.0	11.2	10.8	11.1	11.8	12.0
	(2)	7.5	9.0	9.5	8.5	8.5	9.1	10.0	11.3	11.7	12.7	13.5	14.9	
	(3)	6.3	6.8	6.5	6.5	6.3	6.8	8.1	8.5	10.1	11.4	11.2	12.1	12.6
其他国家	(1)	9.4	8.7	10.2	10.6	10.4	10.6	13.4	15.3	15.7	17.8	17.4	17.7	18.0
	(2)	17.1	18.5	19.5	19.8	19.1	22.4	26.6	26.9	25.3	27.0	25.2	25.5	26.4
	(3)	12.0	11.6	13.3	14.7	14.1	14.7	16.2	16.8	16.7	16.9	17.3	18.0	18.4

注：表中的（1）、（2）、（3）分别代表劳动密集型服务业、资本密集型服务业和知识密集型服务业。
资料来源：作者计算。

三、结论与启示

1. 基本结论

在服务贸易进口有助于缓解国内技术瓶颈和关键性要素的迫切需求下，尤其是服务贸易进口通过"服务链接"等影响出口的典型化事实的存在，强调"引进来"与"走出去"的进口与出口联动的贸易政策开始出现，但发展中经济体若是过于依赖于某一国（地区）或某一类的进口服务业，很容易被锁定在全球价值链的低端环节或出现产业发展中"进口断层"的系统性风险。现有的研究虽然从不同角度探讨了服务业进口的技术溢出效应、产业发展效应和经济增长效应，但很少关注服务业进口的来源国（地区）。而且，经济合作与发展组织（OECD）和世界贸易组织（WTO）共同开发出的"贸易增加值统计体系"，因其核算的结果能更符合真实的全球贸易图景而受到广泛关注，利用这一核算方法更有利于更清晰地认识自身的全球贸易地位。鉴于此，本研究利用 OECD 数据库分析和测算了 1995—2018 年中国服务业整体及不同要素密集度类型服务业进口的国别（地区）结构，并与传统总值核算方法进行了对比分析。结果如下：

（1）中国服务业进口来源国（地区）是以美日为主的发达国家，但两种核算方式下发达国家内部结构存在显著差异。虽然在两种核算方式下 1995—2018 年中国服务业进口来源国主要是发达国家，以美、日、德为首，其次是韩国等新兴工业经济体与金砖国家。但在传统核算方法下，从美国进口比重明显偏少且低于日本。

（2）不同类型服务业进口来源国（地区）差异较大，且不同核算方式下不同类型服务业进口来源国（地区）结构存在一定的差异。一是不同类型服务业进口来源国（地区）特征。知识密集型服务业来自发达国家的进口比重尤为突出，来自新兴工业经济体的进口比重下降幅度较大，来自金砖国家的进口比重上升幅度较小；劳动密集型服务业来自发达国家的进口比重要高于资本密集型服务业，来自新兴工业经济体的进口比重较稳定，来自金砖国家的进口比重上升明显；资本密集型服务业来自发达国家的进口比重最高，来自新兴工业经济体的进口比重呈小幅下降趋势，来自金砖国家、东盟十国和其他发展中国家的进口比重上升明显。二是两种核算方式下的进口来源国差异。来自发达国家和金砖国家不同类型服务业进口基于传统总值核算法结果都小于基于附加值贸易核算结果。而来自新兴工业经济体的各种类型服务业进口比重在传统总值核算法下都要大于基于附加值贸易法核算法下的计算结果。来自东盟十国的劳动密集型服务业进口基于传统核算法下的计算结果要小于基于贸易增加值核算的结果，但资本密集型服务业和知识技术密集型服务业进口比重的两种方法测算结果呈现相反的趋势。来自其他的劳动密集型服务业进口基于传统核算法下的计算结果要和基于贸易增加值核算的结果差不多，但资本密集型服务业和知识技术密集型服务业进口比重的基于传统核算法下的计算结果要大于基于贸易增加值核算的结果。

2. 政策启示

上述研究结论不仅有助于客观认识中国服务贸易进口的来源国（地区）结构现状，这对于全球价值链分工模式下中国服务贸易发展及其政策的科学制定均有重要价值。不可否认，中国服务贸易进口来源国（地区）结构固然与要素禀赋特征及其现实发展阶段有关，但这并不意味着我们无可作为。相反，对中国服务贸易进口现状的深刻认识，为实现我国服务贸易发展进口和出口"双联动"的宏观目标带来重要的启示。

（1）加大服务进口溢出效应的扩散力度。在经济全球化新时期，服务尤其是生产性服务业进口贸易不再仅仅扮演弥补比较劣势的作用，而是要发挥在全球有效配置资源的能力。对此，中国应加大服务进口溢出效应的扩散力度。一方面，中国制造企业要主动进口所需服务业，变被动"承包"为主动"发包"。研究显示，知识密集型服务业的直接进口带来的直接服务业附加值进口要明显大于由货物进口引致的间接服务业附加值进口。因此，中国应主动进口发达国家的服务业尤其是生产性服务业，将其知识、信息、技术密集的高级生产要素投入中国服务业的生产过程，直接通过技术溢出促进中国服务业技术升级，同时倒逼国内服务业尤其是生产性服务业的发展。另一方面，中国应加大对知识密集型的先进制造业扶持力度，培育服务需求市场。研究显示，中国服务业附加值进口中通过货物进口引致的间接服务附加值进口要略大于通过服务进口带来的直接服务附加值进口。因此，应加大对技术密集型先进制造业的扶持力度，不断加强本国制造业自身的发展水平，优化制造业产业结构，使其能与高技术含量的服务业相互融合，才能更好地发挥进口服务的外溢效应。具体来说，通过进口与欧美发达国家合作时应注重沿价值链的攀升与突破，着力发挥高端服务产业内和产业间知识外溢双重作用，同新兴工业经济体和金砖国家合作时应侧重一般服务贸易进口下的知识外溢，着力发挥高端服务产业内进口知识外溢效应，同发展中国家合作时应在继续推动外包模式下服务贸易进出口规模扩张的同时，努力提高服务贸易进口质量，使其知识溢出效应尽快得以显性化。

（2）适当扩大服务贸易进口复杂度。一是要扩大进口服务类型的复杂度。目前，我国服务业进口仍以传统服务业为主，伴随着其对经济发展促进作用的逐步降低，随之而来的就是我国服务企业同质化现象严重、技术复杂度普遍偏低，对制造业"推力"不够，提升生活质量和改善环境的一些服务需求难以得到满足，直接制约了我国制造业转型升级和服务环境改善目标的实现。对此，中国既要根据本国产业发展水平和需求合理引进更多复杂度高的金融保险及专利特许权服务、研究与试验、综合技术服务以及信息传输计算机软件服务等新兴服务业，保证生产要素质量的最优匹配，但也不能不顾当地产业发展现实，盲目地扩大技术复杂度高的服务业进口；努力打破一些市场准入壁垒、贸易壁垒等进口一些我国急需的能提升生活质量和改善环境的非生产性服务业，而不仅是集中在交通运输等资本密集型服务业方面；既要适当提升生产性服务贸易进口比重，使非生产性服务贸易占服务贸易进口的比重下降，也要适当提升资本和知识密集型服务贸易进口比重，使劳动密集型服务贸易占服务贸易进口的比重下降。二是要增加服务进口来源国（地区）的复杂度。正如一个国家的出口地区过于集中存在出口风险一样，一个国家进口服务的地区结构过于集中也会存在不安全风险,如我国制造业转型发展所需的生产性服务业过度依赖某个或者少数几个国家,当这些国家有意或者无意地中断进口贸易,将会导致供应短缺,进而影响整个国家经济发展秩序。对此,中国既要重视和增加进口服务类型复杂度,也要重视和增加进口服务的来源国复杂度,实施战略性的进口来源国(地区)多元化进口政策,妥善处理与发达国家的进口贸易伙伴关系,积极拓展与周边国家(地区)贸易合作关系,尤其是借助共建"一带一路"契机,充分利用跨太平洋伙伴关系协定(TPP)、跨大西洋贸易和投资伙伴协定(TTIP)和服务贸易协定(TISA)框架,提升与欧美发达国家在知识与技术密集型服务贸易领域的实质性合作,深化与东盟、中亚等相关国家的贸易往来,避免我国进口特别是关键性服务的进口过度依赖一个或者少数几个国家或地区的情况。

(3)加大科技创新改善服务进口质量。党的十八大报告提出要实施创新驱动发展战略,同时也把"发展服务贸易,推动对外贸易平衡发展"作为今后中国经济社会发展的重要任务之一。事实上,创新和服务贸易对中国至关重要,中国融入全球价值链和商品出口很大程度上依赖中国服务业和服务贸易的发展。尽管如此,在全球经济正在进入以数字化、智能化、互联化等信息技术为基础的服务经济年代,以中小企业为主的中国服务贸易在参与国际市场竞争中还存在"品牌""技术""信用"三大软肋以及"人力成本""盈利能力""信息资源"三大挑战,造成高端服务需求不足和本地市场效应很难发挥,直接制约着中国服务进口质量。基于此,通过科技创新改善我国服务进口质量就成为必然。一是要通过科技创新创造高端服务需求。高端制造业与技术创新有着密切的联系,科技的创新往往会带来高端制造业的发展。高端制造业的发展则会产生相应的支持服务的需求,尤其是在当今产业融合发展趋势彰显的情况下,高端制造业的发展必然引致更大的生产型服务市场,产生对研发设计、创意、信息服务等高端生产服务的需求，也必然会增加知识密集型服务业进口的力度，改善我国服务进口质量。二是通过科技创新提升高端服务进口的吸收与应用。近几年，发达国家服务业大规模国际转移蔚然成风，很多发展中国家都是服务业国际转移的受益者，已成为西方企业的"海外办公室"。尽管如此，因为语言、文化习惯以及本国产业基础的薄弱，很多国家都成了欧美"专业代工"。中国也提出要大力引进高端服务业实现本国产业转型，但是引进服务的国内利用效率并不高，这直接制约着服务进口本地市场效应的发挥。总之，信息技术和互联网开创了今天的服务外包和服务贸易，大数据和物联网一定会引导未来的服务外包和服务贸易。对此，中国应利用推进国家自主创新示范区和国家服务贸易创新发展试点城市建设的重大战略机遇，强化科技创新，从优化服务要素本身入手，加强科技企业孵化器和众创空间建设，加速集聚各类创新要素，提高对进口先进生产性服务的匹配、对接与消化，提升我国服务进口溢出效应的发挥，真正实现我国服务贸易质的提升。

第三节　中国服务业出口的国别（地区）结构分析

《国务院关于加快发展服务贸易的若干意见》（国发〔2015〕8号）指出，要完善服务贸易政策支持体系，加快服务贸易自由化和便利化，推动扩大服务贸易规模，优化服务贸易结构，增强服务出口能力，培育"中国服务"的国际竞争力。事实上，随着全球价值链的日益完善，服务除了通常意义上本身的跨境流动外，通过外包出口及物化于商品的形式参与全球价值链的路径也日趋明晰。全球科技革命尤其是通信技术的飞速进步，以及全球和区域性的服务贸易规则不断推行，使得技术进步和贸易自由化在

加速国际分工的同时也带动了全球服务贸易的增长（Jones et al,
2005）[289]。而服务贸易不仅直接提升了出口国（地区）的社会福利水平，
还在很大程度上影响着货物贸易和货物生产部门的价值流向，服务贸易的
意义已超过了最终产品贸易，世界服务贸易发展速度也已经超过货物贸
易。在此背景下，服务贸易正在成为引领全球贸易增长的"新引擎"，各
国或地区也日益把服务贸易的发展状况视为一国或地区参与全球合作与竞
争能力的重要衡量指标之一。但长期以来我国都是服务进口大国，服务贸
易总体尤其是高端服务贸易部门中存在逆差。出口增长一直被视为国家繁
荣的一个重要方面，但传统上出口主要被分解成初级产品、制成品和服务
出口，其中制成品出口被看成产业技术进步和 GDP 增长的关键。出现在欧
洲的"服务化"和亚洲的"微笑曲线"变化已经模糊这些类别（Baldwin，
2013）[1]，出口中的服务附加值占据着更重要的位置。对此，促进服务出
口规模、提升服务输出能力成为近阶段增强我国服务贸易国际竞争力的一
个主要措施。但服务业如同制造业的全球非一体化生产一样，也是一个
"碎片化"快速发展的行业，服务提供流程的分解正成为全球价值链的重
要组成部分。因此，一味地追求服务贸易出口规模扩张很有可能使中国服
务贸易如同货物贸易一样"只赚数字，不赚钱"，甚至呈现"贫困化增长"
迹象。因此，中国服务出口目前究竟采取何种增长方式："以量取胜"的
外延式增长还是"以质取胜"的内涵式增长？对这一重要问题的回答不仅
有助于明晰中国在全球服务贸易中的分工地位以及由此所决定的贸易利
益，更有助于寻求推动中国服务贸易出口更"优质"增长的有效政策的关
键。要回答这一问题，就必须对目前我国服务出口的总量、国别和结构等
方面有一个清晰的认识，且找出决定中国服务贸易出口的主要因素。以避
免服务贸易出口出现"过度"的正常修正和"不足"的继续恶化。

但现有大量研究成果均是基于总值核算法测算，在全球价值链分工模

式下在某些方面难以真实揭示一国（地区）产业（包括服务业）的国际竞争力。而"附加值贸易"概念的发展及其一系列相关的实证研究为此提供了另一个思路（Koopman, Wang and Wei, 2014[9], Timmer et al, 2014[181]），再加上 WIOD 和 TIVA 数据库的发展，这些关于出口的新思考方式和新数据使得经济学家能更好地描绘国家和产业出口中附加值的真正来源（Baldwin, Forslid and Ito, 2015）[182]。贸易增加值虽有利于刻画一国服务出口的真实新增价值，但也无法剔除相关产业的成本上升引致的价值增值。基于此，本研究将利用 WIOD 基于附加值贸易框架，测算 1995—2018 年中国服务业整体及不同要素密集度类型服务业出口的国别（地区）结构，并与传统总值核算方法进行对比分析，两种方法结合起来"纠正误判"，明晰中国服务业国际竞争力的真实状况，并探讨影响中国服务业出口的因素，为提升中国服务业国际竞争力和服务业对外开放政策的制定提供科学依据。

一、测算结果与分析

1. 服务业整体的测算结果

根据表 7-5 的测算结果，可发现：(1) 1995—2018 年间中国服务业附加值出口市场以发达国家为主，其比重一直在 50% 左右，但大体处于下降趋势。其中，对美国的出口份额最多且稳定，样本期间保持在 20% 以上；其次是日本，但总体处于不断下降趋势；再次是德国，比重在 3.8%~5.3% 之间波动；对澳大利亚、加拿大、法国、英国等其他发达国家的出口比重次之，均在 4% 以内。(2) 对新兴工业经济体的服务出口比重在 11.1%~18.9% 之间，但其中主要是对韩国服务的出口。(3) 近年来出口到俄罗斯、巴西和印度等金砖国家以及东盟国家的服务份额不大但稳定上升。(4) 对其他发展中国家的出口份额总体稳中有升。总之，中国服务业附加值的出口市场主要是以美、日、德为首的发达国家，其次是韩国等新兴工业经济体、金砖国家和东盟国家，尤其是对金砖国家和东盟国家的出口份额不断上升。

表7-5 基于附加值贸易测算的中国服务业出口国别（地区）结构

单位:%

国家/地区	1995年	1997年	1999年	2001年	2003年	2005年	2007年	2009年	2011年	2013年	2015年	2017年	2018年
发达国家	58.5	61.0	65.6	63.7	63.6	61.8	56.9	53.3	51.0	48.7	49.6	49.6	49.5
美国	20.2	24.1	28.8	28.8	28.9	28.2	25.3	22.6	20.7	21.2	23.5	23.2	22.8
日本	20.5	18.9	17.5	16.6	14.6	12.3	9.9	9.9	9.7	8.8	8.3	8.2	8.2
加拿大	1.7	2.0	2.0	2.0	2.4	2.8	2.9	2.8	2.9	2.8	2.5	2.6	2.5
德国	5.3	4.8	4.8	4.1	4.5	4.4	4.4	4.3	4.5	3.9	3.8	4.1	4.2
法国	2.1	2.3	2.3	2.3	2.6	3.0	3.0	3.0	3.0	2.7	2.5	2.6	2.7
英国	2.8	3.2	3.7	3.6	3.7	3.7	3.6	3.0	3.1	2.7	2.8	2.5	2.5
意大利	2.3	2.0	2.2	2.0	2.2	2.2	2.4	2.3	2.2	1.6	1.5	1.6	1.7
澳大利亚	1.6	1.8	1.9	1.9	2.0	2.3	2.3	2.7	2.8	2.9	2.7	2.6	2.6
荷兰	0.9	0.9	1.0	0.9	1.1	1.0	1.1	1.1	1.1	1.0	0.9	0.9	1.0
西班牙	1.0	1.1	1.4	1.3	1.5	1.9	2.1	1.7	1.4	1.1	1.2	1.3	1.4
新兴经济体	18.9	17.3	14.7	14.2	13.0	12.2	11.9	11.1	12.0	11.8	11.7	12.4	12.1
韩国	4.2	3.8	3.1	3.8	4.3	4.6	4.7	3.9	4.7	4.1	4.0	4.5	4.4
墨西哥	0.3	0.3	0.7	1.0	1.3	1.4	1.5	1.4	1.6	1.9	2.0	2.0	2.1
土耳其	0.4	0.5	0.5	0.3	0.5	0.6	0.9	0.9	1.1	1.2	1.1	1.0	0.8
金砖国家	4.8	4.1	3.0	3.6	4.1	5.3	7.5	7.9	9.7	9.5	8.3	9.0	9.1
巴西	0.7	0.8	0.5	0.6	0.6	0.8	1.2	1.5	1.9	2.0	1.6	1.4	1.5
印度	0.7	0.7	0.8	0.9	1.0	1.9	2.8	3.1	3.8	3.3	3.9	4.5	4.5
俄罗斯	3.0	2.1	1.3	1.7	1.9	1.9	2.7	2.5	3.2	3.4	2.1	2.5	2.4
南非	0.4	0.5	0.4	0.4	0.7	0.8	0.8	0.7	0.8	0.8	0.6	0.6	0.7
东盟国家	5.4	4.9	4.1	5.0	5.0	4.9	5.1	6.0	6.7	7.5	7.5	7.9	8.3
新加坡	1.3	1.0	1.0	1.2	1.0	1.0	1.0	1.2	1.4	1.4	1.3	1.4	1.4
印度尼西亚	1.0	0.9	0.7	0.9	1.0	1.0	1.4	1.6	1.6	1.6	1.6	1.7	1.9

续表

国家/地区	1995年	1997年	1999年	2001年	2003年	2005年	2007年	2009年	2011年	2013年	2015年	2017年	2018年
马来西亚	1.0	0.9	0.6	0.9	0.9	0.8	0.8	0.8	0.9	1.1	1.0	1.0	1.0
泰国	1.4	1.0	0.8	0.9	1.0	1.1	1.1	1.1	1.4	1.6	1.4	1.4	1.5
其他6国	0.7	1.1	0.9	1.1	1.1	1.0	1.2	1.5	1.4	1.7	2.2	2.4	2.5
其他国家	12.4	12.6	12.6	13.5	14.4	15.7	18.6	21.7	20.5	22.5	22.8	21.1	21.0

接下来，我们进一步比较从附加值贸易角度与传统总值法角度测算的中国服务业出口国别（地区）结构。表7-6是基于传统总值核算法测算出来的1995—2018年中国服务业出口的国别（地区）结构，与表7-5的测算结果相比，两者存在明显的差异：（1）基于附加值贸易核算的结果中，中国服务业出口中发达国家所占比重均接近50%，但都高于基于传统总值法测算的结果。（2）在发达国家中，基于传统总值法测算的结果中服务业对美国的出口比重不稳定，但远低于基于附加值贸易法测算的比重；对于日本而言，大部分年份中基于附加值贸易测算的出口比重小于基于传统总值法测算的结果。（3）基于传统总值法核算的结果中，新兴工业经济体中的韩国所占比重较大，远大于基于附加值贸易法测算的结果。（4）基于传统总值法测算的结果中，服务业对金砖国家的出口比重较小，2003年以后基于传统总值法测算的比重要小于基于附加值贸易法测算的比重。（5）东盟国家基于传统总值法测算的结果大于基于附加值贸易法测算的结果。

表7-6 基于传统总值法测算的中国服务业出口国别（地区）结构

单位:%

国家/地区	1995年	1997年	1999年	2001年	2003年	2005年	2007年	2009年	2011年	2013年	2015年	2017年	2018年
发达国家	50.0	52.1	53.5	51.6	50.7	50.5	46.6	44.0	43.9	42.6	43.9	43.3	43.0
美国	14.1	17.1	18.8	19.6	18.9	18.3	16.7	14.7	14.9	15.6	17.3	17.0	16.7

续表

国家/地区	1995年	1997年	1999年	2001年	2003年	2005年	2007年	2009年	2011年	2013年	2015年	2017年	2018年
日本	20.6	19.3	18.1	16.0	14.3	13.1	10.5	10.4	9.6	8.6	8.8	8.7	8.3
加拿大	1.3	1.6	1.6	1.8	2.0	2.3	2.4	2.4	2.5	2.4	2.2	2.2	2.2
德国	5.0	4.8	4.8	4.2	4.4	4.6	4.6	4.5	4.5	4.5	4.3	4.5	4.6
法国	1.5	1.8	1.6	1.7	2.0	2.8	2.8	2.7	3.2	2.9	2.7	2.8	2.8
英国	2.1	2.5	2.7	2.7	2.8	2.7	2.4	2.4	2.3	2.4	2.1	2.1	2.1
意大利	2.2	1.7	2.0	1.9	1.9	1.9	2.1	2.0	2.0	1.6	1.5	1.5	1.5
澳大利亚	1.4	1.5	1.5	1.6	1.6	1.9	1.7	2.0	2.1	2.4	2.1	2.0	2.0
荷兰	1.0	0.8	1.1	0.9	1.5	1.2	1.4	1.5	1.4	1.3	1.3	1.3	1.4
西班牙	0.8	0.8	1.3	1.3	1.4	1.8	1.7	1.5	1.3	1.0	1.1	1.2	1.3
新兴经济体	24.5	23.8	23.4	22.2	20.8	18.8	18.7	17.1	16.4	14.7	14.3	15.0	14.5
韩国	5.2	5.0	4.7	5.7	6.2	6.9	7.1	6.5	7.4	6.5	6.2	6.8	6.7
墨西哥	0.2	0.2	0.5	0.7	1.0	1.1	1.1	1.2	1.3	1.7	1.7	1.8	1.9
土耳其	0.3	0.3	0.4	0.2	0.3	0.5	0.5	0.6	0.6	0.8	0.7	0.7	0.5
金砖国家	5.7	4.4	3.4	4.1	4.4	5.2	6.3	6.8	7.8	8.0	7.0	7.2	7.5
巴西	0.7	0.7	0.5	0.6	0.6	0.7	0.9	1.2	1.3	1.4	1.1	0.9	1.0
印度	0.6	0.6	0.7	0.9	0.9	1.8	2.3	2.7	3.1	2.8	3.3	3.7	3.9
俄罗斯	4.0	2.7	1.8	2.3	2.4	2.1	2.4	2.2	2.8	3.2	2.1	2.1	2.1
南非	0.4	0.4	0.4	0.3	0.5	0.6	0.7	0.7	0.6	0.6	0.5	0.5	0.5
东盟国家	6.8	6.3	6.4	7.3	8.3	8.3	8.6	9.7	11.1	12.3	12.7	13.4	14.0
新加坡	2.1	1.6	2.1	2.4	2.9	3.0	3.4	4.0	5.1	5.8	6.1	6.6	6.5
印度尼西亚	0.8	0.8	0.8	1.1	1.2	1.3	1.0	1.2	1.3	1.4	1.3	1.3	1.5
马来西亚	1.6	1.5	1.3	1.6	1.7	1.5	1.5	1.4	1.5	1.4	1.3	1.4	1.4
泰国	1.5	1.1	1.0	1.2	1.3	1.6	1.6	1.9	1.8	1.7	1.7	1.7	1.8
其他6国	0.8	1.3	1.2	1.1	1.2	1.0	1.1	1.5	1.4	1.8	2.2	2.5	2.8
其他国家	13.1	13.5	13.4	14.6	15.8	17.3	19.8	22.4	20.9	22.3	22.3	21.1	21.0

2. 按照要素密集度特征分类的服务业层面的测算结果

为进一步分析不同要素密集度特征服务业出口国别（地区）结构及其

变动趋势，本研究按照要素密集度特征对18个服务业部门进行分类考察。基于附加值贸易核算法，本研究测度了1995—2018年中国3大类服务业部门的出口国别结构。并且，为将测度结果与传统贸易核算法下的出口国别（地区）结构进行比较分析，我们同时报告了采用上述两种方法测算的结果。表7-7报告了基于附加值贸易法测算的中国不同要素密集度服务业的出口国别（地区）结构。根据表7-7的结果，我们可发现：（1）无论是哪种类型服务业，发达国家都是中国主要出口市场，但都呈下降趋势。（2）各类型服务业对新兴工业经济体的出口比重不太稳定，时升时降，但总的来说呈下降趋势。（3）无论是哪种类型服务业的出口，中国对金砖国家和东盟国家服务出口的比重均呈显著上升趋势。（4）出口到其他发展中国家劳动密集型服务业比重相对较小，资本密集型服务业和知识密集型服务业相差不大。

表7-8报告了基于传统总值贸易法测算的不同要素密集度服务业出口国别（地区）结构，与表7-7基于附加值贸易法的测算结果相比，可以发现：（1）两种核算结果都显示，中国知识密集型服务业和劳动密集型服务业出口发达国家所占比重最大；基于传统总值贸易法测算的资本密集型服务业出口中，大多数年份发达国家所占比重低于40%。（2）两种核算结果都显示，服务业对新兴工业经济体的出口比重不太稳定，但相对于附加值贸易法的核算结果，基于传统总值法核算的知识密集型和资本密集型出口比重整体呈下降趋势。（3）基于附加值贸易测算的结果中，各类型服务业的出口中金砖国家出口比重呈现波动但上升趋势，但基于传统总值法核算的出口比重低且上升幅度不大，东盟刚好呈现相反的趋势。（4）基于传统总值法测算的出口比重中，劳动密集型服务业出口到其他发展中国家的比重较小，但资本和知识密集型比重较大。

表 7-7 基于附加值贸易测算的中国不同要素密集度服务业出口国别（地区）结构 单位:%

年份	劳动密集型服务业					资本密集型服务业					知识密集型服务业				
	(1)	(2)	(3)	(4)	(5)	(1)	(2)	(3)	(4)	(5)	(1)	(2)	(3)	(4)	(5)
1995	61.3	18.2	4.9	4.6	10.9	52.3	21.6	5.7	6.6	13.8	61.1	17.4	4.2	4.9	12.5
1997	64.8	15.8	4.1	4.0	11.3	54.9	20.7	4.6	6.1	13.6	62.0	16.2	3.9	4.7	13.2
1999	69.9	12.5	2.9	3.3	11.4	58.8	18.7	3.4	5.3	13.7	66.6	13.7	2.9	3.8	12.9
2001	68.4	12.0	3.4	4.0	12.1	58.5	17.2	4.0	6.0	14.3	63.1	14.0	3.6	4.9	14.3
2003	67.9	11.1	4.0	3.9	13.1	58.9	14.4	4.4	6.3	15.4	62.4	14.1	4.1	4.9	15.0
2005	65.4	11.0	5.1	4.1	14.4	57.9	13.2	5.8	6.1	17.0	61.5	12.7	5.1	4.8	15.8
2007	60.2	10.7	7.6	4.2	17.3	53.7	12.7	7.8	5.9	19.9	56.4	12.4	7.3	5.3	18.6
2009	56.6	10.2	7.7	5.2	20.4	49.7	11.6	8.3	6.9	23.5	52.6	11.7	7.7	6.3	21.7
2011	53.8	11.4	9.8	5.7	19.3	47.8	11.8	10.2	7.7	22.4	50.4	12.8	9.3	7.1	20.4
2013	50.9	11.5	9.7	6.4	21.6	46.2	11.4	9.9	8.4	24.1	48.0	12.3	9.4	7.9	22.4
2015	51.7	11.7	8.2	6.7	21.7	47.0	11.8	8.6	8.2	24.7	49.2	11.9	8.2	8.0	22.6
2017	51.6	12.2	8.9	7.0	20.3	47.4	12.3	9.3	8.4	22.6	49.0	12.8	8.8	8.5	21.0
2018	51.5	11.9	8.9	7.5	20.2	47.4	12.1	9.4	8.8	22.3	48.8	12.3	9.0	8.9	20.9

注：表中的 (1)、(2)、(3)、(4) 和 (5) 分别代表发达国家、新兴经济体、金砖国家、东盟国家和其他发展中国家。

资料来源：作者计算。

表 7-8 基于传统总值法测算的中国不同要素密集度服务业出口国别（地区）结构 单位:%

年份	劳动密集型服务业					资本密集型服务业					知识密集型服务业				
	(1)	(2)	(3)	(4)	(5)	(1)	(2)	(3)	(4)	(5)	(1)	(2)	(3)	(4)	(5)
1995	57.1	21.6	6.1	4.9	10.3	38.6	30.7	6.6	9.0	15.1	54.2	21.2	4.4	6.3	13.8
1997	62.4	18.9	4.4	4.0	10.3	37.5	33.1	5.1	9.0	15.2	52.5	21.3	3.7	6.3	16.1
1999	65.4	16.7	3.2	4.2	10.5	40.2	31.9	3.8	8.8	15.3	53.3	22.3	3.1	6.5	14.8
2001	63.7	15.7	3.9	5.3	11.4	41.0	29.7	4.5	9.3	15.4	48.3	22.2	3.9	7.9	17.6
2003	63.6	14.2	4.5	5.2	12.6	41.4	26.0	4.7	11.2	16.8	45.6	22.8	4.4	8.6	18.7
2005	61.9	14.0	5.1	5.3	13.6	43.0	21.3	6.0	10.9	18.9	45.9	21.7	4.2	8.2	20.0
2007	57.4	14.0	7.2	5.3	16.1	39.7	21.6	6.8	9.4	22.4	42.0	20.9	4.4	11.8	20.9

续表

年份	劳动密集型服务业					资本密集型服务业					知识密集型服务业				
	(1)	(2)	(3)	(4)	(5)	(1)	(2)	(3)	(4)	(5)	(1)	(2)	(3)	(4)	(5)
2009	54.1	13.7	7.2	6.5	18.5	36.4	18.6	7.5	11.5	25.9	41.6	19.2	5.2	11.5	22.5
2011	51.9	15.1	8.9	7.0	17.2	36.3	15.9	8.8	13.9	25.1	44.2	18.3	5.5	12.2	19.9
2013	48.9	14.7	9.0	7.8	19.7	35.5	13.2	8.5	16.4	26.4	42.3	16.7	6.1	13.9	21.1
2015	49.7	14.8	7.5	8.5	19.6	35.5	13.4	7.6	16.3	27.1	45.7	14.7	5.3	13.9	20.4
2017	48.9	15.2	7.5	9.3	18.6	35.7	14.0	8.1	16.8	25.4	44.5	15.7	5.5	14.8	19.4
2018	48.6	15.0	7.9	9.9	18.6	35.2	13.9	8.2	17.5	25.1	43.7	14.6	6.1	15.6	20.1

注：表中的（1）、（2）、（3）、（4）和（5）分别代表发达国家、新兴经济体、金砖国家、东盟国家和其他发展中国家。

资料来源：作者计算。

二、研究结论与政策启示

1. 研究结论

传统总值贸易核算法存在不能测算国内服务间接出口部分以及对中间品进出口重复统计的缺陷，无法反映一国服务业的真实国际竞争力。对此，在价值链分工模式下需从附加值角度进行重新认识。而且，随着中国服务业参与全球价值链分工程度的不断加深，中国在全球价值链中与各贸易国间真实的依赖关系对中国来说意义重大。鉴于此，本研究利用OECD数据库，分析和测算1995—2018年中国服务业整体及不同要素密集度类型服务业出口的国别（地区）结构，并与传统总值核算法进行对比分析。

（1）中国服务业附加值出口市场以发达国家为主，但出口增速较快的地区则多为非发达国家。对于发达国家来说，两种测算方式下1995—2018年中国服务业出口市场以发达国家为主，只是附加值测算方式下的比重要大于传统总值法测算方式下的比重，这说明中国对发达国家市场存在相当高的依赖度。对于新兴工业经济体来说，两种测算结果都显示韩国是主要服务出口国，但传统总值测算法的结果要远大于附加值贸易测算法的结果；金砖国家的份额都较小，且传统总值测算法结果比较低；其他发展中国家出口份额总体比较稳定，比重也不大。这说明非发达国家的服务业需求对中国经济的贡献还很小，中国必须提高服务业对外开放程度来增强与这些国家的上游依赖关系，降低发达国家的需求波动对中国经济产生的不利影响。

（2）知识密集型服务业出口发达国家所占比重较高，但不同要素密集度服务业的出口国别（地区）结构在两种测算方式下还是存在差异的。一是对发达国家来说，两种核算结果都显示其是中国知识密集型服务业的主要出口国，但基于传统总值贸易法测算结果显示资本密集型和劳动密集型所占比重相对较低。这主要是中国各行业尤其是制造业的融资成本、运输成本等较高所致，即尽管我国各行业尤其是制造业的中间服务投入水平较低，但加入 WTO 以后随着我国制成品向发达国家出口的迅猛增加，导致对金融业、内陆运输、水上运输、邮政和电信业等资本和知识密集型服务业的需求迅速上升，间接带动了服务业附加值的出口。且因传统核算法不能测算国内服务间接出口部分，就有可能低估劳动密集型和资本密集型服务业附加值出口。二是对其他发展中国家而言，附加值贸易核算下知识密集型服务业比重较小，且低于基于传统总值的测算。虽然附加值贸易核算法"低估"了出口到其他发展中国家的知识密集型服务业附加值比重，但处于不断增长的这一趋势基本明确。对于金砖国家来说，各类型服务业对其的出口比重在附加值贸易测算法下都较高且呈显著上升趋势，但基于传统总值核算法下比重较低。这说明，传统总值核算法"低估"了中国在金砖国家出口的各种类型服务业的比较优势程度或"高估"了比较劣势程度，导致了严重"误判"。对新兴经济体而言，各种类型服务业对其的出口比重不太稳定，但基于传统总值法核算的出口比重波动幅度明显要大于基于附加值贸易的核算。总之，中国对非发达国家服务附加值出口比重虽然都不高，但出现了缓慢增长的趋势。导致上述现象的可能原因是，全球服务业犹如制造业一样呈现"碎片化"发展趋势，且其全球配置依然是按照比较优势进行的国际分工，这样一些发展中国家受现实发展阶段和要素禀赋约束承接和专业化提供的服务模块通常而言所具有的知识和信息含量相对较低，具有劳动密集型特征。尽管如此，这种"碎片化"发展趋势无疑还是给这些非发达国家带来了承接"服务环节"的机遇而推动了服务贸易出口规模的快速增长。

2. 政策启示

不容否认，中国服务贸易出口增长方式固然与要素禀赋特征及其现实发展阶段有关，但这并不意味着我们无可作为。相反，对中国服务贸易出口现状的深刻认识，为实现我国服务贸易发展"量质同升"的目标带来重要的启示。

（1）提升服务输出能力。研究显示，发达国家是我国服务附加值出口主要输出国，尤其是知识和技术密集型服务附加值出口主要输出国。但根据《科学与工程指标 2016》统计显示，全球知识和技术密集型产业一直以来都集中在发达国家。这说明，尽管发达国家是我国服务附加值出口主要市场，但是由于我国知识密集型服务业产出和出口总量都比较小，再加上回流到国内的部分，其实出口到发达国家的总量还是很小的。从附加值视角看，在服务业各分类部门领域，尤其是资本密集型服务业以及知识密集型服务业，比较劣势十分显著且没有迹象表明有"改善"的趋势（刘艳、李文秀，2016）[208]。实际上，以美国、瑞士、英国、德国等为代表的发达国家正着力于提升生产性服务高技术出口密度，目的是在国际分工体系中获得更多利润。而我国在参与全球国际分工过程中，低成本劳动优势加大了现阶段低技术生产性服务出口密度，迫使我国在过度追求"量"增的同时，表现出"质"劣的贸易条件恶化格局，在全球价值链中的获利能力不断收缩。与此同时，随着服务业在经济发展中战略地位的体现，一些地方政府和部门政府经常在对服务经济发展内涵不清和自身要素认识不足的前提下，就采用行政手段把资源往服务业倾斜，扰乱了要素在区域间的市场化配置，再加上各种区域保护政策导致的要素流动障碍和区域市场分割的存在，"急于求成"只能是在"低端链条"上盲目铺摊子，其结果是进一步加剧了要素错配带来的服务产出损失，使得我国服务业尤其是现代服务业的竞争力提升缓慢，服务输出能力较低。因此，各地政府和相关政府部门应重新审视本地资源要素和认清全球价值链下服务业发展的内涵，一方面维持自身在商业服务、批发零售与住宿等服务上的价值链地位优势，并引导其从价值链"下游"向"中上游"进行转变。另一方面发挥政府的引导作用，探索服务贸易发展的新模式，拓展服务贸易发展的新空间，实现服务附加值出口规模扩张的同时，通过优化要素配置提升我国服务输出尤其是知识密集型服务业的输出能力。

（2）服务出口市场多样化选择。研究显示，虽然发展中国家在中国服务出口中的比重不高，但其市场潜力已经出现。对此，中国服务业在确保发达国家市场的同时，加强与发展中国家的市场合作。目前，全球范围内区域自由贸易区正在加紧形成。跨太平洋伙伴关系协定（TPP）、跨大西洋贸易与投资伙伴关系协定（TTIP）、区域全面经济伙伴关系协定（RCEP）以及亚太自贸区（FTAAP）均将迎来不同程度的收获期。同时，全球多边贸易谈判在达成"巴厘一揽子协定"后有所恢复，如全球服务贸易协定、信息技术协定以及政府采购协定等具体领域将取得成果，二十国集团（G20）作为全球经济治理首要平台的地位将得到加强。"一带一路"建设的推进也使南南经济合作大有可为。与此同时，我国设立四大自贸试验区实行"准入前国民待遇+负面清单"管理模式，中国与韩国、澳大利亚都承诺以负面清单方式进行服务贸易，服务业对外开放进一步扩大。对此，我国服务贸易应利用这些机会扩大对外开放程度，拓展服务输出市场。同时，在不同的市场采取差异化策略，根据不同国家或地区之间的产业结构差异采取不同的服务贸易策略。对发达国家来说，由于其较深的专业化分工和高购买力水平，其对国外服务的需求相对比较高，但目前的需求主要集中在一些低端服务需求上。对此，我国应增强服务行业的价值增值能力，拓展延伸境内服务价值，尤其应提升与货物贸易发展相关的知识密集型服务业在发达国家主要的输出比例；对发展中国家来说，由于我国在服务业方面也具有一定的优势，政府在鼓励到这些国家投资的同时，加强与这些国家的谈判和协商，通过签订服务贸易协定促使其提高服务贸易开放度，加强与新兴市场经济体和其他发展中国家的垂直专业化合作，尽可能输出上游服务，将其培养成中国服务出口的主要潜在市场。在减少对发达国家经济依赖度的同时，增强其他国家（地区）对中国服务业的上游依赖度。

第八章　中国服务业国际竞争力的影响因素研究

20世纪后半叶，随着交通运输技术、信息通信技术的发展变革，以及国家间要素流动障碍的减少，在传统意义上被认为不可贸易的服务业的可贸易特征不断增强，跨境交易成本不断降低。在全球价值链中，制造业和服务业呈现加速融合的趋向，服务贸易的发展速度明显快于货物贸易，货物贸易被任务贸易取代。各国深度嵌入全球价值链，不仅带来商品贸易的爆炸式增长，还使得知识密集型和劳动密集型的服务贸易，逐渐成为推动经济全球化的主要力量之一。2022年世贸组织（WTO）发布的全球服务贸易晴雨表显示，服务贸易晴雨表的读数正在超过商品贸易晴雨表。

对中国来说，2000—2021年，虽然我国国际服务贸易出口的年增长速率达到了16%，可服务贸易逆差持续扩大，服务进口年平均增速比服务出口高出近1.06个百分点，虽然疫情使2020—2021年我国服务贸易逆差大幅减少，但也不会改变我国服务贸易逆差扩大的趋势。且旅游服务、运输服务、知识产权使用费是我国服务贸易逆差的主要来源，个人、文化和娱乐服务与加工服务是存在贸易顺差的主要领域。但技术创新和产业变革是当前推动全球服务贸易发展的主要因素，尤其是网络经济、数字经济、平台经济等快速发展，将促进传统服务业创新变革和转型升级、不断催生新兴服务业态，再加上全球制造业正在向以智能化、数字化、服务化、绿色化为特征的服务型制造业转变，直接导致我国过于依赖传统的、劳动密集型、资源型服务贸易的弊端更加明显，虽然以运输、旅游等为代表的服务贸易实现了稳步发展，但是金融行业、保险行业、信息服务等领域没能取得重大突破，使得知识密集型、资本密集型等高附加值服务贸易发展缓慢。中国作为发展中国家，主要出口劳动密集型服务、进口发达国家的知识和资本密集型服务。与此同时，"中国服务"与"服务中国"供需两旺。一方面货物出口增加，再加上我国制造业与服务业相脱节，货物贸易对服务贸易的联动效应不明显；另一方面对全球价值链两端的高附加值服务投入，如知识、技术的依赖度不断提高，服务进口也随之增加。因此，中国服务贸易各行业发展不平衡，服务贸易的逆差不仅将长期存在，还有可能随着自身经济实力提升、产业转型升级而不断扩大。基于此，本研究从货物贸易和要素比例、技术差异的角度探讨服务业国际竞争力的影响机制。

第一节 货物贸易对中国服务业进出口附加值的影响

服务贸易和货物贸易的关系一直以来都是国内外学术界关注的焦点之一，理论界相关成果已经很多，一致认为服务贸易发展和货物贸易发展密切相关。如 Melvin（1989）[290]认为服务贸易顺差的国家货物贸易会出现逆差，Richard 等（2011）[291]认为服务贸易的自由化有利于货物贸易，Sudarsan 和 Karmali（2011）[292]、Tripathi 和 Leitão（2013）[293]研究表明货物贸易是影响印度的服务进口贸易的重要因素之一，等等。尽管如此，大部分研究没有从进出口来源国角度去研究服务与货物进口的关系，且实证研究所用数据也都是基于传统总值核算方法的结果。而且，必须指出的是，中国出口中来自国外的服务含量占比趋于上升，来自国内的服务含量占比趋于下降，且在双边贸易中中国的增加值贸易出口中来自美国、日本、德国、韩国等发达经济体的服务含量较高（程大中等，2015）[242]。前文分析也显示，无论是服务业整体还是不同要素密集度类型服务业的出口国家（地区）结构中，基于附加值贸易核算法的结果和基于传统总值核算法的结果均存在明显差异。笔者认为，造成两种核算结果不同的主要原因与中国对不同国家（地区）的货物出口规模和比重密切相关，因为服务附加值出口不但可以通过出口服务直接实现，还可以通过货物出口来间接实现。由于中国出口贸易结构中货物贸易出口比重极大，占80%以上，服务贸易出口比重不到20%，因此中国服务业附加值出口可能更多地通过货物出口来间接实现。基于此，本研究建立如下计量模型来分析传统总值核算法的服务业进口和货物进口对不同来源国不同类型服务业附加值进出口的影响。

一、货物贸易对中国服务业进口附加值的影响

1. 模型构建

$$\log MSA_{it} = \alpha_0 + \alpha_1 \log MS_{it} + \alpha_2 \log MM_{it} + \alpha_3 \log GDP_{it} + \varepsilon_{it} \quad (8-1)$$

其中，下标 i 表示国家或地区，下标 t 代表年份，α_0-α_4 是回归系数，ε_{it} 为随机扰动项。MSA_{it} 表示中国从国家或地区 i 的服务业附加值进口额，MS_{it} 和 MM_{it} 分别表示为中国从国家或地区 i 的基于传统总值法核算的服务业进口额和货物进口额，数据来自经济合作与发展组织（OECD）数据库。GDP 为各国或地区的人均 GDP，数据来自联合国贸发会议（UNCTAD）数据库。所有变量均按照 GDP 平减指数调整为 2015 年不变价，数据来自 UNCTAD 数据库。

2. 计量结果分析

表 8-1 的回归结果分为四列，分别是以总体服务业附加值进口、劳动密集型服务业附加值进口、资本密集型服务业附加值进口和知识密集型服务业附加值进口为回归分析的被解释变量。从表 8-1 的面板数据回归结果

可知：(1) 整体来看，1995—2018 年服务进口和货物进口对中国服务业附加值进口具有显著正向影响，且货物进口对服务业附加值进口的影响要略大于服务进口的影响，这说明中国服务业附加值进口中通过货物进口引致的间接服务附加值进口要略大于通过服务进口带来直接服务附加值进口。(2) 对于劳动密集型和资本密集型服务业附加值进口而言，由货物进口引致的服务业附加值间接进口要明显大于通过服务进口直接带来的服务业附加值进口，劳动密集型服务业尤其明显；对于知识密集型服务业而言，服务进口带来的直接服务业附加值进口要明显大于由货物进口引致的服务业附加值间接进口。这说明中国货物进口中所含的服务附加值以劳动密集型和资本密集型服务为主，知识密集型服务附加值含量较小。这也间接说明我国货物进口技术复杂度还有待进一步提高。(3) 人均 GDP 对中国服务业附加值进口具有显著正向影响，这说明经济发展水平较高的国家服务业发展更好，其服务附加值出口能力也更强。因此，从这个角度来看，中国也需要通过不断发展经济提升自身实力，以促进服务附加值出口竞争力提升。

表 8-1　回归结果

解释变量	总体服务业进口	劳动密集型服务业	资本密集型服务业	知识密集型服务业
$\log MS$	0.7038***	0.6757***	0.6221***	0.5292***
$\log MM$	0.1211***	0.1320***	0.1567***	0.2883***
$\log GDP$	0.5364***	0.5789***	0.5280***	0.7060***
C	-3.7250***	-4.3985***	-3.9647***	-5.6874***
R^2	0.9798	0.9735	0.9778	0.9507
N	1557	1556	1556	1557
Prob>F	0.0000	0.0000	0.0000	0.0000
Hausman 检验	固定效应	固定效应	固定效应	固定效应

注："***""**"和"*"分别表示在1%、5%和10%的显著性水平。
资料来源：作者计算。

3. 结论

总体来看，中国服务进口、货物进口和人均 GDP 对来自不同国家的服务业附加值进口具有正向影响，但不同类型服务业进口特征存在一定的差异。无论是服务进口、货物进口还是人均 GDP 都对来自不同国家的服务业附加值进口有着正向影响，且货物进口的影响更明显。无论是劳动密集型还是资本密集型服务业，由货物进口引致的服务业附加值间接进口要明显大于通过服务进口直接带来的服务业附加值进口。但知识密集型服务业刚好相反，服务进口带来的直接服务业附加值进口要明显大于由货物进口引致的服务业附加值间接进口。

二、货物贸易对中国服务业出口附加值的影响

1. 模型构建

根据前面的理论分析，本研究构建如下模型。

$$\log ESA_{it} = \alpha_0 + \alpha_1 \log ES_{it} + \alpha_2 \log EM_{it} + \alpha_3 \log GDP_{it} + \varepsilon_{it} \quad (8-2)$$

其中，下标 i 表示国家或地区，下标 t 代表年份，α_0-α_4 是回归系数，ε_{it} 为随机扰动项。ESA_{it} 表示中国从国家或地区 i 的服务业附加值出口额，ES_{it} 和 EM_{it} 分别表示为中国从国家或地区 i 的基于传统总值法核算的服务出口额和货物出口额[1]，数据来自经济合作与发展组织（OECD）数据库。GDP 为各国或地区的人均 GDP，数据来自联合国贸发会议（UNCTAD）数据库。所有变量均按照 GDP 平减指数调整为 2015 年不变价，数据来自 UNCTAD 数据库。

2. 结果分析

表 8-2 的回归结果分为四列，分别是以总体服务业附加值出口、劳动

---

[1] 由于基于传统总值法核算的结果中，个别国家或地区的服务出口额（ES）为零，$\log ES_{it}$ 实际是用 $\log(ES_{it}+1)$ 来代替，但这对回归结果不会产生实质影响。

密集型服务业附加值出口、资本密集型服务业附加值出口和知识密集型服务业附加值出口为回归分析的被解释变量。从表8-2的面板数据回归结果可知：(1) 无论是服务业附加值出口整体还是不同类型服务附加值出口，1995—2018年服务出口和货物出口都对中国服务业附加值出口具有显著正效应，但货物出口对服务业附加值进口的影响要远大于服务出口的影响，这说明中国服务业附加值进口中通过货物出口引致的间接服务附加值出口要略大于通过服务出口带来直接服务附加值出口。(2) 货物出口对资本密集型和知识密集型服务业附加值出口促进效应较大，对劳动密集型服务业附加值出口的影响较小，这说明相对于劳动密集型服务业而言，中国资本密集型和知识密集型服务业附加值出口更依赖货物出口来实现。(3) 人均GDP对中国服务业附加值总体出口具有显著正效应，其对知识密集型服务业附加值出口的促进效应最为明显，对资本密集型服务业附加值出口的促进效应次之，对劳动密集型服务业附加值出口的影响最小。这说明中国服务业附加值出口尤其是知识密集型服务业出口市场更倾向于经济发展水平较高的发达国家。

表 8-2 回归结果

解释变量	总体服务业出口	劳动密集型服务业	资本密集型服务业	知识密集型服务业
$\log ES$	0.5969***	0.5953***	0.4936***	0.4708***
$\log EM$	0.3690***	0.3655***	0.3627***	0.4986***
$\log GDP$	0.2644***	0.2917***	0.2494***	0.5145***
C	-2.4199***	-3.0155***	-2.2917***	-5.3896***
R^2	0.9843	0.9817	0.9832	0.9698
N	1560	1560	1560	1560
Prob>F	0.0000	0.0000	0.0000	0.0000
Hausman 检验	固定效应	固定效应	固定效应	固定效应

注："***""**"和"*"分别表示在1%、5%和10%的显著性水平。
资料来源：作者计算。

3. 结论

结果显示，无论是货物出口、服务出口还是 GDP 都对中国服务业附加值出口有显著的正效应，尤其是货物出口，不仅其引致的间接服务附加值出口要略大于通过服务出口带来直接服务附加值出口，且对资本密集型和知识密集型服务业附加值出口促进效应要大于对劳动密集型服务业附加值出口的影响，这说明相对于劳动密集型服务业而言，中国资本密集型和知识密集型服务业附加值出口更依赖货物出口来实现，且人均 GDP 对知识密集型服务业附加值出口的促进效应也是最为明显的，这直接导致中国服务业附加值出口尤其是知识密集型服务业出口市场更倾向于发达国家。究其原因，一是许多服务贸易都是伴随着货物贸易而发生的，货物贸易为服务贸易创造引致需求，如运输服务、金融保险服务、电信服务、计算机和信息咨询服务等服务贸易可以说是货物贸易的附属品，而这些服务大都是具有高附加值的服务行业。因此，货物出口对服务附加值出口具有显著的拉动效应和推动作用。

第二节 要素比例、技术差异与出口增加值

自 20 世纪 90 年代以来，随着经济全球化的快速发展和通信技术的广泛使用，跨国公司越来越多地将产品生产的不同环节分布到不同国家。在生产全球化背景下，一个国家对外出口的产品不再是完全由本国境内的一家企业生产的，而是由分散在不同国家的不同价值增值环节共同组成的。因此，传统的贸易核算方式将导致严重的重复计算和双边贸易平衡误算等问题。随着全球价值链的深化，国际贸易的形式已经从"产品贸易"(Trade in Goods) 转向"任务贸易"(Trade in Tasks) (Grossman and Rossi-hansberg，2012)[81]，对一国出口额的核算也从以海关进出口数据为依据转向对出口增加值的测算，从而真实反映该国出口的产品所包含的国内增加值。以中美两国 iPhone 手机贸易为例，2009 年中国向美国出口 1130 万部手机，总出口额超过 20 亿美元。但是位于中国深圳的富士康公司仅负责手机生产中的组装环节，中国工人每生产一部手机所创造的价值只有 6.5 美元，如果以增加值计算，中国的出口额只有 7345 万美元，占以传统的贸易核算方式计算的出口总额的比例（出口增加值率）只有 3.6%（Xing and Detert，2010)[294]。很明显，采用贸易增加值核算方式统计的贸易额能够更准确地衡量一国的实际贸易额，以及贸易失衡的真实情况（马涛、刘仕国，2013)[295]。

一、相关文献

对增加值贸易的研究源于 Hummels 等（2011）[160] 提出的垂直专业化（Vertical Specialization）指数，Hummels 等利用各国投入产出和贸易数据测算一国出口商品中进口中间品所占的比例，用于衡量该国垂直专业化分工的水平。随着越来越多国际组织编制的国家间投入产出表的出现，各国之间中间产品和最终产品的贸易量及投入产出关系得到准确体现，为贸易增加值的测算提供了翔实的数据。关于增加值贸易的研究不断涌现。Johnson 和 Noguera（2012）[163] 利用 GTAP（Global Trade Analysis Project）估算 2004 年 94 个国家双边贸易的出口增加值率发现，双边贸易中以增加值衡量的贸易失衡程度和以最终产品衡量的贸易失衡程度之间存在很大差别，前者计算的中美贸易失衡程度比后者小 30%～40%。中国作为"世界工厂"，加工贸易在其制造业出口中占据较大比例，使得中国成为国内外研究增加值贸易学者的重要研究对象。由于生产全球化的分割，中国出口产品中包含大量的进口中间品价值，而且中国的制造业处于全球价值链的低端。因此，中国的总体出口增加值率明显低于发达国家，制造业的出口增加值率尤其低，且随着全球价值链的深化呈现缓慢下降的趋势（Koopman et al, 2014[9]；Stehrer, 2013[187]；陈雯等，2014[189]）。

目前，国内外对增加值贸易的研究仍处于初级阶段，相关研究主要集中在贸易增加值的测算方法、发展趋势、行业及国别差异的比较上，对增加值贸易的决定因素以及传统比较优势理论对增加值贸易的适用性的研究比较少见。在国际分工从产业间分工向价值链分工转变的背景下，国家参与国际分工的性质出现了根本的变化（刘林青等，2010）[24]，国际贸易的形式已经从完整的产品贸易转向中间品贸易、要素贸易和增加值贸易，传统贸易理论赖以存在的假设条件发生了巨大变化。近年来，随着对全球价值链和增加值贸易研究的关注，国内外学者从以下两个方面展开了研究：一是关于国际分工和全球价值链的研究，认为要素禀赋、生产率水平、FDI 是影响一国国际分工地位和价值链提升的主要因素（Humphrey, 2002[78]）。二是从微观的角度研究企业出口规模、行业集中度、FDI 等对企业出口增加值率的影响（Kee and Tang, 2016[166]；Upward et al, 2013[164]；张杰等，2013[172]）。此外，罗长远等（2014）[190]从行业的角度分析了出口结构、生产技术水平、垂直专业化水平和规模经济对中国出口增加值的影响。但是，相关研究并没有关注贸易比较优势对增加值贸易的影响，关于传统比较优势理论对国际贸易新现象的解释力有待验证或修正。

关于贸易比较优势的研究主要集中在对李嘉图比较优势理论和赫克歇尔-俄林（H-O）要素禀赋理论的拓展和经验分析上。李嘉图理论认为国家之间相对生产率的差异是国际贸易发生的主要原因，H-O 理论则认为一国应当生产并出口密集使用本国充裕要素的产品。这两个理论分别得到后续实证研究的支持：Eaton 和 Kortum（2002）[297]、Costinot 等（2012）[298]

等利用英美、OECD等国家的数据证实了相对生产率与双边贸易出口之间的正相关关系；Trefler（1995）[299]、Romalis（2004）[300] 等的实证研究结果则支持了H-O理论的观点❶。半个多世纪以来，李嘉图模型和H-O模型一直是贸易结构实证研究的中心，但两者都不能完整地描绘国际贸易现状，也未能提供一个解释国际贸易的统一分析框架（Morrow，2010）[301]。在实证研究中，对每一个模型的单独检验都会产生遗漏重要变量的问题。Trefler等（1995）[299] 在对H-O模型的实证检验中放松了各国生产技术矩阵相同的假设，发现不同国家在要素的生产率上存在差异，Harrigan（1997）[302] 首次在同一个模型中验证了技术差异和要素禀赋都是影响一国在国际分工中地位的重要因素，Morrow（2010）[301] 则建立了包含技术差异和要素禀赋的统一模型。

本研究以Romalis（2004）[300] 和Morrow（2010）[301] 的研究为基础，从要素比例和技术差异的角度建立双边贸易中出口增加值影响因素的理论模型，并用1995—2018年中美33个行业的出口增加值数据对该模型进行实证检验，分析比较优势理论对增加值贸易的适用性。

二、理论模型

本研究将探讨双边贸易中出口增加值的决定因素，将李嘉图模型的比较优势理论、H-O理论纳入统一的研究框架，以探索在两个国家、两个行业、多种要素的情形下，出口增加值的影响因素。

我们先考虑仅有两种要素的情形。在这个模型中，存在两个国家、两个行业、两种要素，每个行业内的企业生产有差异的产品。假设生产需要两种不可替代的要素——高技能劳动力（s）和低技能劳动力（u），两种

---

❶ 虽然早期的实证研究结果与H-O理论相悖（Leontief，1953；Markus，1985；Bowen et al，1987），但后期的研究对改进后的H-O理论给予了有力支持。

要素的工资分别为 w_s 和 w_u。参照 Dornbusch 等（1977）[303]的做法，定义一个连续变量 $z \in [0, 1]$ 代表国民经济的各个行业，并且 z 的大小代表了行业的技术水平：z 越大，说明该行业高技能劳动力的使用比例越高。

每个消费者的效用为满足 Cobb-Douglas 偏好型的函数式（8-3），其中 $b(z)$ 为消费者在行业 z 上的消费支出占个人消费总支出的比例。在产品价格和消费者总收入一定的情况下，假定消费者将全部收入用于消费，则 $b(z)$ 是恒定不变的，且 $b(z)$ 的积分和为 1。

$$U = \int_0^1 b(z) \ln Q(z) dz; \int_0^1 b(z) dz = 1, z \in [0, 1] \qquad (8-3)$$

由于行业 z 内的产品不是同质的，在式（8-4）中，我们选择了一个对称的替代弹性不变（Constant Elasticity of Substitution, CES）次效用函数 $Q(z)$，它取决于行业 z 内每一种产品的产量 $q(z, i)$ 及产品间的替代弹性 σ。行业 z 内的产品种类数为 $N(z)$ ❶，则 $Q(z)$ 可以表示为：

$$Q(z) = \left(\int_0^{N(z)} q(z, i)^{1-1/\sigma} \right)^{1/(1-1/\sigma)}, \sigma > 1 \qquad (8-4)$$

假定所有企业的生产成本由两部分组成：一是要素的使用成本，包括固定成本和可变成本，且属于规模报酬不变的 C-D 型成本函数；二是希克斯中性生产技术 $A(z)$，企业生产技术的进步能够同时提高两种生产要素的使用效率，进而降低生产成本。在垄断竞争的市场环境下，企业利润最大化时的最优价格是其边际成本的固定加成（Dixit and Stiglits, 1977）[304]。因此可以得到进出口国家的均衡价格式（8-7）。假定在同一行业内，不同国家之间产品的替代弹性和企业的固定生产成本相同，那么不同国家同一个行业内的所有企业都是相同的。进一步假设不同国家同一个行业内的所

---

❶ 由于每一家企业生产唯一的、不完全替代的差异化产品，所以每家企业对应一种产品。每个行业内产品的种类是内生的，且 $N(z)$ 等于进出口国产品种类数之和，即 $N(z) = n(z) + n^*(z)$ （Romalis, 2004）；* 表示进口国的变量。

有企业的生产函数和要素价格也相同,则两国的相对价格可表示为如式(8-7)所示。

$$TC(z, i) = \frac{[f(z) + q(z, i)] \cdot w_s^z w_u^{1-z}}{A(z)} \quad (8\text{-}5)$$

$$P(z) = \frac{\sigma}{\sigma - 1} \cdot MC = \frac{\sigma}{\sigma - 1} \cdot \frac{w_s^z w_u^{1-z}}{A(z)} \quad (8\text{-}6)$$

$$\tilde{p}(z) = \frac{P(z)}{P^*(z)} = \frac{\tilde{w}_s^z \tilde{w}_u^{1-z}}{\tilde{a}(z)} = \frac{\tilde{\omega}^z \tilde{w}_u}{\tilde{a}(z)} \quad (8\text{-}7)$$

其中,$f(z) \cdot w_s^z w_u^{1-z}$ 是企业的固定生产成本;σ 代表产品之间的替代弹性。$\omega = w_s/w_u$,代表高技能劳动力与低技能劳动力的相对工资。由式(8-7)可知,出口国与进口国的相对价格 $\tilde{p}$ 可以表示为要素密集度 z、高技能劳动力要素充裕度 $\tilde{\omega} = \omega/\omega^*$、低技能劳动力的工资差异 $\tilde{w}_u = w_u/w_u^*$ 和相对生产率 $\tilde{a} = A/A^*$ 的函数。

根据价格贸易条件理论,在双边贸易中,产品的出口量与两国的相对价格成反比。在不考虑贸易成本的情况下,一国的产品出口量 $x(z)$ 取决于其与进口国在该产品上的相对价格 $\tilde{p}(z)$:相对价格越高出口量越小;反之则越大。假定存在一个行业 $z_0 \in [0, 1]$,且进出口国在该行业的价格相等,即 $\tilde{p}(z_0) = 1$,利用泰勒定理在 z_0 处展开并取一阶线性近似值[1],可以得到:

$$\begin{aligned} x(z) &= x(z_0) + \frac{\partial x(z_0)}{\partial \ln[\tilde{p}(z_0)]} \{\ln[\tilde{p}(z)] - \ln[\tilde{p}(z_0)]\} \\ &= x(z_0) + \frac{\partial x(z_0)}{\partial \ln[\tilde{p}(z_0)]} \ln[\tilde{p}(z)] \end{aligned} \quad (8\text{-}8)$$

---

[1] Morrow (2010) 运用此方法研究了南北贸易中北方国家的收益比重与相对价格的关系,见 Morrow (2010) 第 143 页。

将式 (8-7) 带入上式，可以得到：

$$x(z) = x(z_0) + \frac{\partial x(z_0)}{\partial \ln[\tilde{p}(z_0)]}[z\ln\tilde{\omega} + \ln\tilde{w}_u - \ln\tilde{a}(z)] \tag{8-9}$$

式 (8-9) 表明，一国的双边贸易出口量由以下四个因素决定：要素密集度 z、高技能劳动力的要素充裕度 $\tilde{\omega}$、相对生产率 $\tilde{a}$ 和低技能劳动力的相对工资水平 $\tilde{w}_u$。

以上分析仅考虑了高技能劳动力和低技能劳动力两种生产要素，在更一般的情况下，当生产要素的种类为 j 时，企业的总生产成本可以表示为：

$$TC(z, i) = \frac{[f(z) + q(z, i)] \cdot \prod_{j=1}^{J} w_j^{\theta_{z,j}}}{A(z)}; \quad \sum_{j=1}^{J} \theta_{z,j} = 1, \ \theta_{z,j} \geq 0, \ \forall j \tag{8-10}$$

其中，w_j 代表要素 j 的要素回报，要素密集度 $\theta_{z,j}$ 代表要素 j 在行业 z 中的投入比例。同样，用 $\tilde{\omega} = \omega/\omega^*$ 代表要素充裕度，则进出口国在行业 z 上的相对价格和双边贸易出口量分别为：

$$\tilde{p}(z) = \prod_{j \neq u} \tilde{\omega}_{z,j}^{\theta_{z,j}} \cdot \frac{\tilde{w}_{z,u}}{\tilde{a}(z)} \tag{8-11}$$

$$x(z) = x(z_0) + \frac{\partial x(z_0)}{\partial \ln[\tilde{p}(z_0)]}[\sum_{j \neq u} \theta_{z,j} \cdot \ln\tilde{\omega}_{z,j} + \ln\tilde{w}_{z,u} - \ln\tilde{a}(z)] \tag{8-12}$$

三、计量模型与数据描述

1. 计量模型构建

上一节中，我们构建了出口与要素密集度、要素充裕度、相对生产率之间关系的理论模型。出口增加值是从增加值的角度统计一国出口贸易中的国内增加值部分，因此关于出口与比较优势的模型也可能适用于增加值贸易情况。接下来本研究根据前文的理论模型，实证检验比较优势理论对出口增加值的影响。在计量模型中，我们仅考虑高技能劳动力、低技能劳动力和资本三种要素，并分别对两要素和三要素模型进行检验。由式（8-12）可得到以下计量模型❶：

$$\ln VAX_{it} = \beta_0 + \delta_1(z_2 \cdot \ln\tilde{\omega}_s)_{it} + \beta_1\ln\tilde{a}_{it} + \beta_2 Dwto + D_i + \varepsilon_{it} \quad (8\text{-}13)$$

$$\ln VAX_{it} = \beta_0 + \delta_1(z_3 \cdot \ln\tilde{\omega}_s)_{it} + \delta_2(k_3 \cdot \ln\tilde{\omega}_k)_{it} + \beta_1\ln\tilde{a}_{it} + \beta_2 Dwto + D_i + \varepsilon_{it}$$
$$(8\text{-}14)$$

式（8-13）和式（8-14）分别为两要素和三要素的估计模型。式中，下标 i 和 t 分别代表行业和年度。VAX 表示中国对美国的出口增加值；z_2 表示在两要素模型中❷，高技能劳动力的要素密集度；z_3 和 k_3 分别表示在三要素模型中，高技能劳动力和资本的要素密集度；$\tilde{\omega}_s$ 表示中国高技能劳动力相对于美国的要素充裕度；$\tilde{\omega}_k$ 表示在三要素模型下，中国的资本相对于美国的要素充裕度；$\tilde{a}$ 代表中美两国全要素生产率之比；D_i 为行业虚拟变量，Dwto 为中国是否加入 WTO 的时间虚拟变量，当 $t<2002$ 时，Dwto 取 0；当 $t\geqslant 2002$ 时，Dwto 取 1。其他变量为待估参数。

2. 变量及数据来源说明

（1）因变量（VAX）。

本研究以中国对美国的出口增加值为被解释变量，分析当把研究对象从传统的贸易总值转向贸易增加值后，相关贸易理论解释力的变化。关于贸易增加值的测算，我们采用 Stehrer（2012）[187] 的测算方法，利用世界投入产出数据库（WIOD）的世界投入产出表（World Input-Output Tables，

---

❶ 低技能劳动力的相对工资水平不反映不同要素间的比例关系。参考 Romalis（2004）等的做法，在计量模型中去掉了这个变量，见 Romalis（2004）第 78 页。

❷ 下标表示要素数量。在三要素的情形下，下标为 3。

WIOTs)❶，测算 1995—2018 年中国对美国 33 个行业的出口增加值，并根据 WIOD 的社会经济账户表（Socio-Economic Accounts，SEA）中的价格指数将其调整为以 1995 年为基期的可比价（见表 8-3）。

以三个国家为例，在表 8-3 所示的世界投入产出表中，满足以下行平衡关系：

$$X = A \cdot X + y = L \cdot y \tag{8-15}$$

式（8-15）中，X 是 $CN \times 1$ 的总产出向量（C 代表国家数量，N 代表行业数量），A 是 $CN \times CN$ 的直接消耗系数矩阵，y 是 $CN \times 1$ 的最终需求向量。经移项求逆变换后可以得到总产出与最终需求的关系，第二个等式，$L = (I - A)^{-1}$ 为里昂惕夫逆矩阵。将式（8-15）展开得到：

$$\begin{bmatrix} X^r \\ X^s \\ X^t \end{bmatrix} = \begin{bmatrix} A^{rr} & A^{rs} & A^{rt} \\ A^{sr} & A^{ss} & A^{st} \\ A^{tr} & A^{ts} & A^{tt} \end{bmatrix} \cdot \begin{bmatrix} X^r \\ X^s \\ X^t \end{bmatrix} + \begin{bmatrix} y^r \\ y^s \\ y^t \end{bmatrix} = \begin{bmatrix} L^{rr} & L^{rs} & L^{rt} \\ L^{sr} & L^{ss} & L^{st} \\ L^{tr} & L^{ts} & L^{tt} \end{bmatrix} \cdot \begin{bmatrix} y^{rr} + y^{rs} + y^{rt} \\ y^{sr} + y^{ss} + y^{st} \\ y^{tr} + y^{ts} + y^{tt} \end{bmatrix}$$

$$\tag{8-16}$$

式（8-16）中，$X^c(c = r, s, t)$ 代表 c 国 $N \times 1$ 的总产出向量，A^{cd} 和 L^{cd} 分别代表直接消耗系数矩阵和里昂惕夫逆矩阵中对应于 c 国和 d 国投入产出关系的 $N \times N$ 分块矩阵，y^{cd} 代表 c 国产出中用于满足 d 国最终需求的列向量，$y^c = \sum_d y^{cd} = y^{cr} + y^{cs} + y^{ct}$。

根据 Johson 和 Noguera（2012）[163] 对出口增加值的定义：r 国的出口增加值是指 r 国创造的用于满足其他国家中间需求和最终需求的价值，因此根据式（8-16）可以得到 r 国出口增加值的计算式：

---

❶ 参见 http://www.wiod.org/new_site/database/wiots.htm 与 Timmer（2012）。WIOD 按照欧盟经济活动的统计分类法（NACE）将全部经济活动分为 35 个行业，由于中国缺乏对机动车的销售、保养、维修和燃油销售业以及家庭雇佣服务业的统计数据，所以本研究对这两个行业进行合并处理，得到 33 个行业。

$$VAX_E^r = \hat{v}^r \cdot (L^{rr} \cdot L^{rs} \cdot L^{rt}) \cdot \begin{bmatrix} 0 + y^{rs} + y^{rt} \\ 0 + y^{ss} + y^{tt} \\ 0 + y^{ts} + y^{rt} \end{bmatrix}$$

$$= \hat{v}^r \cdot L^{rr} \cdot (y^{rs} + y^{rt}) + \hat{v}^r \cdot L^{rs} \cdot (y^{ss} + y^{st}) + \hat{v}^r \cdot L^{rt} \cdot (y^{ts} + y^{tt}) \quad (8-17)$$

其中，$\hat{v}^r$ 是对角线上元素为 r 国各行业增加值率的对角矩阵。由于仅计算 r 国的出口增加值，与式（8-16）相比，式（8-17）在里昂惕夫逆矩阵中只考虑 r 国对应的块矩阵，并且在最终需求向量中剔除了 r 国的消费量 $y^{cr}(c=r, s, t)$。式（8-17）中第二个等式的第一个项表示由 r 国创造的、用于满足 s 国和 t 国最终需求的增加值；第二项表示由 r 国创造的、投入 s 国的生产过程，并用于满足 s 国和 t 国最终需求的增加值；第三项与此类似。

在多国模型中，r 国的总出口增加值和对 s 国的出口增加值分别由式（8-18）和式（8-19）表示：

$$VAX_E^r = \hat{v}^r \cdot \sum_c \sum_{d \neq r} L^{rc} \cdot y^{cd}; \quad c, d = r, s, \cdots \quad (8-18)$$

$$VAX_E^{rs} = \hat{v}^r \cdot \sum_{d \neq r} L^{rd} \cdot y^{cd}; \quad d = r, s, \cdots \quad (8-19)$$

表 8-3　仅包括三个国家的世界投入产出表

投入		r 国中间使用	s 国中间使用	t 国中间使用	r 国最终消费	s 国最终消费	t 国最终消费	总产出
		$1\cdots N$	$1\cdots N$	$1\cdots N$				
r 国	$1\cdots N$	m_{ij}^{rr}	m_{ij}^{rs}	m_{ij}^{rt}	y_i^{rr}	y_i^{rs}	y_i^{rt}	x_i^r
s 国	$1\cdots N$	m_{ij}^{sr}	m_{ij}^{ss}	m_{ij}^{st}	y_i^{sr}	y_i^{ss}	y_i^{st}	x_i^s
t 国	$1\cdots N$	m_{ij}^{tr}	m_{ij}^{ts}	m_{ij}^{tt}	y_i^{tr}	y_i^{ts}	y_i^{tt}	x_i^t
增加值		v_j^r	v_j^s	v_j^t				
总投入		x_j^r	x_j^s	x_j^t				

(2) 自变量。

一是要素密集度。理论模型假设不存在要素密集度逆转，即不同国家的要素密集度相同，本研究参照 Romalis（2004）[300] 等的做法，以美国各行业的要素密集度为基准。在两要素模型中，用各行业高技能劳动力就业人数占总就业人数的比值代表高技能劳动力的要素密集度 z_2。在三要素模型中，资本的要素密集度 k_3 用 1 减去各行业增加值中劳动报酬的比例表示，那么高技能劳动力的要素密集度则为 $z_3 = z_2(1 - k_3)$。数据来源于 WIOD 的 SEA 表。

二是要素充裕度。要素充裕度反映不同国家在生产某种产品的过程中所投入要素的结构差别，是一个相对的概念。本研究主要考察两种要素充裕度。其中，高技能劳动力的要素充裕度 $\tilde{\omega}_s$ 用中美两国高技能劳动力占总就业人数的比重表示；资本的要素充裕度 $\tilde{\omega}_k$ 用中美两国劳动和资本之比表示。与 Romalis（2004）[300]、Morrow（2010）[301] 等以整个国家的要素拥有量计算的要素充裕度不同，本研究区分了行业要素充裕度的差别，计算了中国在各个行业上相对于美国的要素充裕度，突出不同行业之间要素比例的差别。所需数据均来源于 SEA 表。在计算资本的要素充裕度时，采用当年的汇率指数将中国的资本存量转换为以美元计的资本存量。❶

三是相对生产率。本研究采用索洛残差法计算全要素生产率。在规模收益不变和希克斯中性技术的假设条件下，构建两要素 C-D 生产函数 $Y_t = A_t K_t^a L_t^{1-a}$。式中 Y、K、L 分别代表增加值、资本存量和就业人数，a 为资本的投入产出弹性，则全要素生产率可表示为 $A_t = (Y_t/L_t)/(K_t/L_t)^a$。本研究利用 SEA 表提供的相关数据，先估算出资本的产出弹性，然后代入上式计算出中美两国各行业 1995—2018 年的全要素生产率。

---

❶ 人民币与美元的汇率来源于英属哥伦比亚大学尚德商学院太平洋汇率服务中心数据库，见 http://fx.sauder.ubc.ca/。

3. 数据描述

（1）中国对美国的出口增加值。

表8-4列出了1995—2018年中国对美国的出口基本情况。中美贸易出口总额从276.51亿美元增长到了4904.71亿美元，增长了16.74倍；而出口增加值则从227.74亿美元增长到了4054.75亿美元，增长了16.80倍。其间，中美贸易的出口增加值率一直围绕着80%上下波动，说明在中国对美国的总出口额中，在中国境内产生的增加值约占80%，剩下的20%是由其他国家（包括美国自己）创造的，途经中国出口到美国。分三次产业的比较发现，工业的出口增加值增长速度最快，增长了18.35倍，服务业次之，农业最慢；但是以传统贸易核算方式计算的三次产业出口总额的增长率差距更大。整体而言，农业的出口增加值率最高，且呈现逐年下降的趋势；服务业的出口增加值率次之，但由于出口总额的增长速度更快，出口增加值率呈现波动上升趋势；工业的出口增加值率最低，并且较为稳定，围绕着80%上下波动。产业间出口增加值率的差异表明，中国对美国的出口贸易中，农业和服务业的隐性出口部分较大，这两个产业的部分产出通过中间投入以工业品的形式出口到美国；出口工业品的国内增加值比例较低，不仅因为工业最终产品中含有相对较高比例的农业和服务业投入，同时中国的工业出口中加工贸易的比例也较高。

表8-4 1995—2018年中美双边贸易出口情况

单位：百万美元

项目	1995年	2000年	2005年	2010年	2015年	2016年	2017年	2018年
农业 GE	227.8	650.6	852.3	1706.1	2045	1746.5	1936.8	1899.8
农业 VAX	223.8	620.9	797.4	1610.1	1923	1630.7	1781.4	1730.1
农业 VAXR（%）	98.24	95.43	93.56	94.37	94.03	93.37	91.98	91.07
工业 GE	22071.5	62293.2	178446.5	253749.1	391052.4	358033.7	396935.9	421683.8

续表

项目	1995年	2000年	2005年	2010年	2015年	2016年	2017年	2018年
工业 VAX	17642.2	49218.1	129915.3	199951.3	321756.7	294170.4	320500.4	341409.1
工业 VAXR (%)	79.93	79.01	72.80	78.80	82.28	82.16	80.74	80.96
服务业 GE	5351.2	9466.5	22893.8	39094.5	67181.2	63335.3	60029.7	66887.2
服务业 VAX	4908.1	8619.8	20335.5	35959.4	62595.5	59349.8	56329.2	62336.1
服务业 VAXR (%)	91.72	91.06	88.83	91.98	93.17	93.71	93.84	93.20
所有产业 GE	27650.5	72410.3	202192.6	294549.7	460278.6	423115.5	458902.4	490470.8
所有产业 VAX	22774.1	58458.8	151048.2	237520.8	386275.2	355150.9	378611	405475.3
所有产业 VAXR (%)	82.36	80.73	74.71	80.64	83.92	83.94	82.50	82.67

注：VAX 和 GE 分别表示出口增加值和出口总额，VAXR 表示出口增加值率，单位是%。
数据来源：作者根据世界投入产出表整理计算。

(2) 变量描述性统计。

表8-5 为对模型变量的描述性统计结果。可看出，各行业高技能劳动力的要素密集度平均为 24.1%。在三要素情形下，资本要素的报酬比例平均为 38.5%，即资本报酬占行业增加值的比重平均为 38.5%；而高技能劳动力的要素密度仅为 14.82% (= 24.1% × (1-38.5%))，中低技能劳动力的平均要素密集度最高，约 46.8% (= 1-38.5% -14.7%)。从要素充裕度可看出，由于中国中低技能劳动力比重较高，所以高技能劳动力和资本的平均要素充裕度都低于美国（两个变量平均值小于0），并且在资本要素上的差距更大。平均相对生产率也小于0，表明中国的全要素生产率低于美国，但是从时序上看，中美相对生产率的差距在不断缩小。

表8-5 变量的描述性统计

变量名	均值	中位数	标准差	最小值	最大值
$\ln VAX$	7.172	7.469	1.727	-0.681	10.753
z_2	0.241	0.184	0.128	0.071	0.693

续表

变量名	均值	中位数	标准差	最小值	最大值
z_3	0.147	0.108	0.114	0.019	0.690
k_3	0.385	0.351	0.200	0.001	0.943
$\ln\tilde{\omega}_s$	−0.093	−0.079	0.115	−0.457	0.122
$\ln\tilde{\omega}_k$	−3.047	−2.905	0.890	−5.694	−0.623
$\ln\tilde{a}$	−1.144	−1.149	1.881	−7.630	4.281
$Dwto$	0.533	1.000	0.499	0.000	1.000

四、实证结果与分析

本研究利用 1995—2018 年中国对美国 33 个行业的出口数据，实证检验要素比例、技术差异对中美双边贸易出口增加值的影响。由于样本时期跨度较长，且不同行业之间的数据差异较大，对模型的序列相关检验和截面异方差检验的结果都拒绝了原假设，所以本研究采用去序列相关和去截面异方差的可行的广义最小二乘法（Feasible Generalized Least Squares，FGLS）对模型参数进行估计，以消除非球形扰动对估计系数准确性的影响。

1. 出口增加值的影响因素

首先，我们先考虑只包含要素密集度或要素充裕度中一个变量的模型，结果见表 8-6。结果显示，9 个模型的回归系数在 1% 的置信水平下都通过了显著性检验，并且自变量的系数大小在不同的模型中变化很小，表现出很强的稳定性。高技能劳动力和资本的要素密集度对中国的出口增加值具有显著的正向促进作用，行业的高技能劳动力和资本的使用比例越高，出口增加值越大。与劳动密集型的行业相比，知识、资本密集型行业的知识要素的投入比例越高，实现价值增值的能力越强。在增加值贸易中，行业的高技能员工和资本的密集程度越高，其出口总额中包含的国内增加值量就越大。同时注意到，高技能劳动力要素密集度的系数远大于资本要素密集度的系数，高技能劳动力和资本的要素密集度每提高1%，将分别导致出口增加值增长12.42%和3.22%，前者对出口增加值产生的弹性接近后者的4倍。说明高技能劳动力在实现价值增值和促进出口上的作用大于资本，增加高技能劳动力的投入对出口增加值产生的带动能力更强。

要素充裕度回归结果表明，高技能劳动力和资本的要素充裕度也显著地促进中国出口增加值的增长。中国相对于美国的高技能劳动力和资本要素越充裕，出口增加值越大。且高技能劳动力的要素充裕度对出口增加值的弹性大于资本的要素充裕度，前者每增加1%将导致出口增加值增长1.94%，超过后者的5倍。说明现阶段高技能劳动力要素充裕度对中国出口增加值的促进作用更大。原因是当前中国高技能劳动力的使用比例太低，与美国的差距远大于在资本上的差距，其对中国出口增加值的边际影响远超过资本的边际影响。[1] 相对生产率的回归系数表明，行业的技术差距越小，中国对美国出口增加值越高。与美国相比，中国相对全要素生产率每提高1%，将带来中国对美国的出口增加值增长0.05%，虽然系数的绝对值很小，但相对生产率的提高显著促进了中国出口增加值的增长。时间虚拟变量 $Dwto$ 的系数显著为正，表明在加入WTO以后，中国对美国的出口增加值得到显著提高。中国在对外开放国内市场的同时，也获得了更广阔的国际市场，促进了中国各行业的出口。

---

[1] 中美高技能劳动力的相对比例的均值为0.204，而资本报酬的相对比例为1.822，即中美两国的生产要素投入结构存在较大差异，中国的资本投入相对比例很高，而高技能人员的相对比例非常低。

表 8-6 单一要素比例变量的回归结果

解释变量	(1)	(2)	(3)	(4)	(5)	(6)	(7)	(8)	(9)
z_2	7.514*** (0.646)					7.734*** (0.679)			
z_3		11.814*** (1.080)					12.424*** (1.111)		
k_3			3.072*** (0.354)					3.223*** (0.357)	
$\ln\tilde{\omega}_s$				2.039*** (0.221)	2.096*** (0.225)			1.922*** (0.209)	1.940*** (0.212)
$\ln\tilde{\omega}_k$					0.389*** (0.061)				0.381*** (0.060)
$\ln\tilde{a}$						0.054*** (0.010)	0.052*** (0.010)	0.056*** (0.009)	0.049*** (0.010)	0.050*** (0.010)
$Dwto$	0.609*** (0.034)	0.631*** (0.034)	0.652*** (0.034)	0.676*** (0.034)	0.665*** (0.036)	0.618*** (0.034)	0.622*** (0.034)	0.635*** (0.034)	0.643*** (0.034)
常数项	7.315*** (0.136)	5.969*** (0.256)	8.465*** (0.072)	10.56*** (0.337)	8.371*** (0.106)	7.260*** (0.133)	5.831*** (0.258)	8.452*** (0.059)	10.51*** (0.329)
行业虚拟变量	Yes	Yes	Yes	Yes	Yes	Yes	Yes	Yes	Yes
样本量	495	495	495	495	495	495	495	495	495
Wald 卡方值	3725.48	3601.97	3436.56	3753.92	2950.46	4312.45	4093.69	3770.54	3969.51

注：*、** 和 *** 分别表示在 10%、5% 和 1% 的置信水平上显著，括弧内数字为标准误。下表同。

接下来考虑当自变量为要素密集度与要素充裕度的交互项❶时，式（8-13）和式（8-14）的回归结果（见表 8-7）。其中第 1 列和第 3 列是两要素情形下的估计结果，第 2 列和第 4 列是在三要素情形下的估计结果。在两要素情形下，高技能劳动力的要素比例系数显著为正，说明要素比例

---

❶ 下文称为"要素比例"，其反映了行业的要素密集度和中美两国的要素充裕度。H-O 模型也称为要素比例模型。

对中国的出口增加值有显著影响。在行业的要素密集度固定的情况下，中国高技能劳动力的要素充裕度越高，对美国的出口增加值越大。当模型加入技术差距变量后（第3列），要素比例的系数仍显著为正，并且大小几乎不发生变化。同时，相对生产率变量的系数也显著为正，即随着中美全要素生产率差距的缩小，中国对美国的出口增加值显著增长。三要素情形下的系数回归结果显示，高技能劳动力的要素比例系数仍然显著为正，且系数绝对值有所提高；但是资本要素的系数没通过显著性检验，或在10%的置信水平下勉强通过检验，说明资本要素的比例对中美双边贸易中出口增加值的影响不太显著。自改革开放以来，中国的资本积累迅速膨胀，已经跨越了资本短缺的时期。目前，中国资本要素投入的比例与美国的差距已经非常小，资本要素比例的提高对中国出口增加值增长产生的效应已经不如高技能劳动力要素产生的效应那么显著了。

表8-7 自变量为交互项的要素比例的回归结果

解释变量	(1)	(2)	(3)	(4)	(5)	(6)
$z_2 \cdot \ln\tilde{\omega}_s$	10.389***		10.327***		9.560***	
	(1.044)		(1.053)		(1.690)	
$z_3 \cdot \ln\tilde{\omega}_s$		19.702***		19.769***		16.219***
		(1.918)		(1.903)		(2.76)
$k_3 \cdot \ln\tilde{\omega}_k$		0.118		0.129*		0.094
		(0.074)		(0.072)		(0.096)
$\ln\tilde{a}$			0.049***	0.052***	0.022	0.017
			(0.010)	(0.010)	(0.013)	(0.013)
$Dwto$	0.628***	0.667***	0.625***	0.647***	0.560***	0.555***
	(0.034)	(0.034)	(0.034)	(0.034)	(0.046)	(0.045)
常数项	8.459***	8.773***	8.442***	8.795***	6.132***	6.398***
	(0.070)	(0.223)	(0.059)	(0.212)	(0.090)	(0.291)
行业虚拟变量	Yes	Yes	Yes	Yes	Yes	Yes

续表

解释变量	(1)	(2)	(3)	(4)	(5)	(6)
样本量	495	495	495	495	383	383
Wald 卡方值	3713.13	3764.64	4180.83	4223.48	3928.64	3915.06

为比较不同核算方式下出口量与要素比例、技术差异的关系，表 8-7 第 5 列和第 6 列报告了当因变量为用传统方法统计的出口总量时的估计结果。与第 3 列和第 4 列的结果相比，高技能劳动力的要素比例的系数仍然显著为正，且系数大小未发生较大变化，但是资本的要素比例和相对全要素生产率的系数非常小且没有通过显著检验。说明在中美的出口贸易中，资本的要素比例和相对生产率对出口增加值产生了显著正向促进作用，而对出口总量的作用很小；中国对美国出口量的增长主要是因为高技能劳动力要素比例的提高，资本和生产率的出口增长效应不显著。

2. 分三次产业的回归结果

根据三次产业的划分，本研究将全部样本分为三个子样本，分别对式 (8-13) 和式 (8-14) 进行了估计，以比较要素比例和技术差异对不同产业出口增加值影响的差异，结果见表 8-8。其中第 1 列和第 2 列是农业（包括农林牧渔业和采矿业）的回归结果，第 3 列和第 4 列是制造业的回归结果，第 5 列和第 6 列是服务业的回归结果。结果显示，当研究不同产业出口增加值的影响因素时，要素比例和技术差异的解释力和显著性发生了变化。在两要素模型下（第 1、3、5 列），高技能劳动力的要素比例和相对生产率的系数都显著为正，与整体回归结果（表 8-6 第 3 列）一致。但是，农业和服务业的要素比例系数更大，制造业的要素比例系数很小，说明要素比例对不同产业出口增加值的影响程度不同。与制造业相比，农业和服务业高技能员工使用比例的提高，对相应行业出口增加值产生的影响更大。比较相对生产率的系数发现，制造业的系数最小，服务业的系数最大,说明中美两国在服务业全要素生产率上的差距越小,对服务业出口增加值增长的促进作用越大。中美服务业相对生产率每提高1%,将导致服务业出口增加值增长0.069%;而制造业相对生产率提高1%只能带来制造业出口增加值增长0.026%。前者的出口促进效应是后者的近2.7倍。

表8-8 不同产业的回归结果

解释变量	(1)	(2)	(3)	(4)	(5)	(6)
$z_2 \cdot \ln\tilde{\omega}_s$	14.678***		6.528***		13.304***	
	(2.091)		(2.005)		(1.655)	
$z_3 \cdot \ln\tilde{\omega}_s$		31.717***		9.111***		24.654***
		(4.660)		(3.373)		(2.692)
$k_3 \cdot \ln\tilde{\omega}_k$		0.123		-0.308***		0.748***
		(0.110)		(0.112)		(0.143)
$\ln\tilde{a}$	0.058**	0.068***	0.026*	0.030**	0.069***	0.081***
	(0.026)	(0.025)	(0.015)	(0.015)	(0.014)	(0.015)
$Dwto$	0.730***	0.717***	0.682***	0.709***	0.508***	0.611***
	(0.054)	(0.061)	(0.055)	(0.051)	(0.056)	(0.055)
常数项	8.413***	8.776***	7.459***	7.489***	8.349***	9.096***
	(0.040)	(0.308)	(0.148)	(0.239)	(0.119)	(0.184)
行业虚拟变量	yes	yes	yes	yes	yes	yes
样本量	30	30	210	210	225	225
Wald卡方值	486.80	458.13	842.32	902.52	1078.38	1468.18

在三要素情形下,高技能劳动力的要素比例和相对生产率的系数仍然显著,而资本的要素比例系数出现很大差别。服务业的资本要素比例系数显著为正、制造业显著为负、农业不显著。在中国出口结构中,制造业出口主要集中在电子设备、金属制品等劳动密集型行业,而服务业的出口主要集中在运输、金融等资本密集型行业,导致资本要素比例的提升对服务业出口增加值产生了促进作用,而对劳动密集型的制造业出口增加值产生

了抑制作用。

3. 稳健性检验

本研究采用两种方法进行稳健性检验。一是使用不同的自变量，结果见表 8-9 的前 4 列，前 2 列是替换要素充裕度后的回归结果。这里采用和已有研究相同的方法，用全行业高技能劳动力和资本的要素充裕度替代分行业的要素充裕度，与行业的要素密集度相乘得到要素比例的交互项。第 3 列和第 4 列是替换相对生产率的估计结果，在测算 TFP 时，对中美两国生产函数分别进行估计。二是选择不同的参数估计方法（见后 2 列）。这里采用自助抽样法（Bootstrap Method，重复抽样次数为 500）对计量模型的待估参数进行估计。与表 8-8 相比，表 8-9 中自变量系数绝对值虽然发生了变化，但所有变量的系数依然高度显著，与表 8-8 结果一致，说明模型具有较强的稳健性。

表 8-9　稳健性检验结果

解释变量	(1)	(2)	(3)	(4)	(5)	(6)
$z_2 \cdot \ln\tilde{\omega}_s$	3.121***		10.259***		15.693***	
	(0.287)		(1.050)		(3.697)	
$z_3 \cdot \ln\tilde{\omega}_s$		4.480***		19.655***		30.732***
		(0.444)		(1.905)		(6.545)
$k_3 \cdot \ln\tilde{\omega}_k$		0.450***		0.130*		0.483**
		(0.093)		(0.071)		(0.214)
$\ln\tilde{a}$	0.037***	0.041***	0.049***	0.051***	0.092***	0.083***
	(0.009)	(0.009)	(0.009)	(0.010)	(0.030)	(0.028)
$Dwto$	0.516***	0.541***	0.631***	0.652***	0.865***	0.847***
	(0.035)	(0.035)	(0.033)	(0.033)	(0.066)	(0.057)
常数项	9.401***	9.966***	8.465***	8.821***	7.054***	7.694***
	(0.143)	(0.255)	(0.057)	(0.210)	(0.256)	(0.367)
行业虚拟变量	yes	yes	yes	yes	yes	yes

续表

解释变量	(1)	(2)	(3)	(4)	(5)	(6)
样本量	495	495	495	495	495	495
Wald 卡方值	3856.10	3677.66	4204.06	4223.84	241.74	332.05

五、结论

本研究分析了双边贸易中，两国的要素比例、技术差异对出口增加值的影响。结果表明，一国的出口增加值受到行业的要素密集度、要素充裕度和相对生产率的显著影响。实证检验也表明：①由于高技能劳动力和资本的价值增值能力高于低技能劳动力，这两种要素密集度对出口增加值产生了正向的促进作用，且前者对出口增加值的带动能力更强。高技能劳动力和资本的要素充裕度也对中国的出口增加值具有显著的正向促进作用，并且由于中国生产投入结构中高技能劳动力的相对比例很低，而资本的相对比例比较高，导致高技能劳动力的要素充裕度对出口增加值的影响程度高于资本的影响。相对全要素生产率的提高降低了中国出口产品的相对价格，从而促进了中国出口增加值的增长。②考虑到行业的要素密集度与中美的要素充裕度交互作用后，要素比例对出口增加值的影响出现变化。高技能劳动力的要素比例和相对生产率对出口增加值的影响仍然非常显著，但资本要素比例的影响不显著。说明目前中国对美国的出口增加值的影响因素中，高技能劳动力的要素比例和相对生产率发挥了最主要的作用，而资本要素的作用非常小。③分产业看，不同产业出口增加值的影响因素表现出明显的不同。高技能劳动力的要素比例和技术差距对服务业出口增加值的影响大于制造业。由于出口行业的要素密集程度存在较大差别，制造业的出口以劳动密集型为主，而服务业的出口以资本和知识密集型为主，资本的要素比例对不同产业的出口增加值影响作用不相同，服务业资本要素比例的提高有利于出口增加值的增长，但是制造业资本要素比例的提高抑制了出口增加值的增长。

第三节　政策启示

一、推动服务贸易与货物贸易融合发展，提升"中国服务"走出去的能力

一般来说，货物贸易会产生各项服务需求，如运输、保险、金融服务等，从而带来服务贸易的增加；服务贸易的很多部门则是货物贸易的支撑产业，如果能够形成一种良性的互动效应，就能推动服务贸易与货物贸易融合发展。近年来，全球产业链、价值链、供应链加速整合，货物贸易与服务贸易相互依存、相互支撑。总体来看，发达国家贸易融合优势明显，但发展中国家也呈现出较强的追赶态势。对此，要鼓励有条件的制造企业向生产性服务领域延伸，扩大货物贸易对相关服务贸易的带动作用。如在知识密集性制造业园区或者集群内部或者附近，建立研发、融资、物流、平台企业等生产性服务企业，生产性服务企业和制造企业形成完整产业链条，服务贸易跟随货物贸易走出国门。增加对中高端服务企业的扶持，发展与货物贸易相关的拥有自主知识产权的生产性服务企业，为出口制造企业提供金融、咨询、技术等专业性服务，增加制造企业增加值，推动货物贸易和服务贸易融合出口的模式。

二、积极推动服务制造化，提升我国货物出口中的国内服务含量

研究结果显示，货物贸易对服务业出口附加值存在显著的正向影响，

尤其是对知识和技术密集型服务业的影响更为显著。实证研究也显示，货物出口对于服务出口的带动作用也很大，货物出口每增加1亿美元，服务出口将增加498万美元（陈宪等，2004）[306]，且货物贸易对服务贸易的影响甚至要大于服务业发展对服务贸易的影响（李杨等，2008）[307]。因此，我国在制定服务业对外开放与服务贸易发展战略时，不仅要看到服务贸易对我国经济增长和货物贸易的促进作用，还要发挥我国货物贸易优势带动服务出口附加值增加。即依托"中国制造"发展"中国服务"，提升中国制造中服务尤其是知识密集型服务业的嵌入，紧跟中国制造企业"走出去"的步伐，大力发展法律、咨询、会计等"走出去"的相关服务，积极开拓海外市场，扩大海外服务外包市场份额。

三、提高高技能劳动力的投入比率，优化出口结构

与劳动密集型行业相比，知识和资本密集型行业实现价值增值的能力更强，知识和资本密集型产品出口对GDP增长的促进作用更大。在所有计量模型中，相对全要素生产率对中国出口增加值的系数都显著为正，技术进步是中国出口增加值增长的重要途径。生产率越高，中国出口产品的相对价格就越低，就越有利于出口增加值的增长。因此，要提高生产技术水平，缩小与发达国家的技术差距。但提高生产技术水平关键是有高技能人才，与发达国家相比，中国非熟练劳动力的比例很高，资本要素的投入比例已经得到显著提高，这两种要素对中国出口增加值增长的带动效应明显低于高技能劳动力。中国高技术人才的培养已经到了一个关键时刻，是实现中国出口增加值持续增长的一个重要突破点。

四、调整资本的投入结构，鼓励资本向生产性服务行业流入

资本要素的充裕度对中国整体的出口增加值的增长仍具有一定的促进

作用，但是其对不同产业的影响程度差别较大。当前，中国服务业的资本投入率较高，而生产性服务业较低，导致资本对服务业出口增加值的带动效应较高，却阻碍了制造业出口增加值的增长。所以，对资本的投入结构要进行及时调整，鼓励资本向资本存量低、出口带动力强的服务行业流入。而且，我国服务贸易目前急需摆脱过于依赖传统的旅游、运输服务业的现状，加大金融、咨询、保险、计算机与信息、教育培训、法律、网络咨询等高端服务的贸易规模。这就需要鼓励资本积极寻找新的发展渠道，大力拓展新的发展领域，加强对传统服务贸易行业的技术创新与服务创新，提升我国服务贸易质量。

五、扩大服务业对外开放

从长期来看，推进以服务贸易为重点的开放是大势所趋。且开放国际贸易市场的目的是更好地吸收国际资本进入中国市场，更好地引进西方发达国家的先进管理技术，拓展新的服务贸易渠道与行业。因此，各国可根据行业自身发展状况，以制度性开放为重点，有针对性地制定开放策略。如对于部分竞争优势较强、开放程度较高的服务业，如计算机和信息服务业，可在鼓励中国企业与国外企业公平竞争的同时，加快完善技术、标准等一系列制度建设，努力消除中国企业"走出去"和国外企业"引进来"的制度性障碍；对于部分竞争优势较弱、开放程度偏低的服务业，如专业技术服务、文化和娱乐服务等，由于易受开放冲击，需要在知识产权保护、市场准入、人员流动等方面继续优化法律法规体系，培育和保护服务贸易企业自身的创新能力。

第九章 服务贸易发展与产业转型升级

改革开放之初，我国率先在制造业领域实行对外开放，经过数十年的发展，逐步成为世界制造业大国。但是与制造业强国相比还有明显差距，原因是我国服务贸易尤其是生产服务贸易远落后于发达国家。如德国之所以成为制造业强国，很大程度上缘于其研发、金融、会计、咨询等服务贸易的发展。我国要成为制造业强国，也需要以服务贸易为重点扩大开放，由此倒逼服务业市场开放。前面的计量分析结果也显示，服务贸易对我国参与全球价值分工位置和出口国内增加值率，都产生显著的正向提升效应。服务贸易对于整个生产制造的拉动作用非常巨大，已成为决定一国在参与 GVC 中分工地位高低的关键因素，服务贸易投资合作成为世界经济增长的重要引擎。21 世纪以来，全球科技创新进入密集活跃期，制造业全球布局始终面临成本收益约束，驱动中低端制造业在全球范围内梯度转移。而在制造业跨国转移的同时，发达国家保留并发展壮大了为制造业服务的生产性服务业。目前，我国服务贸易优势主要集中在劳动密集型行业，而知识密集型、资本密集型、环境资源密集型以及与货物贸易紧密相关的服务贸易均呈现逆差。虽然美国货物贸易逆差冠绝全球，但服务贸易顺差规模居全球首位。因此，发展服务贸易尤其是生产性服务贸易，是弥补生产性服务业短板、加快高端制造业和农业现代化发展的重要途径，对促进我国产业转型升级具有十分重要的作用。因此，作为全球制造和贸易大国，中国的高质量发展取决于产业结构对服务贸易的需求。与此同时，先进的数字化技术在服务贸易中的应用，使得服务贸易模式、主体以及对象均实现了转变，并涌现出了数字电影及音乐等众多的数字化服务形态，数字化、智能化成为服务贸易发展的必然趋势。而数字贸易的迅猛发展，使得全球价值链以贸易为纽带在全球范围实现资源配置，通过数据流动加强各产业间知识和技术要素的共享、引领各产业协同融合，数字贸易使制造业对与上下游生产性服务业间的距离不再敏感，而对与客户间的距离和产业链安全更加敏感，推动传统的大规模同质化批量生产向柔性化、定制化与个性化制造发展。因此，大力发展数字贸易也有利于产业转型升级。基于此，本研究从服务出口技术复杂度和数字贸易两个角度去研究服务贸易对产业转型升级的影响。

第一节　服务贸易出口技术复杂度与产业转型升级

国家为何和如何参与国际商品贸易，这在传统上一直属于宏观经济学领域讨论的话题，其中比较优势理论处于主导地位。2005年以后，一群来自发展经济学领域的学者，开创性地提出出口技术复杂度、产品空间等概念，使产业国际竞争力评价从静态、总计层面的"量"的评价到动态、结构层面的"质"的评价转变。正因如此，世界范围内的一些学者将中国出口如此有竞争力的原因归结为，中国在量方面明星般的出口绩效，质方面在技术阶梯上的快速提升导致出口产品的技术含量越来越高（刘林青等，2011）[24]。但是中国出口是否真的构成"质"的威胁？中国出口技术复杂度是否被高估？争论迅速在中外学者之间展开（黄永明等，2012）[278]。与此同时，世界各国的服务贸易得到了迅猛发展，服务贸易的发展甚至快于服务产业增长（裴长洪等，2012）[231]，服务贸易竞争力逐渐成为衡量一国国际竞争力的重要指标（黄庐进等，2010）[307]。但目前反映服务贸易竞争力的传统指标显然难以反映一国在国际分工中的地位和获取贸易利益分配的能力，而从出口技术复杂度这一新的视角来分析中国服务贸易出口竞争力状况更具合理性（戴翔，2012）[11]。与此同时，我国以制成品特别是劳动密集型产品的大量出口为主要驱动力的"粗放型"发展方式已面临一系列现实约束，产业的转型升级、经济发展方式转变迫在眉睫。大力发展服务贸易已经成为转变中国外贸发展方式的重要内容之一。但服务贸易本身也存在增长方式问题，不同的服务产品同样具有技术内涵的差异性，忽视了这一点，"重量不重质"地大力发展服务贸易，很可能会使得中国外贸发展方式没摆脱目前制成品"粗放型"发展模式的同时，服务贸易本身又陷入"比较优势陷阱"的可能性。因此，究竟提升服务贸易出口技术复杂度能否一定实现我国外贸发展方式的转变，促进我国产业转型升级？遗憾的是，鲜有学者将目光投向这一领域，关于服务贸易出口技术复杂度与我国现阶段提出的产业转型升级目标的实现之间的关系在理论与实证层面的分析文献都较为欠缺。基于此，本研究拟在理论分析的基础上提出相关假设，并尝试利用G20国家的跨国面板数据对服务贸易出口技术复杂度指数进行测算，然后将该指标引入产业转型升级的面板模型中进行量化分析，在对理论假设进行验证的同时，试图全面解析服务贸易出口技术复杂度与产业转型升级之间存在的可能关系。

一、国内外相关文献综述

目前，国内外学者对产业转型升级研究得出的基本共识是产业转型升级是一国或地区经济发展到一定阶段后的必然选择。从贸易的角度来看，主要是围绕国际贸易理论中的"技术溢出"效应展开的。早期的成果主要从要素禀赋理论出发阐释一国参与国际分工的重要性，接着一些学者阐述了参与加工贸易的利益（Kandogan，2003）[308]，如袁欣（2010）[309]认为对外贸易应该能有效带动产业升级。但张捷等（2011）[310] 对广东省研究发现，出口导向性发展模式虽有利于促进工业化进程，却不利于工业经济向服务经济的转型。事实上，有些学者早就提出国际贸易并不必然带来一国产业转型升级，发展中国家可能会陷入"国际贸易陷阱"，从而长期止步于低水平、低技术含量的初级产品加工（Matsuyama，1992）[311]。这些研究对于贸易是否一定促进产业转型升级虽未达成一致意见，但对深刻认识国际贸易对一国或地区经济发展影响的重要性具有参考意义。

事实上，随着服务贸易在全球贸易结构中所占的比例和重要性显现，其已成为国际贸易领域新的关注点，其对经济增长的作用也引起了学者们的关注。如 Robinson 等（2002）[312] 分析了服务贸易自由化所产生的经济增长效应，Lewis 等（2003）[313] 认为服务贸易对经济增长产生推动作用，Khoury 等（2006）[314] 指出发展中国家的新兴服务贸易要比传统服务贸易更能有效地促进经济增长，等等。我国学者也关注了这一主题，如方慧（2009）[315] 研究显示服务贸易具有显著的技术溢出效应等。随着服务贸易对经济增长作用研究的深入，学者们开始关注服务贸易对产业发展的影响，如张捷等（2012）[316] 认为服务贸易能带动产业优化升级等。这些研究虽没能说明服务贸易一定能促进产业转型升级，但对将服务贸易引入产业转型升级的研究中作出开拓性的贡献。然而，就理论创新而言，这些文献仍旧停留在宏观层面，缺少一个具体的研究切入点。随着国内外学者对这一问题研究的进一步深入，出口技术复杂度这一概念逐渐进入人们的视野。

出口技术复杂度实则为衡量出口产品技术水平的一个指标，较早提出该概念的是 Michaely（1984）[201]，其核心观点是用各国的工资水平进行加权平均测算一国的出口技术复杂度指标，后续学者的研究也大都基于权重的挑选。Rodrik（2006）[146] 和 Hausmann 等（2006）[197] 给出了出口产品的技术复杂度指标 PRODY 和一国的出口技术复杂度指标 EXPY。在随后的研究中发现，提高一国的出口技术复杂度水平能显著促进一国经济的增长（Schott，2008）[317]，等等。近年来，随着服务经济发展，服务贸易出口技术复杂度也引起了学者们的注意，研究的视角也从制成品出口技术复杂度转向服务出口技术复杂度，其中 Mishra 等（2013）[10] 测度了服务贸易出口技术复杂度，指出服务贸易出口技术复杂度与经济发展之间有显著的正向关系，并以欧洲为例进行了验证。我国学者戴翔（2012）[11] 的研究也表明，服务贸易出口技术复杂度对经济增长有着显著的积极影响，并据此提出在发展服务贸易的过程中不应单纯追求规模的扩张，更应注重质量的提升，唯有如此才能促进中国外贸发展方式转型。鉴于此，考虑到服务业涵盖范围广、辐射领域大、行业融合度高以及部分服务业高资本、高技术、高智力投入等显著特征，服务贸易出口技术复杂度的提升对一国的产业转型升级势必会带来明显的影响。遗憾的是，目前针对这一研究的实证文献仍然相对缺乏，这也为本研究提供了一个难得的视角，也正是本研究的理论与实践意义所在。

二、理论假设的提出

在综合分析前人研究成果的基础上，结合国际贸易、产业经济和发展经济学研究的基本原理，提出如下理论假说：

理论假说一：具有较高技术含量的服务行业要比具有较低技术含量的服务行业拥有较高的出口技术复杂度。

由于人力资本积累对服务贸易领域出口技术含量有显著影响（张雨，2012）[280]，资本劳动比、人力资本、研发等与出口产品技术复杂度呈正相关关系（杨素花，2011）[281]，出口技术复杂度提升对技术创新能力的提升有显著的促进作用（梁超，2013）[282] 等，即出口技术复杂度与技术水平有很强的相关性。而董直庆等（2010）[283] 对中国服务贸易技术含量测定后发现，金融、保险、专利等技术含量较高，而旅游、运输和建筑服务等则偏低。因此，可假定在服务贸易分项出口中，涉及商业服务和人员、资金、物资流动的具有较高技术水平的服务产品具有较高的出口技术复杂度，而涉及技术水平较低的固定资产投资行业以及关乎本国经济安全、社会稳定的服务产品具有较低的出口技术复杂度，即高技术含量的服务行业要比低技术含量的服务行业拥有较高的出口技术复杂度。

理论假说二：发达国家具有较高的服务出口技术复杂度，而发展中国家可能会相对偏低。

Bhagwati（1984）[233] 研究发现，发达国家在资本和知识密集型服务贸易领域具有比较优势，而发展中国家则在劳动密集型服务贸易领域具有比较优势。施炳展等（2012）[284] 也指出，发达国家或地区势必会比发展中国家或地区的出口产品拥有较高的出口技术复杂度。因此，鉴于服务贸易的高资本、高技术和高人力资源投入等特征，在一国或地区的服务贸易中，发达国家相比发展中国家仍然具有较强的技术优势，发达国家具有较高的服务出口技术复杂度，而发展中国家的数值可能会相对偏低。

理论假说三：服务出口技术复杂度对一国或地区的产业转型升级具有显著的正向刺激作用。

Deardorff（2001）[266] 研究指出，服务贸易出口技术内涵的变迁比规模变化更能反映一国或地区在国际分工中的地位和获取利益分配的能力。也就是说，服务贸易出口技术复杂度越高，一国或地区在全球价值链上的价值创造环节附加值越高与利益分配越多，继而有利于当地产业转型升级。戴翔（2012）[11] 也指出，服务贸易出口技术复杂度越高，对经济增长的促进作用就越明显，且服务贸易出口技术含量的变化对制成品出口技术含量的改变具有显著的影响，进而影响产业转型升级。因此，从全球价值链上价值创造与利益分配的角度来看，要想真正获取产业控制力，提高出口贸易技术复杂度是路径之一。即通过提升出口技术复杂度来淘汰劣势产业，提升优势产业，从而促进一国或地区的产业转型升级，即服务出口技术复杂度对一国或地区的产业转型升级具有显著的正向刺激作用。

三、实证检验

1. 测度方法

从目前的理论研究来看，服务贸易出口技术复杂度指数在衡量一国服务贸易出口国际竞争力方面具有显著的优势，可以将其作为测评一国产业转型升级的辅助指标。在具体的测算过程中，本研究借鉴 Mishra 等（2011）[10]、戴翔（2012）[11] 的测算方法，将服务贸易出口技术复杂度指数的技术过程分成两步进行。即首先测算服务贸易出口中每一项产品的技术复杂度指数 PRODY。

$$PRODY_j = \sum_i \frac{x_{ij}/X_i}{\sum_i x_{ij}/X_i} Y_i \quad (9-1)$$

其中，$PRODY_j$ 为服务贸易出口各个细分项的指数，反映每项服务产品出口的收入价值，衡量每项服务产品的相对竞争优势（Mishra et al, 2011）[10]。X_{ij} 是分项服务产品 j 在 i 国的出口额；X_i 为 i 国服务贸易的出口总值；Y_i 为 i 国人均收入水平（见表9-1）。

从行业均值来看，出口技术复杂度指数最高的是商业服务，旅游和交通运输服务也比较靠前。而个人文化娱乐服务、政府购买服务、保险、通信的行业均值最低。因为从全球服务贸易的行业划分来看，商业服务占据

表9-1 G20国家服务贸易出口技术复杂度指数细分项一览表

分类	2000年	2001年	2002年	2003年	2004年	2005年	2006年	2007年	2008年	2009年	2010年	2011年	2012年	均值
1	42702	42143	41834	41303	44190	43699	43018	43288	45930	36518	40937	39862	37750	41782
2	70486	70366	69373	71625	73224	68825	67638	67442	71257	67998	68844	71039	70134	69866
3	4834	4857	4445	4629	4549	4503	4922	4657	5170	5037	5353	5307	5586	4911
4	6723	6685	7081	6396	6344	7391	8165	8607	8304	9053	7834	8052	7416	7542
5	4380	4257	5537	5336	4448	3889	4243	4639	4928	5212	5288	5119	5247	4810
6	9226	8828	8854	9102	9536	10401	11152	12837	12289	11741	11803	11866	11063	10669
7	6758	6941	6762	6877	6873	7098	7535	9637	7602	8198	8671	8980	8779	7618
8	12806	12421	12160	12348	13033	13085	13292	13391	13140	13457	13551	13720	11013	12878
9	4273	3293	3902	3432	3714	3608	3671	3424	2674	2499	2636	2580	2604	3255
10	4267	4329	4432	4651	4728	4362	4305	3905	3740	3802	3599	3736	3678	4118
11	182224	183115	185025	188460	195209	199052	201034	204245	208794	199576	206889	209886	200928	197264
12	76890	77752	79773	81013	82995	86524	90357	93500	91598	95007	96881	98811	92976	88006

数据来源：1. 联合国贸发会议数据库，IMF统计年鉴和世界银行数据库。

备注：1. 按照UNCTAD的统计，服务贸易分项分类分别为交通运输（1）、旅游（2）、通信（3）、建筑（4）、保险（5）、金融服务（6）、计算机与信息服务（7）、专利和特许权费（8）、个人文化娱乐服务（9）、政府购买服务（10）、商业服务（11）、其他商业（12）。

2. G20国家将欧盟数据作为一个整体予以公布，但考虑数据的不连续性而未予采用。

着关键地位，毋庸置疑是出口技术复杂度最高的行业，且由于全球范围内的人员、货物流动使得旅游和交通运输服务也具有较高的出口技术复杂度。而由于各国政府当局对自己提供的公共服务的国际非流动性以及处于安全和风险考虑对保险行业和通信服务行业的管制措施等，导致了政府购买服务、保险服务和通信服务的行业均值较低。基于此，理论假说一得以证明。

接下来，计算每个国家的出口技术复杂度指数。其公式为：

$$EXPY_i = \sum_i \frac{x_{ij}}{X_i} PRODY_j \qquad (9-2)$$

其中，$EXPY_i$ 为一国服务贸易出口技术复杂度指数，X_{ij} 依旧是分项服务产品 j 在 i 国的出口额；X_i 为 i 国服务贸易的出口总值。在测算一国服务贸易出口技术复杂度指数时，分项服务产品的技术复杂度指数均为各年度实际值，这更能反映出一国服务贸易出口从较低的出口技术复杂度向较高的出口技术复杂度演化的动态趋势（Mishra et al, 2011）[10]。

由表9-2可知，指数美、英、法蝉联三甲，印度尼西亚、中国和印度排名靠后。这一方面说明在以高智力、高资本投入为特征的全球服务贸易中，发达国家仍然占据着主导地位，而发展中国家因资本、技术和其他条件的制约而处于劣势地位。另一方面说明服务贸易和传统货物贸易的不同在于其不再以自然资源的多寡作为一国是否拥有出口优势的指标，而资本、技术、教育、科技和人力资源是一个在服务贸易中拥有绝对优势地位的必备因素。至此，理论假说二得以验证。

表 9-2 G20 国家服务贸易出口技术复杂度指数一览表

国家	2000年	2001年	2002年	2003年	2004年	2005年	2006年	2007年	2008年	2009年	2010年	2011年	2012年	均值
阿根廷	14804	13355	12691	12942	12975	13225	13762	14847	15278	15181	16070	16589	16934	14512
澳大利亚	24981	26127	26352	26996	27512	27728	27601	28451	28888	30074	30183	29991	29900	28061
巴西	7499	7538	7106	6758	6717	6869	7138	7769	7987	8148	8487	8771	9091	7683
加拿大	8709	26616	26960	27364	27396	27935	28251	28307	28261	29199	29426	29505	29331	26712
中国	2753	3006	3340	3831	4147	4490	5018	5718	6227	6945	7541	8282	9019	5409
法国	27404	27568	27526	27798	28392	28751	29043	29158	29093	30081	30344	30917	31051	29010
德国	22092	22402	22201	22549	22881	23440	24470	25188	25479	24691	25377	25932	26503	24093
印度	5434	5428	5079	2770	3881	4239	4609	4934	5223	5365	5569	5823	6312	4974
印度尼西亚	5485	5704	5464	5329	4761	4961	5150	5245	5485	5497	5795	6156	6605	5511
意大利	27219	27256	26612	26295	26406	26703	26598	26705	25792	24967	25482	25641	25799	26268
日本	23726	23966	24526	23927	24306	24893	26014	26511	26538	26396	27096	27528	2654	23699
韩国	6984	18587	19240	20236	20965	21455	22305	23502	23988	23842	25140	25533	26378	21397
墨西哥	10048	10459	10586	11448	12356	11965	12595	12340	12579	12306	12768	12204	12374	11848
俄罗斯	6595	6899	7217	7658	8167	8621	9306	10022	10490	9923	10292	10771	11228	9015
沙特阿拉伯	21654	20000	18414	17575	17243	13453	13709	13705	16149	14342	14738	18212	17364	16658
南非	6503	6671	6988	7588	7593	7859	8054	8088	7896	7779	8111	8347	8770	7711
土耳其	10989	10133	11688	14142	15846	17037	17519	18002	17302	16747	17034	17926	18643	15616
英国	26751	27676	28334	29040	29432	29753	30761	32067	31657	31020	31339	31272	30815	29994
美国	32476	33206	34328	35085	35822	36075	36508	37245	37254	37979	39386	39584	40395	36565
G20_NM	15374	16979	17087	17334	17726	17866	18338	18832	19030	18973	19483	19947	18904	

备注：G20_NM 是 G20 国家年度均值。

2. 理论模型、数据的描述性统计及回归结果分析

从服务贸易的出口技术复杂度指标的测算中，我们基本可以得到如下结论：拥有资本、技术和人力资源优势的国家，在全球服务贸易格局中占据着优势地位。不难发现，这些因素同时也是一国从传统的农业社会向工业社会转型升级的充分条件。基于此，本研究将服务贸易出口技术复杂度与产业转型升级联系起来进行研究，构建如下基本面板计量模型：

$$UP_{i,t}=AGDPgrowth_{i,t}+EXPY_{i,t}+RD_{i,t}+FDI_{i,t}+\in_{i,t} \quad (9-3)$$

其中，被解释变量 $UP_{i,t}$ 为衡量 G20 国家产业转型升级的指标，按照目前学术界通行的做法为第二产业与第三产业占 GDP 总比例的和；解释变量为各个国家人均 GDP 的增长率，为了去除价格因素的可能影响，本研究皆按当年 GDP 平减指数核算了实际 GDP 增长率。另外，$EXPY_{i,t}$ 为各个国家 2000—2012 年服务出口技术复杂度指数；$RD_{i,t}$ 为各个国家研究开发资金支出占 GDP 的比例；$FDI_{i,t}$ 为一国吸引国外直接投资的资金。为了去除可能存在的内生性问题，除实际 GDP 增长率外，以上数据皆进行了对数处理。

考虑到面板数据在处理计量模型中的优越性，我们接下来直接用 OLS 回归对其模型（9-1）进行静态面板数据回归分析，结果如表 9-3 所示。在不断引入变量进行回归的过程中，出口技术复杂度对产业转型升级的作用系数最高为 6.23%，最低为 5.33%，即服务出口技术复杂度每提高一个百分点将会为产业转型升级贡献五到六个百分点的作用力。且教育研发投入、外商直接投资对产业转型升级也具有显著的正向作用，但与出口技术复杂度指标相比作用力要小得多。值得注意的是，GDP 的增长率在引入模型后系数一直为负，这说明 GDP 的增长并不会必然导致产业转型升级目标的实现。发展经济学理论也认为，经济增长并不必然导致经济发展。实际上，如果在经济发展的过程中如果单纯追求"量"的增长而忽视了"质"

的提高，那么 GDP 的增长不仅不利于产业转型升级目标的实现，甚至在某些条件的作用下还会产生负向的阻碍作用。换句话说，在一国或地区的经济社会发展实践过程中，要成功实现经济的转型，一味地追求 GDP 的增速并不是最为直接有效的政策倾向，还需要一系列配套措施，如科技、教育和人力资本培育等政策的出台和实施。至此，理论假说三得到初步证明。

表 9-3 静态面板数据回归结果

变量	（一）	（二）	（三）	（四）
$EXPY_{i,t}$	0.0623***	0.0621***	0.0569***	0.0533***
	(0.000)	(0.000)	(0.000)	(0.000)
$GDPgrowth_{i,t}$		-0.0153	-0.0120	-0.0230
		(0.441)	(0.310)	(0.238)
$RD_{i,t}$			0.0064***	0.0039*
			(0.006)	(0.121)
$FDI_{i,t}$				0.0059
				(0.017)
常数 C	3.949***	3.9515***	4.0022***	3.9654***
	(0.000)	(0.000)	(0.000)	(0.000)
F 值	311.51	155.79	109.34	85.09
Adj	0.5580	0.5572	0.5692	0.5776
Obs	247	247	247	247

备注：*、**、*** 分别表示在 10%、5%、1% 的水平上拒绝原假设。

考虑到在实际经济运行中，前期的产业转型升级的水平会显著作用于本期的产业转型升级状态，即产业转型升级是一个在持续区间内的动态过程。因此，将滞后期的产业转型升级指标纳入被解释变量就显得尤为重要。如此一来，势必会造成模型的多种共线性、内生性等显著的问题。因此，本研究接下来利用 GMM 估计构造动态面板模型进行回归分析，按照 GMM 估计的基本原理，在借鉴戴翔（2012）[11] 的分析和模型（9-3）的基础上，得到扩展模型（9-4），回归结果如表 9-4 所示。

$$UP_{i,t} = UP_{i,t-1} + GDPgrowth_{i,t} + EXPY_{i,t} + RD_{i,t} + FDI_{i,t} + \epsilon_{i,t} \quad (9-4)$$

由于 GMM 估计要求模型必须满足序列一阶自相关，二阶不允许序列自相关、工具变量有效性以及 Wald 显著性的基本假定。从表 9-4 可以看出，Arrelano-Bond 一阶自相关检验的 AR（1）的 P 值在 1% 的水平上显著拒绝没有自相关的原假设，而二阶自相关检验 AR（2）的 P 值不拒绝没有序列相关的原假设；同时，Hansen 检验的 P 值皆大于 0.1，即其不拒绝工具变量有效性的原假设。而 Wald 联合显著性检验皆在 1% 的水平上拒绝模型不显著的原假设。因此，本模型具有较高的说服力。

不难发现，和表 9-3 相比，在引入产业转型升级的滞后项后，动态面板模型的回归数据发生了一个显著的变化，我们考虑将所有变量引入模型后的分析结果，见表 9-4 第四列。其中，一国或地区的服务贸易出口技术复杂度指数在 10% 的水平上与产业转型升级呈显著的正相关关系，其作用系数为 0.0047，即服务贸易出口技术复杂度指数每提高一个百分点，将使产业转型升级提高 0.47%。而上期的产业转型升级力度仍旧是本期产业转型升级的最有力推手，其在 1% 的水平上与产业转型升级呈显著的正相关关系，作用系数 0.9472，即本期的产业转型升级每提高一个百分点，将带来下一期产业转型升级系数提高 0.9472 个百分点。同时，教育与研发投入与外商直接投资对产业转型升级也呈显著的正相关关系，其作用系数分别为 0.0053 和 0.0014。值得注意的是，和静态面板的回归结果不同，GDP 的增长率在动态面板模型中变为正，并在 10% 的水平上与产业转型升级呈显著正相关，但作用系数较小，为 0.0018，这说明，在一国或地区的产业转型升级过程中，从动态的变化区间来看，GDP 的增长也会对产业转型升级产生积极的正向影响。但这一过程需要相应配套政策措施的出台，如教育与研发投入、外商直接投资等。至此，我们的理论假说三亦得以证明。

表 9-4 动态面板 GMM 回归结果

变量	(一)	(二)	(三)	(四)
$EXPY_{i,t}$	0.0025** (0.046)	0.0024* (0.094)	0.0057** (0.041)	0.0047* (0.088)
$UP_{i,t-1}$	0.9353*** (0.000)	0.9371*** (0.000)	0.9536*** (0.000)	0.9472*** (0.000)
$GDPgrowth_{i,t}$		0.0024** (0.064)	0.0026*** (0.007)	0.0018* (0.081)
$RD_{i,t}$			0.0052** (0.053)	0.0053* (0.099)
$FDI_{i,t}$				0.0014*** (0.008)
常数 C	0.2711*** (0.001)	0.2640** (0.000)	0.1566 (0.158)	0.1786 (0.152)
Arellan-Bond 一阶自相关 AR (1)	-1.54 (0.0124) -0.03	-1.55 (0.0120) -0.10	-1.53 (0.0126) -0.21	-1.53 (0.0126) -0.15
Arellan-Bond 二阶自相关 AR (2)	(0.976) 17.34	(0.918) 16.88	(0.831) 18.01	(0.880) 16.87
Hansen 工具变量有效性检验	(0.744) 16282.44	(0.719) 18750.74	(0.587) 1694.05	(0.599) 2123.49
Wald Chi2 (1) 联合显著性检验	(0.000) 228	(0.000) 228	(0.000) 228	(0.000) 228
Obs				

备注：同表 9-3。

四、结论和政策建议

本研究利用最新的跨国面板数据测算了 G20 国家的服务贸易出口技术复杂度指标，并将其纳入产业转型升级的动态面板模型进行分析发现：在服务贸易出口中，涉及商业领域、人员物资流动的服务项目具有较高的出口技术复杂度，而涉及国计民生的重要领域如国家经济安全、政府服务等具有较低的出口技术复杂度；从 G20 国家跨国数据的比较分析来看，发达国家相比发展中国家和欠发达国家具有明显的优势；出口技术复杂度与产业转型升级呈显著的正相关关系，出口技术复杂度指数的提高有利于该国产业转型升级目标的实现。基于以上结论，我们提出如下政策建议。

1. 加强服务贸易领域人力资本积累

由于决定服务贸易技术内涵变化的主要因素在于人力资本（戴翔，2012）[11]，因此，在目前要素可跨国流动的条件下，中国不仅要通过一些优惠政策和商业环境的改善吸引服务经济领域的国际人才流进中国，增强服务贸易领域人力资本的积累，帮助中国提升服务贸易技术复杂度。而且，还应"走出去"，利用国际服务人才和要素，利用当地人才和要素的溢出效应提升本国服务贸易技术复杂度服务。当然，我国服务人才的输出还能增加本国就业和利用当地知识外溢效应提升本国出国服务人才的知识累积，最终服务本国。

2. 推动高端服务外包发展，扩大服务贸易出口技术复杂度

通过发展服务贸易来驱动本国产业转型升级，"质"的提升是关键。因此，我国应通过加大技术研发投入、促进技术与产业的融合推动高端服务业外包发展，进而扩大服务贸易出口技术复杂度。具体来说，可以通过公共技术平台的建设、高技术服务产业化等促进高端服务业的发展或通过各种措施鼓励传统服务技术水平提升，同时鼓励一些企业将一些服务外置化，推动高端服务外包，通过参与国际竞争实现本国服务贸易出口技术复杂度的提升，使中国早日实现产业转型升级、加快转变经济发展方式。

3. 要重新诠释转型升级的基本逻辑，从强调"高技术产业"向"优势产业组合"转变

按照比较优势理论的基本推论，转型升级的基本逻辑就是追求"高端"放弃"低端"。由于生产和出口不同的商品和服务都需要不同的、专业化的资源或能力，即一个国家（地区）不可能在所有产业都取得成功，但这并不是意味着主动放弃那些低技术级别的传统优势产业,因为产业转型升级不仅与技术强度相关,还与出口技术复杂度有关。这一研究结论具有十分重要的政策含义,它意味着,除了大力发展制成品出口贸易及提升制成品出口技术复杂度之外,服务贸易出口技术复杂度的提升能促进一国(地区)的产业转型升级。因此,一国或地区在实现产业转型升级的过程中应该在"做大做强"的同时"不放弃"传统产业,从单纯强调"高技术产业"向"优势产业组合"转变,具有国际竞争力的产业组合是一个国家(地区)核心能力的体现。即通过提高服务出口技术复杂度不断壮大中国优势产业组合的规模,盯准发达国家培育更高技术级别的优势产业实现技术升级,但同时要保护好本国一些低技术级别产业的优势,如美国并没有主动放弃制造业就是表现之一。也就是说,在产业转型升级的过程中,国家不仅不会主动放弃已有的低技术级别的核心能力,反而应努力增加该技术级别的优势产业数量,同时通过增强产业组合能力实现产业转型升级。

4. 要重新确立中国在世界服务贸易版图中的定位

理论上讲,处于同一社群的国家之间因为拥有相似的核心能力而成为最直接的竞争对手,不同社群的国家之间的竞争关系则相对较弱。而且,因地缘关系,相邻国家之间主要呈现贸易互补性,同时也表现出一定的竞争关系,而非相邻的国家社群之间并不存在明显的竞争关系,更趋向于贸易互补。从前文的分析可知,在国际服务贸易方面,与发达国家相比,发展中国家具有明显的优势。因此,对于像中国这样的发展中国家来说,就要重新定位自己在世界服务贸易版图中的空间位置,盯准发达国家、生产和出口发达国家出口的服务,可能是服务贸易中的一个可行的策略。

第二节　数字贸易对制造业全要素生产率的影响

制造业发展规模排名世界首位的国家是中国，而唯一具备全部制造业门类的国家也是中国。但目前国内制造业大而不强、全而不优的形势仍未有根本改变，在整个世界价值链中，我国制造业总体处在中低端，约有60%的产业链都是安全可控的，但面临着巨大瓶颈。要想进一步提升我国制造业在世界价值链中的影响力，并推动中国服务业升级创新发展，最关键的方法便是进一步提升全要素生产率。而数字贸易已然形成一种当代全新的贸易方式，为制造业高质量发展提供崭新的发展机会。从整体上看，2020年，我国数字贸易规模达到1.46万亿元，同比增长20.5%。利用数字贸易具有空间限制趋近于零、交易便捷、购买成本低等独特优势，通过技术应用对制造业进行数字化转型，推动制造要素的效能提高，进而提升制造业全部要素生产力，这在一定程度上为制造业高质量发展带来了全新的思路。因此，本研究选取了我国2007—2020年的时间序列数据，测算了中国数字贸易发展水平和制造业全要素生产率，并建立了对数模型，以解析中国数字贸易发展对于制造业全要素生产率的影响；同时对中美的数字贸易发展水平和制造业全要素生产率进行对比分析，最后根据实证结果和对比分析的结果提出政策建议。

一、文献综述

1. 数字贸易对经济发展的相关研究

"数字贸易"一词最早由美国学者Weber在2010发表的《WTO对数字贸易的规则的评估和未来展望》一文中提出。从而被熊励等

(2011)[318]、美国国际贸易委员会（2013）[320]认定为数字产品与数字服务的贸易，后来演变为实体货物、数字产品通过技术连接形成的服务贸易是数字贸易。美国国际贸易委员会于2014年出版的《美国与全球经济中的数字贸易Ⅱ》是最有代表性的，即不局限于贸易形式、贸易产品性质、运输形式，凡是在贸易环节中网络技术应用起到不可替代的作用，均可称为数字贸易。随着数字贸易的发展，国内外学者开始关注数字贸易对经济发展的作用。如美国国贸会出版的《美国的数字贸易和全球经济》，表明数字贸易在当今社会经济发展中起到不可忽视的作用，为美国经济和世界经济带来飞跃性的增长。国内学者还研究数字贸易对经济结构、国家开放格局产生的影响，如马述忠等（2018）[319]认为数字贸易适应多极化、经济全球化的国际政治经济环境，符合国家经济战略，对于国家经济发展具有重要意义。

2. 制造业全要素生产率相关研究

目前国内外关于制造业全要素生产率（MTFP）的研究因素已经有了较为丰富的研究成果。影响因素是多方面的，其研究角度也各不相同，大体分为内部和外部因素两个方面。第一，内部因素。如Topalova和Khandelwal（2011）[321]研究印度1989—1996年企业层面数据后发现减少贸易保护对生产率的提升的正向影响要大于负向影响；余东华等（2021）[322]研究发现通过互联网创新技术的应用对MTFP带来很大的促进作用；等等。第二，外部因素。如焦勇等（2021）[322]研究了政府干预对MTFP带来的影响。

综观国内外现有研究，关于数字贸易的测度尚无公认的标准，将数字贸易与制造业全要素生产率两者联系起来的研究也尚未成熟。综合国内大多数学者的测算方法，基于上述学者的成果，本研究参考马述忠等（2018）[319]和章迪平等（2020）[324]对数字贸易发展水平进行测度，这对于研究我国数字贸易具有重要参考价值,同时也为中美数字贸易发展水平的对比提供方法支持。另外,从已有文献可知,数字贸易对经济结构转型升级、贸易转型升级起到促进作用,而经济结构转型升级和贸易转型升级也会影响制造业转型升级。因此,数字贸易对提高制造业的全要素生产率具有重要意义。

二、理论分析及研究假设

现有的研究文献与分析结果表明,数字贸易的优势很多。首先,必须把握数字贸易发展所带来的巨大便利和潜力,实现中国服务业转型升级,进一步提升中国服务业在世界价值链中的影响力。其次,数字贸易推动技术应用使得制造业企业数字化转型的同时,也在倒逼制造业企业技术创新,进而提高中国服务业的全要素生产率。最后,充分利用数字贸易的低交易成本和低购买成本,在制造业生产资料使用和配置效率方面充分发挥天然优势,提升中国服务业的全要素生产率。基于此,本研究从三方面分析数字贸易对制造业全要素生产率的影响,基本思路如图9-1所示。

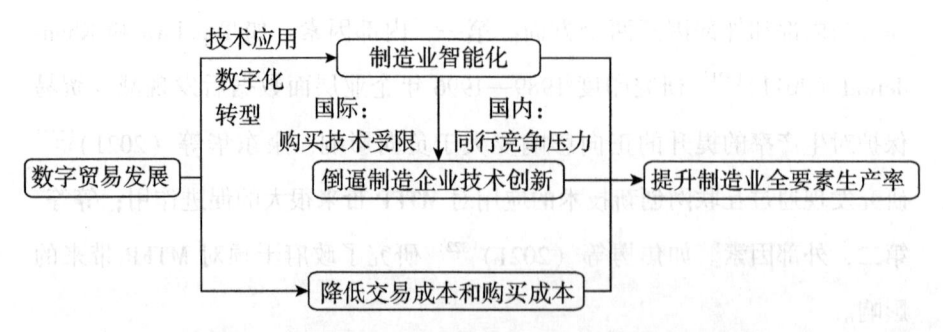

图 9-1 数字贸易对制造业全要素生产率的作用机理

1. 数字贸易促进制造业智能化

近年来,数字贸易发展迅速,正成为产业转型升级的重要影响因素和全球贸易发展的重要趋势。一方面,企业依托数字贸易平台来发展自身的技术创新，获取更多的流动数据、强化知识和技术要素共享，先进技术的应用促进制造业数字化转型，从而促进智能化，提升全要素生产率（马述忠等，2018）[319]。另一方面，贸易内容的数字化可以加快知识、技术、服务等数据要素的流动效率，低端制造企业也可以获取高水平人才的指导和帮助，促进制造业智能化（李权，2021）[325]。

2. 数字贸易倒逼制造企业技术创新

数字贸易通过技术应用促进制造业智能化，进一步倒逼企业技术创新。一方面，面对世界各国数字贸易的蓬勃发展，各国对数字贸易也有相对应的制裁和限制措施，特别是欧美国家纷纷希望通过数字贸易规则的制定来掌握数字贸易的核心话语权，导致制造企业无法从其他国家购买先进技术，在一定程度上倒逼企业进行技术创新，创造出更加先进的技术应用于制造业，促进全要素生产率的增长（范兆娟、艾玮炜，2022）[326]。另一方面，在数字贸易盛行的国际形势下，制造企业纷纷通过此种方式提高生产要素利用效率，促进制造业智能化，在高端制造企业从数字贸易中受益时，其他制造企业面对国内同行的竞争压力也不得不进行技术创新，提升全要素生产率（陈韬，2022）[327]。

3. 数字贸易降低交易成本和购买成本

数字贸易可以降低交易成本和购买成本，有利于国际贸易活动的开展，为开展数字产品贸易的制造企业开辟广阔的市场空间，也降低制造企业获取知识技术的成本。具体来说，不同于传统服务贸易，数字贸易是在数据平台和技术支撑下进行的，贸易双方可以避免信息不对称，比如可以自由选择合适的贸易伙伴、交易透明度高、交易程序简单等，这些都体现了数字贸易可以降低交易成本，从而进一步提高效率（张敬伟，2021）[328]。当然，交易成本的降低导致购买成本降低，在产出保持不变甚至有技术创新带来的产出增加的趋势的情况下，生产效率进一步提高，制造业全要素生产率得到提升（李俊等，2021）[329]。

基于以上三种影响方式，本研究提出假设：数字贸易对制造业全要素生产率起促进作用。

三、实证分析

1. 模型构建

本研究选取时间序列来研究中国数字贸易对制造业全要素生产率的影响，从相关计量知识可知，取对数可以降低变量的尺度，降低异方差的影响，因此，本研究借鉴张楠等（2021）[330]的研究，建立以下实证模型：

$$\ln Y = C + \beta_1 \ln X_{1t} + \beta n \ln X_{nt} + \delta \tag{9-5}$$

其中，下标t代表年份；Y代表MTFP，C为常数项；X_1表示数字贸易发展水平；$\beta_1 \sim \beta_n$（$n \geq 2$）为变量的系数；X_n（$n \geq 2$）为控制变量；δ为残差项。

2. 变量选取及数据描述

本研究运用我国2007—2020年的时间序列数据和Eviews8.0统计软件进行分析和实证研究。变量选取和数据描述如下。

（1）被解释变量。

制造业全要素生产率（MTFP）是本研究的被解释变量。本研究采用DEAP2.1软件进行测算，选择制造业增加值为总产出，制造业的物质资本存量作为资本投入，以及选择制造业的就业人数作为劳动力投入。

（2）解释变量。

①数字贸易发展水平（DT）的指标体系构建。

当前，学界对数字贸易的测度还没有统一界定。国内学者马述忠等（2018）[319]在《世界与中国数字贸易发展蓝皮书》中，从多方面选取指标构建了一套比较完整的数字贸易指标体系；中国信息通信研究院于2019年发表《数字贸易发展与影响白皮书》，将数字服务视为国际数字贸易的一个重要标志；章迪平等（2020）[324]在马述忠等（2018）[319]的指标体系基础上，利用相对熵的TOPSIS法测算浙江省2010—2018年的数字贸易发展状况。本研究参照马述忠（2018）[319]、章迪平等（2020）[324]等对数字贸易发展水平的测量，遵循系统性、科学性、综合性的原则，从互联网水平、物流绩效、数字技术水平、贸易潜力、数字服务五个角度出发，选取了十二个基本指数实施熵权TOPSIS法计量，由熵权法生成基本指数权重（见表9-5）。针对在信息获取过程中出现的信息遗漏现象，本研究将通过趋势分析法提取相关信息并加以替代。

表9-5 数字贸易各指标

一级指标	二级指标	数据来源
互联网水平	每百位居民拥有手机数（I_1）	国际电信联盟（ITU）
	每百位居民订购固定宽带数（I_2）	国际电信联盟（ITU）
物流绩效	物流质量得分（I_3：最低1分，最高7分）	世界银行（WB）
	物流基础设施得分（I_4：最低1分，最高7分）	世界银行（WB）
数字技术水平	研发人员/百万人（I_5）	世界银行（WB）
	专利申请数量/项（I_6）	世界银行（WB）
	研发支出占GDP比例（I_7）	世界银行（WB）
贸易潜力	国内生产总值/亿美元（I_8）	世界银行（WB）
	贸易总额占GDP比例（I_9）	世界银行（WB）
	国内最终消费支出/亿美元（I_{10}）	世界银行（WB）
数字服务	数字服务进口/百万美元（I_{11}）	联合国贸易和发展会议（UNCTAD）
	数字服务出口/百万美元（I_{12}）	联合国贸易和发展会议（UNCTAD）

②数字贸易发展水平（DT）的测度。

首先是权重确定。本书测算数字贸易采用先指标权重再运用TOPSIS

法测算最终的综合评价体系。在现有的文献中，主要采用层次分析法、因子分析法、熵值分析法三种方法，其中层次分析法是一种对人的主观意识进行客观分析的方法，因子分析法则是通过指标间的相关性来考察各种指标间的相关性，但是对抽样的要求也很高。综上，熵值法既可以用来作为指标权重确定的方法，又可以克服这些缺点。因此本研究采用熵值法，根据每个指标的变异系数及熵值计算各个指标的权重。Hochreiter 等（1997）[331]和王富喜等（2013）[332]已给出具体的步骤，本研究不再详细展开。

其次是评价方法。TOPSIS 法的问题在于，无法用正、负理想解的垂线上各点的优劣来精确地判定该方案的优劣，而在计算熵值确定权重基础之上的 TOPSIS 法与传统 TOPSIS 法相比，通过这种方法，可以显著地改善最佳方案的接近程度，因此，本研究参照章迪平等（2020）[324]，根据相关熵，采用 TOPSIS 方法进行了计算。参考文献中步骤清晰，本研究不再赘述。

最后是计算结果。根据各个指标的数据以及权重确定方法的测算，中国统计数据的熵值、差异系数和各项指标的权重分别如表 9-6 所示。

表 9-6　数字贸易指标相关数据及其权重

指标	熵值	权重	指标	熵值	权重
I_1	0.91181	0.07218	I_7	0.90884	0.07461
I_2	0.87588	0.10158	I_8	0.90310	0.07931
I_3	0.90341	0.07905	I_9	0.87085	0.10571
I_4	0.91216	0.07189	I_{10}	0.89134	0.08893
I_5	0.89577	0.08531	I_{11}	0.93171	0.05589
I_6	0.85760	0.11655	I_{12}	0.91571	0.06899

接着，按照以上计算所得权重和在熵值基础上运用 TOPSIS 法测算我国 2007—2020 年的数字贸易综合评价指数，为了更加直观呈现测算结果，绘制了图 9-2。

图 9-2 2007—2020 年中国数字贸易发展水平情况

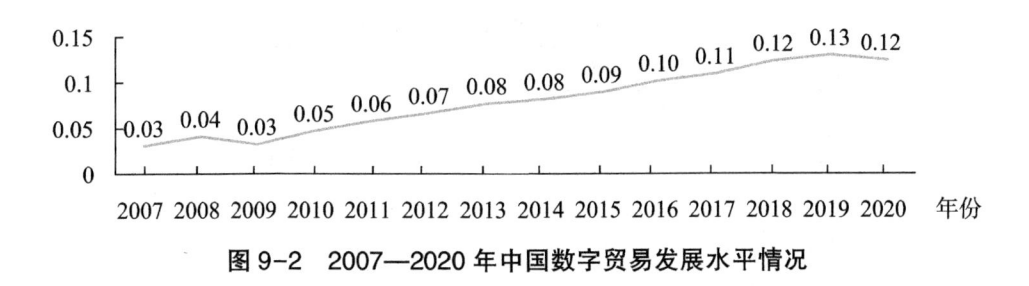

通过观察可以发现：总体上，2007 年以来，我国数字贸易发展水平呈增长趋势，由 2009 年的 0.03 上升到 2019 年的 0.13，2020 年由于疫情影响有所下降，总体数字贸易发展水平是比较平稳的。从表 9-6 数字贸易指标相关数据及其权重中可以看出：第一，专利申请数量所占权重为 0.11655，在所有指标中的权重最大，这表明在 2007 以后，增加专利数量的申请对数字贸易发展水平有重要的价值，体现了知识、技术要素的重要性，数字贸易依靠互联网平台进行产品的交易，知识和技术的应用在交易过程中具有关键性作用，知识技能强意味着数字贸易的竞争性大；第二，每百位居民拥有手机数和宽带数量、物流质量得分和物流基础设施的权重都在 0.07 以上，由此可见，网络信息服务、物流服务是数字贸易发展的主要制约因素；第三，GDP 和最终消费支出、数字服务进出口的权重虽处于 0.06 以上，但各自权重不同，表明这些指标在数字贸易发展水平上的作用是不同的。

(3) 控制变量。

借鉴学者以往的相关文献研究，在《中国统计年鉴 2021》和《中国统计摘要 2021》中，引入了政府干预水平、人力资本水平、FDI 和城市化水平等变量（见表 9-7）。

表 9-7　模型变量名称及定义

变量名称	变量符号	定义
制造业全要素生产率	$\ln Y$	制造业全要素生产率取对数
数字贸易	$\ln X_1$	数字贸易发展水平取对数
政府干预水平（GOV）	$\ln X_2$	国家财政支出占 GDP 比值取对数
人力资本水平（HC）	$\ln X_3$	全国学生与全国人口的比值取对数
外商直接投资（FDI）	$\ln X_4$	外商直接投资占 GDP 比值取对数
城市化水平（URB）	$\ln X_5$	每年城镇人口的比例取对数

使用 Eviews 8.0 进行数据分析，并对各变量进行统计，一些变量被规范化，在表格 9-8 中显示了特定的结果。

表 9-8　整体样本的描述性统计分析

变量	观测值	平均值	最大值	最小值	标准差
$\ln Y$	14	0.006017	0.09531	-0.058689	0.043611
$\ln X_1$	14	-2.639524	-2.04436	-3.478787	0.495164
$\ln X_2$	14	-1.472704	-1.365246	-1.691123	0.092647
$\ln X_3$	14	-4.002454	-3.760565	-4.247356	0.134437
$\ln X_4$	14	0.872995	1.481823	0.270577	0.427848
$\ln X_5$	14	-0.629336	-0.487304	-0.794095	0.098571

3. 实证检验

（1）平整性检验。

本研究采用的数据是时间序列，在分析前选择 ADF 检验来判断各序列是否平稳，以选择平稳的变量进行回归，此处在 Eviews 操作过程中，根据 AIC 值、SC 值和 HQ 值最小准则判断检验方程中选择截距项，截距项和趋势性还是无最合适。ADF 检验结果如表 9-9 所示。

表 9-9　平整性检验结果

变量形式	检验方式 (C, T, K)	ADF 检验值	5% 显著性 水平上的检验值	P 值	是否平稳
$\ln Y$	(C, T, 2)	-3.211777	-1.970978	0.0038	平稳**
$\ln X_1$	(C, T, 2)	-3.284120	-1.974028	0.0035	平稳**
$\ln X_2$	(C, T, 2)	-3.519301	-3.119910	0.0253	平稳**
$\ln X_3$	(C, T, 2)	-2.347322	-3.933364	0.3802	不平稳
$\ln X_4$	(C, T, 2)	-2.785679	-3.828975	0.2259	不平稳
$\ln X_5$	(C, T, 2)	-2.636674	-1.977738	0.0136	平稳**
$D\ln Y$	(C, T, 2)	-2.310161	-1.977738	0.0001	平稳***
$D\ln X_1$	(C, T, 2)	-5.456196	-3.144920	0.0018	平稳**
$D\ln X_2$	(C, T, 2)	-4.710887	-3.933364	0.0173	平稳**
$D\ln X_3$	(C, T, 2)	-0.591779	-3.875702	0.9570	不平稳
$D\ln X_4$	(C, T, 2)	-4.523715	-3.144920	0.0052	不平稳
$D\ln X_5$	(C, T, 2)	-5.513267	-1.977738	0.0009	平稳***

注：D 表示变量的一阶差分，* 表示在 10% 的显著性水平上拒绝原假设，** 表示在 5% 的显著性水平上拒绝原假设，*** 表示在 1% 的显著性水平上拒绝原假设。

从检验结果上看，原序列的 $\ln X_3$、$\ln X_4$ 不平稳，其他变量都平稳。然后用一阶差分法对各变量进行分析，发现 $\ln X_3$、$\ln X_4$ 不平稳，$\ln X_1$、$\ln X_2$ 在 5% 的显著性水平上平稳，$\ln Y$ 和 $\ln X_5$ 在 10% 的显著性水平上平稳。综合以上，通过检验的变量 $\ln Y$、$\ln X_1$、$\ln X_2$、$\ln X_5$ 可进行回归分析。

(2) 格兰杰 (Granger) 因果关系检验。

本研究未发现 $\ln X_1$、$\ln X_2$、$\ln X_5$、$\ln Y$ 间的平衡关系，因此对 $\ln X_1$、$\ln X_2$、$\ln X_5$、$\ln Y$ 的因果关系进行了检验。Eviews 默认的滞后期为 2，当伴随可能性超过 0.10 时，就会采纳原来的假定，而没有因果关系。表 9-10 显示了这些结果。

表 9-10 格兰杰因果关系检验

真假设	P 值	结论
$\ln X_1$ does not Granger Cause $\ln Y$	0.0263	拒绝
$\ln Y$ doesnot Granger Cause $\ln X_1$	0.2584	接受
$\ln X_2$ does not Granger Cause $\ln Y$	0.0005	拒绝
$\ln Y$ does not Granger Cause $\ln X_2$	0.1589	接受
$\ln X_5$ does not Granger Cause $\ln Y$	0.0355	拒绝
$\ln Y$ does not Granger Cause $\ln X_5$	0.4844	接受

可以看出，在5%的水平上，数字贸易和城镇化水平是引起制造业全要素生产率变化的格兰杰原因；在1%的水平上，政府干预程度也会引起制造业全要素生产率变化。因此，数字贸易、政府干预程度和城镇化水平的变化会带动制造业全要素生产率的变动。

（3）协整性检验。

为了分析同阶差分序列的协整关系，下面进行协整性检验。因为本研究的时间序列实证分析没有选择 VAR 模型，故采用 E-G 两步法对残差序列进行协整性检验。第一个步骤是将 $\ln Y$、$\ln X_1$、$\ln X_2$、$\ln X_5$ 的同阶序列进行简单线性回归，获得相应的回归结果，并产生残差序列。第二个步骤是进行残差序列的单位根检验，由协整检验一般规律可知，检验方程中应该选择什么都不含有，得出了 0.0022 的伴随概率，并排除了原始假定，认为该残差序列中没有单元根。稳定的残差序列显示 $\ln Y$ 和 $\ln X$ 之间有协整关系。

（4）误差修正模型。

因为变量是非平稳的，所以不能直接运用 OLS 法。在同阶单一序列的协整基础上，提出了一种能反映短期均衡偏移和长期校正的误差校正模型。用 Eviews 8.0 估计回归式子，结果如表 9-11 所示。

表9-11 残差序列检验结果

检验方程	t 统计量	P 值
None	−3.476396	0.0022**

误差修正模型的估计结果：

$DlnY = -0.197934 + 0.13DlnX_1 - 1.18DlnX_2 + 8.80DlnX_5 + 0.27ECM(-1)$

$t = (-12.6)$　(7.28)　(−22.92)　(14.21)　(−3.55)

P (0.0000)　(0.0005)　(0.0000)　(0.0000)　(0.0011)

$R^2 = 0.9484$　Adjusted-$R^2 = 9.2252$　$D.W. = 2.12$　$F = 42.0249$　$P(F) = 0.0000$

对以上模型进行F检验和t检验，F检验显著说明解释变量的组合对 lnY 有显著性影响，而且在单个参数 t 检验中，常数项、lnX_1、lnX_2、lnX_5 以及误差修正项均显著。方程的拟合优度接近 0.95，模型的回归结果良好，数字贸易和城镇化水平对制造业全要素生产率起正向作用，政府干预水平起负向作用。误差修正项的系数估计值为 0.27，结果显著。$D.W.$ 值为 2.12，这说明残差序列没有一阶自相关，而统计方法仅用于检验一阶序列间的相关性，为确保残差符合线性回归的经典假定和回归的正确性，利用协整模型产生的残差序列进行以下验证（见表 9-12）。

表9-12 回归模型估计结果

解释变量	回归分析结果
$DlnX_1$	0.126160** (7.28)
$DlnX_2$	−1.176215*** (−22.92)
$DlnX_5$	8.802395*** (14.21)

续表

解释变量	回归分析结果
cons	-0.197934***
	(-12.6)
N	14
R^2	0.9483481
Adjusted-R^2	9.225222
D.W.	2.121403
F 值	42.0249***

注：括号中为 t 值，*、**、*** 分别表示在 10%、5%、1% 的水平下是显著的。

（5）用自相关和异方差进行残差分析。

在此，残差采用 LM 检验进行自相关分析，从表 9-13 可以看出，LM 检验的 TR^2 统计量比 F 统计值大，表明残差无序列相关性。

表 9-13　自相关检验（LM 检验）结果

F 统计量	0.718622
TR^2 统计量	2.132129

如果残差的平方随着自变量的变化而变化，则表明残差存在异方差，这里用怀特检验进行判断，如表 9-14 所示，结果显示 TR^2 在 4.905246 大于 0.05 的情况下，采用了原假定，也就是残差序列同方差。总之，该残差序列没有自相关或异方差，本研究的多元线性回归得到的是最佳无偏估计量。

表 9-14　异方差检验（White 检验）结果

F 统计量	0.239711
TR^2 统计量	4.905246

四、结论

经过实证模型分析，我们得出结论：数字贸易对制造业的全要素生产率有很大的促进作用，而随着数字贸易的发展，其整体价值也会随之增加。这就是本研究的创新性之处：综合国内学术界现有的研究进行数字贸易发展水平的评估与研究，并对如何提高制造业的全要素生产率提出建议。同时，本研究还对各因素的作用进行分析，结果表明，在一定程度上，政府的介入会对制造业的全要素生产率产生一定的抑制作用，但是，随着政府介入力度的降低，数字贸易对制造业全要素生产率的提升会更加明显。城市化水平的提高将促进全要素生产率的提高，间接表现为城市制造业必须借助小城镇的地域特点来进行生产制造的整个过程，同时也包含城镇中特定的地区交通运输便捷、人才济济、自然资源充足等因素。

第十章　全球价值链下中国服务业国际竞争力提升策略

在新的全球价值链利益分配机制下，提升我国服务业国际竞争力的战略目标主要有两个：力争成为全球价值链的架构控制者和获得更多的价值增值。围绕这两个战略目标，中国服务业的发展策略主要有四个层面的内容：企业、产业、区域和全球。

第一节　企业层面策略

一、大力推进制造企业服务化，催生更多生产性服务企业

1. 推进制造业企业服务环节分离大力发展新兴生产性服务业

一是鼓励制造企业将非核心环节外包，由相关专业的外包企业提供更为专业的服务，积极发展总承包、总集成，与客户共同合作，提出整体解决方案；鼓励有实力的制造企业进行"制造剥离"，将内部在产前、产中或产后的服务功能独立出来，向市场提供从技术产品研发、软硬件开发到人员选聘与培训、管理咨询、金融支持、物流服务、市场营销和售后服务等全过程的服务链。二是鼓励企业通过市场分割提升专业化水平，生产分割对企业生产率有显著促进作用，应鼓励我国企业剥离非核心业务，逐步实现并不断提升专业化水平，更专注于具有生产率优势的业务，并在国内和国际两个市场积极参与分工，从而促进整个行业转型升级。三是鼓励民

营和外资企业的生产分割，积极引导它们参与国际国内市场生产分割，充分保持保障其在市场中的竞争活力；加快国有企业改革，增强国有企业市场竞争力和创造力。四是鼓励多数行业的企业打破国有企业的垄断地位，清理国有僵尸企业，淘汰过剩落后产能，提升国有企业的专业化水平，推动国有企业积极参与国内和国际市场分工，嵌入全球价值链。

2. 通过制造业和服务业融合发展推动模块化服务的发展

随着制造业中高科技服务要素尤其是数字要素的不断注入，以及市场上大规模定制化需求的大量增加，大量产品和服务的提供不再是单一形式的提供，而是模块化的提供，包括模块化生产、模块化供应以及最终的模块化服务，这直接导致任何产业发展也不再拘泥于产业边界内部，制造业与服务业互补、融合发展已成为一种态势。对此，企业要积极主动进行技术改造，开展面向共同创造价值的制造企业服务流程模块化、基于大规模定制的服务模块化平台、基于产品模块化的智能服务等。

3. 鼓励制造企业利用现代技术成为大数据服务解决方案提供商

鼓励制造企业在加工制造、运营管理和售后服务三次产业的诸多环节中推动互联网、云计算、大数据等信息技术的应用和渗透，推动工业大数据在服务化领域应用的技术、产品、平台和解决方案的研发与产业化，成为面向制造业服务化企业的工业大数据解决方案提供商。

二、鼓励服务企业进行模式创新，多样化服务提供方式

企业要从消费者的消费手段和对象等方面入手，开展创新性生产服务模式；同时，企业要主动关注其他行业新的商业模式在本行业的可实施性。置身于全球化和网络经济时代的背景下，依靠产品的创新和商业模式的人性化，企业方能保证在世界生产性服务产业中不被淘汰。尤其是在信息技术高速发展和网络技术日趋成熟的背景下，企业的成功已不再仅仅局

限于全球价值链上某一环节的不断纵深发展，而是开放平台的构建、整个服务价值网络中网络权力的获取以及整合方案的提供。

1. 平台构建模式

企业提供价值主张并以价值合作创造者的身份与顾客共同创造顾客价值，并通过资源整合来创造更多的价值。产品作为服务的载体和表现方式，服务是所有经济活动的基础，企业多样化服务提供的能力成为决定性因素，且企业为顾客提供服务的企业和方式都不是唯一的。按照这一逻辑，在信息技术和互联网快速发展的条件下，设计一个能跨越时空、超越交易人数限制并能使顾客参与、满足顾客灵活而多变需求的服务平台就成为商业模式创新的路径之一，最典型的案例就是 Facebook 的商业模式创新。

2. 追求价值网络中的中心企业地位模式

按照服务主导逻辑，中心企业作为首要行动者（Prime Actor）或总指挥（Orchestrator），是许多网络的中心，能够通过精心设计的、目的性很强的战略行动塑造网络，对整个网络实施架构控制赢得领导权，以寻求有利于自己的价值创造和占有（Ozcan and Eisenhardt，2009）[333]。但必须指出的是，这个中心地位不是自然形成的，而是中心企业通过战略行动有意识的设计和管理网络而逐渐形成。而且，随着技术创新节奏的加快，由于顾客需求增加、国际互联网冲击以及市场高度竞争，企业改变了业务设计，将传统供应链变为价值网，不仅价值增值的环节不断增多，且企业的边界也变得越来越模糊，价值和利润频繁地在产业价值链中移动，今天价值链中最赚钱的环节也许明天就陷入困境，再加上价值链会发生断裂、压缩和重新整合，简单地按照各环节的贡献来分配利益往往会出现矛盾。因此，设计一个独特联系的价值网络会给企业带来难以模仿的竞争优势，如利丰集团从代购代理向整体供应链管理者的演变。

3. 整合解决方案提供模式

信息技术和互联网的发展不仅使分布在不同时间和空间的顾客的交流和交换需求得以实现，顾客可借助信息技术和网络掌握大量的信息而获得选择主动权，企业也可借助技术使顾客参与产品设计生产销售的全过程，企业和顾客在价值创造过程中实现互动，顾客由单纯的需求满足者向价值创造者转变。而且，随着顾客需求越来越趋向个性化，企业要充分了解客户信息，与客户一起精心订做符合其个性化口味的解决方案，而这一解决方案的实现可能需要纵向关联企业或使用集成技术创造价值。因此，以客户为中心提供一个满足客户现有或潜在需求的解决方案就成为商业模式创新的路径之一，如苹果公司从电子产品生产商向数字生活解决方案提供商的转变。

三、引导制造企业加大服务投入

1. 加大服务中间投入

要让企业意识到消费者对产品需求已经发生改变，已从原来仅仅关注产品的使用价值转向更注重与产品相关联的各种服务。因此，必须意识到制造商不仅卖产品还卖服务，只有通过提供更多内容更丰富的服务满足消费者需求，才能达到盈利的目的。在制造业中融入更多的人力资本和技术资本等生产性服务业有利于传统制造业摆脱高内耗、高污染、附加值低的发展模式。

2. 提升本土生产服务的投入水平

进入 21 世纪后，中国服务业的本国服务化指数呈现先下降后上升的趋势，国外服务化指数却呈现先上升后下降的趋势。而实证研究发现制造业本国服务化对中国服务业国际分工地位和出口技术复杂度的影响显著为正，国外服务化则产生了抑制作用。基于此，制造企业在服务化过程中应加大本土生产性服务的投入。即鼓励制造企业在国内寻找服务提供商，本土生产性服务企业要优先为本国制造企业的服务化提供有效服务供给，通过增强国内服务投入水平和配套能力，延伸加工贸易的国内价值链条，提升出口中国内附加值比重，从而提升其国际竞争力。

四、培育企业自主创新能力

1. 加大科技创新资金投入量

建立更加完备的科技创新投入体系，鼓励资本投资制造业创新产品和服务，可为制造企业服务性要素的引入和发挥作用提供强大的创新资金支撑。制造企业努力提升自身的技术创新能力，进一步加强科研投入的顶层设计，按照引进、消化、吸收、再创新的技术路径发展。

2. 搭建公共服务平台

龙头企业牵头搭建公共技术服务平台，面向制造业和服务业以及制造业和服务业融合发展中的一些共性技术问题；鼓励有能力的企业搭建生产性服务业公共服务平台，围绕制造业服务需求，建立创新设计、物流服务、质量检验检测认证、市场营销、供应链管理等生产性服务公共平台。

3. 加强企业信息化建设

信息技术在消费者需求信息平台中的应用，有利于企业借助网络信息系统独有的大数据功能优势更好地将顾客需求信息的变化进行全面的整理、汇总和分析，并根据顾客需求的变化及时改善产品及服务设计理念，形成新制造品整体生产方案，应对消费者需求结构的变化，极大提高服务过程效率和提高生产者素质，也可以创造新需求核心产业，还可以促进服务业向制造业的渗透和服务业内部部门间的跨界融合。加强服务标准化建设，即企业管理层要将服务标准化与差异化作为制造业服务化和服务业生产率提升的核心予以重视，大企业要在制定企业服务标准发挥引领作用，并为中小企业提供服务标准化培训和服务。

4. 鼓励创业和创新

一是激发企业家精神,即建设更多的创业公共服务平台,提供创业咨询与风险评估等;深化创业教育改革,激发更多大学生的创业精神,如设置创新创业教育实验班,建立跨院系、跨专业等交叉培养创新创业人才的教学机制,实施创业公开课的学分认证制度等。二是提升创业企业组织学习能力和扩大学习范围,即新创企业以服务链接制造方式促进制造业与服务业的互动,这有利于新创企业开展互惠的组织学习,从而提升出口产品的国内增加值;支持新创企业积极承接技术产品研发、工业设计等高端服务业外包,形成和发展跨领域的全球价值链合作,有效扩大创业组织学习范围,营造国际创业组织学习氛围,促进全球价值链分工地位的提升。三是促进创业企业知识溢出,鼓励新创企业在海外建立研发中心,按照国际规则与国外创新型企业和研发机构合作,提升国际知识产权的运营能力,有效促进创业知识溢出;鼓励外资企业在我国设立采购中心、财务管理中心、研发中心、地区总部等功能性机构,引导国内新创企业联合开展技术研发和产业化推广,这将推动创新创业的国际合作,加快科技资源双向流动,促进创业知识溢出,以在全球分工中占据更有利的地位。

5. 通过资本项目开放促进企业"走出去"

一是完善对"走出去"企业的金融支持体系,缓解企业海外拓展的融资难题,同时对"走出去"的企业作为实物投资的出境物资给予全额退税,逐渐完善并建立间接抵免税制。二是制定金融政策鼓励生活性服务业企业"走出去",政策性金融机构应加大为"走出去"的生活性服务企业提供长期低息贷款的支持力度,逐渐缓解其"走出去"的融资难问题。三是针对在海外投资或者在海外市场进行调查研究的企业,允许其在5年内从国内的应税收入中免税提取亏损准备金。四是尝试测算并公布全球价值链实际有效汇率,建立自己在汇率方面的话语权。作为一个大国,中国至今没有权威机构测算和公布实际有效汇率指数。相对于其他国家,中国在实际有效汇率方面的测算理论研究和实践方面远落后于西方主要发达国家。因此,中国应尝试测算全球价值链实际有效汇率并公布。

五、加大企业政策扶持力度

1. 建立健全法律制度

近年来,中国服务业立法大有改善,对服务业及贸易的发展起到了相当大的作用,但仍存在很多问题需要解决。比如当前我国还缺乏一部基本法,来统领整个服务业贸易。尽管《对外贸易法》是中国实行对外贸易管理制度的主要法律依据,但它还不具备专门规范国际服务贸易的特征。中国进入21世纪以来,立法逐渐完善,尤其是在服务贸易方面。法律的完善减少了中国服务贸易现行法律与相关规范条例之间的冲突,比如先后颁布的《海商法》《商业银行法》《保险法》《广告法》《民用航空法》《注册会计师法》等相关法律。但在这些已经颁布的法律法规中仍存在法律条文模糊、抽象以及法律法规间存在冲突等问题;有的规定与要求主要表现在部门内部规章方面,在立法层次方面稍显不足;相关法律缺乏协调机制,容易造成交叉管理的现象,亟须进一步完善。

2. 增加与服务业相关的基础设施建设投入

服务业特别是生产性服务业的发展需要以服务业基础设施建设为前提,且不同于货物生产及贸易需要的基础设施,服务业特别是生产性服务业具有技术密集的特点,无论是交通网络的完善、通信设备的现代化,还是办公楼的建设,都能够促进服务业特别是生产性服务业的发展和贸易。因此,我国应完善基础设施建设,改善投资环境,满足服务业特别是生产性服务业外商投资的相关硬件要求,从而吸引更多直接投资,带动国内服务业的发展。关于对国家安全威胁性较低的基础设施,我国可以鼓励社会资本参与其中,也可以以引进外资的方式,完善我国服务业的基础设施建设,从而优化服务业的运营环境,促进服务贸易不断发展。

3. 加大人才培养力度和科技投入

服务产品具有较高的技术和知识水平要求,因此,对于从业人员的素质要求也较高。我国服务业及服务贸易的发展较缓慢,如果要在服务业全球价值链占据高端位置,必须重视高技能、高知识的专业化人才的培养。因此,我国要不断提升人才质量,完善人才激励机制,为生产性服务贸易发展调动人才的积极性,建立有效的人才保障。对于信息服务、金融、保险等领域的人才,更要加快培养。特别是在生产性服务贸易的建筑服务、金融保险服务以及计算机与信息服务等领域。在全球化趋势下,各国更加重视人才的培养,提高了人才方面的竞争。在服务业发展及贸易自由度逐渐放开之后,从事服务的专门人才必将为国际人才市场的稀缺热门资源。因此,在人才培养方面要做到以下几点:一是加大教育体系方面的财政投入;二是不断加强生产性服务行业从业人员的技能培训;三是积极引进具备海外工作经验的专业人才。

第二节 产业层面策略

一、提升服务进口质量

1. 适当放宽服务业市场准入

在全球资本流动和产业转移日益向服务业集中背景下,顺应技术变革潮流和国际产业转移新机遇,加强与专业生产服务业发达国家的交流合作,积极引进研发、设计、检测、营销、咨询、客服等处于全球价值链高端的服务环节。尤其是我国产业发展亟须但又不涉及国家安全的服务行业，要加大引进力度。

2. 加大科技创新改善服务进口质量

通过科技创新大力发展高端制造业引致更大的生产型服务市场，产生对研发设计、创意、信息服务等高端生产服务的需求，增加知识密集型服务业进口的力度，改善我国服务进口质量；利用推进国家自主创新示范区和国家服务贸易创新发展试点城市建设的重大战略机遇，从优化服务要素本身入手，加强科技企业孵化器和众创空间建设，加速集聚各类创新要素，提高对进口先进生产性服务的匹配、对接与消化，提升我国服务进口溢出效应的发挥，真正实现我国服务贸易质的提升。

3. 适当扩大服务贸易进口复杂度

根据本国产业发展水平和需求合理引进更多复杂度高的金融保险及专利特许权服务、研究与试验、综合技术服务以及信息传输计算机软件服务等新兴服务业，保证生产要素质量的最优匹配；同时，打破一些市场准入、贸易壁垒等进口一些我国急需的能提升生活质量和改善环境的非生产性服务业；既要适当提升生产性服务贸易进口比重、使非生产性服务贸易占服务贸易进口的比重下降，也要适当提升资本和知识密集型服务贸易进口比重、使劳动密集型服务贸易占服务贸易进口比重下降；增加服务进口来源国的复杂度，实施战略性的进口来源国多元化进口政策，妥善处理与美国、西欧的进口贸易伙伴关系，积极拓展与周边国家贸易合作关系，尤其是借助共建"一带一路"契机和充分利用TPP、TTIP和服务贸易协定（TISA）框架，提升与欧美等发达国家在知识密集型服务贸易领域的实质性合作，深化与东盟、中亚等相关国家的贸易往来，避免我国进口特别是关键性服务的进口过度依赖一个或者少数几个国家或地区的情况。

二、加大推进服务输出

1. 重视生产服务输出

结合通信、高铁和核电设备等中国高技术产业"走出去"的战略实施,通过"产品+服务"输出模式构建中国生产服务输出的竞争优势;加快中国生产服务业行业标准、商业惯例、法律法规等与国际对接,通过部门联动简政放权、促进服务贸易便利化和必要的投融资支持等手段支持远洋航运、信息服务、金融服务等行业生产服务企业积极"走出去",充分利用国际市场和优质要素提高自身竞争力;借助"一带一路"平台,大力引导和鼓励生产率较高的生产服务型企业"走出去",拓展生产服务业的国际化发展空间,是带动我国三次产业跻身于全球产业链和创新链顶端的必经之路。

2. 加快简化境外投资核准程序

支持和引导具有比较优势和竞争优势的企业通过直接投资、收购参股、合资合作等方式开展境外投资与跨国经营,拓展海外销售服务网络、研发中心、服务外包接单服务中心,增强国际服务合作能力,积极推动生产服务业"走出去"。

3. 提升服务输出能力

各地政府和相关政府部门应重新审视本地资源要素和认清全球价值链下服务业发展的内涵,一方面维持自身在商业服务、批发零售与住宿等服务上的价值链地位优势,并引导其从价值链"下游"向"中上游"进行转变。另一方面发挥政府的引导作用,探索服务贸易发展的新模式、拓展服务贸易发展的新空间,实现服务附加值出口规模扩张的同时,通过优化要素配置提升我国服务输出,尤其是知识密集型服务业的输出能力。

4. 积极推动服务制造化提升我国货物出口中的国内服务含量

依托"中国制造"发展"中国服务",提升中国制造中中国服务,尤其是知识性密集型服务业的嵌入，紧跟中国制造企业"走出去"的步伐，大力发展法律、咨询、会计等"走出去"的相关服务，积极开拓海外市场，扩大海外服务外包市场份额。改变以呼叫中心、普通软件产品生产等为主导的生产者服务发展模式，强化生产者服务的专业知识和技术含量，并努力深化生产者服务专业化分工程度。同时各地区立足本地资源禀赋和产业结构特征，加强各地区在生产者服务领域的专业化分工与有效协作。

三、提升服务业发展水平

1. 加强服务标准化建设

将服务标准化作为一个国家战略展开，既要强化强制性标准统一管理，又要发挥市场在促进创新、推动发展等方面的决定性作用，还要加快推进标准化法修改进程，推动服务化标准体系的完善、应用以及管理。

2. 鼓励新兴生产性服务业发展

引导制造企业围绕产品功能扩展、提供全寿命周期服务等目标向产业下游扩展，发展故障诊断、维护检修、检测检验、远程咨询、仓储物流、电子商务、在线商店等专业服务和增值服务；鼓励实力较强的大中型企业和"专精特新"科技型优势中小企业向产业链的上游扩展，凭借自身的技术、人才等优势发展研发、设计服务、科技管理咨询等商务服务与信息软件、节能环保等服务；鼓励制造企业利用新一代信息科学技术，在推进产品定制、零部件定制、柔性制造、个性化制造等发展的同时，不断变革、创新制造方式和服务业态；等等。

3. 加快服务业产业结构升级

中国的服务贸易主要集中在劳动密集型行业，其出口收入具有不稳定性，比较容易受到国际贸易政策的冲击。所以，亟须对劳动密集型行业的产业结构进行优化和升级。我国新兴的生产性服务业，如咨询服务、专有权利使用等行业规模较小，贸易规模在服务中占比较低。因此，需要运用先进的管理方法，优化服务技术，改造传统服务产业，通过对外资和先进管理理念的引进，着力提高行业的管理水平、技术水平和运行效率，使交通、金融、计算机与信息服务等行业实现产业结构优化升级。目前，我国应转变以工业为主导的产业结构现状，逐渐转向以服务业为主导。在服务行业中，应着力发展知识密集型行业，以提高整体服务水平，与制造业交叉发展，寻求服务贸易新的增长点。近年来，我国服务贸易结构有所改善，但主要仍以传统的劳动密集型产业为主，结构仍然不平衡、不合理。知识密集型服务，特别是特许权的使用费方面的国际竞争力较弱。

四、推动制造业和服务业融合发展

1. 加强产业关联促进制造业与服务业之间的良性互动

鼓励外资与国内服务供应商和购买方之间建立广泛的联系，从服务业与工业尤其是制造业有效互动的角度出发，实现生产性服务业对制造业以及制造业对服务业的正向外部性；提高服务贸易进口和服务业外资企业对下游制造业企业的前向关联效应。

2. 建立一体化的产业政策体系

消除服务业和制造业之间在税收、金融、科技、要素价格之间的政策差异，从客户需求的视角整合行业管理部门的职能，制定相互协调融合的行业监管、支持政策，形成合力。开展示范试点，引导和支持有条件的制造企业向上游产业、向相关产业、向下游产业延伸，发展供应链管理服务，由提供设备向提供系统集成总承包服务转变，由提供产品向提供整体解决方案转变。引导制造企业生产组织方式改革，实行主辅分离、辅业改制，增设投资运营中心、研发中心、财务中心、采购中心等功能，鼓励拥有自主发明专利的研发企业、拥有自主创新设计的设计企业、拥有独立网络的物流公司等向外提供专业化服务。强调信息技术在服务业与制造业融合中的"黏合剂"作用，贯彻落实《中国制造2025》，大力发展面向制造业的信息技术服务，推进信息化和服务化的两化融合。强调产业集群在促进服务业与制造业融合中的载体作用，鼓励和引导具有规模优势的制造和服务企业实现跨区域和跨行业联合形成规模化、集团化的大型企业，制定优惠政策吸引产业链上、下游企业集聚发展，提高配套体系的集聚化水平，建立基于比较优势和产业链区别定位之上的区域分工体系。

五、推动制造业服务化

1. 构建公平完善的政策环境

当地政府在用电、资质申请、人才引进、产业配套等方面，制定有利于制造业服务化的导向性政策条款；对生产性服务业的行业准入障碍进行清理，破除行业垄断、进入门槛等隐形限制；建立知识产权信用体系，强化对侵犯知识产权等失信行为的惩戒，防止转型升级过程中的恶意利益侵占行为；制定生产性服务企业相关的认证体系，并制定相应的法规或专业资格认证程序，出台相关规定和组建行业协会等规范市场行业秩序，规范市场运作；将合理的激励措施落实为政策法规，以提升企业服务化转型升级的动力和热情；发挥财政资金的引导作用，在工业转型升级专项扶持资金中安排一部分财政资金，每年对列入制造业服务化的示范企业可给予一定的资金扶持，鼓励制造业企业向"微笑曲线"两端的服务环节延伸；发挥税收的调节作用，刺激制造业服务化规模化发展。对制造业服务化程度较高和范围较广的企业，给予适当税收优惠；继续深化服务业增值税的"扩围"改革，解决目前生产性服务企业普遍存在的税负过重问题。

2. 引导竞争倒逼制造业服务化

政府在遵循市场经济的运行规律下，进行适当引导，如采取差异化扶持政策,侧重扶持进行服务化改造的制造企业;设置与服务化特色相适应的评价指标,"规上"和"规下"企业等评价对象进行区别对待;或者培育制造业服务化标杆企业,让企业意识到当制造业面临竞争压力时,是通过制造业服务化挖掘利润,而不是简单地直接撤离。应使越来越多的企业感知竞争的压力和转型的收益,双重挤压下倒逼制造业进行服务化转型。

3. 通过环境管制挤压制造业服务化转型

强化制造企业在资源、能源、环保方面的义务,帮助其树立设计开发生态化、生产过程清洁化、资源利用高效化、环境影响最小化理念,推进节能降耗、减排治污,发展资源节约型、环境友好型制造业发展,引导制造业企业自觉进行服务化战略选择;严格环境管制约束,运用经济、法律、标准等手段加强行政监督管理,使那些污染重、竞争力差的制造企业面临被迫退出的境遇,刺激它们去寻求创新路径,以便降低生产成本和减少污染。同时,构建系统的转型激励政策、制度环境和舆论氛围,促使制造企业进行服务化转型。

4. 重点推进知识密集型制造业服务化

知识密集型制造业服务化对制造业国际分工地位有显著影响,应通过在知识密集性制造业中加大生产性服务业投入来重新在全球价值链中占领重要位置,提升其国际分工地位。而且,制造业服务化还会催生和培育相关新兴服务业,如专业设计分析、创意产业、软件开发等,反过来有利于我国服务业国际分工地位的提升。

六、提升服务业相关产业政策的实施效率

1. 注重对各种服务业政策实施手段的调节

受产业政策影响的企业往往拥有更高的价值链定位水平,特别在民营企业样本中这种激励效果更明显,且这种激励效应更多地依靠信贷机制与

市场竞争机制来实现,尤其是市场竞争机制的作用更显著,而补贴与税收减免机制的影响并未通过显著性检验。可见产业政策价值链分工定位升级"激励效应"的微观机制确实存在。因此,一方面,政府应注意减少对补贴、税收的不当管制与自由裁量,另一方面,政府应适当减少市场准入等行政管制,通过市场竞争力度的增强激发企业价值链升级行为。

2. 强调服务业政策实施中"有效市场"的重要性

产业政策不能代替市场进行判断和选择。市场竞争能协助产业政策影响企业价值链升级的扶持效应,企业基于国内市场的价值链升级既需要一个完善的市场运作机制作支撑,也需要一个宏观调控有度的经济体制作保障。因此,我国政府应适当调整当前的选择性产业政策,强调"有效市场"在资源配置中的基础性作用,让市场发现经济发展机会,吸引企业自发进入相应产业,而政府只是充当顺应或补充市场的角色,帮助企业家克服外部性问题和软硬基础设施不完善的协调问题。

3. 在不同市场竞争水平的服务行业实施差别化的产业政策

竞争兼容性政策对企业价值链定位升级的激励效果与市场竞争水平密切相关,但当市场竞争水平超过一定界限时,不仅不能提高企业竞争力,反而降低市场效率。另外,产业结构与组织是处于不断变化与调整过程中的,市场对资源的配置作用,体现在动态的市场竞争中,而非静态的市场竞争结果。因此,政府在制定与实施产业政策过程中,应重视市场竞争动态发展过程,在不同市场竞争水平的行业实施差别化的产业政策。即产业政策应集中扶持市场竞争接近或处在最优实施空间的行业或企业,当行业市场竞争不足时,实施适度的竞争兼容性政策,反之,当市场竞争过度时,应选择停止对该行业的激励与扶持。

第三节 区域层面的策略

一、培育并引导服务业本地需求市场的壮大

1. 生产服务业的区域分工布局中要充分考虑本地需求的作用和影响

我国的生产服务业整体以及交通运输及仓储邮政业、金融业以及研究试验和综合技术服务业等生产服务业细分行业在全国范围内的受到本地市场效应的强烈影响。因此，对于这些生产服务业的分工布局，一方面，要尊重本地市场效应的规律，发展本地相对需求率较高的生产服务业，尽量避免发展当地相对需求不足的产业或者将产业从相对需求率高的区域转移到相对需求率低的区域；另一方面，为促进具有本地市场效应生产服务业的发展，要培育本地的市场需求，提高该产业本地相对需求率，形成规模效应，从而提高本地生产服务业的市场竞争力。

2. 东中西部的生产服务业发展应与其区域特征相协调

东部地区要注重在信息传输、计算机服务和软件业上的要素禀赋投入，以提升其在具有本地比较优势区域的发展，在其他生产服务业细分产业上则应更注重本地市场需求的培育和开发；中部地区则应实现租赁和商务服务业以及研发试验技术服务业向本地需求率相对较高的区域集聚，而在其他生产服务业细分行业上则主要从要素禀赋的投入上切入；西部地区交通运输及仓储、邮政业以及研究、试验和综合技术服务业应促进本地需求的提高，并避免产业向本地需求率较低的区域集聚，而其他生产服务业细分产业则要顺应各地区的比较优势情况进行发展。

3. 及时应技术变革等带来的生产服务市场机会而培育区域产业的比较优势

随着信息通信技术变革和交通运输条件的提升，生产服务产品的区际交易成本将呈下降的趋势，由此带来更多的生产服务市场机会和服务半径的扩大。区域应前瞻性地把握住市场发展趋势，加大对该产业在人力和资本上的投入，营造本地产业发展的比较优势。

二、促进服务出口市场多样化

1. 加强与非发达国家的市场合作

在确保发达国家市场的同时，应加强与非发达国家的市场合作。目前，全球范围内区域自由贸易区正在加紧形成，未来，区域全面经济伙伴关系协定（RCEP）、中国-东盟自由贸易区3.0版（CAFTA）以及高水平亚太贸易区（FTAAP）等的建设将迎来不同程度收获。尽管全球贸易的动荡导致多边贸易谈判陷于僵局，但在全球服务贸易协定、信息技术协调顶以及政府采购协定等具体领域仍取得了一定的成效，二十国集团（G20）作为全球经济治理首要平台的地位将得到加强。2024年我国将继续扩大面向全球的高标准自贸区网络，通过自贸协定谈判助力高水平开放，推动高质量发展。共建"一带一路"的推进也使南南经济合作大有可为，目前新兴市场和发展中国家已经成为全球化发展的重要驱动力。与此同时，我国设立四大自贸试验区实行"准入前国民待遇+负面清单"管理模式，港澳地区通过CEPA服务贸易协议开放了153个服务部门，中国与韩国、澳大利亚都承诺以负面清单方式进行服务贸易谈，服务业对外开放进一步扩大。对此，我国服务贸易应利用这些机会扩大对外开放程度，拓展服务输出市场。

2. 在不同市场采取差异化策略

根据不同国家或地区之间的产业结构差异采取不同的服务贸易策略。

对发达国家来说，由于其较深的专业化分工和高购买力水平，其对国外服务的需求相对比较高，但目前需求主要集中在一些低端服务需求上。对此，我国应增强服务行业的价值增值能力，拓展延伸境内服务价值，尤其应提升与货物贸易发展相关的知识密集型服务业在发达国家的输出比重；对非发达国家来说，由于我国在服务业方面也具有一定优势，政府在鼓励到这些进行国家投资的同时，应加强与这些国家的谈判和协商，通过签订服务贸易协定促使其提高服务贸易开放度，加强与新兴市场经济体和其他发展中国家的垂直专业化合作，尽可能输出上游服务，将其培养成中国服务出口的主要潜在市场，增强其他国家对中国服务业的上游依赖度。

三、以贯彻落实共建"一带一路"实现沿线国家的服务业合作发展

1. 通过共建"一带一路"贯通东中西部主要市场

共建"一带一路"虽然推动了生产性服务业劳动力规模的扩大，但并不能有效促进城市上游生产性服务业发展，且这种影响存在动态边际效应。因此，政府应充分发挥其桥梁作用，借助共建"一带一路"打破我国东中西部主要市场分割的局面，实现联动发展，缩小区域发展差距。各城市政府在积极响应共建"一带一路"号召，积极发展服务业的同时，不能盲目模仿发达地区的发展模式，应充分结合自身优势发展第三产业。根据区域异质性分析结果可知，不同区域内共建"一带一路"对生产性服务业发展的影响效应存在很大差异，为此，需要各区域充分结合自身相对优势，合理进行服务业协调分工，才能有效提高共建"一带一路"的实施绩效。具体来看，东部地区生产性服务业发展规模已相对较高，应转战提升生产性服务业发展层级，即本研究所指的上游生产性服务业发展，充分发挥其地理、交通优势，不断加强人才的培养，加强区域服务业发展合作，加速实现服务业乃至制造业产业升级。中部地区应强化区域合作，不断完

善其基础设施建设，提升与其他沿线城市的设施畅通性，增强国家中部地区的交通、物流服务辐射功能，加快建成中部交通运输、物流枢纽。西部城市生产性服务业发展重心应以畅通为主，强调基础环境的改善，围绕基础建设开展生产性服务业的发展，保证金融、物流、商贸的畅通，提升生产性服务业的规模总量。对非"一带一路"沿线省份城市而言，政府及相关部门应积极配和"一带一路"沿线省份城市，不断完善相关基础设施设备，合理高效地承接其产业转移，因地制宜地实现当地经济发展。

2. "一带一路"沿线不同生产服务层次采取差异化开放策略

首先，对制造业来说，应着力吸引先进工业和新兴产业的外资企业（如集成电路、医疗设备、新能源、新材料、节能环保等企业）落地生根，实现先进生产服务要素在工业企业间的高效配置；借助共建"一带一路"等平台，鼓励金融、电子信息、移动通信、会计法律、资产评估、海外救援等生产服务国际化发展，帮助生产率较高工业企业依托现有优势设立境外分支机构，以拓展生产服务业发展空间。其次，对服务业来说，鼓励新材料、新产品、新工艺研发应用和研发设计等生产服务业核心层的投入、交易和开放，鼓励"三新"等高端生产服务业借助共建"一带一路"平台进行国际化发展，通过服务外包获得分工协作优势，提高企业效率。最后，对于农业来说，以"一带一路"沿线及周边国家和地区为重点，鼓励扩大优势农产品出口，支持有条件农业企业建立境外生产基地和加工、仓储物流设施，培育具有国际竞争力的农业跨国集团。

四、大力促进粤港澳大湾区服务业协同发展

1. 加强粤港澳大湾区金融协同发展

一是构建一个完善的粤港澳大湾区金融治理体系。粤港澳大湾区城市群内部金融发展的空间布局不充分、不均衡的现状亟须扭转，对此，大湾

区内部可尝试构建一个跨地域、全覆盖、多层次的金融治理体系，对大湾区内部的金融秩序、发展布局等进行统筹协调，逐渐消除当前大湾区内各城市金融发展割裂、各行其是的不利局面。二是通过金融基础设施通畅性建设来突破金融发展的体制机制障碍。一方面，应理顺政府与市场关系，构建风险防范与保障机制，为大湾区金融发展创建良好的制度基础与市场环境；另一方面，各金融机构应加强大湾区金融发展的战略认知，尝试设立普惠金融事业部或特色专营机构，加快大湾区金融服务方式创新。三是通过交通基础设施的改进与完善实现大湾区经济融合发展。虽然当前大湾区各城市重视交通基础设施的互联互通，大湾区城市间的交通网络也得到大力发展，但仍存在交通连线不够，港口、机场、轨道交通未获得充分利用，跨界交通基础设施接驳不够顺畅等问题，这在一定程度上限制了大湾区各城市间的经济联系。四是粤港澳大湾区各城市应结合自身产业发展优势充分发挥其地缘优势及国家政策红利优势，大力推动各自产业结构优化升级，如打造广州国际航运、航空、科技创新枢纽城市，打造深圳创新型综合枢纽城市，打造东莞、中山先进制造业中心，打造珠海、佛山制造创新中心，打造惠州科研成果转化高地等。

2. 打造生产性服务业与先进制造业融合发展的数字产业集群

在后工业时代，数据逐渐成为驱动经济发展的重要生产要素，打造产业集群不仅需要技术、人力、资本等传统要素的集聚，还应重视对数据这一新生产要素的利用。通过数字化、信息化，产业集群可以形成群体效应，通过互联互通的数字平台，加强集群内各企业在价值链上的协同效应，提高集群的资源配置效率。一是利用粤港澳大湾区齐全的产业集群和产业链体系优势，通过与大湾区内其他要素的资源共享，共建数字经济产业集群。粤港澳大湾区通过融合数据、技术、人力、资本等要素，发挥数字经济与产业体系配套能力的综合优势，从供应链到销售链实现全链条产业数字化，从而形成新的以工业数字集群为依托的创新策源地。二是充分发挥城市间的协同效应，形成产业布局合理、大中小功能互补的产业集群空间体系。在具体的发展方向上，佛山、东莞、江门等工业集聚度高的城市已经形成知识密集型的制造业产业带，广州、深圳两地应打造生产性服务业和先进制造业协同综合集群。粤港澳大湾区产业集群规划的核心之一就是利用好城市产业的空间布局和相互连结特点，根据自身产业特色，构建多层次的产业经济带，带动大湾区产业集群联动发展。

五、完善区域服务业政策

1. 重视地方服务业水平差异，量身定制具有弹性的政策体系

尽管我国服务业发展迅速，取得了万众瞩目的成就，但依然存在地区发展不平衡的问题，我国服务业水平呈现出由东部向中西部逐渐递减的发展格局，省际的发展差距仍然很大，这直接导致不同发展水平下的服务业发展侧重点不同，区域间协同性较差。因此，需要根据各地方服务业的差异性水平为其量身定制适合的政策体系。对于服务业较发达地区，鼓励其利用现有的经济优势、科技优势、人才优势等得天独厚的条件，大力培养服务业新业态新模式，同时提升服务业集聚发展水平，在服务业开放、场景营造、要素保障、统计监测以及集聚区管理体制等方面积极探索，培育一批具有全国影响力的服务业集聚区品牌。对于服务业水平相对薄弱的地区，给予一定的政策倾斜，在现有规模的基础上，充分利用现有人才规模，基于当地优势资源，培育更多的服务型企业。同时，加大企业转型升级力度，鼓励企业转型升级，先提升现有服务业水平，再谋求服务业的进一步发展。

2. 重视区域协同作用，发挥区域协同优势

借鉴国外先进经验，加强政府对于企业的规划引导力度，同时发挥政

府对区域城市群规划和城市基础设施建设的协调机制，发挥政府通过实施区域规划对城市群协调发展的引领作用。推进城市间基础交通设施网络体系的建设，提高不同城市间通行效率，从而促进区域一体化发展。强化并完善中心城市高端服务业的领军作用，发挥核心城市的高端服务业对周边城市的集聚和辐射带动效应。

六、提升推进服务业开放的区域融合效应

1. 注重通过提高西部地区的出口复杂度进而提升出口水平

由于西部地区的出口复杂度较低，资源相对匮乏，技术创新能力不足，因此试点政策的下一阶段应加强对西部地区服务业创新资本的投入力度，提升区域教育水平，培养高素质的服务业市场人才。另外，中部、东部地区更应注重在稳固的基础上逐步提升，提升聚集水平，推动现代服务业集聚区载体建设，建立健全集聚区管理体制，成立各地服务业发展领导小组，推进服务业发展部门合作体制，加强沟通，促进服务业产业协同发展，努力打造优质的产业链和产业集群。

2. 通过服务业综合改革推进服务业开放的区域融合发展

一是针对试点政策的区域异质性影响，南北方城市宜采取差异化的应对策略。南方城市应加强地方政府间应对服务业综合改革的协作治理措施，发布实施相关试点政策的法规，加强对外商投资企业的支持力度，着力改善服务业结构升级。北方城市应加强传统服务行业改造，支持部分城市因地制宜发展接续服务产业，推动产业化结构升级，增强区域及城市吸引力。二是坚持多方协同推进服务业综合改革。鉴于服务业综合改革政策对出口水平的提升效果具有空间异质性，表明政策落实存在不充分不平衡的现象。因此，试点政策的下一阶段应通过要素市场化改革、创新人才体制机制等措施重点攻克这一难题，尤其是生产型服务业和生活服务行业。

鼓励清理不合理限制条件，鼓励推动创新制度的试点执行，使集聚区的特色更加鲜明、发展能力更加突出。

3. 完善服务业对外开放政策

当前我国服务业对外开放还处于较低水平，进一步加强服务业对外开放，促进产业和区域间的深度融合是实现区域间经济协调发展的必然选择。一是放宽服务业外资准入，尤其是放宽生产性服务业领域的外资进入门槛，通过简化审批流程、提供良好投资环境，积极吸引优质外资流向国内生产性服务业。二是促进我国生产性服务实现高效有序的对外开放。如针对明确的对外开放领域，加快落实相关政策法规，实现开放成果在各阶层领域的普及；针对尚不明确的开放领域，可借鉴自贸区先试先行的做法，为进一步推进开放汲取经验，确保政策措施的完整有效。总之，要以更高水平的服务业对外开放，促进我国制造业与服务业的深度融合，并进一步实现区域经济的一体化发展。

第四节 全球层面策略

一、扩大中国服务业对外开放

1. 积极发挥 FDI 对服务业发展的提升作用

在经济全球化的浪潮中国际直接投资的目的是获取高回报率、高附加值，当前服务业已成为国际直接投资的主要发展方向，服务行业是发达国家对外投资的重点领域。当今中国经济总量巨大，共建"一带一路"的提出更是突出中国的大国地位，中国也成为发达国家跨国公司的重点投资对象。由于我国服务行业的对外开放时间较晚，与其相关的外资投入较少，当前我国引进外资投入服务企业的空间非常大。因此，政府应积极引导外商直接投资进入我国服务行业。将外资用到最需要的地方，发挥其最大化效能，以此提升我国生产性服务贸易的国际竞争力，从而带动我国相关服务产业的发展。对此，应建立良好地吸引服务业外资的法律环境，原因是服务产出的一些特性，服务业尤其是生产性服务业是契约密集型，其生产和交易将涉及较密集和复杂的契约安排，服务业发展更需要良好的外部制度环境提供保护。在其他条件相同时，一国（地区）的法制水平越低，契约维护制度质量就越差，服务交易双方潜在的机会主义行为就越可能发生，涉及契约密集型服务产业的分工和交易越不可能发生，从而阻碍服务业发展和服务业外资的进入，进而阻碍服务业 FDI 的技术溢出效应。因此，要制定和完善相关法律法规，提高法制水平，建立良好地吸引服务业外资的法律环境，充分利用服务业 FDI 的技术溢出效应。

2. 提升服务业对外开放度

一国服务业的开放程度，对其服务业国际竞争力有很大的影响。国际竞争力随着一国开放度的扩大逐渐增强。提高我国服务的开放度，应从两方面入手，即"引进来"和"走出去"政策。所谓"引进来"是指通过合理的渠道，将先进生产性服务业引进来。而"走出去"则鼓励我国具有比较优势的服务业扩大出口的力度，如建设、运输等，积极加入世界市场，促进服务全球化，不断增强服务的国际竞争力。首先，在服务业逆差方面，知识密集型贸易逆差较大，恰恰表明我国对该类型服务业有较大的需求，而当前我国市场无法满足。因此，我国需要通过学习的方式，吸收国外先进的经营管理理念及科学技术，促使国内行业的转型升级，并带动国内市场的发展，激发市场活力，不断提高在服务业领域的国际竞争力。其次，虽然提高服务业开放度能提升我国国际竞争力，但是前提必须是保证国家安全，这就要求对部分行业，尤其是竞争力较弱的垄断经营的生产性服务业给予支持，坚持适度开放，例如保险和养老服务行业、金融服行业、知识产权使用费等方面的服务。通过引入行业内部竞争，以激发其创造力，提升其生产、运营效率和服务质量，进而提高其国际竞争力。

3. 以生产服务业"引进来"和"走出去"并重视扩大生产服务业开放

要努力提升我国生产服务业的开放程度和国际化水平，加快生产服务业标准和规则国际化，积极对接国际先进行业服务标准，积极吸引国际标准、计量、检测、认证服务机构入驻提升我国生产服务业标准。支持我国专业技术服务机构和知识产权服务机构开展境外服务、参与制定国际标准，加快我国专业技术服务国际化步伐。对于高端生产服务业的外资引进，应降低准入门槛、提高服务水平，为外商外资进入创造更好条件，促进企业投资和贸易便利化。且在推动生产服务业"走出去"中重视生产服务输出，加快中国生产服务业行业标准、商业惯例、法律法规等与国际对接，通过部门联动简政放权、促进服务贸易便利化和必要的投融资支持等手段支持远洋航运、信息服务、金融服务等行业生产服务企业积极"走出去"，充分利用国际市场和优质要素提高自身竞争力。同时要加强与专业生产服务业发达国家的交流合作，积极引进研发、设计、检测、营销、咨询、客服等处于全球价值链高端的服务环节，积极推动具有竞争优势的生产服务业"走出去"，提升我国生产服务业的产业化、国际化水平。

二、促进服务贸易自由化

1. 发展高水平服务的贸易自由化

服务贸易自由化中的服务应该是处于生产服务核心层的高端服务贸易自由化，而不是简单低水平服务的服务贸易自由化。因此，一方面，贸易自由化本质上要求减少"有形之手"的直接干预，进一步放开对服务业开放的限制，在扩大开放的同时避免将资源等锁定在低端服务产品和技术的贸易上，加快推进建筑、金融、通信等垄断性服务行业的开放，提高其服务质量和服务效率；另一方面，推进具有高技术含量的生产服务业开放和自由贸易，充分发挥生产服务业在企业产品质量提升中的重要作用。对此，一是要打造世界一流的投资环境，吸引更多的外商直接投资，这就需要确定有效的市场机制，通过优化外资区域布局，创新利用外资方式，从而提高利用外资的质量与效率，发挥外商直接投资技术外溢效用，推动产业结构升级，转变经济发展方式。二是要加强与国外先进企业的合作，承接国外的服务业务，促进我国服务贸易质量提升、技术引进、管理创新等，提高开放质量。鼓励国内企业与国际知名软件企业合作，并支持研发基地的建设，提升我国服务贸易的国际竞争力。

2. 在引进和吸收国外先进科技服务产品和技术的同时，积极支持具有先进服务产品和技术的企业"走出去"

先进服务产品和技术的贸易为先进制造业发展提供支持，先进制造业发展又反过来推动先进服务产品和技术贸易发展，二者互为因果。因此，要打破服务业低端化导致制造业低端化的魔咒，须扩大服务贸易进口和出口，通过"引进来"和"走出去"带来先进生产服务产品，以其产生的技术溢出效应和逆向技术溢出效应引导国内先进行生产服务，特别是研发技术和产品设计服务等知识密集型生产服务向高端化国际化发展。

3. 有针对性地分行业具体推进服务贸易自由化

细分服务贸易自由化对制造业企业出口产品质量提升的影响各不相同，在扩大服务贸易自由化进程时应充分考虑行业异质性，不能简单盲目地加快服务贸易自由化进程。要继续坚持细分服务行业，提升资源配置效率，有选择性地采取相对优惠和鼓励政策，吸引外来先进技术，为其在国外推进服务化扩展提供政策条件。

三、协同发展货物贸易和服务贸易

1. 扩大货物贸易与服务贸易之间的关联作用

虽然我国在货物贸易方面出口量较大,但数据表明我国在服务贸易领域相比其他国家竞争力较低,大部分企业在国际产业供应链中没有足够的供应能力,提供中高端的服务产品,导致其他国家对中间投入环节进行了大量"外包",这使货物贸易对服务贸易的带动作用受到消极影响。在充分参与国际竞争后,货物贸易也会出现一些负面问题,例如,对国外出口商品后,引发其他国家进行报复性关税征收;出口商品中缺乏高新尖端以及自主知识产权产品;在出口中,产品存在高质低价、低收益现象等,这些问题体现出相较于货物贸易,服务贸易已经处于相当落后的地位。因此,扶持中高端服务产品企业迫在眉睫。

2. 扩大服务贸易的辐射作用

这主要是从服务贸易的竞争格局方面考虑,企业新产品的市场调研、研发设计、供应链的管理等服务对企业的发展至关重要。因此,有必要鼓励有条件的制造业企业延伸生产性服务。可以鼓励企业向其他国家和地区学习先进的设计理念;可以在条件适合的地区,打造以城市为中心的服务圈,并能够为制造业集群服务,不断增强城市在对外经贸方面的辐射能力;可以建立起各类公共服务平台,为制造业产业集群提供服务。关于选址,要建立在产业集群内部或附近,以便于降低交易成本,优化投资环境。充分发挥生产性服务贸易的带动作用,需要建立各种为制造业企业服务的相关体系,如建立研发平台以及金融、法律、物流、信息等互为联动的服务体系;可以建立在知识密集型制造业集群内部或者附近,增强凝聚力,提高其产业竞争力。此外,还需从战略的高度,推动生产性服务贸易的相关政策与产业政策相协调。

3. 加大服务进口溢出效应的扩散力度

主动进口所需服务业，变被动"承包"为主动"发包"。同时，加大对知识密集型的先进制造业扶持力度，培育服务需求市场。如通过进口与欧美发达国家合作时应注重沿价值链的攀升与突破，着力发挥高端服务产业内和产业间知识外溢双重作用，同新兴工业经济体和金砖国家合作时应侧重一般服务贸易进口下的知识外溢，着力发挥高端服务产业内进口知识外溢效应，同发展中国家合作时应在继续推动外包模式下服务贸易进出口规模扩张的同时，努力提高服务贸易进口质量，使其知识溢出效应尽快得以显性化。

四、大力推进数字贸易发展

1. 加强我国的互联网建设

据工信部公布，每百位居民拥有手机数从 2001 年以来一直在增长，在 2021 年达到 116.3 部，由此可见，中国自进入 21 世纪以来，手机的普及率在不断提高，但美国在 2015 年已经超过这个数据，加强互联网建设更有利于我们开展数字贸易。当然，加强互联网建设，除了提高居民的手机、宽带普及率，还需政府加强对互联网的管控，避免一些不法分子通过跨境支付、跨境视频等方式破坏社会秩序。

2. 政府应完善财政补贴政策

政府干预程度越大，制造业全要素生产率越小，政府财政投入越多，制造业全要素生产率却不理想。因此，政府应完善财政补贴政策，将财政补贴力度控制在合理范围内，加强对企业财政补贴方向的监督管理。

3. 加强新型城镇化建设

城镇化程度越高，制造业全要素生产率越显著。这说明城市化伴随着工业化。因此，政府要加大农村新型城市化的力度，提升户籍人口、增加常住人口的城镇化水平,提高城镇就业质量等方面,以此为制造业发展提供劳动力,促进制造业结构高级化、合理化,提升制造业全要素生产率。

4. 鼓励居民消费支出

消费是拉动经济增加的其中一辆马车,那么鼓励居民消费支出,可以促进整个社会的生产,同时也可以鼓励数字服务的进口,推动数字贸易的发展,提高制造业的全要素生产率,从而推动数字贸易的发展。

五、通过对外开放提升我国产业国际竞争力

1. 利用国外优质服务业资源提升制造业国际竞争力

重点是引导制造业服务化企业联合重组、走品牌化道路,鼓励制造企业加大对发达国家的研发中心的投资并购活动,推动更多企业设立更多的海外销售服务中心,利用国外的优势人力、技术等资源提升我国制造业的国际竞争力;或者利用国外优质生产性服务资源,提高制造业的中间服务投入水平,带动本土制造业尤其是高技术制造业转型升级,进而提升国际竞争力。

2. 利用国际市场的相关经济效应和开拓来提升我国服务业国际竞争力

重点是利用服务贸易自由化带来的高端服务投入的产业关联效应、技术溢出效应、竞争效应以及倒逼国内服务行业市场化改革的效应,推动国内服务业尤其是高端生产服务业的发展,提升制造业的国内服务投入水平和质量,促进本土制造业尤其是高技术制造业转型升级和国际分工地位提升。

3. 通过开展标准化来提升我国制造业国际竞争力

尽快制定达到甚至高于国际水准的相关技术规范、产业标准和产品标准,推进生产性服务业的国家标准化进程;与进口国的政府层面或行业协会层面达成技术标准共识,积极开展国际认证工作,避免因信息不对称等

原因造成的技术壁垒和减少产权指控，从而提升制造业国际竞争力。

4. 提升服务业开放度，增进国际交流

虽然提高服务业开放度能提升我国国际竞争力，但是前提必须是保证国家安全，这就要求对部分行业，尤其是竞争力较弱的垄断经营的生产性服务业给予相对支持，坚持适度开放，例如保险和养老服务行业、金融服务行业、知识产权使用费等方面的服务。通过引入行业内部竞争，以激发其创造力，提升其生产、运营效率和服务质量，进而提高其国际竞争力。

参考文献

[1] Baldwin R. Global supply chains: why they emerged, why they matter, and where they are going. [R]. Geneva: World Trade Organization/Fung Global Institute, 2010.

[2] Suttmeier R P, Yao X. China's IP transition: rethinking intellectual property rights in a rising China[R]. Washington DC: NBR Special Report 29, 2011.

[3] Herstad S J, Aslesen H W, Ebersberger B. On Industrial Knowledge Bases, Commercial Opportunities and Global Innovation Network Linkages[J]. Research Policy, 2014, 43(3): 495-504.

[4] Kaplinsky R. The Role of Standards in Global Value Chains and Their Impact on Economic and Social Upgrading[R]. Washington DC: World Bank, 2010.

[5] Gereffi G. International trade and industrial upgrading in the apparel commodity chain[J]. Journal of International Economics, 1999, 48(1): 37-70.

[6] Jones C I, Romer P M. The New Kaldor Facts: Ideas, Institutions, Population, and Human Capital[J]. American Economic Journal: Macroeconomics, American Economic Association, 2010, 2(1): 224.

[7] 李飞跃, 林毅夫. 发展战略、自生能力与发展中国家经济制度扭曲[J]. 南开经济研究, 2011(5): 3-19.

[8] Koopman R, Wang Z, Wei S J. Estimating domestic content in exports whenprocessing trade is pervasive[J]. Journal of Development Economics, 2012, 99(1): 178-189.

[9] Koopman R, Wang Z, Wei S J. Tracing Value-Added and Double Counting in Gross Exports[J]. Social Science Electronic Publishing, 2014, 104(2): 459-494.

[10] Mishra S, Modi S B. Positive and Negative Corporate Social Responsibility, Financial Leverage, and Idiosyncratic Risk[J]. Journal of Business Ethics, 2013(117): 431-448.

[11] 戴翔.中国服务贸易出口技术复杂度变迁及国际比较[J].中国软科学,2012(2): 52-59.

[12] Koopman R, Powers W, Wang Z, et al. Give Credit Where Credit is Due: Tracing Value Added in Global Production Chains [R]. Boston: National Bureau of Economic Research,2010.

[13] Criscuolo C,Timmis J. GVCS and centrality:Mapping key hubs,spokes and the periphery [R]. Paris:OECD Productivity Working Papers,2018.

[14] Porter M E . The competitive advantage of nations[M]. New York:Free Press,1990.

[15] Collis D J, Cynthia A M. Corporate strategy: a resource-based approach[M]. New York: IRWIN MCGRAW-HILL,1998.

[16] Lippman S A, Rumelt R P. A bargaining perspective on resource advantage[J]. Strategic Management Journal,2003(24):1069-1086.

[17] Kaplinsky R,Morris M. A Handbook for Value Chain Research[R]. Brighton:Institute of Development Studies,2000.

[18] 余伟萍,崔苗.经济全球化下基于企业能力的价值链优化分析[J].中国工业经济, 2003(5):42-47.

[19] 谢恩,李垣.基于资源观点的联盟中价值创造研究综述[J].管理科学学报,2003 (1):81-86.

[20] Linder J, Cantrell S. Changing Business Models: Surveying the Landscape [D]. Cambridge:Accenture Institute for Strategic Change,2001.

[21] Afuah A,Tucci C L. A model of the Internet as creative destroyer[J]. Engineering Management IEEE Transactions on,2003,50(4):395-402.

[22] Zott C,Amit R. Value creation in e-business[J]. Strategic Management Journal,2001,22 (6-7).

[23] 钟耕深,孙晓静.商业模式研究的六种视角及整合[J].东岳论丛,2006(2): 120-124.

[24] 刘林青,谭力文,马海燕.二维治理与产业国际竞争力的培育——全球价值链背景下

的战略思考[J].南开管理评论,2010,13(6):59-67,76.

[25] Vargo S L,Lusch R F. Service-dominant logic:continuing the evolution[J]. Journal of the Academy of Marketing Science,2008,36(1):1-10.

[26] Lusch R F,Vargo S L,Gustafsson A. Fostering a trans-disciplinary perspectives of service ecosystems[J]. Journal of Business Research,2016,69(8):2957-2963.

[27] 谢卫红,林培望,李忠顺,等.数字化创新:内涵特征、价值创造与展望[J].外国经济与管理,2020,42(9):19-31.

[28] 令狐克睿,简兆权,李雷.服务生态系统:源起、核心观点和理论框架[J].研究与发展管理,2018,30(5):147-158.

[29] 许晖,于超,王亚君.模块化与开放性双重视角下的平台型组织价值创造机制研究——以浪潮和东软为例[J].科学学与科学技术管理,2021,42(2):77-95.

[30] Dyer J H,Singh H,Hesterly W S. The relational view revisited:A dynamic perspective on value creation and value capture[J]. Strategic Management Journal,2018,39(12):3140-3162.

[31] 庄子银.数据的经济价值及其合理参与分配的建议[J].国家治理,2020(16):41-45.

[32] 狄蓉,赵袁军,徐明.突破式服务创新价值共创实现机制——基于服务主导逻辑的视角[J].中国科技论坛,2019(7):52-60.

[33] 胡艳玲,高长元,翟丽丽,等.服务主导逻辑下大数据联盟数据服务创新价值共创机理[J].情报理论与实践,2019,42(3):60-64.

[34] 王胜利,樊悦.论数据生产要素对经济增长的贡献[J].上海经济研究,2020,382(7):32-39,117.

[35] 蔡继明,刘媛,高宏,等.数据要素参与价值创造的途径——基于广义价值论的一般均衡分析[J].管理世界,2022,38(7):108-121.

[36] Brandenburger A M,Stuart H W. Value based Business Strategy[J]. Journal of Economics & Management Strategy,1996,5(1):5-24.

[37] 张福利.无外部市场条件下中间产品转移价格的博弈分析与决策[J].中国管理科

学,2003(3):47-51.

[38] 张延锋,刘益,李垣. 战略联盟价值创造与分配分析[J]. 管理工程学报,2003(2): 20-23.

[39] Melitz M J. The Impact of Trade on Intra-Industry Reallocations and Aggregate Industry Productivity[J]. Econometrica,2003,71(6):1695-1725.

[40] Gereffi G. Commodity Chains and Global Capitalism[M]. New York:Praeger,1993.

[41] Sonea E,Ko J-H. Commodity Chains and the Korean Automobile Industry[J]. Journal of International Trade & Commerce,2020,16(5):1-17.

[42] 彭绍仲,李海舰,曾繁华. 全球商品链的内部化优势与价格均衡机制[J]. 中国工业经济,2005(9):50-59.

[43] Baines T S,Lightfoot H W,Benedettini O,et al. The servitization of manufacturing:A review of literature and reflection on future challenges[J]. Journal of Manufacturing Technology Management,2009(5):20.

[44] Vargo S L,Lusch R F. Evolving to a New Dominant Logic for Marketing. Journal of Marketing,2004(68):1-17.

[45] Kuo T C,Chen H M,Meng H M. Do corporate social responsibility practices improve financial performance? A case study of airline companies, Journal of Cleaner Production[J]. Journal of Cleaner Production,2021,310(8):127-380.

[46] Vandermerwe S,Rada J. Servitization of Business:Adding Value by Adding Services[J]. European Management Journal,1988,6(4):314-324.

[47] Gummesson E. Relationship marketing:It all happens here and now![J]. Marketing Theory,2003,3(1):167-169.

[48] Bjurklo M,Edvardsson B,Gebauer H. The role of competence in initiating the transition from products to service[J]. Strategic Direction,2009,19(5):493-510.

[49] Sebastiani R,Paiola M. Rethinking service innovation:Four pathways to evolution[J]. International Journal of Quality and Service Sciences,2010,2(1):79-94.

[50] Cova B,Salle R. Marketing solutions in accordance with the S-D logic:Co-creating value

with customer network actors[J]. Industrial Marketing Management, 2008, 37(3): 270-277.

[51] Brodie R J, Saren M, Pels J. Theorizing About the Service Dominant Logic: The Bridging Role of Middle Range Theory[J]. Marketing Theory, 2011, 11(1): 75-91.

[52] Vargo S L, Lusch R F. Evolving to a new dominant logic for marketing[J]. Journal of Marketing, 2004, 68(1): 1-17.

[53] Akaka M A, Vargo S L. Extending the context of service: From encounters to ecosystems[J]. Journal of Services Marketing, 2015, 29(6-7): 453-462.

[54] Payne A F, Storbacka K, Frow P, et al. Co-creating brands: Diagnosing and designing the relationship experience[J]. Journal of Business Research, 2009, 62(3): 379-389.

[55] Vargo S L, Koskela-Huotari K, Vink J. Service-Dominant Logic: Foundations and Applications[M]. London, New York: Routledge, 2020: 3-23.

[56] Ballantyne D, Aitken R. Branding in B2B markets: Insights from the service-dominant logic of marketing[J]. Journal of Business & Industrial Marketing, 2007, 22(6): 363-371.

[57] Merz M A, He Y, Vargo S L. The evolving brand logic: A service-dominant logicperspective [J]. Journal of the Academy of Marketing Science, 2009, 37(3): 328-344.

[58] Halliday S V. User-generated content about brands: Understanding its creators and consumers [J]. Journal of Business Research, 2016, 69(1): 137-144.

[59] Edvardsson B, Tronvoll B, Gruber T. Expanding understanding of service exchange and value co-creation: A social construction approach[J]. Journal of the Academy of Marketing Science, 2011, 39(2): 327-339.

[60] Helkkula A, Kelleher C, Pihlström M. Practices and experiences: Challenges and opportunities for value research[J]. Journal of Service Management, 2012, 23(4): 554-570.

[61] Kowalkowski C. Dynamics of value propositions: Insights from service-dominant logic[J]. European Journal of Marketing, 2011, 45(1): 277-294.

[62] Frow P, Payne A. A stakeholder perspective of the value proposition concept[J]. European Journal of Marketing, 2011(45): 223-240.

[63] Subramony M, Pugh S D. Services management research: Review, integration, and future directions[J]. Journal of Management, 2015, 41(1): 349-373.

[64] Hardyman W, Daunt K L, Kitchener M. Value Co-Creation through Patient Engagement in Health Care: A micro-level approach and research agenda[J]. Public Management Review, 2015, 17(1-2): 90-107.

[65] Joiner K A, Lusch R F. Evolving to a new service-dominant logic for health care[J]. Innovation and Entrepreneurship in Health, 2016(3): 25-33.

[66] 郭朝阳,许杭军,郭惠玲. 服务主导逻辑演进轨迹追踪与研究述评[J]. 外国经济与管理, 2012, 34(7): 17-24.

[67] 李雷,简兆权,张鲁艳. 服务主导逻辑产生原因、核心观点探析与未来研究展望[J]. 外国经济与管理, 2013, 35(4): 2-12.

[68] 楼芸,丁剑潮. 价值共创的理论演进和领域:文献综述与展望[J]. 商业经济研究, 2020(8): 147-150.

[69] 简兆权,秦睿. 服务主导逻辑:核心概念与基本原理[J]. 研究与发展管理, 2021, 33(2): 166-181.

[70] 付聪. 服务主导逻辑下产品模块化与供应链的匹配问题[D]. 武汉:华中科技大学, 2013.

[71] 刘飞,简兆权. 网络环境下基于服务主导逻辑的服务创新:一个理论模型[J]. 科学学与科学技术管理, 2014, 35(2): 104-113.

[72] 姚梅芳,邱书园,唐思思. 创新型企业服务主导逻辑、动态能力与价值共创关系研究[J]. 吉林大学社会科学学报, 2022, 62(4): 46-57, 234.

[73] 吴应良,蔡凯佳. 基于服务主导逻辑的价值创新分析模型:以网络众筹为例[J]. 中国科技论坛, 2016(7): 23-29.

[74] 武柏宇,彭本红. 服务主导逻辑、网络嵌入与网络平台的价值共创——动态能力的中介作用[J]. 研究与发展管理, 2018, 30(1): 138-150.

[75] Arndt S W. Globalization and the open economy[J]. The North American Journal of Economics and Finance, 1997, 8(1): 71-79.

[76] Feenstra R C. Integration of Trade and Disintegration of Production in the Global Economy [J]. Journal of Economic Perspectives,1998,12(4):31-50.

[77] Kaplinsky R,Morris M. A Handbook for Value Chain Research. Institute of Development Studies[R]. Brighton:Institute of Development Studies,2001:76-91.

[78] Humphrey J,Schmitz H. Developing Countries Firms in the World Economy:Governance and Upgrading in Global Value Chains[R]. Duisburg:University of Duisburg,2002:25-27.

[79] Hummels D L,Rapoport D,Yi K M. Vertical specialization and the changing nature of world trade[J]. Economic Policy Review,1998,4:79-99.

[80] Glass A J,Saggi K. Innovation and wage effects of international outsourcing[J]. European Economic Review,2001,45:67-86.

[81] Grossman G M,Rossi-Hansberg E. Task Trade Between Similar Countries[J]. Econometrica,2012,80(2):593-629.

[82] 庞珣. 全球价值链网络与等级化权力结构——基于国家间投入产出表和KWW方法[J]. 世界政治研究,2021,4(1):35-41.

[83] 戢仕铭. 新冠疫情下亚洲区域价值链结构变化及前景分析[J]. 国际关系研究,2021(1):54-66,156.

[84] UNIDO. Industrial Development Report 2002/2003:Competing Through Innovation and Learning[EB/OL]. [2023-08-30]. https://open.unido.org/api/documents/4692446/download/UNIDO-Publication-2002-4692446.

[85] 张辉. 全球价值链动力机制与产业发展策略[J]. 中国工业经济,2006(1):40-48.

[86] 江心英,李献宾,顾大福,等. 全球价值链类型与OEM企业成长路径[J]. 中国软科学,2009(11):34-41.

[87] 李静. 初始人力资本匹配、垂直专业化与产业全球价值链跃迁[J]. 世界经济研究,2015(1):65-73,128.

[88] 盛斌,景光正. 金融结构、契约环境与全球价值链地位[J]. 世界经济,2019,42(4):29-52.

[89] 郑乐凯,汪亚楠,李世林,等. 金融结构、技术进步与全球价值链地位提升[J]. 国际

金融研究,2021(7):36-45.

[90] Antràs P. Conceptual Aspects of Global Value Chains[J]. The World Bank Economic Review,2020,34(3):551-574.

[91] Ando M,Hayakawa K. Impact of COVID-19 on trade in services[J]. Japan World Econ. 2022,62:101-131.

[92] 戴翔,徐柳,张为付.集聚优势与价值链攀升:阻力还是助力[J].财贸研究,2018,29(11):1-14.

[93] 马述忠,张洪胜,王笑笑.融资约束与全球价值链地位提升——来自中国加工贸易企业的理论与证据[J].中国社会科学,2017(1):83-107,206.

[94] 戴翔,郑岚.制度质量如何影响中国攀升全球价值链[J].国际贸易问题,2015(12):51-63,132.

[95] 刘斌,魏倩,吕越,等.制造业服务化与价值链升级[J].经济研究,2016,51(3):151-162.

[96] 李月,蔡礼辉.结构性改革能否促进全球价值链地位的攀升？——基于中国工业面板数据的实证研究[J].南开经济研究,2020(5):46-65.

[97] 刘斌,王杰,魏倩.对外直接投资与价值链参与:分工地位与升级模式[J].数量经济技术经济研究,2015,32(12):39-56.

[98] 杨连星,罗玉辉.中国对外直接投资与全球价值链升级[J].数量经济技术经济研究,2017,34(6):54-70.

[99] 顾雪芹.中国生产性服务业开放与制造业价值链升级[J].世界经济研究,2020(3):121-134,137.

[100] 谷军健,赵玉林.金融发展如何影响全球价值链分工地位？——基于与科技创新协同的视角[J].国际金融研究,2020(7):35-44.

[101] 李津,齐雅莎,刘恩专.数字基础设施与全球价值链升级:机制与效用[J].学习与探索,2020(10):147-154.

[102] 吕越,谷玮,包群.人工智能与中国企业参与全球价值链分工[J].中国工业经济,2020(5):80-98.

[103] 马盈盈. 服务贸易自由化与全球价值链:参与度及分工地位[J]. 国际贸易问题, 2019(7):113-127.

[104] Görg H, Greenaway D. Much Ado about Nothing? Do Domestic Firms Really Benefit from Foreign Direct Investment[J]. The World Bank Research Observer, 2004, 19(2):171-197.

[105] 田毕飞,陈紫若. 创业与全球价值链分工地位:效应与机理[J]. 中国工业经济, 2017(6):136-154.

[106] 戴翔,刘梦,张为付. 本土市场规模扩张如何引领价值链攀升[J]. 世界经济, 2017, 40(9):27-50.

[107] 陈旭,邱斌,刘修岩,等. 多中心结构与全球价值链地位攀升:来自中国企业的证据[J]. 世界经济, 2019, 42(8):72-96.

[108] 葛顺奇,李川川,林乐. 外资退出与中国价值链关联:基于外资来源地的研究[J]. 世界经济, 2021, 44(8):179-202.

[109] 洪俊杰,商辉. 国际贸易网络枢纽地位的决定机制研究[J]. 国际贸易问题, 2019(10):1-16.

[110] Schmitz H, Humphrey J. Governance and Upgrading:Linking Industrial Cluster and Global Value Chain Research[R]. Brighton:IDS, 2000.

[111] Gereffi G, Memedovic O. The Global Apparel Value Chain:What Prospects for Upgrading by Developing Countries? [R]. Vienna:United Nations Industrial Development Organization, 2003.

[112] Gereffi G, Humphrey J, Sturgeon T. The Governance of Global Value Chains[J]. Review of International Political Economy, 2005, 12:78-104.

[113] Ponte S, Sturgeon T. Explaining governance in global value chains:A modular theory-building effort[J]. Review of International Political Economy, 2014, 21:195-223.

[114] Gereffi G, Lee J. Economic and Social Upgrading in Global Value Chains and Industrial Clusters:Why Governance Matters[J]. Journal of Business Ethics, 2016, 133(1):25-38.

[115] Kano L. Global value chain governance: A relational perspective[J]. Journal of International Business Studies,2018,49(6):684-705.

[116] 盖文启,张辉,吕文栋. 国际典型高技术产业集群的比较分析与经验启示[J]. 中国软科学,2004(2):102-108.

[117] Gereffi G. Global value chains and international development policy: Bringing firms, networks and policy-engaged scholarship back in[J]. Journal of International Business Policy,2019,2(3):195-210.

[118] 刘志彪,张杰. 全球代工体系下发展中国家俘获型网络的形成、突破与对策——基于GVC与NVC的比较视角[J]. 中国工业经济,2007(5):39-47.

[119] 荆林波,袁平红. 全球价值链变化新趋势及中国对策[J]. 管理世界,2019,35(11):72-79.

[120] Criscuolo C,Timmis J. The Relationship Between Global Value Chains and Productivity[J]. International Productivity Monitor,2017,32:61-83.

[121] Gereffi G. Global value chains in a post-Washington Consensus world[J]. Review of International Political Economy,2014,21(1):9-37.

[122] Pietrobelli C,Rabellotti R. Global Value Chains Meet Innovation Systems: Are There Learning Opportunities for Developing Countries? [J]. World Development, 2011, 39(7):1261-1269.

[123] Lema R,Rabellotti R,Sampath G P. Innovation Trajecto-ries in Developing Countries: Co-evolution of Global Value Chains and Innovation Systems[J]. The European Journal of Development Research,2018,30(3):345-363.

[124] Saliola F,Zanfei A. Multinational Firms, Global Value Chains and the Organization of Knowledge Transfer[J]. Research Policy,2009,38:369-381.

[125] 王岚,李宏艳. 中国制造业融入全球价值链路径研究——嵌入位置和增值能力的视角[J]. 中国工业经济,2015(2):76-88.

[126] 吕越,陈帅,盛斌. 嵌入全球价值链会导致中国制造的"低端锁定"吗?[J]. 管理世界,2018,34(8):11-29.

[127] Taglioni D, Winkler D. Making Global Value Chains Work for Development[R]. Washington DC: World Bank, 2016.

[128] Kano L, Oh C H. Global Value Chains in the Post - COVID World: Governance for Reliability[J]. Journal of Management Studies, 2020, 57(8): 1773-1777.

[129] Strange R, Humphrey J. What lies between market and hierarchy? Insights from internalization theory and global value chain theory[J]. Journal of International Bussniess Study, 2019, 50: 1401-1413.

[130] 卢峰,姚洋. 金融压抑下的法治、金融发展和经济增长[J]. 中国社会科学,2004(1):42-55,206.

[131] 曹明福,李树民. 全球价值链分工的利益来源:比较优势、规模优势和价格倾斜优势[J]. 中国工业经济,2005(10):22-28.

[132] 蓝庆新,窦凯. 全球价值链视角下的中美贸易摩擦分析[J]. 经济社会体制比较,2019(5):67-77.

[133] Bellora C, Fontagné L. Shooting Oneself in the Foot? Trade War and Global Value Chains[R]. [S. l.]: CEPII research center, 2019.

[134] Mao H O, Görg H. Friends like this: The Impact of the US-China Trade War on Global Value Chains[J]. The World Economy, 2020, 43(7): 1776-1791.

[135] 王聪,林桂军. "双反"调查与上市公司全球价值链参与——来自美国对华"双反"调查的经验证据[J]. 国际金融研究,2019(12):85-93.

[136] 顾振华,沈瑶. 全球价值链影响下的中国关税水平——来自中国制造业的证据[J]. 经济理论与经济管理,2017(3):101-112.

[137] 盛斌,陈帅. 全球价值链如何改变了贸易政策:对产业升级的影响和启示[J]. 国际经济评论,2015(1):85-97,6.

[138] 余振,周冰惠,谢旭斌,等. 参与全球价值链重构与中美贸易摩擦[J]. 中国工业经济,2018(7):24-42.

[139] 乔小勇,李翔宇,吴晓雪. 增加值贸易顺差、产业价值链升级对反倾销影响研究:基于美国对华反倾销经验数据[J]. 管理评论,2022,34(3):41-54.

[140] 赵文霞,刘洪愧.贸易壁垒对出口产品质量的影响[J].经济评论,2020(4):144-160.

[141] 史本叶,王晓娟.中美贸易摩擦的传导机制和扩散效应:基于全球价值链关联效应的研究[J].世界经济研究,2021(3):14-29,134.

[142] 王开,佟家栋.贸易保护壁垒对出口产品的动态影响效应研究——来自中国对美出口 HS-6 分位产品的证据[J].南开经济研究,2020(2):163-178.

[143] 黄新飞,李锐,黄文锋.贸易伙伴对第三方发起反倾销对中国出口三元边际的影响研究[J].国际贸易问题,2017(1):139-152.

[144] Hausmann R, Rodrik D. Economic development as self-discovery[J]. Journal of Development Economics, 2003, 72(2):603-633.

[145] Hausmann R, Rodrik D, Velasco A. Growth Diagnostics: The John F. Kennedy School of Government[R]. Boston: Harvard University, 2005.

[146] Rodrik D. What's So Special about China's Exports[J]. China & World Economy, 2006 (14)5:1-19.

[147] Hausmann R, Hidalgo C A. Country Diversification, Product Ubiquity, and Economic Divergence[J]. Social Science Electronic Publishing, 2010, 69(35):78-81.

[148] 倪红福.中国出口技术含量动态变迁及国际比较[J].经济研究,2017,52(1):44-57.

[149] 苏庆义.中国国际分工地位的再评估——基于出口技术复杂度与国内增加值双重视角的分析[J].财经研究,2016,42(6):40-51.

[150] Fally T. Production Staging: Measurement and Facts[R]. Working Paper of University of Colorado, 2012.

[151] 倪红福,龚六堂,夏杰长.生产分割的演进路径及其影响因素——基于生产阶段数的考察[J].管理世界,2016(4):10-23,187.

[152] Antràs P, Chor D, Fally T, et al. Measuring the Upstreamness of Production and Trade Flows[J]. American Economic Review Paper and Proceedings, 2012, 102(3):412-416.

[153] Miller R E, Temurshoev U. Output upstreamness and input downstreamness of industries/

countries in world production[J]. International regional science review,2015,40(5):443-475.

[154] Antràs P,Chor D. On the measurement of upstreamness and downstreamness in global value chains[R]. Cambridge:NBER Working Paper,2018.

[155] Johnson R C. Measuring Global Value Chains[R]. Cambridge: NBER Working Paper,2017.

[156] Alfaro L,Antras P,Chor D,et al. Internalizing Global Value Chain:A firm-level Analysis [J]. Journal of Political Economy,2019,127(2):508-559.

[157] 苏丹妮,盛斌,邵朝对,等. 全球价值链、本地化产业集聚与企业生产率的互动效应 [J]. 经济研究,2020,55(3):100-115.

[158] Wang L,Li H,Zhao C,et al. The inhibition of protein translation mediated by AtGCN1 is essential for cold tolerance in Arabidopsis thaliana[J]. Plant Cell Environ,2017,40(1):56-68.

[159] Amador J,Cabral S. Networks of value-added trade[J]. The World Economy,2017,40 (7):1291-1313.

[160] Hummels D,Ishil J,Yi K M. The nature and growth of vertical specialization in world trade[J]. Journal of International Economics,2011,54(1):75-96.

[161] Wang Z,Cerstein M,Snyder M. RNA-Seq:A revolutionary tool for transcriptomics[J]. Nat Rev Genet,2009,10(1):57-63.

[162] Daudin G,Rifflart C,Schweisguth D . Who produces forwhom in the world economy? [J]. Canadian journal of economics,2011,44(4):1403-1437.

[163] Johnson R C,Noguera G . Fragmentation and Trade in Value Added over Four Decades [R]. Cambridge:NEBR working paper,2012.

[164] Upward R,Wang Z,Zheng J. Weighing China's export basket:The domestic content and technology intensity of Chinese exports[J]. Journal of comparative economics,2013,41 (2):527-543.

[165] Wang Z,Wei S J,Zhu K F. Quantifying international production sharing at the bilateral

and sector levels[R]. New York:National bureau of economic research,2013.

[166] Kee H L,Tang H. Domestic Value Added in Exports:Theory and Firm Evidence from China[J]. American Economic Review,2016,106(6):1402-1436.

[167] Timmer M,Erumban A A,Gouma R,et al. The World Input-Output Database(WIOD): Contents,Sources and Methods[J]. IIDE Discussion Paper,2012(4).

[168] Lenzen M,Moran D,Kanemoto K,et al. International Trade Drives Biodiversity Threats in Developing Nations[J]. Nature,2012,486:109-112.

[169] Lenzen M,Moran D,Kanemoto K,et al. Building Eora:A global multi-region input-output database at high country and sector resolution[J]. Economic Systems Research,2013,25(1):20-49.

[170] Los B,Timmer M,Vries G J D. China and the World Economy:A Global Value Chain Perspective on Exports,Incomes and Jobs[R]. Groningen:GGDC Working Papers,2012.

[171] Baldwin R. Trade and Industrialization after Globalization's Second Unbundling:How Building and Joining a Supply Chain are Different and Why It Matters[M]. Chicago:University of Chicago Press,2013:165-212.

[172] 张杰,陈志远,刘元春. 中国出口国内附加值的测算与变化机制[J]. 经济研究,2013,48(10):124-137.

[173] 鞠建东,余心玎. 全球价值链上的中国角色——基于中国行业上游度和海关数据的研究[J]. 南开经济研究,2014(3):39-52.

[174] 刘维林. 中国式出口的价值创造之谜:基于全球价值链的解析[J]. 世界经济,2015,38(3):3-28.

[175] 周琢,祝坤福. 外资企业的要素属权结构与出口增加值的收益归属[J]. 中国工业经济,2020(1):118-135.

[176] Amiti M,Wei S J,Auriol H E. Fear of Service Outsourcing:Is It Justified? [J]. Economic Policy,2005,20(42):307-347.

[177] Francois J,Woerz J. Producer Services,Manufacturing Linkages,and Trade[J]. Social Science Electronic Publishing,2008(3-4):199-229.

[178] Cui L,Syed M. The Shifting Structure of China's Trade and Production[R]. Washington DC:IMF Working Papers,2007.

[179] Nordås H K,Kox H L M. Quantifying Regulatory Barriers to Services[R]. Paris:OECD Trade Policy Paper,2019.

[180] 杨玲.生产性服务进口复杂度及其对制造业增加值率影响研究——基于"一带一路"18省份区域异质性比较分析[J].数量经济技术经济研究,2016,33(2):3-20.

[181] Timmer M P,Erumban A A,Los B,et al. Slicing Up Global Value Chains[J]. Journal of Economic Perspectives,2014,28(2):99-118.

[182] Baldwin R,Forslid R,Ito T. Unveiling the evolving sources of value added in exports[M]. Chiba:Inst of Developing Economies,2015.

[183] 刘艳,李文秀,Qiu Y M.中国服务业的国际竞争力分析:基于附加值贸易的测算[J].中国软科学,2016(7):43-55.

[184] Crozet M,Mile E. The servitization of French manufacturing firms[R].[S.1.]:CEPII Working Papers,2014.

[185] Amiti M,Itskhoki O,Konings J. Importers,Exporters,and Exchange Rate Disconnect[J]. American Economic Review,2014,104(7):1942-1978.

[186] Pierce J R,Schott P K. The surprisingly swift decline of US manufacturing employment[J]. American Economic Review,2016,106(7):1632-1662.

[187] Stehrer R. Trade in value added and the valued added in trade[R]. Vienna:The Vienna Institute for international Economic Studies,2012.

[188] 李昕,徐滇庆.中国外贸依存度和失衡度的重新估算——全球生产链中的增加值贸易[J].中国社会科学,2013(1):29-55,205.

[189] 陈雯,李强.全球价值链分工下我国出口规模的透视分析——基于增加值贸易核算方法[J].财贸经济,2014(7):107-115.

[190] 罗长远,张军.附加值贸易:基于中国的实证分析[J].经济研究,2014,49(6):4-17,43.

[191] OECD Factbook 2014:Economic, Environmental and Social Statistics[R]. Paris:

OECD,2014.

[192] Wezel F C,Lomi A. The Organizational Advantage of Nations:An Ecological Perspective on the Evolution of the Motorcycle Industry in Belgium, Italy and Japan,1898—1993 [J]. Geography and Strategy,2003,20:377-409.

[193] Bernhofen D M,Brown J C. A Direct Test of the Theory of Comparative Advantage:The Case of Japan[J]. Journal of Political Economy,2004,112(1):48-67.

[194] Krugman P R . Trade and Wages,Reconsidered[J]. Brookings Papers on Economic Activity,2008(1):103-137.

[195] Howard D, Ellis P. Porter's Competitive Advantage Of Nations:Time For The Final Judgement[J]. Journal of Management Studies,2000,37(8):1189-1214.

[196] Ketels C H. Michael Porter's Competitiveness Framework—Recent Learnings and New Research Priorities[J]. Journal of Industry,Competition and Trade,2006,6:115-136.

[197] Hausmann R,Klinger B. Structural Transformation and Patterns of Comparative Advantage in the Product Space[R]. Cambridge:CID Working Papers,2006.

[198] Hidalgo C A,Klinger B,Barabasi A-L,et al. The Product Space Conditions the Development of Nations[J]. Science,2007,317:482-487.

[199] Xu B. The sophistication of exports:Is China special? [J]. China Economic Review, 2010,21(3):482-493.

[200] Hummels D,Klenow P J. The Variety and Quality of a Nation's Exports[J]. American Economic Review,2005,95(3):704-723.

[201] Michaely M. Trade, Income Levels and Dependence [M]. Amsterdam:North-Holland Press,1984:14-36.

[202] Samen S. A Primer on Export Diversification:Key Concepts,Theoretical Underpinnings and Empirical Evidence. Growth and Crisis Unit [R]. Washington DC:World Bank,2010.

[203] Neffke F,Henning M,Boschma R. The impact of aging and technological relatedness on agglomeration externalities:A survival analysis [J]. Journal of Economic Geography,

2012,12:485-517.

[204] Mishra S, Lundstrom S, Anand R. Service export sophistication and economic growth[R].[S.1.]:The World Bank South Asia Region Economy Policy and Poverty,2011.

[205] Carvalho V M. From Micro to Macro via Production Networks[J]. The Journal of Economic Perspectives,2014,28(4):23-48.

[206] Magerman G,Bruyne K D,Dhyne E,et al. Heterogeneous Firms and the Micro Origins of Aggregate Fluctuations[R].[S.1.]:ECARES,2016.

[207] Acemoglu D,Akcigit U,Alp H,et al. Innovation,Reallocation,and Growth[J]. The American Economic Review,2018,108(11):345-349.

[208] 高传胜,汪德华,李善同.经济服务化的世界趋势与中国悖论:基于WDI数据的现代实证研究[J].财贸经济,2008(3):110-116,128.

[209] 霍景东.服务业竞争力现状与影响因素:一个国际比较[J].经济研究参考,2006(26):7-19.

[210] 樊纲,关志雄,姚枝仲.国际贸易结构分析:贸易品的技术分布[J].经济研究,2006(8):70-80.

[211] 姚洋,张晔.中国出口品国内技术含量升级的动态研究——来自全国及江苏省、广东省的证据[J].中国社会科学,2008(2):67-82,205-206.

[212] 王欠欠,夏杰长.服务业全球价值链位置提升与制造业技术进步[J].世界经济研究,2019(5):67-79,135.

[213] 邹国伟,刘艳,李文秀.中国制造业的产业链竞争力研究——基于全球生产网络背景[J].东岳论丛,2021,42(7):148-157,192.

[214] Ram R. Government Size and Economic Growth:A New Framework and Some Evidence from Cross-Section and Time-Series Data[J]. The American Economic Review,1986,76,191-203.

[215] Peterson J,Barras R. Measuring International Competitiveness in Services[J]. Service Industries Journal,1987,7:131-142.

[216] Hoekman B,Braga C A P. Protection and Trade in Services:A Survey[J]. Open Econo-

mies Review,1997(8):285-308.

[217] Deardorff A V. Local Comparative Advantage:Trade Costs and the Pattern of Trade[J]. International Journal of Economic Theory,2014,10(1):9-35.

[218] Mohammad L,Herath A,Rasoulian M,et al. Laboratory Evaluation of Untreated and Treated Pavement Base Materials:Repeated Load Permanent Deformation Test[J]. Transportation Research Record Journal of the Transportation Research Board,1967(1):78-88.

[219] Francois J,Hoekman B. Services Trade and Policy[J]. Journal of Economic Literature,2010,48(3):642-92.

[220] Miroudot S,Shepherd B. The Paradox of 'Preferences':Regional Trade Agreements and Trade Costs in Services[J]. World Economy,2014,37(11):1751-1772.

[221] Ditsworth M,Ruths J. Community Detection via Katz and Eigenvector Centrality[J]. airXiv,2019,9.

[222] Dick R,Dicke H. International Eocnomic Development and Resources Transfer[R]. Tubingen:J. C. B. Mohr,1979:346.

[223] Bobirca A,Paul-Gabriel M. Corporate Governance:a South-Eastern Europe-an perspective[R]. Munich:MPRA,2007.

[224] Windrum P,Tomlinson M. Knowledge-intensive Services and International Competitiveness:A Four country Comparison.[J]. Technology Analysis Strategic Management,1999,11(3):391-448.

[225] Pailwar V K,Shah N R. Revealed comparative advantages for India in services trade[J]. International Journal of Trade and Global Markets,2009(2):109-127.

[226] 赵景峰,陈策. 中国服务贸易:总量和结构分析[J]. 世界经济,2006(8):31-36.

[227] 庄惠明,黄建忠,陈洁. 基于"钻石模型"的中国服务贸易竞争力实证分析[J]. 财贸经济,2009(3):83-89.

[228] 姚海棠,方晓丽. 金砖五国服务部门竞争力及影响因素实证分析[J]. 国际贸易问题,2013(2):100-110.

[229] 刘珊珊.中日制造业服务化测度及其对产业国际竞争力的影响——基于国际投入产出的分析[J].日本研究,2021(1):71-80.

[230] 蔡茂森,谭荣.我国服务贸易竞争力分析[J].国际贸易问题,2005(2):38-42.

[231] 裴长洪,杨志远.2000年以来服务贸易与服务业增长速度的比较分析[J].财贸经济,2012(11):5-13.

[232] Hill T P. On Goods and Services[J]. Review of Income and Wealth,1977,24(4):315-317.

[233] Bhagwati J N. Splintering and disembodiment of services and developing nations[J]. The World Economy,1984(7):133-144.

[234] Head K,Ries J. Increasing Returns versus National Product Differentiation as an Explanation for the Pattern of U. S. Canada Trade[J]. American Economic Review,2001,91(4):858-876.

[235] Gani A,Clemes M D. Services and Economic Growth in ASEAN Economies[J]. Journal of Southeast Asian Economies,2002(19):155-169.

[236] Kimura F,Lee H H. The Gravity Equation in International Trade in Services[J]. Review of World Economics,2006,142(1):92-121.

[237] Chor D. Unpacking Sources of Comparative Advantage:A Quantitative Approach[J]. Journal of International Economics,2010,82(2):152-167.

[238] Fajgelbaum P,Grossman G,Helpman E. Income Distribution,Product Quality,and International Trade[J]. Journal of Political Economy,2011,119(4):721-765.

[239] Duval Y,Saggu A,Utoktham C. Value Added Trade Costs In Goods and Services[R]. Bangkok:ESCAP Working Paper,2015.

[240] 毛艳华,李敬子.中国服务业出口的本地市场效应研究[J].经济研究,2015,50(8):98-113.

[241] 余群芝,贾净雪.中国出口增加值的国别结构及依赖关系研究[J].财贸经济,2015(8):91-103.

[242] 程大中,程卓.中国出口贸易中的服务含量分析[J].统计研究,2015,32(3):

46-53.

[243] Riddle L B. Augmentation Mammaplasty[J]. The Nurse Practitioner, 1986, 11(3): 30-40.

[244] Markusen J R. Trade in Producer Services and in Other Specialized Inputs[J]. American Economic Review, 1989, 79(1): 85-95.

[245] Francois J F. Producer Services, Scale, and the Division of Labor[J]. Oxford Economic Papers, 1990, 42(4): 715-729.

[246] Hoekman B. Trade in Services, Trade Agreements and Economic Development: A Survey of the Literature[R]. [S.1.]: CEPR, 2006.

[247] 顾乃华,李江帆. 中国服务业技术效率区域差异的实证分析[J]. 经济研究, 2006(1): 46-56.

[248] 高觉民,李晓慧. 生产性服务业与制造业的互动机理: 理论与实证[J]. 中国工业经济, 2011(6): 151-160.

[249] 张艳,唐宜红,周默涵. 服务贸易自由化是否提高了制造业企业生产效率[J]. 世界经济, 2013, 36(11): 51-71.

[250] Fernandes A M, Paunov C. Foreign Direct Investment in Services and Manufacturing Productivity: Evidence for Chile[J]. Journal of Development Economics, 2012, 97: 305-321.

[251] Francois J, Manchin, M. Institutional Quality, Infrastructure and the Propensity to Export[R]. [S.1.]: CEPR, 2006.

[252] Crespo N, Fontoura M P. Determinant Factors of FDI Spillovers-What Do We Really Know?[J]. World Development, 2007, 35(3): 410-425.

[253] Herzer D. The long-run relationship between outward FDI and domestic output: Evidence from panel data[J]. Economics Letters, 2008, 100(1): 146-149.

[254] Beverelli C, Fiorini M, Hoekman B. Services trade policy and manufacturing productivity: The role of institutions[J]. Journal of International Economics 2017, 104: 166-182.

[255] Kugler M, Verhoogen E. Prices, Plant Size, and Product Quality[J]. The Review of Eco-

nomic Studies,2012,79(278):307-339.

[256] Bas M,Strauss-Kahn V. Input-trade liberalization,export prices and quality upgrading[J]. Journal of International Economics,2015,95(2):250-262.

[257] 戴翔.服务贸易自由化是否影响中国制成品出口复杂度[J].财贸研究,2016,27(3):1-9.

[258] 陈明,魏作磊.服务业开放打破中国制造业"低端锁定"了吗[J].经济学家,2018(2):70-79.

[259] 盛斌,毛其淋.进口贸易自由化是否影响了中国制造业出口技术复杂度[J].世界经济,2017,40(12):52-75.

[260] 祝树金,钟腾龙,李仁宇.中间品贸易自由化与多产品出口企业的产品加成率[J].中国工业经济,2018(1):41-59.

[261] 杨玲,李林玥.生产性服务业扩大开放对中国制造业升级的影响研究——基于服务贸易限制指数的经验分析[J].当代经济研究,2021(11):99-112.

[262] Hoekman J,Boon W P,Bouvy J C,et al. Use of the conditional marketing authorization pathway for oncology medicines in Europe[J]. Clin Pharmacol Ther,2015,98(5):534-41.

[263] Biryukova O,Vorobjeva T. The Impact of Service Liberalization on the Participation of BRICS Countries in Global Value Chains[J]. International Organisations Research Journal,2017,12(3):94-113.

[264] 邢彦,张慧颖.生产性服务业FDI与制造业出口技术进步——基于知识产权保护的门槛效应[J].科学学与科学技术管理,2017,38(8):29-45.

[265] Gereffi G,Humphrey J,Kaplinsky R,et al. Introduction:Globalisation,Value Chains and Development[J]. IDS Bulletin,2001,32(3):1-8.

[266] Deardorff A V. International Provision of Trade Services,Trade,and Fragmentation[J]. Review of International Economics,2001,9(5):233-248.

[267] 夏杰长.迎接服务经济时代的来临[J].财贸经济,2010(11):11-12.

[268] OECD-WTO. Trade in Value Added Statistics. [2023-08-30]. http://stats.oecd.org.

[269]冯科.数字经济时代数据生产要素化的经济分析[J].北京工商大学学报(社会科学版),2022,37(1):1-12.

[270]王彬,高敬峰,宋玉洁.数字技术与全球价值链分工——来自中国细分行业的经验证据[J].当代财经,2021(12):115-125.

[271]Narayanan V G,Raman A,Singh J. Agency Costs in a Supply Chain with Demand Uncertainty and Price Competition[J]. Management Science,2005,51(1):120-132.

[272]Parry G,Smith L,Maull R,et al. Transitioning from a Goods-Dominant to a Service-Dominant Logic:Visualising the Value Proposition of Rolls-Royce[J]. Journal of Service Management,2012,23(3),416-439.

[273]Normann R,Ramírez R. From value chain to value constellation:designing interactive strategy[J]. Harvard Business Review,1993,71(4):65-77.

[274]Lovelock C,Gummesson E. Whither services marketing? In search of a new paradigm and fresh perspectives[J]. Journal of service research,2004,7(1),20-41.

[275]Ostrom A L,Bitner M J,Brown S W,et al. Moving Forward and Making a Difference:Research Priorities for the Science of Service[J]. Journal of Service Research,2010,13(1):4-36.

[276]Maglio P P,Spohrer J C. Fundamentals of service science[J]. Journal of the Academy of Marketing Science,2008,36:18-20.

[277]罗珉.价值星系:理论解释与价值创造机制的构建[J].中国工业经济,2006(1):80-89.

[278]黄永明,张文洁.中国出口技术复杂度的演进机理——四部门模型及对出口产品的实证检验[J].数量经济技术经济研究,2012,29(3):49-62,89.

[279]黄庐进,王晶晶.中国和印度服务贸易国际竞争力的比较研究[J].财贸经济,2010(1):96-100.

[280]张雨.我国服务贸易出口技术含量升级的影响因素研究[J].国际贸易问题,2012(11):117-127.

[281]杨素花.中国出口产品技术复杂度的特点及其影响因素分析[D].天津:天津财经

大学,2011.

[282] 梁超. 出口技术复杂度提升了我国的技术创新能力吗?[J]. 中央财经大学学报, 2013(3):66-72.

[283] 董直庆,夏小迪. 我国服务贸易技术结构优化了吗?[J]. 财贸经济,2010(10):77-83,136.

[284] 施炳展,冼国明. 技术复杂度偏好与中国出口增长——基于扩展引力模型的分析[J]. 南方经济,2012(8):87-101.

[285] 黎峰. 全球价值链下的国际分工地位:内涵及影响因素[J]. 国际经贸探索,2015,31(9):31-42.

[286] Manova K,Zhang Z. Export Prices Across Firms and Destinations[J]. The Quarterly Journal of Economics,2012,127(1):379-436.

[287] 牛卫平. 国际外包陷阱产生机理及其跨越研究[J]. 中国工业经济,2012(5):13.

[288] 马鹏,肖宇. 服务贸易出口技术复杂度与产业转型升级——基于 G20 国家面板数据的比较分析[J]. 财贸经济,2014(5):10.

[289] Jones R W,Kierzkowski H,Leonard G. Fragmentation and intra-industry trade[C]// Frontiers of research in intra-industry trade. Palgrave:Macmillan,2002:67-86.

[290] Melvin J R. Trade in producer services:A heckscherohlin approach[J]. Journal of Political Economy,1989,97(5):1180-1196.

[291] Richard J,Mazumdar J,Nair-Reichert U. US Trade and Access to Trade Facilitating Services in Partner Countries:An Empirical Analysis[J]. Journal of Economic Integration, 2011,26:411-432.

[292] Sudarsan P K,Karmali D. Determinants of India's Services exports:A Static and Dynamic Analysis[J]. Journal of International Economics,2011,7:792-976.

[293] Tripathi S,Leitão N. India's Trade and Gravity Model:A Static and Dynamic Panel Data [R]. Munich:MPRA Paper,2013.

[294] Xing Y,Detert N. How iPhone Widens the US Trade Deficits with the PRC?[R]. Tokyo: GRIPS Discussion Papers,2010.

[295] 马涛,刘仕国.全球价值链下的增加值贸易核算及其影响[J].国际经济评论,2013(4):13.

[296] 郑丹青.对外直接投资与全球价值链分工地位——来自中国微观企业的经验证据[J].国际贸易问题,2019(8):109-123.

[297] Eaton J,Kortum S. Technology, Geography and Trade[J]. Econometrica,2002,70(5):1741-1779.

[298] Costinot A,Donaldson D,Komunjer I. What Goods Do Countries Trade? A Quantitative Exploration of Ricardo's Ideas[J]. Review of Economic Studies,2012,79(2):581-608.

[299] Trefler D. The Case of Missing Trade and Other Mysteries[J]. American Economic Review 1995,5(85):1029-1046.

[300] Romalis J. Factor Proportions and the Structure of Commodity Trade[J]. Economics Review,2004,94(1):67-97.

[301] Morrow P M. Ricardian-Heckscher-Ohlin comparative advantage:Theory and evidence[J]. Jornal of International Econometrica,2010,82(2):137-151.

[302] Harrigan J. Technology, Factor Supplies, and International Specialization:Estimating the Neoclassical Model[J]. The American Economic Review,1997,87(4):475-494.

[303] Dornbusch R,Fischer S,Samuelson P A. Comparative Advantage,Trade,and Payments in a Ricardian Model with a Continuum of Goods[J]. The American Economic Review,1977,67(5):823-839.

[304] Dixit A K,Stiglitz J E. Monopolistic Competition and Optimum Product Diversity[J]. American Economic Association,1977,67(3):297-308.

[305] 陈宪,黄建锋.分工、互动与融合:服务业与制造业关系演进的实证研究[J].中国软科学.2004(10):65-71,76.

[306] 李杨,蔡春林.中国服务贸易发展影响因素的实证分析[J].国际贸易问题,2008,305(5):75-79.

[307] 黄庐进,王晶晶.中国和印度服务贸易国际竞争力的比较研究[J].财贸经济,2010(1):96-100.

[308] Kandogan Y. Intra-industry Trade of Transition Countries:Trends and Determinants[J]. SSRN Electronic Journal,2003,4(3):273-286.

[309] 袁欣.中国对外贸易结构与产业结构:"镜像"与"原像"的背离[J].经济学家,2010(6):67-73.

[310] 张捷,张媛媛.出口导向型发展模式与产业结构转型升级——以广东省为例[J].学术研究,2011(7):75-80.

[311] Matsuyama K. Agricultural productivity, comparative advantage, and economic growth[J]. Journal of Economic Theory,1992,58(2):317-334.

[312] Robinson S,Wang Z,Martin W. Capturing the Implications of Services Trade Liberalization[J]. Economic Systems Research,2002,14(1):3-33.

[313] Lewis J D,Robinson S,Thierfelder K. Free Trade Agreements and the SADC Economies[J]. Journal of African Economies,2003,12(2):156-206.

[314] Khoury A,Savvides A. Openness in services trade and economic growth[J]. Economics Letters,2006,92(2):277-283.

[315] 方慧.服务贸易技术溢出的实证研究——基于中国1991~2006年数据[J].世界经济研究,2009(3):49-52.

[316] 张捷,周雷.国际分工对产业结构演进的影响及其对我国的启示——基于新兴工业化国家跨国面板数据的经验分析[J].国际贸易问题,2012(1):12.

[317] Schott P K. The Relative Sophistication of Chinese Exports[J]. Economic Policy,2008,23(53):5-49.

[318] 熊励,刘慧,刘华玲.数字与商务[M].上海:上海社会科学院出版社,2011:3-5.

[319] 马述忠,房超,梁银锋.数字贸易及其时代价值与研究展望[J].国际贸易问题,2018(10):16-30.

[320] USITC. Digital Trade in the US and Global Economies,Part l[R]. Washington DC:United States International Trade Commission.

[321] Topalova P,Khandelwal A. Trade Liberalization and Firm Productivity:The Case of India[J]. Review of Economics and Statistics,2011,93(3):995-1009.

[322]余东华,韦丹琳.互联网应用,技能溢价与制造业全要素生产率——兼论如何有效化解"索洛悖论"[J].财经问题研究,2021(10):9.

[323]焦勇,杨蕙馨.政府干预,两化融合与产业结构变迁——基于2003—2014年省际面板数据的分析[J].2017,39(6):6-19.

[324]章迪平,郑小渝.数字贸易发展水平测度及影响因素分析——以浙江省为例[J].浙江科技学院学报,2020(4):249-256.

[325]李权.数字贸易推动中国新发展格局构建[N].澎湃新闻,2021-10-28.

[326]范兆娟,艾玮炜.数字贸易规则对中国嵌入全球价值链的影响[J].财贸研究.2022,33(2):31-41.

[327]陈韬.浙江省贸易便利化问题的研究[D].石家庄:河北经贸大学,2022.

[328]张敬伟.数字经济时代 中国该如何打造数字贸易[N].每日经济新闻,2021-10-29(06).

[329]李俊,高树本,冉宇航.数字贸易示范区破题"数字强贸"建设[J].金融博览,2021(21):52-54.

[330]张楠,张培凤,罗娟.人口结构对经济增长的影响——基于时间序列的实证检验[J].经济研究导刊,2021(36):1-4

[331]Hochreiter S,Schmidhuber J. Long Short-Term Memory[J]. Neural computation,1997,9(8):1735-1780.

[332]王富喜,毛爱华,李赫龙,等.基于熵值法的山东省城镇化质量测度及空间差异分析[J].地理科学,2013,33(11):7.

[333]Ozcan P,Eisenhardt K M. Forming Ties That Will Free Your Firm[J]. IESE Insight,2009(2):13-20.